民事訴訟による
集合的権利保護の
立法と理論

Legislations and Theories of Collective Rights Protection
through Civil Justice

三木浩一 著

有斐閣
yuhikaku

はしがき

　民事手続法学の分野において「集合的（collective）」という言葉は，「権利の集合的な救済（collective relief）」や「集合的訴訟（collective action）」等の形で使われることが少なくない。しかし，「集合的」という言葉それ自体についていえば，わが国においても海外においても一般に確立した定義があるわけではなく，ときに論者や文脈によって多義的である。私自身は，法によって保護されるべき実質的な権利または利益の主体（実質的権利主体）が多数に及ぶが，しかし，組織的または自覚的な人の集まりを意味する「集団」とまでは言いにくいときに，「集団的」との区別の意図を込めて「集合的」という言葉を使うことが多い。たとえば，実質的権利主体が不特定であって属人的な権利帰属が認めにくい不可分の権利（拡散的権利）が問題になるときなどが，その典型的な例である。また，属人的な帰属が認められる個別的権利であっても，実質的権利主体が多数であって権利主体相互に人的な結びつきがないときには，これを集団とは呼びにくい。そこで，本書では，基本的に，こうした場合における権利が問題になる場合に「集合的権利」という言葉を使うことにする。また，そうした権利を保護するための特別な訴訟を「集合的訴訟」と呼ぶこととしたい。

　そうした意味で「集合的訴訟」を考えるとすると，現在のわが国には，次の3種類の集合的訴訟制度が存在する。第1は，2006年に，「消費者契約法」の改正で創設された差止請求訴訟制度である。この制度は，一般に「消費者団体訴訟制度」と呼び習わされており，本書でもその呼称を用いる（なお，後述の「消費者集合訴訟制度」も一種の消費者団体訴訟である）。第2は，2012年に，「暴力団員による不当な行為の防止等に関する法律」の改正で創設された差止請求訴訟制度である。本書では，この制度を「暴力団追放団体訴訟制度」と呼ぶ。第3は，2013年に，「消費者の財産的被害の集団的な回復のた

i

めの民事の裁判手続の特例に関する法律」によって創設された金銭請求訴訟制度である。この制度には定着した呼称がないが，本書では，私が立法前から使っていた「消費者集合訴訟制度」の呼称を用いる（前述の「消費者団体訴訟制度」も，定義次第では消費者集合訴訟制度の一種である）。

　幸運なことに，私は，これらの立法のすべてに直接的に関与する機会を得た。まず，消費者団体訴訟制度については，消費者団体訴訟制度および消費者団体の役割を政府部内で検討するために，2002 年 8 月に内閣府国民生活局に「消費者組織に関する研究会」が設けられた。私は，その委員長を拝命した。また，2004 年 4 月に国民生活審議会の消費者政策部会の下に「消費者団体訴訟制度検討委員会」が設けられたが，私は，その委員長代理をつとめた。消費者団体訴訟制度は，同委員会の報告書を基にして立法された。次に，暴力団追放団体訴訟制度であるが，警察庁は，2010 年頃から団体訴訟制度を用いた暴力団事務所の使用差止訴訟制度の可能性の検討に着手し，私自身も，警察庁からの意見照会等を受けるとともに非公式の協議にも参加した。翌 2011 年 10 月には，暴力団追放団体訴訟制度の創設を含む暴力団対策法の改正等を審議すべく，警察庁に「暴力団対策に関する有識者会議」が設けられ，私は，その委員として審議に加わった。暴力団追放団体訴訟制度は，こうした経緯で誕生した。また，消費者集合訴訟制度については，2008 年11 月に内閣府国民生活局に「集団的消費者被害回復制度等に関する研究会」が設けられ，同制度の基礎的な検討がスタートした。私は，同研究会で座長をつとめた。翌 2009 年 11 月，新設された消費者庁に「集団的消費者被害救済制度研究会」が設けられ，引き続き座長を拝命した。翌 2010 年 10 月，これらの研究成果を受け，消費者委員会に「集団的消費者被害救済制度専門調査会」が設けられたが，私は，その座長代理であった。消費者集合訴訟制度は，同専門調査会の報告書を基にして立法された。

　私は，それぞれの立法の折々に（立法前および立法後），これらの集合的訴訟制度に関する論考を法律雑誌などに発表してきた。それは，ひとつには，明治期以来わが国には存在しなかった斬新な仕組みの訴訟制度を考察してみ

たいという，研究者としての純粋な学問的関心であった。ただ，もうひとつには，これらの立法に公的に関与する機会を与えられた者として果たすべき当然の責務という意識もあった。本書は，そうした論考のうちの主要なものを収録してまとめたものである。こうしたことから，本書は，私の個人論文集であると同時に，わが国における集合的訴訟制度の誕生と展開の歴史に関するなにがしかの資料（一個人の目をとおしての甚だ主観性の高い風景のようなものではあるが）の意味をもつのではないかと，まことに厚かましくも思う次第である。そのような要素も考慮して，巻首部分の初出一覧とは別に，各章の冒頭に初出の時期を明記する体裁とした。この拙い内容の書物が，法律学の世界に少しでもお役に立てることがあるとすれば，著者としてこれ以上の幸せはない。

　この本を作成するについては，有斐閣法律編集局校閲部部長の高橋俊文さんと法律編集局書籍編集部次長の五島圭司さんに，大変お世話になった。ここに記して，心からのお礼を申し上げたい。最後に，文字どおり私事にわたるが，この文章を書いている 11 月 6 日は，いかなる偶然か，私の母の 88 歳の誕生日である。これといった大病もなく米寿を迎えた母に，この場を借りて祝意を述べることをお許しいただきたい。また，その母に私と結婚以来変わることなく優しく接してくれている妻の素子にも，あらためて感謝したい。

　2017 年 11 月

三 木 浩 一

目　次

第 1 編　消費者団体訴訟制度の立法と評価

第 1 章　消費者団体訴訟制度の立法的課題 ————————— 2

I　は じ め に ———————————————————————— 2

II　団体訴権の法的性質 ——————————————————— 3
1　ドイツにおける議論（3）　　2　法的性質論の意義（4）　　3　法的性質の措定（6）

III　消費者団体訴訟の対象 ————————————————— 7
1　従来の議論（7）　　2　不当条項の差止め（8）　　3　不当表示の差止め（9）　　4　不当個別勧誘行為等の差止め（9）

IV　重複訴訟の処理 ————————————————————— 10
1　問題の所在（10）　　2　現実の必要性（11）　　3　立法の方向性（12）

V　処分権主義の適用関係 ————————————————— 13
1　問題の所在（13）　　2　処分権主義一般（13）　　3　訴訟上の和解（14）　　4　申立事項の拘束力（15）

VI　弁論主義の適用関係 ——————————————————— 16

VII　判決効の客観的範囲 ——————————————————— 17
1　問題の所在（17）　　2　ドイツにおける核心説（18）　　3　抽象的な特定を許容する見解（18）　　4　立法の方向性（19）

VIII　判決効の主観的範囲 ——————————————————— 20
1　問題の所在（20）　　2　立法の方向性（21）　　3　援用制度について（22）

目　次

Ⅸ　損害賠償請求 ──────────────────── 24
　　1　問題の所在（24）　2　法的構成の選択肢（24）　3　ブラジル型クラス
　　アクション（25）

第2章　消費者団体訴訟制度の概要と評価 ───── 29

Ⅰ　は じ め に ─────────────────── 29

Ⅱ　差止請求権 ───────────────────── 30
　　1　差止請求権の法的構成（30）　2　実体権と当事者適格の関係（33）

Ⅲ　確定判決等に基づく差止請求権の行使制限 ─────── 35
　　1　本規定の趣旨（35）　2　本規定の評価（35）　3　本規定の法的性質
　　（37）　4　請求内容の同一性（40）　5　口頭弁論終結後の事由（42）

Ⅳ　差止請求訴訟 ──────────────────── 44
　　1　差止請求の意義（44）　2　不当勧誘行為の差止請求（44）　3　不当契
　　約条項の差止請求（45）

Ⅴ　移送および弁論等の併合 ─────────────── 47
　　1　移　　送（47）　2　弁論等の併合（48）

第2編　暴力団追放団体訴訟制度の立法と評価

第1章　暴力団追放団体訴訟制度の立法的課題 ──── 52

Ⅰ　は じ め に ─────────────────── 52

Ⅱ　立法の背景 ───────────────────── 53
　　1　暴力団事務所と周辺住民等を取り巻く状況（53）　2　暴力団事務所の使
　　用差止裁判（54）　3　周辺住民等を原告とする裁判が抱える問題（56）
　　4　暴追団体訴訟の必要性（57）

Ⅲ　警察庁において検討中の制度の概要 ────────── 58

v

1　暴追団体訴訟制度の法構造（59）　　2　適格団体指定の要件と手続（59）
　　　3　適格団体の権限・義務・監督（60）　　4　暴追団体訴訟の手続規律（61）

Ⅳ　暴追団体訴訟制度の理論的基礎 ──────────────────────── 61
　　　1　団体訴訟制度を創設することの当否（62）　　2　任意的訴訟担当構成を採
　　　用することの是非（64）　　3　一身専属権と任意的訴訟担当構成の関係（67）

Ⅴ　暴追団体訴訟の制度設計上の留意点 ──────────────────── 71
　　　1　ビデオリンクおよび遮へい（71）　　2　訴訟記録の閲覧制限（72）
　　　3　秘密保持命令（72）

Ⅵ　将来の課題 ──────────────────────────────────── 73

第2章　暴力団追放団体訴訟制度の概要と評価 ──────── 74

Ⅰ　は じ め に ────────────────────────────────── 74

Ⅱ　団体訴訟制度の歴史と本質 ──────────────────────── 75
　　　1　団体訴訟制度の歴史（75）　　2　固有権構成について（77）　　3　団体訴
　　　訟制度と訴訟担当構成（79）

Ⅲ　暴追団体訴訟制度の意義 ────────────────────────── 80
　　　1　立法の経緯（80）　　2　従来の周辺住民等による差止請求訴訟（82）

Ⅳ　任意的訴訟担当構成の利点 ──────────────────────── 84
　　　1　従来の差止請求訴訟との連続性（84）　　2　住民運動との連携性（84）
　　　3　将来の展開の可能性（85）

Ⅴ　任意的訴訟担当構成の課題 ──────────────────────── 86
　　　1　一身専属権の授権可能性（86）　　2　地域住民等の個人情報の秘匿（87）

Ⅵ　個人情報の秘匿の方法 ─────────────────────────── 88
　　　1　個人情報の開示が問題となる場面（88）　　2　個人情報の秘匿の可能性
　　　（90）

Ⅶ　お わ り に ────────────────────────────────── 92

目　次

第3編　諸外国における集合訴訟制度

第1章　集合的権利保護訴訟制度の構築と比較法制度研究の意義
——アメリカのクラスアクションを中心として —————— 96

I　は じ め に ……………………………………………………………… 97
　1　個別訴訟の原則（97）　　2　集合的権利（97）

II　消費者団体訴訟制度と選定当事者制度 …………………………… 100
　1　消費者団体訴訟制度（100）　　2　選定当事者制度（102）

III　わが国の法制度とクラスアクション ……………………………… 103
　1　クラスアクションの受容に関する歴史（103）　　2　クラスアクションに
　対するアレルギー（105）　　3　クラスアクションと団体訴訟制度の関係
　（109）

IV　クラスアクションと団体訴訟制度の親和性 ……………………… 110
　1　クラスアクションの種類（110）　　2　クラス認証要件との関係（110）
　3　クラスアクションの手続との関係（112）

V　クラスアクション以外の集合的権利保護訴訟 …………………… 113
　1　ヨーロッパにおける立法の動き（113）　　2　南米における立法の動き
　（114）　　3　パレンス・パトリー訴訟（父権訴訟）（116）

VI　お わ り に …………………………………………………………… 118

第2章　ノルウェーにおけるクラスアクション（集団訴訟制度）の概要
—————————————————————————— 120

I　は じ め に …………………………………………………………… 120
　1　ノルウェー法研究の意義（120）　　2　消費者保護政策（121）
　3　民事訴訟制度の概要（122）　　4　集団訴訟制度以外の集合的訴訟（123）
　5　クラスアクションの導入の経緯（125）

vii

Ⅱ　ノルウェー型クラスアクションの仕組み ──────────── 127

　　1　適用範囲（127）　　2　認可要件（127）　　3　提訴資格（129）　　4　ク
　　ラス代表者の地位（129）　　5　クラス認可決定（130）　　6　クラスアクショ
　　ンの告知（131）　　7　オプトイン型クラスアクション（132）　　8　オプト
　　アウト型クラスアクション（133）　　9　離　　脱（135）　　10　クラスアク
　　ションの本案審理手続（136）　　11　判決および和解（137）

Ⅲ　クラスアクション制度の根拠法 ──────────────────── 139

第3章　ブラジルにおけるクラスアクション（集団訴訟制度）の概要

── 147

Ⅰ　は じ め に ────────────────────────────────── 147

　　1　ブラジル法研究の意義（147）　　2　関連する法制度の概要（148）

Ⅱ　制度の仕組み ──────────────────────────────── 149

　　1　原告適格（149）　　2　対象となる権利（150）　　3　超個人的権利を対象
　　とするクラスアクション（152）　　4　同種個別的権利を対象とするクラスア
　　クション（153）　　5　既判力（第一段階の既判力）（156）　　6　手続規律
　　（157）

Ⅲ　運用と課題 ────────────────────────────────── 159

　　1　事件処理の状況（159）　　2　一段階的な処理（160）　　3　新たな動き
　　（161）

Ⅳ　クラスアクション制度の根拠法 ────────────────── 161

第4章　アメリカ連邦取引委員会（FTC）による消費者保護訴訟の概要

── 175

Ⅰ　は じ め に ────────────────────────────────── 175

Ⅱ　FTC の組織および権限 ─────────────────────────── 176

Ⅲ　民事訴訟以外の手段による消費者保護活動 ────────── 178

　　1　消費者保護活動の全体像（178）　　2　行政的手続による法執行活動
　　（179）

　　　　　　　　　　　　　　　　　　　　　　　　　　　　　　目　次

Ⅳ　FTC を当事者とする公益的民事訴訟 ································· 181

Ⅴ　FTC 法 13 条(b)項の拡大的運用 ································· 183
　　　1　FTC 法 13 条(b)項の意義 (183)　　2　代表的な判例 (184)　　3 「原状
　　　回復」と「吐き出し」の異同 (185)

Ⅵ　最近の FTC 法 13 条(b)項の運用状況 ····························· 186
　　　1　請求の併合の傾向 (186)　　2　FTC 法 13 条(b)項に基づく訴訟が好まれ
　　　る理由 (187)

Ⅶ　お わ り に ·· 189

第 4 編　消費者集合訴訟制度の立法

第 1 章　消費者利益の保護と集合的訴訟制度 ─────── 194

Ⅰ　は じ め に ·· 194

Ⅱ　集合的訴訟と集合的権利 ······································· 197
　　　1　集合的権利の種類と性質 (197)　　2　差止請求権 (199)　　3　損害賠償
　　　請求権 (200)　　4　不当利益剥奪請求権 (201)

Ⅲ　集合的消費者保護訴訟における救済手段 ···························· 202
　　　1　集合的損害賠償請求訴訟と不当利益剥奪請求訴訟の異同 (203)　　2　各
　　　種の救済手段の機能上の差異 (204)

Ⅳ　集合的訴訟における当事者適格 ··································· 205
　　　1　集合的訴訟における当事者適格の特殊性 (205)　　2　固有権構成と訴訟
　　　担当構成 (205)　　3　当事者適格を付与される主体 (207)

Ⅴ　集合的訴訟における審理構造 ···································· 210
　　　1　集合的訴訟における審理構造の一般論 (210)　　2　集合的損害賠償請求
　　　訴訟における固有の問題 (211)

ix

第2章　集団的消費者被害救済制度の展望と課題 ——— 217

I　はじめに ……………………………………………………………… 217

II　消費者庁における研究会 ………………………………………… 217

　　1　研究会発足の経緯（217）　　2　複線的な検討の必要性（218）

III　報告書の構成と概要 ……………………………………………… 219

　　1　報告書の全体構成（219）　　2　集合訴訟制度（219）　　3　行政による経済的不利益賦課制度（220）　　4　保全制度（221）

IV　集合訴訟に関する私案 …………………………………………… 222

　　1　集合訴訟の各類型との関係（222）　　2　本私案の法的性格（225）
　　3　第一段階の手続（226）　　4　第二段階の手続（229）　　5　当事者適格（233）

第3章　集団的消費者被害救済制度の立法に向けて ——— 240

I　はじめに ……………………………………………………………… 241

II　消費者庁における研究会 ………………………………………… 242

III　集合訴訟の多様性 ………………………………………………… 245

　　1　検討の経緯（245）　　2　集合訴訟の各類型（246）　　3　各類型の比較検討（247）

IV　オプトアウト型の分析 …………………………………………… 249

　　1　オプトアウト型の長所と位置づけ（249）　　2　オプトアウト型の問題点（250）

V　二段階型に関する私案について ………………………………… 256

　　1　追加的選定制度との連続性（256）　　2　第一段階の構想（258）　　3　第二段階の構想（259）

VI　当事者適格 ………………………………………………………… 260

VII　おわりに …………………………………………………………… 261

目　次

> **第 5 編　消費者集合訴訟制度の評価**

第 1 章　消費者集合訴訟制度の理論と課題 ————————————— 264

Ⅰ　はじめに ————————————————————————— 264
　　1　本講演の趣旨と目的（264）　　2　創設される制度の呼称（265）

Ⅱ　二段階型採用の意義 ———————————————————— 267
　　1　二段階型に対する誤解（267）　　2　比較法的な考察（269）　　3　理論的
　　な検討（272）　　4　二段階型導入の評価（274）

Ⅲ　一段階目の手続 ————————————————————— 275
　　1　クラスアクションの要素（275）　　2　終局判決による手続終了（276）
　　3　主観訴訟と客観訴訟（278）　　4　一段階目の手続の性格（279）

Ⅳ　一段階目の判決効の拡張 ————————————————— 280
　　1　判決効の主体的範囲に関する規律（280）　　2　原告と被告の間における
　　非対称性の存在（281）　　3　既判力の片面的拡張か（282）　　4　非対称性
　　の本質（283）　　5　非対称性の評価（284）

Ⅴ　二段階目の手続 ————————————————————— 285
　　1　一段階目との違い（285）　　2　比較法的な考察（286）　　3　日本版クラ
　　スアクションの二段階目（287）　　4　和解の要素の必要性（288）

Ⅵ　将来に向けた課題 ———————————————————— 289
　　1　課題の所在（289）　　2　原告適格者の範囲（289）　　3　対象事案の範囲
　　（291）

Ⅶ　おわりに ————————————————————————— 292

第 2 章　消費者集合訴訟制度の構造と理論 ————————————— 293

Ⅰ　はじめに ————————————————————————— 293

Ⅱ　一段階目の手続構造 ———————————————————— 294

xi

1　一段階目の手続の概要（294）　　2　共通義務確認訴訟の法的性質（296）
　　　3　共通義務確認訴訟と処分権主義（299）

Ⅲ　一段階目の手続の追行方法 ·· 301
　　　1　訴訟物の特定（301）　　2　訴訟物の競合（302）　　3　判決の形態（304）

Ⅳ　一段階目の判決の効力 ·· 306
　　　1　一段階目における請求棄却判決（306）　　2　一段階目における請求認容
　　判決（307）　　3　既判力の片面的拡張か（307）

Ⅴ　二段階目の手続構造 ··· 309
　　　1　二段階目の手続の概要（309）　　2　二段階目の手続の法的性質（310）

Ⅵ　一段階目および二段階目における和解 ·· 313

Ⅶ　特定適格消費者団体による仮差押え ··· 315
　　　1　制度の概要（315）　　2　総額の疎明（316）　　3　本執行への移行に伴う
　　問題（317）

Ⅷ　強　制　執　行 ··· 320
　　　1　制度の概要（320）　　2　特定適格消費者団体による執行申立て（321）
　　　3　届出消費者による執行申立て（322）

第6編　総　　括

第三の法実現の担い手としての団体訴訟制度 ―――――――― 328

Ⅰ　は じ め に ·· 328

Ⅱ　団体訴訟制度の保護法益 ··· 329

Ⅲ　団体訴訟制度の本質 ··· 331

Ⅳ　団体訴訟制度の歴史 ··· 333
　　　1　団体訴訟制度の起源（333）　　2　消費者団体訴訟の誕生（333）　　3　環
　　境団体訴訟の誕生（335）　　4　EU指令への拡大（335）　　5　同種個別的権
　　利への展開（336）

目　次

Ⅴ　日本における団体訴訟制度 337

　　1　団体訴訟制度に関する議論の萌芽（337）　　2　消費者団体訴訟制度
　　（338）　　3　暴力団追放団体訴訟制度（341）　　4　消費者集合訴訟制度
　　（345）　　5　団体訴訟制度における当事者適格の決まり方（350）

Ⅵ　法実現の担い手としての団体 351

事 項 索 引（353）

xiii

初 出 一 覧

第 1 編　第 1 章　「消費者団体訴訟の立法的課題 —— 手続法の観点から」NBL 790 号
　　　　　　　　　（2004 年）44 頁以下

第 1 編　第 2 章　「訴訟法の観点から見た消費者団体訴訟制度」ジュリスト 1320 号
　　　　　　　　　（2006 年）61 頁以下

第 2 編　第 1 章　「暴力団追放団体訴訟の立法における理論と展望」NBL 969 号（2012
　　　　　　　　　年）24 頁以下

第 2 編　第 2 章　「暴追団体訴訟制度の成立の経緯および内容と課題について」NBL
　　　　　　　　　1023 号（2014 年）14 頁以下

第 3 編　第 1 章　「集合的権利保護訴訟制度の構築と比較法制度研究の意義 —— アメ
　　　　　　　　　リカのクラスアクションを中心として」NBL 882 号（2008 年）9 頁
　　　　　　　　　以下

第 3 編　第 2 章　「ノルウェーにおけるクラスアクション（集団訴訟制度）の概要
　　　　　　　　　（上）（下）」NBL 915 号 46 頁以下，916 号 51 頁以下（2009 年）

第 3 編　第 3 章　「ブラジルにおけるクラスアクション（集団訴訟制度）の概要」
　　　　　　　　　NBL 961 号（2011 年）48 頁以下

第 3 編　第 4 章　「アメリカ合衆国連邦取引委員会（FTC）による消費者保護のため
　　　　　　　　　の公益的な民事訴訟の概要 —— わが国における新たな消費者保護訴
　　　　　　　　　訟制度の構築に向けて」青山善充先生古稀祝賀『民事手続法学の新
　　　　　　　　　たな地平』（有斐閣・2009 年）493 頁以下

第 4 編　第 1 章　「消費者利益の保護と集合的訴訟制度」現代消費者法 1 号（2008 年）
　　　　　　　　　87 頁以下

初 出 一 覧

第 4 編 第 2 章 　　　「集団的消費者被害救済制度の展望と課題」現代消費者法 8 号（2010 年）4 頁以下

第 4 編 第 3 章 　　　「集団的消費者被害救済制度の展望」新世代法政策学研究 11 号（2011 年）239 頁以下

第 5 編 第 1 章 　　　「消費者集合訴訟制度の理論と課題」NBL 1016 号（2014 年）41 頁 以下

第 5 編 第 2 章 　　　「消費者集合訴訟制度の構造と理論」伊藤眞先生古稀祝賀『民事手続 の現代的使命』（有斐閣・2015 年）595 頁以下

第 6 編 　　　「団体訴訟制度 ── 第三の法実現の担い手」長谷部恭男ほか編集委 員『岩波講座 現代法の動態 5 法の変動の担い手』（岩波書店・2015 年）287 頁以下

本書のコピー，スキャン，デジタル化等の無断複製は著作権法上での例外を除き禁じられています。本書を代行業者等の第三者に依頼してスキャンやデジタル化することは，たとえ個人や家庭内での利用でも著作権法違反です。

第1編
消費者団体訴訟制度の立法と評価

第1章
消費者団体訴訟制度の立法的課題

〔初出：2004 年 8 月〕

多発する消費者被害を効果的に防止および救済するために，ヨーロッパ型の消費者団体訴訟制度の早期の導入を目指して，国民生活審議会の消費者政策部[補注 1]会に消費者団体訴訟制度検討委員会[補注 2]が設置され，2004 年 5 月から集中的に審議が行われている。消費者団体訴訟制度は，わが国にはこれまで存在しなかった新しい試みであるため，その導入に際しては，制度の具体的な内容や必要な法制上の措置に関して，多方面からの慎重な検討を必要とする。本稿は，そのうちの手続法上の問題点について，若干の理論的な考察を行うものである。

[補注 1]

　本稿にいう「国民生活審議会」とは，2003 年 7 月から 2005 年 7 月にかけて内閣府に設置された第 19 次国民生活審議会である。

[補注 2]

　筆者は，2002 年から 2003 年にかけて内閣府国民生活局内の研究会である「消費者組織に関する研究会」において委員長を務め，本稿執筆当時も，「国民生活審議会消費者政策部会」および「消費者団体訴訟制度検討委員会」に委員および委員長代理として参加した。本稿は，これらにおける議論や資料に負うところが少なくないが，意見にわたる部分は筆者の私見である。

I　はじめに

現在，消費者団体訴訟を導入するための新たな立法を念頭に置いて，国民生活審議会消費者政策部会に設置された消費者団体訴訟制度検討委員会を中心として議論が行われているが，こうした消費者団体訴訟制度の立法にあたっては，実体法的な検討と並んで手続法の観点からの検討が必要である。

伝統的な手続法の考え方によれば，民事訴訟における当事者適格は，具体的

2

な権利・利益の帰属主体本人，または，帰属主体の意思もしくは法律の規定によって具体的な権利・利益の管理権を付与された者（管理権者）にしか認められないのが原則である。しかし，消費者団体訴訟は，消費者保護という政策目的を実現するための法的手段として，従来の一般的な考え方では具体的な権利・利益の帰属主体または管理権者とは言いがたい消費者団体に対し，立法で創設的に当事者適格を付与する制度であるため，伝統的な手続法の考え方の枠内には必ずしも収まらない。

そして，このことから必然的に導かれる結果として，原告として具体的に訴訟を追行する消費者団体と，抽象的な消費者利益の主体である消費者一般とが乖離するため，消費者団体の訴訟追行権を，通常の訴訟における原告と同じに処遇してよいかどうかも，問題とならざるを得ない。また，消費者団体訴訟の典型例とされる約款の不当条項の差止訴訟では，個別の消費者被害の事例を離れて約款そのものの違法性が審査されるため，通常の民事訴訟に要求される事件性や争訟性の要素が乏しく，その意味では抽象的審査訴訟の性格を有することも否定できない。さらに，消費者団体訴訟は，消費者保護という目的を実現する手段としての性格を有するので，判決効をどのような範囲に及ぼすかという問題については，理論によって一義的に決し得るものではなく，政策的な観点を加味しながら考察を加えていく必要がある。

消費者団体訴訟制度の制度設計にあたっては，こうした通常の訴訟とは異なる要素を，問題となる局面ごとに検討していかなければならない。具体的に検討を要すると思われる主要な論点は，重複訴訟の処理，処分権主義の適用の有無，弁論主義の適用の有無，判決効の客観的範囲，判決効の主観的範囲などである。以下，この順番で検討を加えていくことにするが，これらを議論するにあたっての前提として，まず，団体訴訟の訴訟物たる権利である団体訴権の法的性質と消費者団体訴訟の対象を検討することから始めたい。

II　団体訴権の法的性質

1　ドイツにおける議論

すでに多くの文献で紹介されているように，ドイツでは，団体訴訟において

第 1 章　消費者団体訴訟制度の立法的課題

団体が有する提訴権の法的性質をめぐって，古くから激しい議論の対立がみられた。すなわち，それぞれの個人または法人に帰属する請求権を団体が法定訴訟担当として行使するものとする見解（法定訴訟担当構成），団体固有の実体法上の請求権を認める見解（固有権構成），実体法上の請求権または実体法上の主体を伴わない被告の不作為義務のみに対応する特殊な提訴権とみる見解（不作為義務構成），原告の権利や利益とは無関係に抽象的な規範統制を目的とする民衆訴訟であるとする見解（民衆訴訟構成）などが唱えられている[1]。ドイツでは，これらのうち，固有権構成が通説・判例であるとされてきた[2]。

このように団体訴訟における提訴権の法的性質を論ずることの意義については，重複訴訟の処理や既判力の抵触などの諸問題についてのあるべき解決または対応を，演繹的かつ体系的に導くことができるところにあるとされる[3]。たとえば，法定訴訟担当構成によれば，異なる団体がそれぞれ訴えを提起した場合においては，同一の訴訟物について複数の訴えが提起されていることになるので，重複訴訟または既判力の抵触等の議論が認められやすいのに対し，固有権構成によれば，別個の訴訟物に関する訴えであるから，重複訴訟や既判力の抵触は問題とはならないという結論になりやすいとされる。

2　法的性質論の意義

しかし，このように提訴権の法的性質を一義的に確定し，それによって演繹的に結論を導こうとするアプローチは，以下の理由により，さほど建設的であるとは考えられない[4]。

---

1)　内山衛次「消費者団体訴訟の諸問題——西ドイツの議論を中心として」阪法 140 号（1986年）45 頁・48 頁，上原敏夫『団体訴訟・クラスアクションの研究』（商事法務研究会・2001年）34 頁，総合研究開発機構＝高橋宏志編『差止請求権の基本構造』（商事法務研究会・2001年）137 頁〔髙田昌宏〕，河村好彦「団体訴訟制度の意義および問題点——処分権主義・弁論主義の適用などを中心として」法研 77 巻 2 号（2004 年）71 頁・73 頁等参照。

2)　ドイツでは，消費者保護に関する一連の EU 指令を受けて，2000 年 6 月 4 日に「隔地契約および消費者法のその他の問題ならびにユーロへの諸規定の切替えに関する法律」が公布され，これによって不正競争防止法および普通取引約款規制法が改正された結果，団体の有する提訴権は団体固有の権利であることについて，立法による決着がなされたとされる。以上につき，総合研究開発機構＝高橋編・前掲注 1) 164 頁〔髙田〕，河村・前掲注 1) 77 頁等参照。

3)　法的性質を論ずることの有益性を説く見解として，総合研究開発機構＝高橋編・前掲注 1)134 頁・165 頁（注 3）〔髙田〕，河村・前掲注 1) 73 頁等参照。

4

Ⅱ　団体訴権の法的性質

　第1に，消費者団体訴訟における提訴権の性質といっても事件の類型や対象ごとに必ずしも一様ではなく，これを一義的に確定することは困難である。たとえば，約款条項の使用差止めを求める団体訴訟では，個々の具体的な契約を離れて抽象的に法律問題を審査するので，審判対象は特定事件や個別的権利と直接的に連結しない拡散的権利の性格が強く，実質的には抽象的な規範統制の手段としての民衆訴訟の要素が混入していることを否定しがたい。これに対し，仮に消費者団体訴訟の対象を不実告知などの個別的な勧誘行為にまで拡げる場合には，個々の特定事件の事実状況を審査せざるを得ないので，審判の対象は特定事件における個別的権利の集合体である集合的権利の性格を帯び，実質的には法定訴訟担当の要素がないとはいえない[5]。

　第2に，重複訴訟や既判力の抵触に関する諸問題が，提訴権の法的性質に関する見解と必然的に結び付くとは必ずしもいえない。特に，前述したように，提訴権の法的性質が複合的である場合はなおさらである。また，不作為義務構成や民衆訴訟構成を採った場合，ドイツでは重複訴訟や既判力の抵触について消極的な結論が導かれる傾向がみられるようであるが[6]，これらの法的構成から論理的に一定の結論が導かれるとは考えにくい。

　第3に，立法の段階では，提訴権の法的性質を論ずるという作業にはあまり意味がない。なぜなら，仮に重複訴訟や既判力の抵触などが現実的に問題となるのであれば，提訴権の法的性質にかかわらずその問題を除去するための立法措置を講ずべきであるし，他方，そのような問題が現実的にはないのであれば，提訴権の法的性質を論ずることの実益はほとんどない。そして，今日の柔軟で

---

　4)　上原・前掲注 1) 275 頁は，法的性質の決定は問題の解決に直結しないとする。また，同 375 頁および 381 頁注(8)は，提訴権の理論的根拠はあくまでも二次的な問題であり，ドイツにおける不正競争防止法や約款法の立法過程でも，団体訴権の理論構成や民事訴訟法理論との関係は，あまり議論されていないとする。

　5)　個人的権利に対立する概念としての集団的権利の性質や種類については，近年，各国でさまざまに分析が進められている。イタリアでは，これを「拡散的権利（diffuse right）」と「集合的権利（collective right）」に分類する試みが盛んである。*See, e.g.*, Richard Cappalli and Claudio Consolo, *Class Actions for Continental Europe? A Preliminary Inquiry*, 6 TEMP. INT'L & COMP. L. J. 217, 264-66 (1992). これに対し，ブラジルでは，これらに「同種個別的権利（homogeneous individual right）」を加えた3種類に分類する試みがなされている。*See* Antonio Gidi, *Class Actions in Brazil: A Model for Civil Law Countries*, 51-2 AM. J. COMP. L. 311, 349-363 (2003).

　6)　内山・前掲注 1) 51 頁参照。

5

第1章　消費者団体訴訟制度の立法的課題

多様な民事訴訟法理論を前提にすれば，団体訴権の法的性質がどのようなものであれ，それに硬直的な形で縛られることなく，これらの問題に関する適切な解決や対応を無理なく導くことが理論的にも十分に可能であるからである[7]。

3　法的性質の措定

このように，提訴権の法的性質を論ずることにさほど大きな意味はないと考えられるが，これから具体的な問題を理論的に論じていく際には，議論を進めていくうえでの論理的な前提として，あるいは無用の誤解や混乱を招くことのないように，とりあえず一定の法的性質を措定しておくことが望ましいとはいえよう。本稿では，以下の理由により，固有権構成を前提として議論を進める。

第1に，固有権構成は，民事訴訟の伝統的な基本構造に最も忠実な立場であり，すべての者に共通的な理解が可能な土俵の上で，議論を展開することができる。

第2に，団体訴権は，立法によって消費者団体に創設的に付与される権利であるので，その法的性質は政策的に自由に決定できるが，その際には固有権構成を採ることが最も単純で無理がない。

第3に，ドイツにおいて固有権構成が採られているほか，その他の EU 諸国においても，筆者の知る限りは，実質的に固有権構成と同じ考え方を前提として，立法および運用が行われているようである。

第4に，提訴権を付与された団体は，提訴権を行使するに先立って相手方に警告を行い，相手方がこれに応じる場合には約款等の修正を両者で合意するなどして，訴訟に至る前に解決を図ることが考えられるが，このように訴訟外において警告や合意を行う際の団体の地位や権限を説明するには固有権構成が最も容易である。

第5に，固有権構成における実体的な基礎としては，消費者一般の利益を擁護することを活動目的としている消費者団体の固有の利益，あるいは，消費者

---

7)　上原敏夫「団体訴訟について」法の支配 127 号（2002 年）19 頁・24 頁は，提訴権の法的性質と重複訴訟や既判力の抵触などの問題との関係につき，ドイツにおいては，「このような問題が実際の事案で問われることはほとんどないようであり，理論的な解明もさほど進められているわけではない」とする。

6

一般に代わる市場の監視者としての任務を有する消費者団体の固有の利益など
を想定することが可能である。

　このように，議論の前提として固有権構成を採るものとすると，理論的には，
消費者団体訴訟の基本構造は通常の民事訴訟と大きく異ならないということに
なる。しかし，こうした法的性質だけから結論を演繹的に導くことは妥当では
なく，[8] 現実的な問題の所在とそれに対処するための立法措置の要否を，機能的
な視点から具体的な場面ごとに考えていく必要があることは，すでに述べてき
たところである。

Ⅲ　消費者団体訴訟の対象

1　従来の議論

　従来，消費者団体訴訟の対象とすべきものとして議論されているのは，約款
の不当条項の使用または推奨の差止め [9]（以下，「不当条項の差止め」という），不
当表示または不当広告の使用の差止め（以下，「不当表示の差止め」という），不
実告知などの個別的な不当勧誘行為や威迫的な履行の督促などの個別的な不当
督促行為の差止め（以下，「不当個別勧誘行為等の差止め」という），違法な取引行
為を行った事業者に対する損害賠償請求などである。[10] しかし，これらの中には，
抽象的に法律問題を審査することを内容とする抽象的審査訴訟に近い性格を有
するものもあれば，個々の取引や契約を具体的に審理することを内容とする具
体的審査訴訟に近い性格を有するものもあり，一律に議論することは妥当では
ない。

　強いて一般論を述べるとすれば，特定事件の事実状況に直接的に連結しない
抽象性の高い訴訟は，消費者個人が訴訟を起こすことを期待することが困難で
あり，団体訴訟の対象とすべき要請が相対的に高い。これに対し，特定事件の

---

　8)　総合研究開発機構＝高橋編・前掲注 1) 142 頁〔髙田〕は，団体固有の請求権を肯定する場
　　合であっても，必ずしも従来の請求権や訴訟追行権ではカバーできない問題が出てくるとする。
　9)　ここでの「推奨」とは，経済団体や職業団体がその構成員に対し，特定の約款条項の使用を
　　勧める場合など，不特定または多数の者に使用を勧めたり促したりすることをいう。
　10)　消費者組織に関する研究会『消費者団体を主体とする団体訴訟制度と消費者団体の役
　　割――消費者組織に関する研究会報告書』（内閣府国民生活局・2003 年）（以下，「研究会報告
　　書」という）20 頁参照。

第1章　消費者団体訴訟制度の立法的課題

事実状況を審査せざるを得ないような訴訟は，団体が代表して訴訟を追行する意義が相対的に低下するし，団体訴訟制度を構築するに際しては克服しなければならない課題が生じやすいといえる。

　なお，過去の被害に対する損害賠償請求については，将来の被害に対する差止訴訟の場合とはかなり異なった検討を要することになるので，別途，IXにおいて，まとめて取り上げることにしたい。そこで，ここでは，不当条項の差止め，不当表示の差止め，不当個別勧誘行為等の差止めについて，それぞれ具体的に検討する。

2　不当条項の差止め

　まず，不当条項の差止めであるが，これについては，約款が不特定かつ多数の消費者を相手方として反復的かつ継続的に使用され，多数の被害が発生するおそれが高いことを考えれば，消費者団体訴訟の対象とすることの必要性は高い。また，約款は，多数の契約の画一的な処理を予定して作成された定型的な契約条項であり，多くの場合には印刷された契約書として存在しているから，差止めの対象として十分な特定性を有する。さらに，不当条項の差止めは，印刷物として存在する当該条項の文言を見るだけでその適否を判断することが可能であり，個々の取引や契約を具体的に審理する必要はないので，取引や契約の当事者ではない消費者団体による訴訟追行になじみやすいといえる。このようなことから，消費者団体訴訟が導入される場合には，不当条項の差止めがその対象となることについては論者の間でほとんど争いがない。

　ちなみに，不当条項の差止めについては，約款における不当条項に限定する必要はないという考え方もある。たとえば，フランスの消費者法典やEUの1993年不正条項指令は，規律の対象を約款には限定していない（これらの詳細については，鹿野論文を参照）。このように対象を約款に限定しない考え方を採用する場合には，あらかじめ印刷された契約条項が反復的・定型的・組織的に用いられるときは，前述の約款について述べたところがほとんど妥当するものと考えることができよう。また，取引ごとに個別的に契約条項が作成されるときは，後述の不当個別勧誘行為等の差止めに類似するものとして扱うことができるであろう。

［補注3］

鹿野菜穂子「消費者団体訴訟の立法的課題——団体訴権の内容を中心に」NBL790号（2004年）58頁以下。

3　不当表示の差止め

次に，不当表示の差止めであるが，結論を先にいえば，約款の不当条項の差止めと類似するところが少なくない。すなわち，不当表示や不当広告は不当個別勧誘行為等とは異なり，一般的に不特定かつ多数の消費者を対象とするものであるから，その被害も消費者一般に広範に及び得るものである。また，その審理においても，個々の取引や契約を具体的に審理する必要はほとんどなく，表示や広告それ自体の適否を抽象的に判断することが可能である。差止めの対象としての特定性については，表示や広告の種類によっては対象の明確性を欠くものも考えられるが，特定の文言や画像を反復または継続して使用することが通常であろうから，ほとんどの場合には十分に特定可能であろう。

4　不当個別勧誘行為等の差止め

これらに対し，不当個別勧誘行為等の差止めに関しては，これを消費者団体訴訟の対象とすべきかどうかにつき，以下のような検討を行う必要がある。

不当個別勧誘行為等についても，消費者被害が続発しているという深刻な現状がある一方で，それぞれの被害者が自ら法的手段に訴えることが困難であることを考えれば，これを消費者団体訴訟の対象とすべき現実サイドからの要請は，十分にあるものと思われる（海外の状況およびわが国の実体法との関係については，鹿野論文を参照）。
［補注4］

しかし，他方において，法技術上の課題や実効性については，以下のような疑問がないではない。まず，個々の勧誘行為等それ自体は，当該消費者との関係では将来における反復の可能性は低く，したがって差止めの対象としての一般性を欠く。そこで，不当個別勧誘行為等を団体訴訟に取り込む場合には，個々の勧誘行為等に共通する根幹部分を抽出して，それを具体的な差止めの対象とすることが考えられる。具体的には，勧誘行為等がマニュアルや定型的な手法を用いて組織的に行われている場合には，マニュアルや定型的手法を差止

第1章　消費者団体訴訟制度の立法的課題

めの対象とすることなどが典型的に考えられる例である。しかし，仮にこのような差止めが認められたとしても，その後に実際に行われた具体的な勧誘行為等が，このマニュアル等を使用してなされたものか否かの判断は，必ずしも容易ではないであろう。また，勧誘行為等がこのマニュアル等からわずかに逸脱している場合には，それが差止命令違反に当たるかどうかの判断も，容易ではない場合があろう。

したがって，こうした問題を適切に克服することができるかどうか，あるいは実効性ある制度を作ることができるかどうかを，慎重に検討していく必要があるものと思われる。

　　［補注4］
　　　鹿野・前掲［補注3］60頁以下。

Ⅳ　重複訴訟の処理

1　問題の所在

消費者団体訴訟において，複数の団体に提訴権が与えられる場合には，各消費者団体の有する提訴権の相互関係について考えなければならない。最も典型的には，ある消費者団体が提起した団体訴訟の係属中に，他の消費者団体が同一の事業者による同一の行為を対象として団体訴訟を提起することを，重複訴訟の禁止（民事訴訟法 142 条参照。以下，条文を引用するときは，特に断らない限り民事訴訟法の条文とする）の規定または趣旨に抵触するものとして，何らかの制限を加えるべきかどうかが問題となる。[11]

消費者団体訴訟における提訴権の法的性質は団体固有の権利であるという前提（固有権構成）を採るとすれば，古典的な民事訴訟法理論に従う場合には，異なる消費者団体を原告とする団体訴訟ごとに訴訟物も異なるから，重複的な訴えの提起が妨げられることはないはずである。しかし，これまで述べてきたように，重複的な訴えの提起が現実に問題となるのであれば，提訴権の法的性質が何であれ，その問題に対応するための立法措置を考えるべきである。すな

---

11)　消費者団体と並んで消費者個人にも提訴権を認める場合には，消費者団体の提訴権と消費者個人の提訴権の関係や，消費者個人相互間の提訴権の関係も，併せて問題となり得る。

わち，重複訴訟の問題に対して，どのような立法措置を講ずべきかという問題
は，現実面からの要請の有無にかかっている。

また，現代的な重複訴訟論の見地から考えてみても，実質的な審理の重要部
分が重複する事態が生じる場合には，司法資源の効果的な活用と裁判所の判断
の抵触回避のために，訴訟物の異同にかかわらず，重複訴訟の問題として何ら
かの処理をすることが望ましい。そして，その場合における処理方法について
も，単純な前訴優先ルールに従って後訴を却下するだけではなく，審理の併合
や中止を中心とする手続運営論的な処理を検討する必要がある。[12]

2　現実の必要性

そこで，わが国で新たに導入される消費者団体訴訟において，重複訴訟に対
応するために立法措置を講ずる必要があるかどうか，必要がある場合にどのよ
うな立法措置が妥当かは，複数の団体が提訴権を重複的に行使する事態が生じ
る可能性が，現実にどのくらいあるのかによって左右される。

仮に提訴権を付与される適格団体の数がごくごくわずかであれば，現実問題
として，重複訴訟を論ずる必要性は少ないことになる。また，適格団体の数が
多数であっても，消費者団体が相互にネットワークや連携を結んで，事件ごと
に提訴権を行使する代表団体を選定したり，一般的に提訴権を行使する上部団
体を組織したりすることが常態として想定される場合にも，重複訴訟の問題は
あまり生じない。さらに，消費者団体ごとに専門分野や地域性などを基準とし
て役割分担がなされ，ある団体が提訴権を行使した場合には，他の団体は自ら
提訴権を行使することを差し控えるといった事実上の活動規範が形成されたり，
あるいは，他の団体は情報提供や資金援助などの側面支援に回るということが
常態化した場合にも，やはり重複訴訟はさほど深刻ではなくなる。なお，こう
した活動規範を促すための立法措置として，消費者団体が提訴権を行使する場
合には，提訴の事実を広く公表しなければならないとする義務や，できるだけ
他の団体と共同または協調して行うことを要するとする義務を課すことも考え
られる。

---

12)　三木浩一「重複訴訟論の再構築」法研 68 巻 12 号（1995 年）115 頁以下〔三木浩一『民事
訴訟における手続運営の理論』（有斐閣・2013 年）266 頁以下所収〕参照。

第1章　消費者団体訴訟制度の立法的課題

　現実に活動する消費者団体の数を予想するための手がかりとしては，消費者団体の活動費用に関して出されたある試算が参考になる。この試算によれば，1つの消費者団体が団体訴訟制度の主体として活動するための年間経費は，年間3件程度のさほど多くない訴訟の数を想定したとしても，約700万円から800万円に達するということである[13]。したがって，わが国において，団体訴訟制度を現実に担っていくだけの力がある消費者団体は，さほど多くないのではないか，とも考えられる。

3　立法の方向性

　それでは，重複訴訟の弊害が現実的な問題として浮上してくる場合には，どのような立法的な手当てを考えるべきであろうか。

　まず，複数の消費者団体が同一の事業者に重複的に提訴権を行使することは，実務的にはほとんどあり得ないとして，特段の立法措置を講じないという選択肢が考えられる[14]。しかし，この場合には，裁判所の裁量による弁論の併合等の余地はあるにせよ，被告のイニシアティブで複数応訴の負担を回避することのできる制度的な保障を欠くことになるので，被告となる事業者サイドの納得が得られなくなるとの事態も考えられないではない。

　そこで，次に，一定の立法措置を講ずる場合であるが，考えうる最も単純な立法は，他の消費者団体が重ねて訴えを提起することを禁ずる規定を設けることである。しかし，すべての適格団体が法律によって平等に提訴権を与えられていることや，最初に提起された団体訴訟が最も適切であるとは限らないことなどを考えると，単純な前訴優先ルールの適用によるこのような機械的な処理は妥当ではない。むしろ，弁論の併合や手続の中止に関する手続運営論的な規定を設けるべきはないかと思われる。

　このような立法措置による場合には，義務的な併合または中止の規定と裁量的なそれとが選択肢として考えられる。しかし，第1の訴えと第2の訴えとで

---

13)　2004年1月24日に大阪で開催された「消費者団体訴訟制度を考える連絡会議」の設立総会における黒木理恵弁護士（NPO法人消費者ネット関西理事）の報告。

14)　比較法的には，ドイツ，イギリス，フランス，オランダ，イタリアなど，EUの主要国では，重複訴訟の処理に関する特段の規定は設けられていない。

差止対象の同一性が審理を尽くさないと明らかにならない場合や，第1の訴え
と第2の訴えとで審級が異なる場合など，義務的な処理にはなじまないケース
がいろいろと想定し得るので，裁判所の裁量による弁論の併合または手続の中
止を認める規定を設けるべきものと考える。

V　処分権主義の適用関係

1　問題の所在

　消費者団体訴訟の法的性質をどのように考えるにせよ，消費者団体訴訟が現
実に訴訟主体となることが困難な消費者一般に代わってその利益を擁護するた
めの制度である以上，実質的には，一定の公益性を有することには疑いがない。
したがって，当事者主義に基礎を置く処分権主義および弁論主義が，通常訴訟
と同様に適用されるべきかどうかは，理論的および実質的な観点から検討して
おくべき課題といえる。
　やや蛇足ながら，念のために，団体の有する提訴権の法的性質論との関係で
いえば，固有権構成や法定訴訟担当構成によれば，通常の民事訴訟と同様に処
分権主義および弁論主義が適用されるという結論になりやすい。これに対し，
民衆訴訟構成では，団体による提訴権の行使に国家と同様の意味における公益
の代表者としての意味を持たせようとするため，処分権主義および弁論主義の
適用可能性について，何らかの制限を加えるべきであるとする結論になりやす
い。[15]
　しかし，ここでも，提訴権の法的性質とリンクさせた議論は非生産的であり，
処分権主義および弁論主義の具体的な発現場面ごとに実質的な検討を加えてい
く必要がある。

2　処分権主義一般

　まず，処分権主義一般に関していえば，訴えの取下げ（261条），請求の放棄
（266条・267条），訴訟上の和解（267条）が問題となる。

---

　15)　河村・前掲注 1) 79頁参照。

第1章　消費者団体訴訟制度の立法的課題

　これらのうち，訴えの取下げについては，その効果は訴訟係属の遡及的な消滅であり（262条1項），結局のところ，団体が提訴権を行使しなかったのと同じことになるだけであるので，これを認めることに格別の問題はないと考えられる。これに対して，請求の放棄は，原告の敗訴と同じ効果を生じる点が問題となり得る。しかし，後述するように，団体訴訟における判決効の主観的範囲は，通常の訴訟と同じく相対効の原則に従って訴訟当事者である団体と事業者の間でだけ生じると考えられるとすれば，放棄調書の効力の主観的範囲もこれと同様に解されるので，請求の放棄を認めても特に差し支えはない。

　これに対し，訴訟上の和解については，請求の放棄とは別個の考慮を要する。なぜなら，訴訟上の和解がなされると，それによって新たな法律状態や事実状態が形成されるため，法律的には和解の効力は当事者間にとどまるとはいえ，その事実上の影響として，消費者一般に不利益が及ぶ可能性があるからである。たとえば，約款の特定の条項を変更するという和解がなされたが，変更された条項が消費者にとって一層不利な内容である場合には，その条項が現実に使用されることによって，消費者に対する事実上の影響や被害が考えられる。このような危険を重視するとすれば，訴訟上の和解は裁判所の許可を要件とする等の規定を設けることも考えられる。

3　訴訟上の和解

　しかし，以下の理由により，訴訟上の和解についても，裁判所の許可などの特別な規定を設ける必要はないものと考える。

　第1に，適格団体の認定を適正に行うことにより，適切な和解を行うことができる団体を選抜することこそが，適格団体のみに提訴権を認める団体訴訟という制度の本来のあり方である。

　第2に，訴訟上の和解においては，和解の形成過程に裁判所が実質的に関与するため，不当な内容の和解がなされる可能性は低いと思われる。

　第3に，実務的には，団体訴訟を提起する前に団体が事業者に対して警告を行い，これに伴って訴訟外での和解が行われることが多いと思われるので，訴訟上の和解のみを制限することにさほどの意味はない。

　第4に，アメリカのクラスアクションにおいては，クラスの代表者が被告と

和解をするには裁判所の承認やクラス構成員への通知などが要求されているが[16]，クラスアクションにおける和解はクラスの構成員を拘束する点で，団体訴訟における訴訟上の和解とは異なる。

4 申立事項の拘束力

処分権主義との関係でもう1つ問題となり得るのは，申立事項の判決事項に対する拘束力（246条）をどのように考えるかである。たとえば，ある約款の中のA条項の使用差止めを求めて提起された団体訴訟において，裁判所は，これとは異なるB条項の使用差止めを命ずることができるか，あるいは，A条項を含む一群の条項の使用差止めを命ずることができるか，といった問題である。考え方としては，消費者一般の利益という公益の保護のために，消費者団体訴訟においては通常の訴訟の場合よりも裁判所の後見的な介入の要請がより強く認められるので，一定の限度で処分権主義が後退することになり，裁判所は当事者の申立てを超えて審判範囲を拡張することなども許されるという立場も，それなりにあり得るであろう[17]。しかし，以下の理由により，そのような考えを採るべきではない。

第1に，ここでも，適格団体の認定を適正に行うことにより，適切な訴訟物を選択することができる団体を選抜することこそが，団体訴訟という制度の本来のあり方である。

第2に，消費者一般の利益を適切に代表する消費者団体と被告となった事業者の双方が，訴訟という公平なフォーラムにおいて対等の立場で攻防を尽くすことこそが，民事訴訟制度を使って消費者保護の実現を目指す団体訴訟の役割と限界であり，あえて裁判所の職権による介入を強化すべき理由はない。

第3に，申立事項の拘束力からの逸脱を安易に認めると，判決の予測可能性が低くなり，当事者にとって不意打ちとなるおそれがある。

このように，一般論としては，申立事項の拘束力は，消費者団体訴訟でも維持されるべきであると解する。しかし，具体的な事件においては，拘束力の及ぶ範囲の判断が容易ではない場合も，少なくないように思われる。

---

16) See FED. R. CIV. P. 23(e).

17) ドイツの議論につき，内山・前掲注1) 60頁，河村・前掲注1) 78頁参照。

第 1 章　消費者団体訴訟制度の立法的課題

たとえば，大学への入学辞退に伴う学納金の不返還条項について，その使用差止めを求める団体訴訟が提起された場合を想定してみる。最近の下級審裁判例の傾向では，入学金については返還義務がないが，授業料の不返還条項は消費者契約法 9 条 1 号により無効であり，大学は返還義務を負うとするものが多い[18]。こうした判断を前提とすると，団体が差止めを求めたのが 1 個の特定の条項であった場合に，拘束力の及ぶ範囲はその 1 個の条項なのか，それとも 1 個の条項の中の入学金に関する部分と授業料に関する部分に分けて考えるべきなのか，という問題が生じる。

また，これとは反対に，特定の条項の不当性が他の条項や約款全体の不当性と不可分的に関連する場合には，拘束力の及ぶ範囲をその 1 個の条項だけと考えてよいのか，といったことも問題となり得る。しかし，これらの問題は，何も消費者団体訴訟に固有の問題というわけではなく，差止訴訟一般における訴訟物の特定の問題に帰着する。したがって，具体的な事件における事実認定または法的整理の問題として処理していくべき事柄であると思われる。

VI　弁論主義の適用関係

弁論主義の適用の有無については，どのように考えるべきであろうか。この点につき，ドイツでは，一定の限度で弁論主義の適用が排除されるとする見解がみられる[19]。たとえば，約款の違法性の判断については，取引の具体的な状況や社会の経済事情などを考慮する必要がある場合もあれば，約款の条項のみを審査するだけで直ちに違法性の有無が判断できる場合もあるが，後者の場合には弁論主義が排除されるとする見解がある。また，約款の違法性に関する審理において，約款そのものの規範的な内容に関する事実と，それ以外の単純な事実とを区別して，後者の単純な事実については弁論主義の適用を認めるが，規範に関する事実についてはこれを排除するという見解もある。

しかし，筆者の見るところ，これらの見解が言わんとするところは，消費者団体訴訟の性質や構造とは必ずしも関係はない。すなわち，約款の違法性を審

---

18)　大阪地判平成 15・10・6 判時 1838 号 104 頁など。

19)　河村・前掲注 1) 79 頁参照。

査する場合には約款それ自体によって判断が可能であることが一般であり，約款以外の証拠方法はほとんど必要ないという立証における現実を述べているにすぎないように思われる。あるいは，法規には弁論主義が適用されないという伝統的な議論の延長線上にある見解かもしれないが，約款の違法性の判断が事実を基礎にしてなされることは疑いがないし，法的観点に関する審理についても弁論権の保障は必要であるから，あえて弁論主義の適用を排除しなければならない理由はない。

したがって，弁論主義も，通常の訴訟におけるのと同様に適用されると解すべきである。

Ⅶ 判決効の客観的範囲

1 問題の所在

差止請求訴訟の判決効を考えるに際しては，差止判決の対象として特定された侵害行為と，差止判決を無視して現実に行われた侵害行為との同一性が問題となる。差止判決が出される段階で予測的に特定された侵害行為と，その後に現実に行われる侵害行為との間に，ある程度のずれが生じることは，多くの場合には避けられない。したがって，侵害行為の同一性を厳密に要求してしまうと，そのずれがわずかであっても判決効は及ばないということになる。また，被告の側で禁止された侵害行為をわずかに変更した行為をするだけで，判決効を簡単にかわし得ることにもなりかねない。

他方において，同一性を厳密に要求しないものとすると，判決効の客観的範囲が当事者や事実上の影響を受ける第三者にとって不明確となり，無用の萎縮効果をもたらすおそれがある。こうした問題は，消費者団体訴訟においては，不当条項の使用を禁止する差止判決に対して，当該条項の文言の一部を削除した場合や，表現を部分的に変化させた場合において，これを用いて行った取引が差止判決の禁止に触れるかどうかというような形で顕在化する。

こうした問題への対応の仕方としては，大きく分けて，差止判決の対象とな

---

20) 竹下守夫＝伊藤眞編『注釈民事訴訟法(3)』（有斐閣・1993年）68頁〔伊藤眞〕，および，そこに挙げられている文献参照。

る侵害行為については具体的な特定を要求しつつ判決効の及ぶ範囲の拡大を図っていく方法と，差止判決の対象となる侵害行為を抽象的に特定することを柔軟に認める方法とが考えられる。

2　ドイツにおける核心説

ドイツでは，差止判決の主文には具体的に特定した侵害行為を禁止する旨が記載されるが，差止判決の効力はその判決主文に記載された侵害行為と「核心」を同じくする他の侵害行為にも及ぶとする核心説（Kerntheorie）が，通説・判例として支持されている。[21]すなわち，差止判決で禁止された行為と異なる行為がなされた場合でも，それが差止判決で禁止された侵害行為と本質を同じくするものであれば，その差止判決で禁止されている行為と同視されて，そうした行為にも禁止の効果が及ぶことになる。[22]

しかし，この核心説については，以下のような問題点も指摘されている。[23]第1に，核心という概念の意味が明らかではないため，判決効の範囲が不明確とならざるを得ない。第2に，ある行為が差止判決で禁止された行為と核心を同じくするかどうかの判断は，執行裁判所が行うことになるため，実質的に執行裁判所が判決裁判所の機能を代替することになり，実体権の存否は厳格な手続に基づいて判決裁判所が判断するという民事訴訟法の基本構造が阻害される。第3に，執行裁判所による核心の解釈は既判力ある判断ではないから，核心の解釈に関して法的安定性を確保することができない。

3　抽象的な特定を許容する見解

核心説のような考え方に対し，差止判決の対象となる侵害行為の抽象的な特定を許容することによって，差止判決の実効性を確保しようとする考え方もある。こうした考え方は，差止訴訟の中でも，とりわけ商標権侵害に対する差止

21）　上村明広「差止請求訴訟の訴訟物に関する一試論」岡法 28 巻 3 = 4 号（1979 年）（以下，「上村＝試論」という）107 頁，同「差止請求訴訟の機能」新堂幸司 = 谷口安平編『講座民事訴訟②訴訟の提起』（弘文堂・1984 年）（以下，「上村＝機能」という）273 頁，293 頁。

22）　ドイツでは，差止判決の対象である行為と等価の行為も同じく違法とする等価行為説なども唱えられているが，実質的にみて核心説と大差はない。

23）　上村＝試論・前掲注 21）108 頁参照。

判決について議論されることが少なくない。商標権については，差止判決で禁止された侵害行為をわずかに変更して潜脱を試みることが比較的容易であることが，その大きな理由であろうと思われる。

たとえば，アメリカでは，裁判所が差止命令を発令するには原則として対象を具体的に特定する必要があるが[24]，商標権侵害の事案では，「誤認または混同を引き起こすおそれのあるすべての商標」というような概括的な特定も許される[25]。わが国でも，商標権侵害に対する差止訴訟において，抽象的な特定の可能性を模索する議論がある[26]。消費者団体訴訟における不当条項や不当広告の差止めの場合も，差止判決を受けた条項や広告をわずかに変更することは容易であるので，問題状況は酷似しているともいえる。

また，差止訴訟一般に対する議論の文脈においては，一定の基準の下に抽象的な特定で足りるとする見解が主張されている[27]。たとえば，保護範囲説と呼ばれる見解は，具体的な侵害行為を通して権利や利益の保護範囲を明らかにし，その保護範囲を基準にして禁止の対象を包括的に限界づけるという考え方である。この考え方によると，保護範囲に含まれる事項に対するすべての侵害行為が，1個の不作為請求権に包含される。また，侵害結果説と呼ばれる見解は，不作為請求の特定方法として，禁止されるべき侵害行為を特定するという方法のほか，侵害の結果によって特定するという方法を認める考え方である。

しかし，こうした抽象的な特定を認める考え方に対しては，当然のことながら，差止めの対象が不明確となるという批判が予想される。

4 立法の方向性

このように，いずれの考え方を採っても，それなりの問題があることは否定できない。しかし，こうした問題は，あらゆる差止請求訴訟において一般的に

---

24) See FED. R. CIV. P. 65 (d).
25) See Scandia Down Corp. v. Euroquilt, Inc., 772 F. 2d 1423, 227 U. S. P. Q. 138 (7th Cir. 1985), Wynn Oil Co. v. American Way Serv. Corp., 943 F. 2d 595, 19 U. S. P. Q. 2d 1815 (6th Cir. 1991).
26) たとえば，田村善之『商標法概説』(弘文堂・1998 年) 310 頁等参照。
27) 上村＝試論・前掲注 21) 113 頁，上村＝機能・前掲注 21) 295 頁，松浦馨「差止請求権の強制執行」三ケ月章ほか編『新版民事訴訟法演習 2』(有斐閣・1983 年) 274 頁，丹野達「抽象的差止判決の執行」洋法 39 巻 1 号 (1995 年) 77 頁等参照。

第 1 章　消費者団体訴訟制度の立法的課題

生じるものであり，消費者団体訴訟制度導入の妨げになるものではないであろ
う。すなわち，ここで問われているのは，差止判決の実効性の確保とそれに伴っ
て不可避的に生じる弊害の除去という 2 つの要請を，制度導入後における現実
の運用において，いかに巧妙に調和させていくかということである。その際，
核心説のような考え方と抽象的な特定を許容する考え方は相互に両立し得るの
であるから，具体的な事案に応じてこれらを使い分けながら，妥当な事件処理[28]
を目指すべきであろうと思われる。[29]

Ⅷ　判決効の主観的範囲

1　問題の所在

　民事訴訟においては，判決の効力は原則として訴訟の当事者間にのみ及ぶも
のとする相対効の原則がとられている（115 条 1 項 1 号）。提訴権の法的性質論
との関係では，法定訴訟担当構成や民衆訴訟構成を採用すれば，背後者である
消費者全体に判決効が及ぶとする結論を導きやすいが（同項 2 号），固有権構成
を前提とする限りは相対効の原則を維持する結論になりやすい。しかし，ここ
でも，問われるべきは，いかなる法的構成をとるにせよ，通常の訴訟と同様に

---

　28)　アメリカにおける商標権侵害訴訟では，「安全距離の原則（safe distance rule）」という考
え方が，判例法理として確立している。これは，裁判において侵害行為を行ったと認定された
者は，その後は，侵害行為と非侵害行為の境界線から安全な距離をとって行動する義務がある
とする理論である。ドイツにおける核心説とその趣旨を同じくするが，核心説が判決効の射程
という観点から考えているのに対し，安全距離の原則は，差止命令を受けた被告の行為義務の
観点に立つものであり，一般人にとってはこちらのほうが理解しやすいかもしれない。本文で
述べたように，アメリカでは，商標権侵害訴訟においては概括的な特定が認められているが，
やはりそれだけでは差止訴訟等の実効性を確保するのに不十分であり，安全距離の原則を併用
することによって，妥当な事件処理が目指されているということである。*See, e.g.,* Timothy R.
Cahn & Joshua R. Floum, *Applying the Safe Distance Rule in Counterfeiting cases : A Call for
the Use of Broad Equitable Power to Prevent Black and Grey Marketeering,* 8 FORDHAM IN-
TELL. PROP. MEDIA & ENT. L. J. 487 (1997) ; Eskay Drugs, Inc. v. Smith, Kline & French Labo-
ratories, 188 F. 2d 430, 432, 89 U. S. P. Q. 202 (5th Cir. 1951) ; Kimberly Knitwear, Inc. v.
Kimberley stores, Inc., 331 F. Supp. 1339, 171 U. S. P. Q. 536 (W. D. Mich. 1971).
　29)　核心説が通説・判例であるドイツにおいても，原告である消費者団体からは，できるだけ
判決内容を抽象的にすることにより，被告が違法行為の形態を変更しても差止めが可能なよう
にしたいという要求があり，裁判所のほうでも，判決の抽象性の程度には苦心しているとのこ
とである。大高友一ほか「EU における消費者団体訴訟制度の実情(中)」NBL772 号（2003 年）
53 頁・59 頁参照。

20

相対効の原則を貫いても消費者団体訴訟の趣旨と目的が十分に達成されるかどうかという実質的な考慮であり，原告勝訴の場合と原告敗訴の場合に分けて政策的な観点から具体的な検討を加える必要がある。

2 立法の方向性

まず，原告である消費者団体が不当条項等の差止請求訴訟で勝訴した場合であるが，敗訴した被告の事業者は，差止めの対象とされた行為を原告との関係で相対的に禁止されることになり，被告が差止命令に違反した場合における強制執行（差止判決の強制執行の方法として一般的に想定されているのは間接強制である）も，原告だけが行うことができる。しかし，被告が差止命令に従って不当条項等の使用を任意に中止した場合であれ，強制執行の実施によって不当条項等の不使用という結果が得られた場合であれ，結果として万人に対する関係で不当条項等が使用されないことになるのであるから，他の適格団体や消費者全体などのすべての者が勝訴判決の効果を享受することができる。したがって，相対効の原則を貫いたとしても，消費者団体訴訟の趣旨と目的は，基本的に達成されることになる[30]。

次に，原告である消費者団体が敗訴した場合であるが，相対効の原則が貫かれるとすると，他の適格団体が同一の不当条項等について差止請求訴訟の別訴を提起できることになる。これは，ある適格団体の拙劣な訴訟追行の結果を受けることなく，他の適格団体がさらに同一事項について提訴することができるという点では消費者サイドにとって有利である。しかし，他方において，被告となる事業者にとっては，再三再四の応訴を余儀なくされる可能性があるので，過大な負担を強いられることになる。

こうした問題をどのように考えるべきかは，結局のところ，重複訴訟に関して検討した内容と重なるところが多い。すなわち，提訴権を付与される適格団体の数や適格団体相互の協力体制および役割分担などがどうなるかによって，事業者側における負担の程度が異なってくる。仮に，事業者側の負担が過大となる可能性が高い場合には，被告において他の適格団体に訴訟告知をすること

---

30) 研究会報告書・前掲注 10) 22 頁参照。

により，係属中の訴訟に参加して原告と共同で訴訟追行をするか，それとも同一事項に関する訴権を放棄または喪失するか，という選択を迫ることができる制度の導入が検討に値しよう。また，この場合においても，法律によって，できるだけ他の団体と共同または協調して行うことを要するとする努力義務を課すことは，立法措置として考慮の余地があろう。

3 援用制度について

ところで，特定の契約条項について，消費者団体訴訟によってその使用の差止めを命じられた事業者が，差止命令に違反して当該条項を使用して取引を行った場合に，その取引の相手方である消費者が，契約の無効を主張して代金の返還を求めたり，損害賠償を請求する訴訟を事業者を被告として提起するということがあり得る。こうした訴訟では，当該条項が消費者契約法などの実体法に違反して無効であることが先決関係になるが，そのことは前訴である消費者団体訴訟においてすでに判断されているのであるから，消費者の立場からすれば，前訴の判決効を自己に有利に利用できることが望ましい。

しかし，既判力の客観的範囲についての原則では，差止判決の主文は当該条項の使用を禁止する命令であって，当該条項が違法であって無効であることは判決理由中の判断にすぎないから，この判断に既判力は及ばない（114条1項）。また，既判力の主観的範囲の原則との関係でも，後訴の原告である消費者は前訴の当事者ではないし（115条1項1号），その他の既判力の拡張を受ける者でもないから（同項2号〜4号），前訴の既判力を援用できる立場にはない。したがって，特段の立法措置を講じない限りは，後訴の原告となった消費者は，当該条項の違法性を自分自身で最初から主張・立証しなければならない。しかし，このように消費者団体訴訟の効力が個々の消費者に及ばないとすると，差止命令の効力は著しく限られたものとなってしまう。

そこで，ドイツの不作為訴訟法11条には，約款の特定の条項の使用差止めを命じられた約款使用者が，差止判決に違反する取引行為をした場合には，その取引の相手方が差止判決の効力を援用する限り，当該条項は無効とみなされるものとする規定が設けられている。すなわち，団体訴訟における差止判決の効力を，団体訴訟の当事者ではない消費者の有利に片面的に拡張することを立

法によって認めたものである。

　こうしたドイツにみられる援用制度は，消費者団体訴訟における差止判決の実効性を確保するためには非常に有力な手段であり，[31]わが国において消費者団体訴訟が創設されるときは，同じような援用制度を導入すべきであるという見解が少なくない。[32]そこで，こうした援用制度が導入される場合に備えて，その法的性質を明らかにしておく必要がある。ドイツでは，これを既判力の拡張と捉える見解のほか，さまざまな見解が主張されている。[33]私見としては，以下の理由により，既判力の拡張と解するのは困難であると考える。第1に，判決主文の判断に生じる効力ではなく，判決理由中の判断に生じる効力である点で，既判力とは性質を異にする。第2に，職権調査事項ではなく，当事者の援用を必要とする点で，既判力とは異なる。第3に，前訴の当事者間に働く効力ではなく，当事者の一方と第三者との間で働く効力である点で，既判力とは異なる。第4に，判決効が双面的に作用するのではなく，第三者に有利な方向での片面的な作用である点で，既判力とは異なる。したがって，法律の規定で創設される特殊な訴訟法上の効力として説明することになろう。[34]

　仮に援用制度が導入されたとしても，その援用の効果は，当該条項が無効であるという点にしか及ばない。したがって，消費者は，事後に個別に提起した代金返還請求訴訟や損害賠償請求訴訟において，売買契約の成立や損害額などの点については，自らの手で主張・立証しなければならないことはいうまでもない。

31）　もっとも，ドイツでは，団体訴訟における差止判決の結果は直ちにマスコミによって一般に公表されるし，事業者も差止判決を受けて自主的に是正措置をとることが多いので，実際には援用制度はほとんど活用されていないようである。

32）　研究会報告書・前掲注 10）22 頁参照。

33）　ドイツにおいても，不作為訴訟法 11 条（旧約款法 21 条）における援用の法的性質については，既判力の拡張とする見解，構成要件的効力とする見解，特殊な第三者効力とする見解，訴訟法上の特殊な効力とする見解，実体法上の特殊な効力とする見解など，さまざまな見解があるとされる。上原・前掲注 1）278 頁，ペーター・ギレス（小島武司＝上原敏夫訳）「西ドイツにおける消費者団体訴訟をめぐる新たな政策と訴訟理論㊦」ジュリ 751 号（1981 年）96 頁・98 頁等参照。

34）　後述するブラジルのクラスアクションでは，判決がクラスにとって有利な場合には，個々のクラス・メンバーも判決の利益を受けるが，判決がクラスにとって不利な場合には，個々のクラス・メンバーはその判決に拘束されない（ブラジル消費者法 103 条）。ドイツの援用制度とはアプローチの方向が逆であるが，実質的には消費者に有利な判決効の片面的な拡張に近い要素があるという点で，援用制度と同趣旨の制度である。See Gidi, *supra* note 5），at 388.

第1章　消費者団体訴訟制度の立法的課題

Ⅸ　損害賠償請求

1　問題の所在

　消費者団体訴訟の対象として，損害賠償請求を含めるべきであるとする意見
があり，日弁連もそうした意見を公表している。[35] たしかに，差止訴訟は将来の
被害の発生を防止する機能を営むだけであるから，これのみでは，すでに発生
している損害の回復を図ることはできない。また，消費者個人に損害賠償請求
権が認められるとしても，個々の消費者が被る被害の額は，多くの場合にはき
わめて少額であるので，現実に行使されることは期待できない。

　そこで，消費者団体が消費者個人に代わって損害賠償請求訴訟を提起できる
ものとすれば，消費者被害の救済に資することは明らかである。また，事業者
に対して損害賠償支払義務という形で制裁が加えられることにより，消費者全
体の利益を一般的に実現するための法のコントロールもより一層強化されるで
あろう。しかし，消費者団体訴訟の対象に損害賠償請求を加えることについて
は，克服すべき課題も少なくない。そして，克服すべき課題の内容は，消費者
団体が行使する損害賠償請求権を，どのような性格のものとして法的に構成す
るかによって異なってくる。

2　法的構成の選択肢

　仮に，消費者団体に損害賠償請求の訴権を付与する場合，その法的構成とし
ては，消費者個人が有する損害賠償請求権を消費者団体に譲渡するものとする
考え方（権利譲渡構成），消費者団体固有の損害賠償請求権を認めるものとする
考え方（固有権構成），アメリカのクラスアクションのように消費者個人からの
授権なしに法定訴訟担当者の地位を認める考え方（クラスアクション構成）など
が考えられる。

　しかし，まず権利譲渡構成については，①請求権の譲渡は煩瑣であって現実

---

35)　たとえば，日本弁護士連合会は，2004年3月19日付で，「実効性ある消費者団体訴訟制度
　　の早期実現を求める意見書」を公表しているが，その中で，消費者団体による損害賠償請求訴
　　訟制度の実現が必要であるとして，具体的な制度設計を提案している。

的ではない，②現状の選定当事者の制度で十分に対応が可能である，③譲渡された個別の請求権ごとに損害や因果関係を審理・判断せざるを得ないので団体訴訟とする意味に乏しい，といった問題がある。

次に，固有権構成については，①消費者団体に固有の損害を観念することができるのか，②仮に観念し得るとしてもいかなる手法で損害額を算定するのか，③実質的には民事罰または行政罰を科すのと同じことになってしまうのではないのか，④消費者団体が制裁金を入手できる根拠は何なのか，などの疑問がある。

また，クラスアクション構成については，伝統的にクラスアクションに対する批判やアレルギー反応が存在するので，これを克服するための作業が必要となる[36]。このように，いずれの法的構成にも克服すべき課題がある（ヨーロッパの立法動向については，鹿野論文を参照）[補注5]。

　　［補注5］
　　鹿野・前掲［補注3］58頁以下。

3　ブラジル型クラスアクション

こうした状況の下で，ブラジルで導入されている二段階型のクラスアクション[補注6]は，1つの立法モデルとして検討に値する[37]。このブラジルのクラスアクションの一段階目は，潜在的な当事者の損害賠償請求権を訴訟担当者が集合的に行使する形態をとるアメリカのクラスアクションとは異なり[38]，基本的には被告の責任を宣言することに機能が限定されている[39]。すなわち，わが国の民事訴訟に

---

36)　新堂幸司「クラス・アクション・アレルギーの予防のために」鈴木竹雄先生古稀記念『現代商法学の課題(上)』（有斐閣・1975年）497頁，上原・前掲注1）156頁等参照。なお，アメリカのクラスアクションに対して加えられる批判の多くは，クラスアクションという制度に固有の特徴に由来するものではなく，アメリカの民事訴訟制度一般の特徴（ディスカヴァリ制度，条件付成功報酬制度，民事陪審制度，訴訟費用に関するアメリカン・ルール，懲罰的損害賠償制度など）に由来するものであり，両者は区別する必要がある。See Gidi, *supra* note 5), at 315.

37)　最初の立法は，1985年の公共民事訴訟法であるが，本格的な導入は，1990年の消費者法による。See Gidi, *supra* note 5), at 323.

38)　もっとも，アメリカのクラスアクションにおいても，特定の争点のみについてクラスのメンバー全員に効力が及ぶ判決を獲得し，その判決を基礎として各メンバーが相手方に対して各自の賠償額を証明して，個々に損害賠償請求をしていくという方式が，認められていないわけではない。See FED. R. CIV. P. 23(c)(4)(A).

第1章　消費者団体訴訟制度の立法的課題

おける原因判決（245条後段）を独立の訴訟としたものに近い機能を有するものである。したがって，個別の被害者が具体的な損害賠償を得るためには，二段階目における自発的な訴訟への参加を必要とする。

　これは，一見すると被害者にとって負担が重いようであるが，もともと損害額の算定や因果関係の有無は被害者ごとに個別であるから，仮に団体が個別の被害者の損害賠償請求権を一括的に行使することができたとしても，被害者ごとの損害額や因果関係についての個別立証が免除されるわけではない。すなわち，ブラジルのクラスアクションは，共通的に立証を行うことが可能な部分と個別立証が必要な部分を分別し，前者のみを個別授権が不要な手続の対象とするものであり，審理の複雑化と長期化を避けると同時に，無用な審理の反復を回避するための手段として，相応の合理性を備えている。[40]

　さらに，被害の種類が個人の権利に分解できない場合には，地域社会や市民全体が被った抽象的かつ包括的な被害の賠償を求めて，消費者団体等が直接的に被告に対して損害賠償請求をすることも認められている。たとえば，環境汚染や不当広告によって生じた被害などが，ここでいう個人の権利に分解できない被害に当たるとされている。そして，こうした損害賠償請求が認められる場合には，受け取った損害金の管理や分配について，以下のような制度が考案されている。たとえば，被告に対して不当広告に対する損害金の支払いを命ずる判決が下されたときは，その損害金は，政府と市民とで構成された委員会が運営する特別基金口座に振り込まれる。この基金は，現実に被害を受けた個人に支給されるほか，消費者保護の教育プロジェクトなどにも使用される。こうした基金の中には，消費者基金，環境基金，児童基金などのように，目的を特定した基金もある。[41]

　ブラジルのクラスアクションは，当事者適格の点でも，アメリカのクラスアクションとは異なっている。アメリカのクラスアクションは，裁判所の認可を

---

39)　*See* Gidi, *supra* note 5), at 359.

40)　筆者は，かつて，多数当事者紛争における訴訟について，被告の責任のような総論的争点と個々の被害者の損害額のような各論的争点を分別し，前者について合同審理を導入することを提案したことがある。ブラジルのクラスアクションは，こうした考え方と問題意識を共通にする。三木浩一「多数当事者紛争の審理ユニット」法研70巻10号（1997年）37頁・78頁〔三木浩一『民事訴訟における手続運営の理論』（有斐閣・2013年）160頁・201頁〕参照。

41)　*See* Gidi, *supra* note 5), at 339.

[追記]

得ることにより誰でも原告となることができるが，ブラジルのクラスアクションでは，法律が定める機関または団体にのみ当事者適格が認められている。具体的には，司法長官，連邦政府，州政府，地方自治体，連邦直轄区，行政機関，民間団体などである。[42)]　民間団体には，消費者団体も含まれる。したがって，その実質は，ヨーロッパにおける団体訴訟制度にきわめて近い。

　このように，ブラジルのクラスアクションは，消費者団体訴訟と損害賠償請求を連結するための有力なスキームであり，[43)]　わが国における立法に際して検討に値するものと思われる。

　なお，大陸法のシステムと適合する形で洗練されたクラスアクションの制度を導入しているのは，ブラジルとカナダのケベック州だけであるとされる。[補注7]

　［補注6］
　　本書第3編第3章参照。

　［補注7］
　　本稿執筆当時から状況は変化しており，現在では，二段階型のスキームはブラジルだけのものではない。たとえば，南米の複数の国でもブラジルの制度をモデルにした二段階型の制度が作られていると聞く。また，カナダにおいても，洗練された二段階型の制度が作られている。

◆◇◆

　［追記］

　本稿を執筆したのは2004年の春（活字となったのは同年8月）のことであるが，それから約半年後の同年の暮れ（活字となったのは2005年1月）に，NBL誌の800号記念特別企画「明日の企業法務を考える」への執筆依頼を受け，当時の現状を踏まえて，「消費者団体訴訟制度の展望」と題する小稿を寄稿した（NBL800号〔2005年〕70頁）。そこには，その間の約半年間の動向も盛り込まれているので，本稿の追記に代わるものとして，ここに掲載したい。

---

　42)　*See* Gidi, *supra* note 5), at 366.
　43)　*See* Gidi, *supra* note 5), at 312.

第1章　消費者団体訴訟制度の立法的課題

＊　　＊　　＊　　＊　　＊

消費者団体訴訟制度の展望

〔初出：2005 年 1 月〕

　国民生活審議会消費者政策部会は，消費者団体訴訟制度の創設を今期の検討課題として掲げ，部会の下に消費者団体訴訟制度検討委員会を設置して，2006年通常国会への法案提出を目指して検討を行っている。昨年度の消費生活相談件数が130万件を突破するなど，ここのところ消費者トラブルが急増する傾向が続いており，消費者団体訴訟制度にかける期待は，以前にも増して高まりつつある。消費者個人が被害の予防や回復の措置をとることは一般に困難であり，すでにヨーロッパやアジアの多くの国々で導入されていることを考えると，わが国でも早期の導入が強く望まれるところである。

　しかし，当然のことながら，消費者団体訴訟制度の機能には，それだけでは自ずから限界があることも，十分に理解しておく必要がある。具体的には，消費者団体訴訟の対象は，主として不当契約条項の使用や不当勧誘行為などの組織的または反復的な事業者の行為であり，個別的な被害の救済には十分に対応できない場合がある。また，消費者団体訴訟によって是正が可能なのは，何らかの意味で取引活動と呼び得るレベルの行為であり，架空請求詐欺などの明らかな犯罪行為や連鎖販売取引のような規制対象行為については，民事的な手段である団体訴訟の守備範囲を超える場合が少なくない。

　したがって，消費者団体訴訟制度それ自体に，個別事件への対応力を強化するための付加的な装置を設けるとともに，他の制度との間に相補的な関係を構築しておく必要があろう。たとえば，差止訴訟における裁判所の違法判断につき，これを個々の消費者が自らの訴訟において利用できるように，ドイツやオランダにおいて見られる援用制度の導入は検討に値する。また，団体訴訟と損害賠償との関係については差止訴訟とは異なる考慮が必要であり，アメリカやブラジルのクラス・アクションの機能を部分的に取り込むことも考えられる。また，団体訴訟の守備範囲を超える取引については，刑罰法規や取締当局との機動的な補完関係を，制度として設けておくことが望まれる。

第2章
消費者団体訴訟制度の概要と評価

〔初出：2006年10月〕

I　はじめに

　改正消費者契約法[補注1]に盛り込まれた消費者団体訴訟制度は，拡散的利益を保護するために創設された特殊な訴訟制度であり，団体訴訟制度としては，わが国における初めての立法である[補注2]。

　団体訴訟制度は，立法の対象と制度設計によっては伝統的な通常の訴訟と異なる要素を伴うこともある。しかし，今回の立法では，損害賠償請求権の集団的行使を対象としなかったことや，後述のように制度設計として固有権構成を採用したことによって，基本的には伝統的な通常訴訟の枠内に収まる制度となった。しかし，それでも主として次に挙げる理由により，この新しい制度に対する訴訟法の観点からの検討が必要である。

　第1に，固有権構成に基づいて適格消費者団体に付与された権利とは何なのか，実体権付与と当事者適格付与との関係をどのように考えるべきかなど，今回の制度に関する理論的な整理をきちんと行っておく必要がある。

　第2に，不当勧誘行為や不当契約条項の使用に対する差止めは，これまでに実務例が少ない新しい事項を対象とする差止めなので，一般的な差止請求訴訟との対比において，その共通性や特殊性を探っていく必要がある。

　第3に，今回の立法では，確定判決等に基づく請求権の行使制限の規定など，諸外国にあまり例を見ない独自の付随的な制度が創設された。したがって，それらがどのような意味と機能を有するのか，また既存の訴訟上の諸制度とどのような相関をもつのかなどを，民事訴訟法理論の見地から分析する必要がある。

　以下，これらの点を中心として，若干の検討を行うこととする。[1)

　　〔補注1〕
　　　消費者団体訴訟制度の創設を盛り込んだ改正消費者契約法は，2006年5月31日

第 2 章　消費者団体訴訟制度の概要と評価

に第 164 回通常国会で成立し，2007 年 6 月 7 日から施行された。

［補注 2］
　本稿が掲載されたジュリスト 1320 号では，消費者団体訴訟制度の創設をめぐる
特集が組まれており，三木浩一ほか「〈座談会〉消費者団体訴訟をめぐって」および本稿を含む 9 本の論考が掲載されている。

II　差止請求権

1　差止請求権の法的構成

　消費者団体訴訟は，適格消費者団体（以下，特に断ることなく「団体」というときは，適格消費者団体を指すものとする）に創設的に訴訟追行権を付与する制度である[2]。改正消費者契約法では，団体に各種の差止請求権を認めた同法 12 条がこれにあたる（以下，単に○○条というときは，消費者契約法の条を指すものとする）。付与された訴訟追行権は，しばしば団体訴権とも呼ばれる。また，訴訟追行権を有する者とは当事者適格を有する者であるから，団体訴訟制度は，本来は当事者適格を有しない団体に当事者適格を付与する制度であるとも，言うことができる。

(1)　立法上の選択肢

　団体に対して当事者適格（または訴訟追行権ないし団体訴権。以下，特に区別する必要がある場合を除き，「当事者適格」という）を付与するために考えられる法的構成であるが，立法における選択肢としては，大きく分けて，消費者各個人に帰属する権利を授権された団体が法定訴訟担当者の地位において行使するものとする構成（法定訴訟担当構成）と，団体に固有の実体法上の権利の帰属を認める構成（固有権構成）とがありうる[3]。改正消費者契約法は，このうちの固有権

---

　1)　以下の検討にあたっては，改正消費者契約法の立案担当者であった内閣府国民生活局の大高友一課長補佐（当時）および加納克利課長補佐（当時）から，いろいろと有益なご示唆をいただいた。ただし，本稿の内容に関する責任は言うまでもなく筆者にあり，また本稿中の意見にわたる部分はすべて筆者の私見である。
　2)　アメリカ型のクラスアクションは，個別の事件ごとに裁判所がクラスを構成するメンバーの中からクラスを代表する個人または団体を認定する点で，ヨーロッパ型の団体訴訟とは相違する。

構成のほうを採用したものである（12条1項〜4項〔2006年改正法では12条は1項から6項まであり，そのうちの1項〜4項が差止請求権の付与についての規定であったが，現行法では5項・6項は12条の2に移行している〕・23条等参照）。

固有権構成が採用された政策的な理由は，①法定訴訟担当構成の場合には，立法後の解釈および運用をめぐって疑義または対立が生じるおそれがあるが，固有権構成の場合には相対的に共通の理解が可能であること，②法定訴訟担当構成を採用すると被担当者である個々の消費者と担当者である団体の関係が複雑になること，③団体訴訟の母国であるドイツでは固有権構成が採られており，その他の諸外国においても実質的に固有権構成の考え方が採られていること，④訴訟前または訴訟外で団体が交渉・警告・合意等を行う際における団体の地位や権限は固有権構成に最もなじみやすいこと，⑤消費者基本法8条において，消費者団体には消費者全体の利益を擁護すべき固有の地位と責任が認められていること，などが考えられる。[4]

(2) **理論的な必然性**

もっとも，今回の消費者契約法の改正に限って言えば，法定訴訟担当構成を採用することは，もともと困難であった。なぜなら，今回の改正で導入されたのは，差止請求訴訟だけであるからである。

消費者団体訴訟の対象となりうる訴訟類型には，大別して差止請求訴訟と損害賠償請求訴訟（以下，損害賠償請求訴訟というときは，利益剥奪請求訴訟を含むものとする）とが考えられる。このうち，今回の改正で見送られた損害賠償請求訴訟は，現実に被害を受けた消費者がそれぞれ具体的な損害賠償請求権を有するので（同種個別的権利），個々の消費者を被担当者とする法定訴訟担当構成に障碍はない。

これに対し，差止請求訴訟の場合は，将来の被害を未然に防止するというそ

---

3) 三木浩一「消費者団体訴訟の立法的課題──手続法の観点から」NBL790号（2004年）44頁以下〔本書3頁以下〕および46頁注(1)〔本書4頁注1)〕掲記の文献参照。ドイツでは，団体訴権の法的性質についての分析として，法定訴訟担当構成と固有権構成のほかに不作為義務構成や民衆訴訟構成もあるが，これらはすでに創設された制度の解釈論として唱えられているものであり，わが国における立法上の選択肢としては考えにくい。上原敏夫『団体訴訟・クラスアクションの研究』（商事法務研究会・2001年）34頁参照。

4) 三木・前掲注3) 46頁〔本書4頁〕参照。

第2章　消費者団体訴訟制度の概要と評価

の性格上，差止請求権の権利主体として具体的な個人を特定することは困難である。もちろん，不特定多数の消費者が将来における潜在的な被害者であるという意味では，被害を受ける可能性のあるすべての消費者が差止請求権を有すると考えられなくもない。しかし，差止請求権が認められる消費者と認められない消費者の境界線は不明確であるうえに，被害の危険に気がついている賢明な消費者は，潜在的な被害者とは考えにくい。

すなわち，将来の消費者被害を対象とする差止請求権は，特定の個人や団体に帰属するものとみることが困難であるという点で超個人的であり，また個別的権利に分割することが困難であるという意味で不可分な権利である[5]。このような権利を同種個別的権利と区別して拡散的権利と呼ぶとすれば，消費者保護のための差止請求権はまさしく拡散的権利であり[6]，個々の消費者を実体的な権利主体である被担当者と考える必要がある訴訟担当構成を採ることには，本質的に無理がある。

(3)　既判力の抵触等との関係

ところで，今回の立法では，後に詳述するように，他の団体に対する既判力の主観的範囲の拡張と類似した機能を営む規定（12条5項2号〔現行法12条の2第1項2号〕）や，複数の団体による重複的な提訴の処理に関する規定（44条・45条。なお，23条3項もこれに関連する）が導入された。これらは，どちらかといえば法定訴訟担当構成のほうから導かれやすい規定である。

すなわち，異なる団体がそれぞれ訴えを提起した場合について，固有権構成によれば，別個の訴訟物に関する訴えであるから，既判力の抵触や重複訴訟の禁止は理論的には問題にならないのに対し[7]，法定訴訟担当構成によれば，同一

---

5)　三木浩一「多数当事者紛争の処理」ジュリ1317号（2006年）42頁・44頁〔三木浩一『民事訴訟における手続運営の理論』（有斐閣・2013年）247頁・250頁〕参照。

6)　ブラジル消費者法81条は，集団訴訟（ブラジル型団体訴訟）に服する権利を拡散的権利（diffuse rights），集合的権利（collective rights），同種個別的権利（homogeneous individual rights）に分類しているが，消費者一般の被害を未然に防止するための差止請求訴訟の訴訟物たる権利は，典型的な拡散的権利とされている。*See* Antonio Gidi, *Class Actions in Brazil: A Model for Civil Law Countries*, 51-2 Am. J. Comp. L. 311, 351 (2003).

7)　髙田昌宏「団体訴訟の機能拡大に関する覚書き──ドイツ法における近時の展開を手がかりとして」福永有利先生古稀記念『企業紛争と民事手続法理論』（商事法務・2005年）35頁・52頁参照。

の訴訟物について訴えが提起されたことになるので，既判力の抵触や重複訴訟の禁止に関する規律の適用が認められやすい[8]。

　もちろん，今回の立法はあくまでも固有権構成であり，これらの規定をもって法定訴訟担当構成が部分的に導入されたというわけではない。しかし，これらの規定は，いかに立法政策として固有権構成を採用したとはいえ，差止請求権を行使する主体と保護される利益の帰属主体に一定の乖離があるという事実まで否定することはできないため，通常の訴訟と完全に同じ論理をいかなる場合でも貫徹することができるとは限らないということを，いみじくも象徴的に表している。

2　実体権と当事者適格の関係

(1)　問題の所在

　消費者団体訴訟制度において団体に付与される権利は，団体訴権という訴訟を意識した名称でしばしば呼ばれる。また，団体訴訟が適格団体に訴訟追行権または当事者適格を付与する制度として説明される場合も，もっぱら訴訟上の地位に焦点が当てられている。しかし，いかに団体に訴訟上の権利や地位が付与されても，訴訟物たる実体法上の権利を有していなければ請求は棄却されるだけであるから，それだけでは不十分である。もちろん，実体権の帰属主体が別に存在する法定訴訟担当構成では，団体自身が実体権を有する必要はないが，固有権構成の下では，団体自身が同時に実体法上の権利主体でもなければ意味がない。こうしたことから，12条1項ないし4項は，適格消費者団体に実体法上の差止請求権を創設的に付与するものであると考えられる。

　そうすると，改正消費者契約法によって，実体法上の差止請求権と訴訟法上の当事者適格の両方が付与されるのか，それとも実体法上の差止請求権のみが付与されるのかが，理論的には問題となる。なぜなら，当事者適格は訴訟物たる権利関係の主体に付与されるのが原則であるので，実体法上の差止請求権が付与されたことにより，いわば自動的に訴訟法上の当事者適格も付与されることになるため，実体法上の差止請求権の付与という理解だけでよいようにも思

---

8)　三木・前掲注3) 45頁〔本書4頁〕参照。

第2章　消費者団体訴訟制度の概要と評価

われるからである。ちなみに，12条1項ないし4項は，各項すべてにおいて「適格消費者団体は，……に必要な措置をとることを請求することができる」という表現を用いており，条文の文理からは実体権の付与のみのようにみえなくもない。

(2)　私　見

しかし，以下の理由により，改正消費者契約法は，実体法上の差止請求権と併せて訴訟法上の当事者適格をも同時に創設的に付与したものと解する。

第1に，34条1項4号は，適格消費者団体が消費者の利益に著しく反する訴訟追行を行った場合を認定の取消事由としているが，こうした規定の存在を考えると，訴訟物たる実体権のみならず訴訟追行の資格である当事者適格も剥奪する趣旨であると考えるべきではなかろうか。

第2に，35条1項および2項は，適格消費者団体の認定が失効した場合または取り消された場合における差止請求権の承継について規定しており，判決確定後の時点の処理とはいえ，差止請求権と適格認定を別個のものとして取り扱っている。

第3に，一般的および伝統的に団体訴訟制度は適格団体に対する当事者適格の付与として認識されており，こうした認識に反する解釈をあえて採るだけの必要性に乏しい。

第4に，当事者適格も創設的に付与していると解することで，当事者適格の付与は内閣総理大臣の専権であって，裁判所の個別的判断に服さないことを明らかにすることができる。

第5に，将来，仮に損害賠償請求権の団体による集団的行使の制度が検討されるとすれば，この場合には適格消費者団体に当事者適格のみを付与する制度も考えられるので，制度全体の統一性や連続性を図りやすい。

したがって，差止請求訴訟の係属中に認定が取り消された場合には，請求棄却ではなく訴えの却下で処理すべきである。

---

9)　差止請求訴訟を含む給付訴訟においては，訴訟物たる権利を自ら有すると主張するだけで原告適格が認められるので，当事者適格にとっては実体的な権利の付与それ自体は，厳密に言えば必要不可欠ではない。

Ⅲ　確定判決等に基づく差止請求権の行使制限

1　本規定の趣旨

12条5項2号〔現行法12条の2第1項2号〕は，確定判決等に基づく請求権の行使制限について定めている。すなわち，ある適格消費者団体を当事者とする差止請求に係る訴訟等について確定判決等が存在する場合は，他の適格消費者団体は，同一の事業者に対して同一の内容の請求をすることができない。ここにいう「差止請求に係る訴訟等」には，裁判上の和解に関する手続，調停，仲裁を含み，また，「確定判決等」には，裁判上の和解，請求の放棄・認諾，調停合意，仲裁判断を含む。

本規定の立法趣旨は，同一事業者に対する同一内容の請求を訴訟物とする訴えが，判決の確定後も繰り返して提起されることにより，事業者が過大な応訴の負担を強いられることを防止することにある。このような趣旨の規定の要否および規定の内容については，国民生活審議会消費者政策部会や同部会の下に設けられた消費者団体訴訟制度検討委員会における審議の場では全く議論されず，改正法案の立案の段階で突然挿入されたこともあり，国会審議において大きな争点となった。

2　本規定の評価

本規定に反対する立場の意見からは，①団体ごとに市場監視の視点や訴訟活動の方針は異なりうるのであり，他の団体の活動によってその自由が制約されるのは不当である，②ある団体が第1審で勝訴しても，その事件が控訴審に係属中に他の団体が別訴を起こして和解または請求の放棄をすれば，前訴における第1審勝訴の利益は失われてしまうことになる，③ある団体が敗訴した後に

---

10)　ドイツでは，2000年改正の普通取引約款規制法13条2項およびそれを引き継いだ不作為訴訟法3条1項ならびに2004年改正の不正競争防止法8条3項により，差止請求権が団体に帰属する旨が明文化され，固有権構成が採用されたことが立法的に明らかになったので，団体訴権の要件が欠ける場合は訴訟要件の欠缺として訴えを却下すべきとしていた従来の通説・判例を変更して，請求棄却で処理すべきとする解釈が有力になっているとされる。髙田・前掲注7)51頁参照。しかし，ドイツとわが国とでは，適格認定の仕組みや認定取消しの場合の処理等が異なっており，必ずしも同列には論じられない。

第 2 章　消費者団体訴訟制度の概要と評価

差止請求を根拠づける新証拠が発見された場合，他の団体はこの新証拠に基づく訴えを提起できない，などの理由が挙げられている。[11]

しかし，②および③に対しては，以下のような反論が考えられる。まず，②であるが，他の団体が獲得した第 1 審勝訴の結果を正当な理由なく失わせるような和解等を行うことは，23 条が定める差止請求権の適切行使義務（1 項），濫用禁止義務（2 項），協力連携義務（3 項）に反し，場合によっては適格認定の取消事由にも該当しうるものであり（34 条 1 項 4 号・6 号），許されないと解される。また，③であるが，わが国の民事訴訟法は，確定判決の安定性を重視する見地から，新証拠の発見を再審事由とはしていないので（338 条参照），[12] たとえ別の団体であろうと新証拠の発見に基づく蒸し返しは許されないとも解しうる。

結局，評価の分かれ目となるのは①の点であろう。一方の立場は，団体の独自性や活動の自由を強調し，他方の立場は，確定判決の安定性や被告となる事業者の保護を強調することになる。いずれの立場を採るかは，立法政策上の価値判断の問題に帰着する。ただ，本規定を擁護する立場からは，以下のような指摘が可能である。

たしかに，諸外国の立法において，このような規定は類例を見ない。しかし，ヨーロッパの主要国では，認定等を受けた適格団体の数はごくわずかであるか，あるいは団体相互の連携や組織上の上下関係などに基づいて，特定の団体が事実上独占的に団体訴権を行使することが多く，ある団体が敗訴した後に他の団体が同一事業者に対して同一請求内容の訴えを提起する例は，ほとんどないようである。

これに対し，わが国では，団体の全国的な組織化や相互の連携協力がないことを前提として，本規定の導入に反対する議論が見られたが，そうした議論は，皮肉なことに本規定の必要性をあらためて認識させるものともいえる。つまり，

---

11)　平成 18 年 4 月 21 日衆議院内閣委員会における枝野幸男委員発言，平成 18 年 4 月 26 日衆議院内閣委員会における佐々木幸孝参考人発言等参照。

12)　立法論や外国法の中には，新証拠の発見に基づく再審を認めるべきとする立場もある。竜嵜喜助「証明責任の分配」竹下守夫＝石川明編『講座民事訴訟⑤証拠』（弘文堂・1983 年）89 頁・120 頁，三谷忠之「再審」鈴木正裕＝鈴木重勝編『講座民事訴訟⑦上訴・再審』（弘文堂・1985 年）323 頁・336 頁等参照。また，ブラジルの団体訴訟では，新証拠が発見されれば同一請求についての再審が認められる。See Gidi, supra note 6), at 392.

わが国の実状に照らせば本規定の導入に理由がないとはいえない。ただし，衆議院の附帯決議に示された5年後を目処とする見直しにおいては，本規定の運用の状況や実態とともに消費者団体の組織化や成熟の程度も考慮されるべきであろう。[補注3]

[補注3]
　2017年夏の時点で，本規定の見直しによる改廃は行われていない。

3　本規定の法的性質

(1)　実体権の制限の意味

本規定は，ある団体が確定判決等を受けた場合に，他の団体がこれと同一内容の訴えを提起できなくなることを定めたものであるから，一見すると，既判力の主観的範囲の拡張のようにみえる。しかし，立案担当者によれば，本規定は，訴訟法上の制度である既判力の拡張ではなく，実体法上の権利の制限であるとされる。そして，そのことは，差止請求は，「次に掲げる場合には，することができない」と定めた柱書きの規定に示されていると説明される。

ここにいう実体権の制限が，実体権の消滅を意味するのか，それとも実体権自体は依然として存在するが，その行使が許されないだけにすぎないのかは，必ずしも判然としない。いずれと解しても，その効果に実質的な差異は生じないが，本規定の文理に従えば，権利行使の禁止とみるべきであろうか。

したがって，証明責任の分配の観点からは，同時履行や留置権の抗弁と同じく権利阻止事実となり，差止訴訟の被告である事業者の側が主張責任・証明責任を負うことになる。

(2)　訴訟法上の効果

このように，既判力の拡張ではなく実体権の制限であることから，訴訟法上の効果として，以下の諸点が導かれることになる。

第1に，本規定の要件を満たす場合，すなわち，ある訴えが，確定判決等が存在する他の団体を当事者とする差止訴訟と請求内容および相手方の点で同一である場合は，当該訴えは，訴訟物たる請求権の行使が禁止されているものとして，請求棄却によって処理される。

第2章　消費者団体訴訟制度の概要と評価

第2に，本規定の要件を満たすかどうかの審理は訴訟物の存否に関する本案審理であるから，職権調査主義ではなく処分権主義が妥当する。

第3に，訴訟物に関する権利阻止事実であるから弁論主義が適用され，当事者の主張が必要であるし（たとえ否認されても，公知の事実または職務上知り得た事実なので，証明は要しないと思われる。39条1項参照），自白の対象となる。

第4に，本規定の要件を満たす場合であっても，相手方は，権利自白および請求の認諾が可能である。

第5に，訴訟上の権利行使が許されないだけではなく，訴訟外における実体権の存在を前提とした活動も許されない。

第6に，訴訟参加の形態において差異を生じうる。既判力の拡張であれば，ある団体を当事者とする差止訴訟が係属中に他の団体は共同訴訟参加（民訴52条）または共同訴訟的補助参加（人訴15条4項参照）をすることが可能である[13]が，実体権の制限であるので，当然にこれらの参加形態が許されることにはならない。しかし，共同訴訟的補助参加については，もともと判決効の拡張を受ける第三者の利益を保護するために解釈によって認められる参加形態であるので，本規定によって実質的に既判力の拡張と同じ効果を受ける他の団体は，通常の補助参加ではなく共同訴訟的補助参加が認められるものと解する[14]。

(3)　本規定の評価

こうした訴訟法上の効果を考えると，既判力の拡張によって処理せずに，実体法上の権利の制限という構成によったのは，以下の理由により，立法技術的

---

13)　補助参加における参加の利益（民訴42条参照）の有無が問題となりうる。なぜなら，補助参加は，他人間に係属中の訴訟について利害関係を有する第三者が，当事者の一方を勝訴させることによって自己の利益を守るために訴訟に参加する参加形態であるところ，他の団体は，訴訟当事者たる団体の勝訴・敗訴の結果いかんにかかわらず，みずからの差止請求権の行使を制限される関係にあるからである。しかし，他の団体は，差止判決を得るという基本的な方向では訴訟当事者たる団体と一致した利害を有しており，その意味において，訴訟当事者たる団体を勝訴させるために参加するものということができよう。また，訴訟当事者たる団体が勝訴した場合には，その判決に事実上の対世的な効果が生ずるという状況の下でみずからの差止請求権の行使が制限されることになる反面，敗訴すれば，被告の行為の差止めは認められないという状況の下でみずからの差止請求権の行使が制限されることになるので，参加人の地位は訴訟物たる権利の存否によって論理的に左右される関係にある。したがって，補助参加の利益を認めてよいと解する。

には望ましい選択ではなかったように思われる。

　第1に，本規定の要件を満たしているかどうかの審理は，訴訟物についての実質審査ではなく，既判力の審理と同様の形式審査であるから，本来的には訴訟要件としての審査を経て訴えの却下による処理になじむ。

　第2に，他の団体による重複的な活動の阻止は訴訟上の行為のみを対象とすることで十分であり，訴訟外の活動まで妨げる必要はない。

　第3に，他の団体による訴訟参加の形態としては，共同訴訟参加または共同訴訟的補助参加が望ましく，そうした参加形態を理論的にストレートに導くためには，既判力の拡張の構成が望ましい。

　さらにいえば，これらに加えて，実体権の制限という今回の構成では，請求内容の同一性および相手方の同一性（12条5項2号〔現行法12条の2第1項2号〕）や，口頭弁論終結後の事由（12条6項〔現行法12条の2第2項〕）のように解釈の余地が大きい概念につき，何ら解釈のための手がかりがない。これに対し，既判力の拡張の構成であれば，前者は既判力の客観的範囲の問題として，また後者は既判力の時的範囲の問題として，長い間の判例や学説における議論の蓄積に依拠することが可能である。

　このように，実体権の制限という構成には疑問があり，たとえ本規定が実体権の制限を定めているとしても，その解釈および運用に際しては，可能な限りは既判力に関する従来の議論や考え方を基礎にすべきである。

---

14)　確定判決等に基づく請求権の行使制限（12条5項2号〔現行法12条の2第1項2号〕）の規定があることを考えると，通常の補助参加が認められるだけでは不十分である。すなわち，ある団体が追行する訴訟で判決の確定や和解の成立があれば，他の団体はもはや訴訟の提起または続行が許されなくなるから，他の団体はこの訴訟に参加してみずからの方針に従った訴訟追行を行う必要がある場合があるが，通常の補助参加では自由な訴訟追行ができない（民訴45条参照）。もちろん，他の団体は，同一の裁判所に別訴を提起することにより，弁論の併合強制を通じて補助参加人より強力な当事者の地位を得ることができるが（45条），弁論の併合の場合は通常共同訴訟であるから共同訴訟人独立の原則が働くのに対し，共同訴訟的補助参加が認められれば，異なる規律が適用される余地がある。また，前訴が異なる審級に係属している等の場合には，弁論の併合はできないことにも留意する必要がある。立法論的には，確定判決等に基づく請求権の制限の規定を設けるのであれば，同時に訴訟参加に関する特別の規定を設けるべきであった。ちなみに，ブラジルの団体訴訟では，他の団体による参加の制度がある。*See* Gidi, *supra* note *6)*, at 368.

第 2 章　消費者団体訴訟制度の概要と評価

4　請求内容の同一性

(1)　基本的な考え方

　確定判決等に基づく請求権の行使制限は，前訴の請求内容と後訴の請求内容が同一の場合に働く（12条5項2号〔現行法12条の2第1項2号〕本文）。こうした請求内容の同一性を，いかなる基準によって判断するかが問題となるが，実体権の制限という本規定の性質から解釈を導くことができない以上，既判力の客観的範囲に関する訴訟物の同一性の議論を参考にする必要がある。

　訴訟物の同一性をどのように考えるかについては，いわゆる旧訴訟物理論と新訴訟物理論の対立があるが，判例および実務の運営は旧訴訟物理論に立っており，実体法上の請求権の個数に着目して訴訟物の個数を判断しているので，本規定の解釈および運用においても，これに従うべきことになろう。

(2)　具体的な検討

　もっとも，実体法上の請求権の個数をどのように数えるかということ自体も，常に一義的に明確であるとは限らない。たとえば，12条1項および2項の対象である4条1項ないし3項〔平成28年法律第61号による改正以降は4条1項ないし4項〕に関していえば，1項や3項の各号それぞれが別個の訴訟物なのか，それとも各項ごとに考えるべきなのか，あるいは4条全体が1個の訴訟物なのかということは，なお議論の余地がありうるところである。

　しかし，本規定の適用場面は，同一当事者間における既判力の客観的範囲が問題になっているわけではなく，他の団体の請求権の制限に関わる問題であるので，判断基準の明確性や予測可能性の確保および他の団体が有する請求権の保護を考えると，各号ごとに請求内容は別個であると解すべきである。このように考えるものとすると，事業者が他の団体による後訴の提起を受ける可能性が拡大するが，それを避けたいと考える事業者は，訴訟物以外の差止請求権については不存在確認の反訴を提起することで対処すべきであろう。

　以上に述べたところは，12条3項および4項の対象である8条ないし10条についても同様に妥当する。ただ，8条・9条と10条との関係については，さらに検討を要する。たとえ旧訴訟物理論を前提としても，8条・9条と10条と

が法条競合の関係にあるとすれば，実体法上の請求権としては単一であり，訴訟物も1個になるからである。8条・9条と10条の関係が法条競合なのかどうかは，原則として実体法の解釈の問題であるが，私見は，法条競合とは考えないので訴訟物は別個となる。

(3) 併合形態との関係

　このように，4条の各項号や8条ないし10条がそれぞれ別個の訴訟物であると考えるとすると，単一の訴訟において2つ以上の該当条文が主張されている場合には，請求の客観的併合となる。その場合，併合形態として，選択的併合と単純併合が考えられる。

　給付訴訟一般における議論として，同一内容の給付を実現するために，複数の実体法上の請求権が主張された場合には，いずれかの請求が認容されれば原告の目的は達成されることを理由として，これを選択的併合と捉える見解がある。この見解に従えば，たとえば同一内容の差止めを求めるために4条1項1号と2号が主張されている場合は，これを選択的併合と捉える余地がある。

　しかし，消費者団体訴訟の提起においては，差止めという具体的な結果の実現を求めるほかに，一定の勧誘行為や契約条項が消費者契約法の特定の規定に違反するという法律解釈上の結論を裁判によって明らかにするという，いわば一種の客観訴訟としての機能が期待される場合がある[15]。こうした意図の下に訴えが提起された場合には，原告たる団体の意思は，すべての条項に関する判断を求める単純併合であると考えられる。

　とりあえずは，上記のように考えられるが，いずれにせよ，併合形態の選択は原則として処分権主義に服するので，原告の意思が不明である場合は，裁判所は，釈明権を行使していずれであるかを確認すべきである。

---

15) 川嶋四郎「差止請求訴訟の今日的課題」青山善充＝伊藤眞編『民事訴訟法の争点〔第3版〕』（有斐閣・1998年）28頁は，差止請求訴訟一般について，将来の行為の規範的指針を提供する機能や，救済の思想を伝える伝達手段としての機能があるとする。

第 2 章　消費者団体訴訟制度の概要と評価

5　口頭弁論終結後の事由

(1)　考察の前提

　確定判決等に基づく請求権の行使制限の規定は，口頭弁論終結後の事由がある場合には及ばない（12 条 6 項〔現行法 12 条の 2 第 2 項〕）。これは，基本的に既判力の時的範囲の考え方と変わるところはなく，この規定ひとつをとってみても，確定判決等に基づく請求権の行使制限が，実質的には既判力の主観的範囲の拡張と大差ないことがよくわかる。

　したがって，本規定の解釈においては，既判力の時的範囲に関する考え方に基本的に依拠すべきであろうと思われる。これに対しては，本規定は，実体権の制限を定めた 12 条 5 項 2 号〔現行法 12 条の 2 第 1 項 2 号〕を受けたものであるから，既判力の時的範囲の議論を離れて解釈すべきとの考え方もあるかもしれない。しかし，既判力の時的範囲に関する従来の議論を無視することは，解釈における共通の基礎を欠くことになり，判断の恣意性を招くおそれがあるので妥当ではない。そこで，以上を考察の前提としたうえで，私見は，次のように考える。

(2)　具体的な検討

　本規定にいう「当該確定判決に係る訴訟の口頭弁論の終結後又は当該確定判決と同一の効力を有するものの成立後に生じた事由」とは，基準時後に新たに生じた実体法上の法律関係の変動を意味する。したがって，別の団体が前訴と同一の相手方である事業者に対して差止請求訴訟を提起することができるのは，当該事業者が，前訴の対象となった契約条項とは類型的に異なる契約条項を使用した場合や，前訴の対象となった勧誘行為とは類型的に異なる勧誘行為を行った場合である。

　この点につき，前訴の対象となった勧誘行為と同一の勧誘行為が確定判決後に繰り返された場合は，その新たな勧誘行為が口頭弁論終結後の事由に当たるので，12 条 5 項 2 号〔現行法 12 条の 2 第 1 項 2 号〕の制限は及ばない旨を述べる見解があるが，このような解釈は本規定の趣旨と正面から抵触し，本規定の存在意義を無に帰せしめることになるので採ることはできない。

なお，勧誘行為は，勧誘者と被勧誘者のやりとりを通じて行われるものであり，厳密な意味における同一の勧誘行為が繰り返されることはないので，類型的に同一と評価できるかどうかにより判断すべきである。これは，契約条項の使用についても同様であり，契約条項の本質部分が維持されていれば，本質部分を変更しない技術的な変更等があったとしても，その使用が基準時後の事由となるわけではない。このように解することは，差止請求を棄却する確定判決に従って事業活動を行った事業者の確定判決に対する信頼に応えるものであり，単に事業者の正当な事業活動を保護するのみならず，訴訟制度に対する信頼を維持するためにも不可欠である。

12条5項2号〔現行法12条の2第1項2号〕の効果を生じる「確定判決」は，それが敗訴判決であると勝訴判決であるとを問わない。したがって，ある団体が敗訴した後に他の団体がこれに代わって事実上の敗者復活戦を挑むことはできないし，ある団体が勝訴した後に他の団体が異なる内容の差止めを求めることもできない。

(3) 基準時後の事由に当たりうる場合

議論の余地があるのは，基準時後に新証拠が発見された場合である。上述したように，わが国の民事訴訟法は新証拠の発見を再審事由としていないが，立法論的には異論もあるところであり，既判力の拡張として構成されていない12条5項2号〔現行法12条の2第1項2号〕との関係では，別異に解することも考えられる。

しかし，これを基準時後の事由として認めることは，確定判決の安定性を弱めることになり，被告たる事業者に不測の被害を与えることにもなりかねないので，原則として新証拠の発見は基準時後の事由に当たらないと解すべきである[16]。しかし，事業者による隠匿や不可抗力などによって，基準時前に提出することが不可能であった証拠が発見された場合には，消費者の利益と事業者の利益とのバランス上，例外的に基準時後の事由に当たる場合もあると解する。

なお，業界慣行の変化や判例による法律解釈の変更などがあった場合には基

---

16) 鈴木正裕＝青山善充編『注釈民事訴訟法(4)裁判』（有斐閣・1997年）318頁〔高橋宏志〕参照。

第2章 消費者団体訴訟制度の概要と評価

準時後の事由になるという解釈もあるようであるが，単に業界慣行の変化や解釈の変更があったというだけでは不十分である。こうした外部環境の変化があったにもかかわらず勧誘行為等を繰り返したことが，従前の勧誘行為等とは異なる新たな類型の勧誘行為等と法的に評価することが可能である場合に限って，基準時後の事由に当たるものと解すべきであろう。

Ⅳ　差止請求訴訟

1　差止請求の意義

今回の消費者団体訴訟制度において団体に付与される提訴権は，事業者等が行う勧誘行為や契約条項の使用の差止めを求める権利であるから，訴訟の種類はいわゆる差止請求訴訟ということになる。この差止請求という言葉は一般的には不作為を連想させやすい。しかし，被告に対する不作為のみならず，作為も差止請求の内容として認められる。12条の規定ぶりとしても，1項および3項は「当該行為の停止若しくは予防又は当該行為に供した物の廃棄若しくは除去その他の当該行為の停止若しくは予防に必要な措置」とし，2項および4項は「是正の指示又は教唆の停止その他の当該行為の停止又は予防に必要な措置」としているので，不作為と作為の両方が含まれることは疑いがない。

しかし，具体的に，当事者は訴えにおいてどのような不作為請求や作為請求をすべきか，また，裁判所は判決においてどのような不作為命令または作為命令が許されるのかは，消費者契約法の実体規定が事業者に対する特定行為の一般的禁止を定めているわけではないこともあって，規定上は必ずしも判然としない。また，差止請求訴訟一般に共通する課題として，差止請求および差止命令において，どの程度の特定性や具体性が要求されるかという難解な問題もある。本稿では，これらのすべてを論じることはできないが，その一部について，私見を交えてみていくこととする。

2　不当勧誘行為の差止請求

まず，12条1項が定める不当勧誘行為の差止請求に関しては，4条1項ないし3項〔現行法では4条1項〜4項〕までに規定する類型の行為につき，それを

停止または予防することを請求することになる。具体例として，健康食品業者の販売における勧誘において，実際にはビタミンＣが 500 mg しか含まれていないのに，1000 mg 含まれているという不実告知（4 条 1 項 1 号）がなされているとする。この場合，原告となった団体は，「被告は，当該健康食品の販売における勧誘に際して，当該健康食品にビタミンＣが 1000 mg 含まれていると消費者に誤認させるような説明をしてはならない」といった趣旨の請求をすることができる。これは，被告たる事業者の不作為を求める請求であり，最も典型的な形態の差止請求の例である。

しかし，このような不作為請求の場合における請求認容判決では，たとえばビタミンＣが 700 mg 含まれているという説明で勧誘を行うことは，直接的には禁じられていないことになる。このような勧誘行為に前述の差止請求を認めた判決の効力が及ぶかどうかは，差止判決の効力の客観的範囲の問題である。すなわち，核心説や安全距離論のような考え方をとれば，判決の効力が及ぶ余地があろうが，[17] 異なった考え方に立つ場合には結論を異にする余地もあるのである。

そこで，被告に対する差止命令をより具体化して裁判所による禁止命令の内容を特定するために，作為請求の形態を選択することもできる。たとえば，「被告は，当該健康食品の販売における勧誘に際して，当該健康食品のビタミンＣの含有量を告げる場合には，ビタミンＣが 500 mg 含まれている旨を告げなければならない」といった請求の趣旨である。一般論として，被告に不作為または作為を命じる際には被告の実体法上の選択権を害さないように配慮する必要があるが，この例の場合は，ビタミンＣが 500 mg 含まれていることは確定的な事実であり，被告の作為として他の選択権が考えられない以上，このような作為請求およびそれに対応する作為命令も許されるものと解する。[18]

3 不当契約条項の差止請求

次に，12 条 3 項が定める不当な契約条項の使用の差止請求の例であるが，こちらについても，8 条から 10 条までに規定する類型に該当する契約締結行

---

17)　三木・前掲注 *3)* 52 頁〔本書 18 頁〕参照。

為につき，それを停止または予防することを請求することになる。具体例とし
て，ある事業者が使用している約款に「いかなる理由があっても一切損害賠償
責任は負いません」という条項が含まれている場合には（8条1項1号・3号），
「被告は，消費者との間で，『いかなる理由があっても一切損害賠償責任は負い
ません』という条項を含む契約を締結してはならない」といった趣旨の差止請
求をすることができる。この例で，当該条項を約款から削除するという作為を
求めることができるかどうかであるが，それが当該事案において適切な措置と
認められる場合は，「当該行為の停止又は予防に必要な措置」として許される
と解する。

　消費者契約法における不当条項の無効に関する規律の中には，9条1号や同
条2号のように，該当する契約条項が一定の基準を超えた場合にのみこれを無
効とする，いわゆる一部無効を定めたものがある。このような場合に，契約条
項の使用を全面的に禁ずる差止命令を求めることは，有効となりうる部分を含
めて差止めを求めるものであって，過剰な差止めの請求として許されないので
はないかが問題となる。具体例として，ある事業者が使用している約款に「消
費者が代金の支払いを遅延した場合には，年25%の割合による損害金を支払
うものとする」という条項が含まれている場合を考えてみよう。

　9条2号によれば，年14.6%を超える部分は無効であるが，これを下回る部
分は有効である。このような場合において，原告たる団体が単に当該条項の全
面的な使用の差止めを求めたときは，裁判所はこれをそのまま認容することは
許されず，一部認容判決として，「被告は，消費者が代金の支払いを遅延した
場合には，年14.6%を超える損害金の支払いを請求する内容の条項を含む契

---

18)　被告の不作為または作為に実体的な選択権がある場合において，裁判所がそのうちから特
定の不作為または作為を選んで，これを具体的に命ずることができるかどうかは，原告の差止
請求権の実効性の確保と被告の実体法上の権利の保護の調和に関する困難な問題である。私見
は，訴訟手続において原告が一定の具体的な作為または不作為を求め，その方法が有効かつ適
切であって被告の負担が相対的に小さいことを説得的に主張したにもかかわらず，被告がこれ
に対する反対提案または代替提案をしなかった場合は，被告は手続上の信義則によってその実
体的な選択権を喪失することもありうると解する。上記とはやや文脈を異にするが，丹野達
「抽象的な差止判決の執行」洋法39巻1号（1995年）77頁・87頁参照。また，差止請求訴訟に
おける裁判所の創造的な判断や裁量的判断につき，竹下守夫「民事訴訟の目的と司法の役割」民
訴雑誌40号（1994年）1頁，山本和彦「民事救済システム」岩村正彦ほか編『現代社会と司
法システム〔岩波講座現代の法5〕』（岩波書店・1997年）209頁等参照。

約を締結してはならない」という趣旨の判決をすべきであろう。これは，法律の適用の問題であって弁論主義の適用はないので，当事者による一部無効に関する主張の有無を問わない。

V　移送および弁論等の併合

1　移　　送

⑴　本規定の趣旨

改正消費者契約法は，消費者団体訴訟としての差止請求訴訟が複数の国法上の裁判所に係属している場合において，それらが同一または同種の行為の差止請求であるときは，裁判所は，当事者の住所地や証拠の所在地などの諸般の事情を考慮して，当事者の申立てまたは職権に基づき，訴訟の全部または一部を他の裁判所に裁量移送することができるものとする（44条）。これは，固有権構成を採用した今回の消費者団体訴訟制度の下では，複数の団体によって，同一の事業者に対する同一の行為を対象とする差止請求訴訟が同時期に提起される可能性があるので，重複訴訟論と同一の考え方の下に，司法資源の効率化，判決内容の抵触防止，事業者の応訴負担等を考慮して，審理の集中化を図ったものである。

本規定に基づく移送によって複数の訴えが同一の国法上の裁判所に係属するようになれば，それらが請求内容および相手方が同一の訴えである場合は，後述する45条によって弁論の併合が強制される。本規定に基づく移送では，民事訴訟法17条とは異なって，「訴訟の著しい遅滞を避ける」ためや「当事者間の衡平を図る」ためといった事情は要件とされていない。こうした規律による移送の規定は，1999年に制定された情報公開法において最初に導入され，その後，2004年改正行政事件訴訟法12条5項でも採用された。通常の民事訴訟については2000年改正独占禁止法87条の2などに例がある。

⑵　具体的な検討

本規定は，移送をするかしないかを裁判所の裁量に委ねているが，消費者団体訴訟においては，確定判決等に基づく請求権の行使制限（12条5項2号〔現

第2章 消費者団体訴訟制度の概要と評価

行法12条の2第1項2号〕）があるため，この規定の要件を満たす場合には，ある団体が追行する訴訟で判決の確定または和解の成立があれば，他の団体はもはや訴訟の提起または続行が許されなくなるから，裁判所は，この規定の要件を満たす可能性がある場合は，特段の不都合が認められない限り，原則として移送すべきである。

複数の訴えが審級を異にする場合は，弁論を併合することができないので移送する必要性に乏しいが，同じ審級に係属するようになれば，移送による弁論の併合の適否を検討すべきものと解する。また，適格を付与された各団体は，他の団体と共同して差止請求権を行使する努力義務や，差止請求関係業務について相互に連携を図りながら協力する努力義務を負っているのであるから（23条3項），事案の性質がそれに反する場合を除き，移送を申し立てることが要請されているといえよう。

なお，裁判所は，前訴の裁判所に後訴を移送するほか，後訴の裁判所に前訴を移送することや，前訴と後訴をともに他の管轄裁判所に移送することも，許されると解される。

2 弁論等の併合

(1) 本規定の趣旨

請求内容および相手方である事業者が同一である複数の差止請求訴訟が同一の国法上の裁判所に同時に係属するときは，併合審理が著しく不相当であると認められるときを除き，その弁論および裁判は併合してしなければならないものとされている（45条1項）。今回の消費者団体訴訟制度は固有権構成を採っているが，複数の団体が同時期に差止請求訴訟を提起した場合は，もともと差止請求にかかる事業者の行為は共通しているのであるから，司法資源の効率化，判決内容の抵触防止，事業者の応訴負担などの民事訴訟における一般的な要請に照らしても，原則としてこれを併合して審理することが望ましいからである。

また，この規定は，各団体が，差止請求権の共同行使義務や相互連携協力義務を負っていることとも密接に対応する（23条）。さらに，ある団体が受けた確定判決等によって他の団体の請求権が制限されるが（12条5項2号〔現行法12条の2第1項2号〕），他の団体がその訴訟に参加する手段は限られているので，

48

V 移送および弁論等の併合

他の団体に手続参加の機会を保障するためにも，こうした併合強制の規定は必要である。このように，本規定は，他の団体の手続権を保障する意味もある。

なお，受訴裁判所は，他の裁判所における訴訟の係属をすべて把握しているとは限らないが，他方で，当事者は，通知制度などによってそうした事情を容易に知りうる立場にあるので（23条4項・5項），当事者はその旨を裁判所に申し出なければならないものとされている（45条2項）。

(2) 具体的な検討

このように，本規定は，併合強制を定めたものであるが，この場合における強制の意味が問題となる。本規定と同趣旨の併合強制を定めた旧商法105条3項（現行の会社法837条）については，これを訓示規定とする解釈がある[19]。しかし，確定判決等に基づく請求権の行使制限の規定が設けられた今回の消費者団体訴訟制度においては，他の団体の訴権を実質的に保障するために，併合せずになされた弁論または裁判は手続規定に違背して違法となるものと解すべきであろう。

ただし，先行する訴訟において終局判決をするに熟している場合や，併合によって先行する訴訟が不当に遅延する場合などは，あえて併合審理をするべきではない。そこで，併合が著しく不相当であると認められる事情がある場合は，併合強制が免除されるものとされている（45条1項ただし書）。

このように，併合免除が認められる場合が明文で定められていることからも，本規定は単なる訓示規定ではないと解される。本規定の適用対象は，請求内容および相手方である事業者を同一にする場合に限られるが，同種の事件が複数係属する場合においても，裁判所は，民事訴訟法152条1項に基づく裁量的な弁論の併合の是非を積極的に検討すべきである。

---

[19] 上柳克郎ほか編『新版注釈会社法(1)』（有斐閣・1985年）441頁〔小橋一郎〕，大判昭和8・3・10民集12巻462頁等参照。

第 2 編
暴力団追放団体訴訟制度の立法と評価

第1章
暴力団追放団体訴訟制度の立法的課題

〔初出：2012 年 1 月〕

　2012 年度中の成立が予定されている「暴力団員による不当な行為の防止等に関する法律」（暴力団対策法）の改正作業において，適格団体としての認定を受けた暴力団追放運動を目的とする団体が暴力団事務所の周辺に居住または勤務等する市民から授権を受けて事務所の使用差止等を請求する民事裁判を行う制度の創設が，警察庁において検討されている。[補注1]こうした暴力団追放団体訴訟のような制度は，団体訴訟制度の発祥地であるヨーロッパ諸国でも，その他の国でも，類例をみない。また，わが国における既存の消費者団体訴訟制度とも，いくつかの点で異なる側面を有している。本稿は，このような暴力団追放団体訴訟について，その立法の基礎となる理論を検証するとともに，具体的な制度設計に関して若干の展望を述べるものである。

　　〔補注 1〕
　　暴力団対策法の改正法案は 2012 年 7 月 26 日に成立し，同年 10 月 30 日から施行された。なお，改正法のうち，暴力団追放団体訴訟制度に関係する改正の施行日は2013 年 1 月 30 日である。

I　はじめに

　警察庁において，暴力団の事務所が生活圏内に存在することや，事務所を拠点とした暴力団の活動等によって，損なわれるおそれのある市民生活の安全と地域社会の平穏を確保するために，一定の基準を満たした団体（以下，「適格団体」という）が訴訟上の当事者となって，暴力団事務所の使用差止等を請求する民事裁判を追行する制度の創設が検討されている。
　構想されている制度の仕組みは，消費者契約法等においてすでに導入されている消費者団体訴訟制度と同様である。すなわち，暴力団追放運動を活動の主

52

目的とする団体が，政府機関から適格認定を受けることにより当事者適格の基礎を取得し，実質的な権利の帰属主体である暴力団事務所の周辺に居住または勤務する市民（以下，「周辺住民等」という）および全体としての地域社会の利益のために，事務所の使用差止等を求める本案訴訟手続や保全処分手続（以下，両者をあわせて「裁判（手続）」という）などを行うものである。

　こうした適格団体による訴訟制度は，いわゆる団体訴訟制度の範疇に属するものとして，「暴力団追放団体訴訟」（以下，「暴追団体訴訟」という）と呼ぶことができよう。以下，こうした暴追団体訴訟制度について，その基礎となる理論上の正当性や整合性を確認するとともに，具体的な制度設計に向けた展望について，若干の私見を述べることとしたい。

Ⅱ　立法の背景

1　暴力団事務所と周辺住民等を取り巻く状況

　暴力団は，その活動拠点として多数の事務所を構え，それら事務所の存在は全国に及んでいる。直近の警察庁の統計によれば，全検挙人員における暴力団の構成員等の割合は，恐喝罪について約45%，脅迫罪について約32%，傷害罪について約14%，強盗罪について約20% などとなっており，暴力団員には，文字どおり，暴力性の高い犯罪行為を敢行する強い傾向をみてとることができる。こうしたことから，周辺住民等は，日常的に，暴力団員とのトラブルや暴力事件に巻き込まれる不安を抱いており，あるいは生命，身体，財産に被害を受ける恐怖に晒されているといえる。

　さらに，とりわけ暴力団同士の対立抗争時には，暴力団事務所は，相手方からの攻撃対象となるために，周辺住民等の不安や危険は格段に増大する。たと

---

1) 消費者契約法12条・12条の2，不当景品類及び不当表示防止法10条〔現行法30条〕，特定商取引に関する法律58条の4〜58条の10〔現行法58条の18〜58条の25〕参照。
2) わが国における既存の団体訴訟制度は消費者団体訴訟のみであるが，世界的には，事業者団体訴訟制度や環境団体訴訟制度などもある。
3) 筆者は，2011年10月に警察庁に設置された「暴力団対策に関する有識者会議」の委員として，暴力団対策法の改正作業に参与したが，本稿の意見にわたる部分は筆者の私見である。
4) 警察庁組織犯罪対策部暴力団対策課・企画分析課「平成23年上半期の暴力団情勢」6頁，警察庁刑事企画課「犯罪統計資料（平成23年1〜6月分）」参照。

第1章　暴力団追放団体訴訟制度の立法的課題

えば，2011年4月には，九州地区で道仁会と九州誠道会との対立抗争が再燃し，これに起因する発砲事件等が7回を数え，4人が死傷した。[5]この抗争においては，暴力団事務所を標的として手榴弾や火炎瓶の投てき事案もあった。[6]このように，暴力団事務所の存在は，周辺住民の平穏な生活を現に脅かし，または将来において脅かす高い可能性を有している。

他方，社会的には，近年，暴力団排除の気運が大きな高まりをみせている。現在までに，全国すべての都道府県において，暴力団との関係遮断を促進するために，いわゆる暴力団排除条例が制定されている。こうした条例には，例外なく，不動産が暴力団事務所に利用されることを知って取引をしてはならないなどの規定や，学校等の近辺における暴力団事務所の開設や運営を禁止する規定が設けられている。[7]2012年10月には，禁止区域内で暴力団事務所を開設したとして，指定暴力団山口組の傘下組織の組長ら3人が条例違反で逮捕される事件も発生している。[8]

2　暴力団事務所の使用差止裁判

こうした状況を受けて，暴力団の活動拠点としての事務所の周辺住民等が，暴力団事務所の撤去を請求する民事裁判を提起する例がみられる。こうした裁判は，暴力団事務所が近辺に存在することにより，周辺住民等の平穏な日常生活を営む権利が侵害されていることを理由として，人格権の侵害に基づく事務所の使用差止等請求の法的構成をとって提起される。なお，侵害行為の差止めは，緊急を必要とすることが多いことから，本案の提起に先立って保全処分が申し立てられ，事実上，保全命令の発令によって決着することが多い。

実質的なリーディングケースとなったのは，1987年10月9日，静岡地裁浜

---

5)　警察庁組織犯罪対策部暴力団対策課・企画分析課・前掲注4) 11頁参照。

6)　九州誠道会系事務所駐車場での火炎瓶投てき事案（2011年4月12日付朝日新聞夕刊），九州誠道会系事務所前路上での手榴弾投てき事案（2011年4月15日付読売新聞夕刊）参照。

7)　たとえば，福岡県暴力団排除条例（平成21年福岡県条例第59号）13条（暴力団事務所の開設及び運営の禁止）・19条（不動産の譲渡等をしようとする者等の責務）・20条（不動産の譲渡等の代理等をする者の責務），東京都暴力団排除条例（平成23年東京都条例第54号）19条（不動産の譲渡等における措置）・20条（不動産の譲渡等の代理又は媒介における措置）・22条（暴力団事務所の開設及び運営の禁止）等参照。

8)　2011年10月19日付産経新聞朝刊参照。

54

松支部で出された仮処分決定（一力一家事件決定）である。同決定は，「何人に
も生命，身体，財産等を侵されることなく平穏な日常生活を営む自由ないし権
利があり，この権利等は，人間の尊厳を守るための基本的，かつ，重要不可欠
な保護法益であって，物権の場合と同様に排他性を有する固有の権利である」
から，これが「受忍限度を越えて違法に侵害されたり，又は侵害される恐れが
ある場合には，その被害者は，加害者の当該行為が外形的には権利行使の範囲
内のものであっても，加害者に対し，人格権に基づいて，現に行われている侵
害を排除し，又は将来の侵害を予防するため，その行為の差止，又はその原因
の除去を請求することができる」として，組事務所としての使用禁止や建物外
壁の組名を記した文字板や紋章の撤去などを命ずる仮処分を発令した[9]。

　その後も，これと同様に，暴力団の事務所の使用が周辺住民等の人格権の侵
害に当たるとして，使用の差止めを認めた裁判例が相次いだ[10]。さらに，次のよ
うに，高裁レベルおよび最高裁でも，人格権に基づく差止請求が，より柔軟な
形で認められるに至った。1993 年 3 月 25 日，大阪高裁は，訴訟時において未
だ暴力団事務所として使用されておらず，周辺住民等の人格権侵害が現実化し
ていない段階において，「本件建物が暴力団組事務所ないし連絡場所として使
用されれば，被控訴人らは甚大な損害を受ける危険性があり，被控訴人らは，
いつ発生するか判らない発砲事件に毎日脅えながら生活を送ることを余儀無く
される。被控訴人らは人間として当然に固有の権利たる人格権を有しているか
ら，このような状況のもとでは，右人格権から派生する妨害予防請求権に基づ
き」，「本件建物を暴力団事務所ないし連絡場所として使用することの差止めを
請求できる」として，請求を認容した[11]。この事件の上告審である最高裁も，
1996 年 12 月 17 日，原審の判断を是認した[12]。

　現在では，このように人格権の侵害を根拠として暴力団事務所の使用差止等
請求が認められることは，確立した判例法理となっている[13]。すなわち，暴力団
事務所の周辺住民等は，生命，身体，財産等を侵害されることなく平穏に日常

---

9) 　静岡地浜松支決昭和 62・10・9 判時 1254 号 45 頁。
10) 　那覇地決平成 3・1・23 判夕 761 号 229 頁，那覇地決平成 3・1・23 判時 1395 号 130 頁，秋
　　田地決平成 3・4・18 判時 1395 号 133 頁等参照。
11) 　大阪高判平成 5・3・25 判時 1469 号 87 頁。
12) 　判例集等未登載。

第 1 章　暴力団追放団体訴訟制度の立法的課題

生活を営む権利を確保するために，暴力団事務所の存在によって，その侵害が受忍限度を超えて違法な程度に達している場合には，暴力団事務所の使用の差止等を民事裁判の手続を通して求めることができるものとされる。警察庁によれば，上述した昭和 62 年の一力一家事件決定以降，少なくとも 20 件以上の仮処分の申立てまたは本案訴訟の提起がなされており，それらすべての事件において，仮処分決定，請求認容判決，または住民側に有利な和解という結果が出ているとのことである。

3　周辺住民等を原告とする裁判が抱える問題

こうした人格権に基づく周辺住民等による裁判は，事務所の使用等を禁止される暴力団にとっては，活動の拠点を失うことにつながるので，暴力団が組織を挙げてこれを妨害する契機が生まれ，そのために原告となる周辺住民等は生命や身体の大きな危険に晒されることになる。とりわけ，裁判を提起する際の先導役となる人物や運動の中心的な人物については，そうした危険がより深刻かつ具体的に生ずる。実際に，これまでにも，原告の弁護団長が暴力団関係者によって刺傷された事件，訴訟を準備していた周辺住民の中心人物が刺傷された事件，住民運動を先導していた周辺住民宅に発砲がなされた事件などが発生している[14]。

この種の裁判においては，少人数では暴力団からの妨害や報復の対象となるおそれが高まるため，多数人が当事者となって行われるのが通常であるが，暴力団との深刻な摩擦に発展する可能性が予想されるため，裁判への関与に躊躇する住民も少なくない。そうした中にあって，住民の中心となって組織化の推進力となり，また，多数の意見を集約して裁判の方針を決定し，訴訟代理人と

---

13)　たとえば，神戸地決平成 9・11・21 判時 1657 号 98 頁，和歌山地決平成 10・8・10 判タ 1026 号 294 頁，静岡地決平成 13・11・13 判タ 1105 号 255 頁，福岡高決平成 21・7・15 判タ 1319 号 273 頁等参照。

14)　人格権に基づく事務所の使用差止裁判のリーディングケースである一力一家事件では，原告の弁護士が刺傷された（三井義廣「浜松における暴力団追放運動と弁護士の役割」自正 39 巻 6 号〔1988 年〕18 頁）。また，最近における同種の事件として，鹿児島県における暴力団追放運動リーダーの刺傷事案（2007 年 10 月 19 日付朝日新聞夕刊等），福岡県における民家への発砲事案（2010 年 3 月 16 日付読売新聞朝刊等），福岡県における脅迫文の送付事案（2010 年 3 月 30 日付朝日新聞夕刊等）などがある。

報酬を含めた交渉を行う者は，裁判にとって不可欠であるところ，暴力団からの妨害や報復は，このような先導役や中心人物に対して集中しがちである。

暴力団事務所の存在により，周辺住民等が深刻な権利の侵害を受けているにもかかわらず，こうした生命や身体に具体的な危険が及ぶ公益性のある役目について，一般市民である周辺住民のみが負担を担っている現状は，国家における権利救済制度のあり方として相当であるとは思われない。また，裁判の先導役になることによって，暴力団側の妨害や報復の対象となることに対するおそれから，裁判のための準備や手続を進める中心となる住民が現れず，結局，こうした裁判を行うこと自体ができないという状況も，少なからず生じているようである。何人も，生命，身体，財産等を害されることなく，平穏な日常生活を営む基本的な権利があり，こうした権利は人間の尊厳を守るための不可欠の保護法益であることを考えれば，こうした現状を改善するための措置を早急に講ずることは国家の責務ともいえる。

4 暴追団体訴訟の必要性

上述したような事態に対しては，暴力団対策法に基づく行政命令によって一定の対応措置をとることも考えられないではない。しかし，結論を先に言えば，行政命令を通じた措置のみでは十分な対応とはならない。たしかに，公安委員会は，同法30条の2，30条の3および30条の4に基づき，暴力団員に対し，この種の裁判を妨害する行為について，その禁止，中止，中止を確保するための必要な事項，妨害行為を防止するための必要な事項などを命ずることができ[15]る。しかし，これらの規定は，暴力団に対する訴えをすでに提起した者など，現に行動を開始した者に対する妨害行為を規制するものである。すなわち，暴力団と対峙する行動が起こされた状態を前提として，その行動者に対して限られた範囲の保護を図るものにすぎない。したがって，一般市民である住民にとって，暴力団と直接的に対峙するという重い負担の軽減につながるものではない。

また，同法15条によれば，暴力団の対立抗争時には，都道府県公安委員会

---

15) これらの規定は，2008年の暴力団対策法の改正により創設された。2011年4月までの警察庁内部の統計によれば，暴力団事務所の使用差止め請求にかかる請求妨害防止命令は3件発出されているとのことである。

第1章　暴力団追放団体訴訟制度の立法的課題

がその抗争に関係する事務所について使用制限命令を発出することができる。しかし，この事務所使用制限命令は，一定の行政目的を達成するために認められた最小限度の規制であり，行政上の措置として財産権の制約を行うものであることから，規制の程度と態様にはおのずから限界がある。すなわち，現に指定暴力団等の相互間に対立抗争が生じている場合でなければならず，また，使用制限命令は3か月の期間以内でなければならず，その延長も1回に限られている。また，そもそも人格権の法的保護や財産権に対する制限などは司法によって最終的に判断すべきものであるため，同法15条もまた，暴追団体訴訟に代替し得るものではない。

　このように，暴追団体訴訟制度の創設は，民事上の権利の実現のために存在するはずのわが国の訴訟手続が，必ずしも十分に機能していないという現状を打開し，平穏な日常生活を営む基本的な権利を実現するために，他の制度では代替できない機能を営むものとして，必要不可欠であると考えられる。加えて，警察庁において構想されている制度は，後述のように，周辺住民等の人格権に基づく差止請求権を適格団体に授権する任意的訴訟担当の構造を有するものであり，現在の市民が主体となって推進されている暴力団排除運動の延長線上に位置づけられるものである。すなわち，一般市民にのみ危険と負担を押しつけるのではなく，かといって，行政が民事の領域に過剰な介入をするものでもなく，市民と行政が一体となって暴力団排除に向けた総合的な取組みを推進していくための制度であり，官民ともに暴力団排除の意識が高まりをみせている現状に照らして，是非とも実現を図るべき喫緊の必要性が認められる。

　　［補注2］
　　　現行法では延長1回の回数制限は撤廃されている。

Ⅲ　警察庁において検討中の制度の概要

　警察庁は，暴力団によって現に侵害が発生しているかまたは侵害のおそれのある市民生活の安全と平穏を確保するために，一定の基準を満たした適格団体が当事者となって，暴力団事務所の使用差止等を請求する裁判制度の導入を検

Ⅲ 警察庁において検討中の制度の概要

討している。その制度設計は，おおむね，以下のような方向で考えられている。

1 暴追団体訴訟制度の法構造

暴追団体訴訟では，適格団体が暴力団事務所の周辺住民等から授権を得て，周辺住民等に帰属する人格権を訴訟物として，暴力団事務所の使用差止等を求める裁判を追行する。この適格団体の当事者適格を基礎づけるのは，新たに制定される法律の明文に基づく任意的訴訟担当者としての地位である[16]。また，適格団体に対して授権される実体法上の権利は，暴力団の事務所の周辺に居住または勤務等する市民に帰属する平穏な日常生活を営む権利としての人格権である。暴追団体訴訟の訴訟物をより具体的に述べれば，暴力団の事務所（事務所とするために整備中の施設および施設の区画された部分を含む）またはその近辺における暴力団員の行為により，その生活の平穏もしくは業務の遂行の平穏を現に害されている者または害されるおそれがある者が，当該事務所の所有者もしくは管理者に対して有する当該事務所を使用することの禁止を請求する権利または暴力団員に使用させることの禁止を請求する権利，およびこれらに付随する請求権（組の紋章や看板の撤去を求める請求権，事務所出入りのために路上駐車した多数の車両の移動を求める請求権，事務所の周辺を大勢でみだりに徘徊することを禁止する請求権など）ということになる。

2 適格団体指定の要件と手続

適格団体の指定は，一定の要件を満たした団体に対して，国家公安委員会が行う。すなわち，国家公安委員会は，暴力団対策法 32 条の 2〔現行法 32 条の 3〕第 1 項の規定に基づいて各都道府県につき 1 に限って都道府県暴力追放運動推進センターとして指定されている法人のうち，当該都道府県の区域に所在する暴力団等に対して暴追団体訴訟を適正かつ確実に行うために必要な経理的基礎や人的体制等を備えているものを，その申出により，適格団体として指定することができるものとする。

---

16) 法律の明文に基づく任意的訴訟担当の例としては手形の取立委任裏書の被裏書人（手 18 条），区分所有建物の管理者（建物区分 26 条 4 項・57 条 3 項・58 条 4 項・59 条 2 項・60 条 2 項），サービサー（債権回収 11 条 1 項），選定当事者（民訴 30 条）などがある。

59

第1章　暴力団追放団体訴訟制度の立法的課題

暴追団体訴訟の訴訟物は授権者の人格権であるため，後述するように，授権者である周辺住民等の意思に反した訴訟追行がなされないことを確保するための立法措置が必要であるものと考えられる。また，弁護士代理の原則を潜脱することがないようにすることを，指定の要件に盛り込む必要がある。そこで，現行の都道府県暴力追放運動推進センターとしての指定の要件に加え，適格団体の差止請求関係事務を行う部門に対して，弁護士が助言および意見の陳述を行う体制の整備等を要件とすることが検討されている。

適格団体の指定に関連する諸手続については，指定の申請（国家公安委員会に対する指定申請書および添付資料の提出），指定の公示（指定がなされた場合における国家公安委員会による公示），変更の届出（申請内容を変更する場合における国家公安委員会への届出義務），その他（合併・解散など）について，所要の規定を整備することが検討されている。

3　適格団体の権限・義務・監督

適格団体としての指定を受けた都道府県暴力追放運動推進センターは，当該都道府県の区域内における暴力団事務所の周辺住民等から授権を受け，当該団体を当事者として，当該暴力団事務所の使用差止請求等に関して，次に掲げる裁判上または裁判外の行為を行うことができるものとする。すなわち，①裁判外の請求および交渉，②保全処分の申立手続，③本案訴訟，④間接強制その他の執行の申立手続，⑤裁判上の和解等である。なお，授権者の意思を尊重する観点から，訴えの取下げや裁判上の和解等については，適時に授権者に通知をして授権を撤回する機会を付与するなどの仕組みが検討されている。

適格団体が負うべき義務については，住民等から得た情報の取扱いに関する義務（住民等から収集した被害情報を暴追団体訴訟において利用する場合における事前同意等の義務），秘密保持義務（暴追団体訴訟業務の過程において知り得た秘密の保持等に関する義務），帳簿に関する義務（暴追団体訴訟の業務および経理に関する帳簿の作成および保存の義務）に関する規定などが検討されている。

また，指定権者による監督について，立入検査等（国家公安委員会による業務

---

17)　暴力団対策法32条の2〔現行法32条の3〕第1項および都道府県暴力追放運動推進センターに関する規則参照。

報告要求および事務所立入検査），適合命令等（国家公安委員会の適格団体に対する指定要件に適合するために必要な措置または業務の運営の改善に必要な措置に関する命令），指定の取消し（一定の事由がある場合の国家公安委員会による指定取消し），官公庁等への協力依頼（国家公安委員会による官庁，公共団体その他の者への照会および協力依頼）に関する規定などが検討されている。

4 暴追団体訴訟の手続規律

暴追団体訴訟は通常の民事訴訟であるので，適用される手続規律は基本的には民事訴訟法である。これに加えて，任意的訴訟担当としての団体訴訟制度に固有の特別規律として，訴訟物となる人格権の主体である周辺住民等の意思が適切に訴訟に反映されることを保障するための規定が必要である。具体的には，任意的訴訟担当の授権に関する規定として，民事訴訟法の 30 条（選定当事者の選定等），36 条 2 項（選定当事者の選定の取消し等），124 条 1 項 6 号（選定当事者の全員の死亡等による訴訟手続の中断および受継），144 条（選定者に係る請求の追加），300 条（反訴の提起等）などを参考として，所要の規定を整備することが検討されている。

IV 暴追団体訴訟制度の理論的基礎

わが国における団体訴訟制度としては，すでに消費者契約法に基づく消費者団体訴訟制度が存在する。[補注3]しかし，消費者団体訴訟制度が固有権構成であるのに対し，暴追団体訴訟制度は任意的訴訟担当構成であるなど，基本的な制度の構[18]造には既存の制度と異なる点が存在する。また暴追団体訴訟のような暴力団対策を目的とする団体訴訟制度は，団体訴訟制度の母国であるドイツなどのヨーロッパ諸国にはみられない。

そこで，暴追団体訴訟制度の理論的な基礎について，次の 3 つの観点から考察を加えておきたい。第 1 は，暴力団事務所の使用差止等を周辺住民等に代わって請求する裁判のための手段として，団体訴訟制度という立法上の仕組み

---

18) 三木浩一「消費者団体訴訟の立法的課題——手続法の観点から」NBL790 号（2004 年）44 頁〔本書 3 頁〕参照。

第1章　暴力団追放団体訴訟制度の立法的課題

を用いることの当否である。第2は，団体訴訟の構造として，消費者団体訴訟に
おいて採用されている固有権構成ではなく，わが国の団体訴訟としては初めて
となる任意的訴訟担当構成を採用することの是非である。第3は，一般に一身
専属権として説明される人格権が，任意的訴訟担当における授権の対象となり
得るかという点である。

［補注3］
　わが国初の団体訴訟制度である消費者団体訴訟制度を盛り込んだ消費者契約法の
改正は 2006 年 5 月 31 日に成立し，2007 年 6 月 7 日から施行された。詳しくは，
本書第 1 編参照。

1　団体訴訟制度を創設することの当否

わが国における既存の団体訴訟制度である消費者団体訴訟は，適格消費者団
体に対して固有権として創設的に付与された差止請求権を訴訟物とするもので
ある（消費契約 12 条）。この場合における差止請求権は，不特定かつ多数の消
費者を将来における不当勧誘や不当条項から保護することを目的とするもので
あり，その本質上，個人帰属を観念しにくい不可分の権利であることから，い
わゆる拡散的権利としての性格を強く帯びる[19]。したがって，個々の消費者個人
による訴訟提起は理論的にも難しく，団体訴訟制度の必要性は明白である。こ
れに対し，暴追団体訴訟において訴訟物となるべき差止請求権は，周辺住民等
各個人の人格権に基づくものであるとの理解がすでに確立しており，個人帰属
を観念することができる個別的な権利である。したがって，暴力団事務所の使
用差止等を主たる目的として，団体訴訟という仕組みを用いることの当否を検
討しておく必要がある。

団体訴訟制度が初めて設けられたのは，ドイツにおける 1896 年の不正競争
克服法である。この法律によって提訴権を付与されたのは事業者団体であり，
真実に反する宣伝等の防止を競争相手である個々の営業者に委ねるのみでは，
不正競争の抑止を実現するのに不十分であると考えられたことが，その立法趣
旨であった[20]。この団体訴訟が保護の対象としているのは他の営業者であり，し

---

[19]　三木浩一「訴訟法の観点から見た消費者団体訴訟制度」ジュリ 1320 号（2006 年）61 頁
〔本書 29 頁〕参照。

たがって，その保護法益は主として個別的な権利または利益（以下，単に「権利」という）である。このことからも明らかなように，団体訴訟制度は，その起源に照らしても個別性の高い権利の保護を目的とすることは当然に可能であり，その対象が拡散性の高い権利に限られるものではない。

その後，1965 年の不正競争防止法や 1976 年の普通取引約款規制法において，消費者団体を提訴権者とする団体訴訟制度が作られ，消費者一般を害する宣伝行為や取引約款などの差止めを求めることが認められるようになった。ここに[21]至って，拡散性の高い権利を保護法益とする団体訴訟制度が初めて登場したことになる。しかし，団体訴訟制度は，これ以降もさらなる展開を遂げる。すな[22]わち，ドイツでは，1970 年代から，団体が個々の被害者の損害賠償請求権を譲り受けて，それを束ねて事業者を相手に訴訟を提起するという，いわゆる「集束的団体訴訟」の方式を採用した立法が議論されるようになり，2002 年の法的助言法の一部改正により，これが認められることとなった。また，2004年の不正競争防止法の全面改正により，団体が事業者が得た不正利益の剥奪を求めることを認める団体訴訟も導入されている。このうち，集束的団体訴訟は，個別的な権利の保護を目的とする団体訴訟であり，その手続構造も暴追団体訴訟と類似する。また，わが国でも，特定範囲の被害者の救済のために，適格消費者団体が原告となって集合的な損害賠償請求訴訟を提起する制度が 2013 年中を目途として作られる予定であるが，これもまた，個別的な権利の救済のた[23]めの団体訴訟である。[補注 4]

以上からも明らかなように，個別性の高い権利の保護を目的とすること自体は団体訴訟制度を創設する際の障害となるものではない。しかし，他方において，個別権利のための団体訴訟制度の創設が無条件に許容されるものではない

---

20)　上原敏夫『団体訴訟・クラスアクションの研究』（商事法務研究会・2001 年）10 頁参照。

21)　上原・前掲注 20) 14 頁，髙田昌宏「わが国における団体訴訟制度の導入について──消費者訴訟を中心として」松本博之ほか編『団体・組織と法──日独シンポジウム』（信山社・2006 年）161 頁参照。

22)　髙田昌宏「団体訴訟の機能拡大に関する覚書き──ドイツ法における近時の展開を手がかりとして」福永有利先生古稀記念『企業紛争と民事手続法理論』（商事法務・2005 年）52 頁参照。

23)　加納克利ほか「集団的消費者被害救済制度の検討状況について」NBL963 号（2011 年）50頁参照。

こDも，疑いを容れないところであろう。なぜなら，団体訴訟制度は，本来であれば当事者適格がないはずの団体に対し，わざわざ創設的に当事者適格を付与するものであるので，一定の必要性と正当性に裏打ちされている必要があるからである。すなわち，①すでに存在する通常の裁判手法に委ねているのでは司法上の実効的な権利保護が期待できない等の事情（必要性）と，②団体訴訟の目的が何らかの意味における公益の保護を含んでいること（たとえ直接の目的が個別的な権利または私益の保護であったとしても，同時に公益の保護にもつながる要素を含むこと）（正当性）が，立法事実として必要であるものと解される。

そこで，警察庁において立案中の暴追団体訴訟を検討してみると，こうした立法事実をいずれも満たしていると考えられる。まず，①であるが，暴力団事務所の使用差止等を請求する裁判を周辺住民等がみずから当事者となって追行することは，多大な困難と危険を伴うことになり，現に提訴が断念された例や提訴のための運動に支障が生じている例も散見されることを考えると，通常の裁判手法のみでは実効的な権利保護が達成されないことは明らかであり，制度創設の高い必要性が認められる。次に，②については，たしかに暴追団体訴訟の直接の目的は周辺住民等の個人的な権利の保護であるが，しかし，それに尽きるものではない。市民が平穏な日常生活を営む権利は，地域社会と市民生活の存立を支える不可欠の基盤であり，同時に法治国家の根幹をなすものである。したがって，一般の市民にのみ負担を押しつけるべきものではなく，市民が平穏な日常生活を営むことのできる社会環境の確保に向けて，国家と社会の全体が実現の責務を担うべき公益の側面をも有する。このようなことから，制度創設の正当性も認められる。

［補注 4］
　2013 年 12 月 4 日に「消費者の財産的被害の集団的な回復のための民事の裁判手続の特例に関する法律」として成立し，同月 11 日に平成 25 年法律第 96 号として公布された。詳しくは，本書第 4 編参照。

2　任意的訴訟担当構成を採用することの是非

団体訴訟の法的構造につき，検討中の暴追団体訴訟は既存の消費者団体訴訟とは異なる構成を採用しようとしている。すなわち，消費者団体訴訟は，適格

IV　暴追団体訴訟制度の理論的基礎

団体に固有の実体法上の請求権を法律によって付与する構成（固有権構成）で
あるのに対し，暴追団体訴訟では，周辺住民等に帰属する人格権に基づく請求
権を団体が授権を受けて訴訟担当者の地位において行使するという構成（任意
的訴訟担当構成）が採用される予定である。そこで，団体訴訟の法的構造とし
て，任意的訴訟担当構成を採用することの是非についても，検討しておくこと
にしたい。

　もともと，団体訴訟制度における団体の提訴権について，格別の制約がある
わけではない。団体の提訴権は，立法によって創設的に付与されるものである
ので，その法的性質は立法裁量によって政策的に決定できるからである[24]。また，
立法機関による政策的な決定に際して，論理上の必然があるわけでもない。そ
のことは，団体訴訟制度の歴史が傍証となる。たとえば，ドイツにおける不正
競争防止法上の団体訴訟においては，団体の提訴権の法的性質をめぐって，訴
訟外の者に帰属する請求権を団体が法定訴訟担当として行使するものとする見
解（法定訴訟担当構成），団体固有の実体法上の請求権を認める見解（固有権構
成），実体法上の請求権または実体法上の主体を伴わない被告の不作為義務の
みに対応する特殊な提訴権とみる見解（不作為義務構成），原告の権利や利益と
は無関係に抽象的な規範統制を目的とする民衆訴訟であるとする見解（民衆訴
訟構成）など，さまざまな見解が唱えられた[25]。また，わが国の消費者団体訴訟
の立法に際しても，訴訟担当構成か固有権構成かという議論があった[26]。

　もっとも，団体訴訟制度の内容に応じて，特定の法的構造との間に親和性の
高低があることは否定できない。たとえば，不当勧誘や不当条項の差止めを求
める消費者団体訴訟の場合については，消費者一般を広く保護するための差止
請求権は拡散性の高い権利であるため，個々の消費者を実体的な権利主体であ
る被担当者と考えることは難しく，本質的に固有権構成と親和性が高い[27]。これ
に対し，暴追団体訴訟の場合は，訴訟物となるのは周辺住民等の人格権に基づ
く差止請求権であり，言うまでもなく個人に帰属する権利である。したがって，

---

24)　三木・前掲注 *18)* 46 頁〔本書 5 頁〕参照。
25)　上原・前掲注 *20)* 34 頁参照。
26)　三木・前掲注 *19)* 62 頁〔本書 30 頁〕参照。
27)　三木・前掲注 *19)* 62 頁〔本書 31 頁〕参照。

第1章　暴力団追放団体訴訟制度の立法的課題

訴訟担当構成を採用することに障害はないばかりか，訴訟担当構成こそが最も親和的である。さらに，人格権は，権利主体の意思を尊重する必要性が高いことを考えると，訴訟担当構成の中でも，とりわけ任意的訴訟担当構成によくなじむ。以上から明らかなように，暴追団体訴訟が任意的訴訟担当構成をとることに問題はなく，むしろ自然な構成ともいえるであろう。[28]

　ただし，暴追団体訴訟において固有権構成をとることがおよそ不可能なのかというと，そうではないことも確認しておきたい。暴追団体訴訟によって直接的な保護を受けるのは，主として周辺住民等であるが，暴力団事務所の存在によって生活の平穏を害される「周辺」の範囲に明確な境界はなく，その意味では暴追団体訴訟の場合における差止請求権にも一定の拡散性が認められる。また，拡散的権利と個別的権利は相互に排他的なものではなく，併存的に認められることが通常である。たとえば，代表的な拡散的権利とされる環境権についてみると，清浄な大気や水質を守る権利は特定の個人に帰属しない拡散的権利であるが，同時に，煤塵や汚水を排出する工場等の周辺住民等には，個人の人格権や財産権に対する侵害を排除する個別的権利としての差止請求権も認めら

---

　28)　任意的訴訟担当構成の下では，周辺住民等の人格権に基づく差止請求権は，暴追団体訴訟の本案の審判対象たる訴訟物であると同時に，当事者適格の構成要素として訴訟要件の審判対象にもなる。したがって，裁判所は，本案の審判に先立つ訴訟要件の審判において，周辺住民等の差止請求権の有無を判断しなければならず，このことによって，本案の審判の先取りが生じる。その結果，差止請求権の有効な存在が認定できない場合には，請求棄却判決ではなく常に訴え却下判決で処理されることになろう。
　　もっとも，以上に述べたところは，訴訟要件の審判が本案の審判に先行することを当然の前提とする議論であるところ，有力な学説の中には，訴えの利益や当事者適格などの無駄な審判を避けるための訴訟要件については，その存否の判断よりも先に請求を理由なしとする判断が可能であるときには，請求棄却の本案判決をすることができるとするものがある（鈴木正裕「訴訟要件と本案要件との審理順序」民商57巻4号〔1968年〕507頁，竹下守夫「訴訟要件をめぐる二，三の問題」司法研修所論集65号〔1980年〕1頁，新堂幸司『新民事訴訟法〔第5版〕』〔弘文堂・2011年〕237頁等参照）。こうした見解は，訴え却下判決よりも請求棄却判決のほうが，訴訟物である法律関係について既判力を伴う紛争解決基準を残す点で，紛争の抜本的解決につながるとする。
　　しかし，仮にこうした学説を支持するとしても，当事者適格が任意的訴訟担当を基礎とする暴追団体訴訟においては，上記の結論は変わらない。なぜなら，訴訟担当者が追行した判決の効力は被担当者にも及ぶが（115条1項2号），訴訟担当の成否を確定しないままに請求棄却判決をすると，訴訟物である人格権に基づく差止請求権が存在しないという判断の既判力が誰に及ぶかが不明の状態となるからである。上記の有力説も，訴訟担当のように判決の効力が第三者に拡張される場合には，請求棄却判決をすることは許されないとする（鈴木・前掲522頁，竹下・前掲22頁，新堂・前掲238頁等参照）。

66

れる。また，私益と公益との関係でいえば，上述したように，市民が平穏な日
常生活を営むことができる環境は，周辺住民等の私益に尽きるものではなく，
地域社会や国家がその実現に向けた責務を負う公益でもある。したがって，そ
の公益を実現するために，公的団体に固有権としての提訴権を付与することも
許されるであろう。

　ちなみに，実務的な観点から任意的訴訟担当構成と固有権構成を比較すると，
それぞれに長所と短所を見出すことができる。任意的訴訟担当構成の長所は，
現在の周辺住民等による人格権に基づく差止訴訟の延長線上に，無理なく制度
設計をすることができる点である。これに対し，団体に固有権を付与する場合
には，訴訟物となる実体権を人格権と考えることは困難であり，立法によって
創設された特別の権利と考えざるを得ないことになろう。また，団体に提訴権
を付与するにしても，裁判の準備行為や裁判上の立証活動などには，周辺住民
等の理解と協力が必要であるところ，任意的訴訟担当構成は人格権者からの授
権を必要とするため，周辺住民等の主体的な運動と連動させやすいという側面
もある。他方，任意的訴訟担当構成による場合には，授権者であり被担当者で
ある周辺住民等の氏名や住所などの情報が，被告である暴力団に否応なく開示
されざるを得ないという不都合がある。この点については，固有権構成によれ
ば，かなりの程度まで回避することが可能である。したがって，任意的訴訟担
当構成による場合には，周辺住民等のプライバシー情報などの保護措置をいか
に制度に盛り込むかが問われることになろう。

3　一身専属権と任意的訴訟担当構成の関係

　人格権は，権利主体の人格に専属する権利であるので，人格権そのものは譲
渡することができず，債権者代位権の対象とならず（民 423 条 1 項ただし書），
相続の対象にもならない（民 896 条ただし書）と解されている[29]。また，その意味
で，一身専属性があるとか一身専属権であるといわれる。そこで，こうした一
身専属権である人格権に基づく差止請求権について，これを適格団体に授権し
て訴訟上の行使を委ねるものとする任意的訴訟担当構成の団体訴訟制度を創設

---

　29)　五十嵐清『人格権論』（一粒社・1989 年）10 頁，同『人格権法概説』（有斐閣・2003 年）
　　　13 頁等参照。

第1章　暴力団追放団体訴訟制度の立法的課題

することが，法理論上，はたして許容されるものかどうかについても，検討しておく必要があろう。

　まず，押さえておくべき点は，「一身専属権」ないし「一身専属性」という包括性の高い抽象概念それ自体から，一定の結論を直ちに演繹的に導くことは相当ではないということである。たとえば，民法学における支配的な見解は，一身専属性を「帰属上の一身専属性」と「行使上の一身専属性」とに分類する[30]。そして，権利の譲渡性および相続性の問題は前者，債権者代位（差押え）の問題は後者とする。しかし，「帰属上の一身専属性」として一括りにされる譲渡と相続についても，制度趣旨が異なる以上，常に同一の取扱いをする必然性はない[31]。そもそも，「一身専属権」といった抽象的な用語をいくらいじってみても，それから演繹的に一義的な結論が引き出せる性質のものではないと，いうべきであろう。したがって，人格権に基づく差止請求権が任意的訴訟担当構成と整合的であるかという問題も，「一身専属権」ないし「一身専属性」であるということから直ちに結論が出るものではなく，暴追団体訴訟の実質に即して具体的に考える必要がある。

　一身専属権は，権利者自身が行使することを要し，他人が代わって行使することができないのが原則である。これは，上記の「帰属上の一身専属性」と「行使上の一身専属性」の二分法によれば，後者に属する。こうした意味における一身専属性を判断する基準としては，①その権利がその権利者に対する一般債権者の共同担保として評価し得るか，および，②その権利の行使を権利者の自由意思に委ねることが妥当か，のいずれかが強調される[32]。このことからも明らかなように，「行使上の一身専属性」において想定されているのは，もっぱら債権者代位（差押え）の局面である。すなわち，債権者代位は，権利者に対する一般債権者の共同担保の確保手段であり，権利者の自由意思に反して権利の管理処分権を奪うものであるから，①および②が一身専属性の判断基準として妥当することになる。これに対し，任意的訴訟担当は，一般債権者の共同

---

[30]　奥田昌道『債権総論〔増補版〕』（悠々社・1992年）260頁，潮見佳男『債権総論Ⅱ〔第3版〕』（信山社・2005年）28頁等参照。また，最判昭和58・10・6民集37巻8号1041頁参照。

[31]　前田陽一「不法行為に基づく損害賠償請求権の『帰属上』『行使上』の一身専属性の再検討」立教44号（1996年）60頁参照。

[32]　中田裕康『債権総論〔第3版〕』（岩波書店・2016年）212頁参照。

Ⅳ　暴追団体訴訟制度の理論的基礎

担保の確保とは無関係であるし，また，権利者からの授権を前提とするので自由意思に反する管理処分権の剥奪という要素も皆無である。

　もう少し踏み込んで考察すると，①は，債権者代位（差押え）に固有の問題であるから，差押えの要素をもたない暴追団体訴訟との関係において重要なのは，もっぱら②の観点である。換言すれば，人格権行使の実質的な代行である暴追団体訴訟が許されるかどうかは，人格権者である周辺住民等の意思が十分に尊重される仕組みかどうかによって左右されるものと考えられる。これと同様の考え方は，人格権の一身専属性に関する判断を含む判例である最判昭和58・10・6（民集37巻8号1041頁）の判旨からも，読み取ることができる。最高裁は，名誉侵害に基づく慰謝料請求権を「行使するかどうかは専ら被害者自身の意思によって決せられるべきもの」としたうえで，慰謝料の金額が客観的に確定しない間は，「被害者がなおその請求意思を貫くかどうかをその自律的判断に委ねるのが相当であるから，右権利はなお一身専属性を有する」旨を述べて，債権者代位の成立を否定した。つまり，人格権の行使における訴訟上の代行を認めるためには，「被害者（権利者）自身の意思」ないし「その自律的判断」が尊重されることが必要である旨を述べたものである。

　こうした人格権者の意思の尊重という点については，同じく訴訟担当構成といっても，債権者代位訴訟のような法定訴訟担当の場合[33]と，暴追団体訴訟が採用する任意的訴訟担当とでは，決定的に異なる。いうまでもなく，任意的訴訟担当では，権利者の主体的な意思に基づいて担当者に授権が行われるからである。したがって，債権者代位訴訟を想定した行使上の一身専属性の議論は任意的訴訟担当には妥当せず，いわゆる「一身専属性」を有する人格権から派生する差止請求権といえども，当然のこととして，任意的訴訟担当は許されるものと解される。このことは，下級審裁判例では，すでに実質的には認められているところである。たとえば，一身専属性を有するものとされる人格権に基づく慰謝料請求につき，任意的訴訟担当である選定当事者を用いた訴訟を認めた

33）　法定訴訟担当は，さらに，担当者のための法定訴訟担当と被担当者のための法定訴訟担当に分けることができる。債権者代位訴訟は担当者のための法定訴訟担当であり，訴訟担当者と権利主体との間に利害の対立関係（いわゆる「対立型」の訴訟担当）があるので，権利主体の意思尊重の面では，とりわけ任意的訴訟担当との相違が大きい。

69

第1章　暴力団追放団体訴訟制度の立法的課題

例や[34]，やはり人格権である日照権に基づく差止請求につき，選定当事者による仮処分の申立てを認めた例[35]などがある。学説においても，人格権に基づく差止請求権が任意的訴訟担当に親しむものであることを疑うものはなく，むしろ，一身専属性と任意的訴訟担当が背馳しないことを自明の前提として，一般に議論が展開されている[36]。

このように，人格権に基づく差止請求権を授権する任意的訴訟担当の仕組みを採用することに問題はないと考えられる[37]。しかし，人格権が権利者の意思を尊重して行使されることが必要であることに疑いはない以上，人格権を授権した周辺住民等の意思に反した訴訟追行がなされないことが，制度上，保障されていなければならない。ちなみに，選定当事者において人格権の授権が争いなく認められるのは，選定者はいつでも単独で選定を取消し，または変更することができるからである（30条4項）[38]。したがって暴追団体訴訟制度においても，授権者による授権の取消等の制度を設けておくことは，必須の条件であろう。また，その実効性を確保するために，授権を受けた適格団体から授権者に対して訴訟の進行内容の報告義務があることなどを下位法令等において明定してお

---

34)　東京高判平成14・6・4判時1794号48頁。

35)　大阪地決昭和54・3・31判時937号58頁。

36)　伊藤眞「紛争管理権再論――環境訴訟への受容を目指して」竜嵜喜助先生還暦記念『紛争処理と正義』（有斐閣・1988年）203頁，堀野出「団体の任意的訴訟担当について――差止請求訴訟における有用性とその限界」同法47巻2号（1995年）165頁等参照。

37)　付言すると，人格権の主体である周辺住民等に及ぶ判決の効力の観点からみても，人格権を任意的訴訟担当の対象とすることに問題はない。前掲の注28)において検討したように，裁判所が周辺住民等の差止請求権が存在しないと判断した場合には，請求棄却判決ではなく訴え却下判決が下される。したがって，差止請求権が存在しないとの判断が，本案判決の既判力の拡張（115条1項2号）を通じて授権者である周辺住民等に及ぶことはない。また，訴え却下判決に関しては，訴訟判決にも本案判決と同じく既判力が生じるという支配的な学説に従うとしても，そもそも任意的訴訟担当が成立していない以上，115条1項2号の適用はあり得ないから，その訴訟判決の既判力が周辺住民等に拡張されることもない。以上から明らかなように，たとえ適格団体が敗訴したとしても，人格権の主体である周辺住民等は，別途，人格権に基づく差止請求訴訟を提起することができる。したがって，この点に照らしても，任意的訴訟担当構成による暴追団体訴訟は人格権の一身専属性と抵触するものではない。

38)　選定当事者制度では，選定当事者は，訴訟上の和解を含む一切の訴訟行為を特別の委任なしに行うことができ，かつ，選定行為においてその制限をすることができず，たとえ和解を禁ずる等の権限の制限を付した選定をしたとしても，その選定は制限部分が無効であり，無制限の選定としての効力を有する（最判昭和43・8・27判時534号48頁）。このような取扱いの妥当性は，訴訟担当は訴訟代理とは異なるので55条2項の適用を受けないという形式的な理由に加えて，選定者がいつでも単独で選定の取消しまたは変更をすることができることが，実質的な根拠となっている。

くことが望ましいであろう。

V　暴追団体訴訟の制度設計上の留意点

　暴追団体訴訟を任意的訴訟担当構成によって制度設計する場合には，適格団体に授権を行う暴力団事務所の周辺住民等（以下，「授権者」という）は訴訟担当における被担当者として確定判決の効力が及ぶため（115 条 1 項 2 号），訴状や判決書などに授権者個人を特定する情報が記載される。また，適格団体が実質的に裁判手続を代行するとしても，授権者が証人として証言を求められることは，当然にあり得る。しかし，授権者にとって，暴力団関係者に個人を特定する情報を知られたり，法廷において暴力団関係者の面前で証言することなどは，多大な精神的負担を伴うばかりか，場合によっては生命や身体の深刻な危険を惹起することにもなりかねない。したがって，単純に暴追団体訴訟を導入するだけでは不十分であり，授権者の保護を図るための立法措置についても，あわせて検討する必要がある。考えられる立法措置としては，以下のようなものがあろう。

1　ビデオリンクおよび遮へい

　2007 年に成立した「犯罪被害者等の権利利益の保護を図るための刑事訴訟法等の一部を改正する法律」により，民事訴訟における証人尋問や当事者尋問において，映像と音声の送受信の方法（ビデオリンク）を用いた尋問や，遮へい措置を講じた尋問が認められるようになった。

　ビデオリンクは，「事案の性質，証人の年齢又は心身の状態，証人と当事者本人又はその法定代理人との関係その他の事情により，証人が裁判長及び当事者が証人を尋問するために在席する場所において陳述するときは圧迫を受け精神の平穏を著しく害されるおそれがあると認める場合であって，相当と認めるとき」（204 条 2 号）には許容される。

　また，遮へいは，「事案の性質，証人の年齢又は心身の状態，証人と当事者本人又はその法定代理人との関係……その他の事情により，証人が当事者本人又はその法定代理人の面前……において陳述するときは圧迫を受け精神の平穏

第1章　暴力団追放団体訴訟制度の立法的課題

を著しく害されるおそれがあると認める場合であって，相当と認めるとき」
（203条の3第1項），および，「事案の性質，証人が犯罪により害を被った者で
あること，証人の年齢，心身の状態又は名誉に対する影響その他の事情を考慮
し，相当と認めるとき」（同条第2項）が要件である。

　こうした要件から明らかなように，主として，犯罪被害者を想定した規定で
あるため，未だ現実の被害が生じていない段階での差止請求訴訟においては，
これらが認められない可能性も否定できない。したがって，これらの利用を許
容することを明らかにする規定を，民事訴訟法の特則として暴力団対策法に設
けることが，検討されてよいであろう。

2　訴訟記録の閲覧制限

　訴訟記録中の授権者の特定情報については，授権者の安全を確保するために，
事情に応じて閲覧制限の可能性を認める必要がある。訴訟記録の閲覧制限に関
する規定は，民事訴訟法の1996年改正で導入されたが，その際には，主とし
て個人のプライバシーと企業の営業秘密が念頭に置かれており，訴訟関係者の
安全確保という状況は想定されていなかった。すなわち，92条が掲げる要件
は，「訴訟記録中に当事者の私生活についての重大な秘密が記載され，又は記
録されており，かつ，第三者が秘密記載部分の閲覧等を行うことにより，その
当事者が社会生活を営むのに著しい支障を生ずるおそれがあること」（同条1項
1号）と「訴訟記録中に当事者が保有する営業秘密（不正競争防止法第2条第
6項に規定する営業秘密をいう。……）が記載され，又は記録されているこ
と」（同項2号）の2つである。つまり，現行の規定のままでは，暴追団体訴訟
における授権者の安全確保のための閲覧制限を求めることは困難である。した
がって，この点についても，民事訴訟法の特則を検討することが考えられる。

3　秘密保持命令

　さらに，授権者の特定情報が外部（特に暴力団関係者）に流出することを防ぐ
ために，暴追団体訴訟における秘密保持命令の創設も検討すべきである。秘密
保持命令の規定は，特許法，不正競争防止法，独占禁止法などに設けられてい
るが，[39] いずれも営業秘密の保護を目的とするものであり，訴訟関係者の安全確

72

保のための秘密保持命令は現時点では立法例がない。しかし，市民の生命や身体の安全は，営業秘密に優越することはあっても劣ることはなく，法治国家の根幹をなす重要な法益である。暴追団体訴訟においては，授権者の安全に対する危険の存在が類型的に認められることを考えると，授権者の個人特定情報に関する秘密保持命令の創設も，十分に考慮に値するものと思われる。

Ⅵ　将来の課題

今回の暴追団体訴訟の対象として検討されているのは差止請求のみであるが，暴追団体訴訟の潜在的なニーズはこれに尽きるものではない。暴力団から被害を受けた市民による不法行為に基づく損害賠償請求についても，被害者自身がみずから訴訟を提起することによる生命または身体の危険や精神的な負担を考えると，やはり団体訴訟制度の仕組みを用いた権利救済の方途が検討されてよい。また，近年，暴力団の資金獲得方法が従来の暴力的方法に加えて詐欺的方法にも拡大しつつある現状に鑑みると，裁判外または裁判上の契約解除の意思表示や不当利得請求などについても，適格団体による権利行使の代行が望まれる事態も広く想定し得る。こうした形での暴追団体訴訟のさらなる展開も，将来における重要な課題として見据えておく必要があろう。

---

39)　秘密保持命令の規定としては，特許法 105 条の 4，実用新案法 30 条，著作権法 114 条の 6，意匠法 41 条，商標法 39 条，種苗法 40 条，不正競争防止法 10 条，独占禁止法 83 条の 5〔現行 81 条〕などがある。

第 2 章
暴力団追放団体訴訟制度の概要と評価

〔初出：2014 年 4 月〕

I　はじめに

　2012 年 10 月 30 日から改正法が施行された（改正法のうち，暴力団追放団体訴訟制度に関係する改正の施行日は 2013 年 1 月 30 日）現在の暴力団対策法（正式名称は「暴力団員による不当な行為の防止等に関する法律」）において新たに導入された適格団体訴訟制度は，暴力団の事務所が生活圏内に存在することで損なわれるおそれの高い市民生活の安全および地域社会の平穏を，民事司法上の手段を通じて確保するために，一定の基準を満たした適格団体が地域住民等に代わって原告となり，暴力団事務所の使用差止等を請求するための民事裁判を提起および追行することができるという制度です（暴力団 32 条の 4 第 1 項）。

　こうした制度が作られたのは，従来の訴訟制度では十分に対応できない問題があったからです。一般市民は，暴力団事務所を自分たちの地域から追放したいとの願いを抱いても，暴力団からの報復をおそれるために，自分たちが原告になって訴訟の場で直接的にこれに対峙することは困難です。そこで，暴力団事務所の立退きを求めたい地域住民等に代わって，暴追センター（都道府県暴力追放運動推進センター）が，個々の住民からの委託を受けて使用差止等を求める訴訟を行うことができるようにしたものです。

　この適格団体訴訟制度の導入からすでに 1 年以上が経過し，この訴訟制度の存在自体は，関係者やマスコミの方々にも広く知られるようになりました。しかし，弁護士を含む関係者の皆さんから時折いただくご質問やご意見あるいはマスコミの報道などをみますと，この制度に対して，さまざまな誤解であるとか，あるいは不十分な理解もあるように感じられます。そこで，本日は，この

　＊　本稿は，2013 年 12 月 19 日に弁護士会館 2 階講堂「クレオ」にて開催された「平成 25 年度関東弁護士会連合会民暴研修会」における講演原稿を基にして事後に加筆したものである。

制度の本質と課題について，成立に至る経緯や消費者団体訴訟制度との比較なども交えながら，ご一緒に検討していきたいと思います。

　検討を始めるに先立って，この訴訟制度の呼び方を確認しておきます。弁護士会の民事介入暴力対策委員会の皆さんは，この制度を「適格団体訴訟」と呼ぶことが多いようです。もちろん，それでもよいのですが，先ほど申しましたように，私の講演では消費者団体訴訟制度との比較をすることになります。その際，消費者団体訴訟もやはり適格団体訴訟の1つですので，紛らわしいことになります。そのような事情もあって，本日は，「暴追団体訴訟」という呼び方をしたいと思います。

　それでは，まず，この暴追団体訴訟制度が採用した「団体訴訟制度」という仕組みの本質を明らかにするために，その起源と意義のあたりから，みていくことにしたいと思います。

II　団体訴訟制度の歴史と本質

1　団体訴訟制度の歴史

(1)　団体訴訟制度の誕生

　団体訴訟制度とは，本来の権利者や利益帰属主体に代わって，一定の立場の団体が民事訴訟の提起および追行をすることができる制度です。その起源は，1896年のドイツ不正競争克服法であるといわれています。この法律は，真実に反する広告や宣伝の差止めを求める訴訟を行う権限を事業者団体に与えたものです。それまでは，真実に反する広告や宣伝の裁判による差止めを求めようと思えば，それによって利益を害される競争相手自身，すなわち他の事業者がみずから訴えを提起するほか，手段がありませんでした。

　しかし，他の事業者は，業界内の評判や将来の取引などに影響が及ぶことをおそれて，みずから訴えを提起することが難しいことが少なくありません。したがって，伝統的な訴訟の仕組みだけでは，民事訴訟を通じて不正競争の抑止を実現することが困難でした。そこで，そうした心配のいらない事業者団体に提訴権を認めることにしたものです。こうした制度の起源からもわかるように，団体訴訟という制度は，本来の権利者や利益帰属主体がみずから訴訟を行うこ

75

第2章　暴力団追放団体訴訟制度の概要と評価

とが困難な状況が一般的かつ類型的に存在する場合に，一定の団体に提訴権を付与することによって，裁判による救済の途が閉ざされることを実質的に防止するという考え方に基づくものです。

(2)　拡散的権利への展開

その後，ドイツでは，1965年の不正競争防止法や1976年の普通取引約款規制法などにおいて，消費者団体を提訴権者とする団体訴訟制度が作られ，消費者を害するおそれのある宣伝行為や取引約款などについても，使用差止請求訴訟が認められるようになりました。こうした消費者保護のための団体訴訟という新たな類型が作られるようになった理由は，以下の点にあります。

一般の消費者が，不当な宣伝行為や不当な取引約款などから適切に守られるべき権利は，誰か特定の個人に帰属するというよりは，広く薄く消費者一般に拡散していると考えられます。私は，このような権利を「拡散的権利」と呼んでいます。こうした拡散的権利は，文字どおり特定の個人への帰属性が低いために，個人の消費者による訴訟の提起を想定することは，必ずしも現実的ではありません。

また，宣伝行為や取引約款の不当性に気付いている消費者は，その被害をみずから避けることができますので，あえて訴訟を提起する必要性は感じないでしょうし，他方，それに気付いていない消費者は，訴訟を起こす必要性自体を認識できないという一種のジレンマもあります。さらに，個人の消費者に拡散的権利についての原告適格や訴えの利益があるかどうかも判然としません。そこで，消費者一般の利益を代表する主体として，消費者団体に提訴権を認めることにしたものです。

(3)　団体訴訟の種類

このように，歴史的にみると，最初の団体訴訟制度は事業者団体を主体とするものでした。したがって，団体訴訟の種類としては「事業者団体訴訟」ということになります。次いで，先ほど申し上げましたように，消費者団体を主体とする団体訴訟が生まれました。これは，いうまでもなく「消費者団体訴訟」です。このようにして生まれた団体訴訟制度は，現在では，広くヨーロッパの

国々や一部のアジアの国々でも採用されています。

　わが国でも，2006年の消費者契約法の改正で消費者団体訴訟の制度を導入しました。また，ヨーロッパの国の中には，環境団体を主体とする「環境団体訴訟」を設けている例もみられます。このように，事業者団体訴訟，消費者団体訴訟，環境団体訴訟などがあるわけですが，これらのすべてに共通するのは，いずれの場合も本来の権利者や利益帰属主体が自分で訴訟を行うことが難しく，それを克服するための立法的な仕組みとして団体訴訟制度が設けられているということです。

　こうした背景や趣旨は暴追団体訴訟でも同様です。団体訴訟制度という仕組みを暴力団事務所の追放運動に応用した例は，わが国が世界で初めてです。しかし，その立法理由は，本来の権利主体である一般市民が自分で訴訟を行うことが難しいという一般的かつ類型的な事情が存在することから，それに対処するために団体訴訟制度が導入されたということですから，その意味では，事業者団体訴訟，消費者団体訴訟，環境団体訴訟など，従来からある団体訴訟と比べても，共通の背景や趣旨を持つものといえます。

2　固有権構成について

(1)　団体訴訟制度の分類基準

　先ほど申し上げた，事業者団体訴訟，消費者団体訴訟，環境団体訴訟，暴追団体訴訟という分類ですが，これは，提訴権を付与された団体の種類における違いといいますか，あるいは，団体訴訟制度によって保護する法益の違いに着目したものです。しかし，これとは別の分類もあります。

　それは，団体が訴訟で行使する権利の付与のされ方の違いに着目した分類です。これには，大きく分けて，固有権構成と訴訟担当構成があります。先に述べておきますと，2006年に導入された消費者団体訴訟は固有権構成を採用したのに対し，暴追団体訴訟では訴訟担当構成が採用されています。このように，わが国の立法だけみても分かれているわけですが，その具体的な話をする前に，まずもって，団体への権利の付与ということの意義とその必要性を確認しておく必要があります。

(2) 消費者団体訴訟の場合

およそ団体訴訟制度は，本来は提訴権がないはずの団体に，法律によって提訴権を与えるための仕組みです。そこで，しばしば，一定の団体に当事者適格を与える制度であるといわれます。たしかに，団体訴訟制度によって当事者適格が付与されることは間違いがないのですが，しかし，当事者適格だけの付与では意味がありません。訴訟物となる実体法上の権利を有していないと，たとえ当事者適格を有していても，その訴訟において勝訴判決を得ることはできないからです。翻って考えてみますと，当事者適格は，そもそも実体権を有する者に与えられるのが原則ですから，重要なのはむしろ実体権の付与のほうです。そうすると，当事者適格の付与というよりも訴訟物となる権利の付与こそが問題となります。

まず，1つ目のパターンは，立法によって訴訟物となるべき実体権を創設的に作出し，その作出された実体権を適格団体に原始的に付与するというものです。これを固有権構成といいます。固有権構成では実体権の付与と同時に当事者適格も付与されるものと考えられます。わが国で最初に作られた団体訴訟制度である消費者団体訴訟は，この固有権構成をとりました。すなわち，消費者契約法（2008年の法改正で景品表示法と特定商取引法に拡大され，さらに2013年に新たに成立した食品表示法にも拡大された）は，適格消費者団体が事業者による不当な契約条項の使用や不当な勧誘行為の差止めを求める権利を創設し，この権利を訴訟物として訴訟を行う地位を与えました（12条）。訴訟上の当事者適格だけでなく実体権も付与されていますので，適格消費者団体は，当然，訴訟外でこの権利を行使して和解交渉などを行うこともできます。

(3) 拡散的権利と固有権構成

ところで，この不当な契約条項の使用や不当な勧誘行為の差止めを求める請求権ですが，こうした権利は，消費者個々人への帰属を観念することが困難です。不当な勧誘行為や契約条項によって，将来において被害を受ける可能性があるのは消費者一般であり，特定の個人というわけではないからです。つまり，こうした場合の差止請求権は，すべての消費者に薄く広く拡がっている権利であり，その意味で拡散的権利ということができます。

このように，拡散的権利は誰に帰属しているともいえませんので，団体に対して権利者が授権するという仕組みにはなじみません。つまり，訴訟担当構成はとりにくいのです。このことは，任意的訴訟担当が難しいというだけではなく，法定訴訟担当でも同じことです。実は，消費者団体訴訟制度を作るときには法定訴訟担当構成にすべきだという意見も実体法学者などから結構あったのですが，われわれ訴訟法学者の多くは懐疑的でした。法定訴訟担当の場合は，任意的訴訟担当と違って授権行為は必要ありませんが，それでも被担当者を特定する必要はあります。しかし，拡散性の高い権利の場合は，誰が被担当者なのかを特定できませんので，訴訟担当構成をとることは困難であり，理論的に考えても，固有権構成をとることはほぼ必然だろうと思います。

(4) 消費者団体訴訟と固有権構成

このような理由により，消費者団体訴訟制度が固有権構成を採用したのは，実質的な理由だけにとどまらず，いわば理論的な要請にも基づくものでした。しかし，このことは必ずしも十分に理解されているとはいえないように思われますので，念のために再度述べますと，固有権構成をとるということは，法律によって新たな実体権をゼロから創造して，それを適格消費者団体に与えるということです。消費者団体訴訟の訴訟物についていえば，契約上の権利や不法行為に基づく権利のように民法によって発生した権利ではなく，団体訴訟制度を創設した消費者契約法の改正によって，実体法上の権利を人工的に作ったということです。これに対し，わざわざ法律で権利を創造する必要性が認められない場合には，あえて固有権構成をとることは妥当なのか，という疑問が生じることになります。

3 団体訴訟制度と訴訟担当構成

(1) 暴追団体訴訟と訴訟担当構成

団体訴訟制度がとり得る2つ目のパターンは訴訟担当構成です。もともと，団体訴訟を行う適格団体自身は権利主体や利益帰属主体ではないので，みずからの権利を訴訟物として訴訟を行うことはできません。そこで，固有権構成をとって法律で権利を創設して団体に付与するか，もしくは，訴訟担当構成を

とって権利者からの授権を得るかしかないということになります。しかし，先ほども述べましたように，拡散性の高い権利は，理論的な必然として固有権構成しか考えられないわけです。これに対し，暴追団体訴訟のように個人帰属が可能な普通の権利については，むしろ訴訟担当構成のほうが自然な選択肢といえます。

(2) 法定訴訟担当構成と任意的訴訟担当構成

ちなみに，訴訟担当構成をとる場合には，理論的には，法定訴訟担当構成と任意的訴訟担当構成という選択肢があり得ます。しかし，法定訴訟担当というのは，実体法上の権利者の意思によらずに権利者ではない者に訴訟追行権を付与するわけですから，そのようなことが許されるだけの立法事実が必要になります。たとえば，不在者財産管理人のように，権利者がみずから授権をすることが不可能な場合であるとか，破産管財人のように，たとえ権利者の意思に反してでも訴訟追行権を剥奪する必要がある場合などです。したがって，そうした必要性がない場合には法定訴訟担当構成を選択することは難しく，基本的には任意的訴訟担当として構成することになろうかと思われます。

Ⅲ　暴追団体訴訟制度の意義

1　立法の経緯

(1) 団体訴訟制度の採用

暴追団体訴訟制度は，2012 年に改正された現行の暴力団対策法によって創設されました。私は，その立案作業に参与する機会を得ましたが，当初は，消費者団体訴訟のような団体訴訟制度の仕組みを使って適格団体に暴力団事務所の使用差止訴訟を追行する権限を付与する制度を作ること自体が，そもそも可能なのかということから検討が始まりました。そして，たしかに諸外国に団体訴訟制度を暴力団の排除に用いた前例はなかったのですが，私は理論的に可能であろうという意見を述べ，警察庁も同様の見通しを持っていたことで，立案作業がスタートしました。

団体訴訟制度を利用することが可能であると考えた理由ですが，先ほど述べ

ましたように、そもそも団体訴訟制度は、権利者がみずから訴訟を追行することが困難な状況が一般的かつ類型的に存在する場合に、そのような場合でも司法による権利救済を可能にするための司法上の仕組みです。暴力団事務所が存在することによって生活の安全と平穏が脅かされる状態に置かれている地域住民等は、暴力団からの報復をおそれてみずから訴訟を提起することは困難ですので、まさに、団体訴訟制度が前提とする立法事実が存在します。すなわち、権利者がみずから訴訟を追行することが困難な状況が一般的かつ類型的に存在する場合であるといえるのです。

(2) 訴訟担当構成の採用

このように団体訴訟制度の仕組みの利用は可能であるとした場合、次に、固有権構成と訴訟担当構成のいずれが妥当なのかが問題となります。理論的には、暴力団事務所の使用差止請求権は判例理論によって個人帰属が認められていますので、訴訟担当構成が自然ではありますが、固有権構成の余地もあったものと思われます。先ほども述べましたように、固有権構成は、主として保護対象としての権利が拡散的権利である場合に用いられるものです。そこで、暴力団事務所が存在することに由来する市民生活の安全と平穏に対する危険の除去が拡散的権利といえるかどうか、が問題となります。

考えますに、こうした危険や不安を除去する権利は、その地域の住民だけの権利にはとどまらず、一般市民の間に薄く広く拡がっている権利とみることもできるように思われます。拡散的権利の典型は、水質の汚染や空気の汚れのような公害等を除去する権利ですが、やや乱暴な言い方をすれば、暴力団による安全と平穏の侵害は社会を汚染する公害のようなものであり、組事務所はその汚染源のようなものです。そのように考えることができるとすれば、固有権構成も理論的に不可能ではなかったように思われます。

実際、立案の過程では、固有権構成を主張する意見も少なからずみられました。固有権構成をとると、地域住民等による授権の必要がないばかりか、訴状や判決にも地域住民等の名前を出さずにすむため、名前や住所を暴力団サイドに晒すことをおそれる地域住民等のニーズにも応えることができるというメリットもあります。しかし、固有権構成の余地を完全に否定すべきかどうかはと

第 2 章　暴力団追放団体訴訟制度の概要と評価

もかくとして，少なくとも団体訴訟制度を暴力団の排除に活用するための最初の試みとしては，やや無理があるものと思われます。

また，後で詳しく述べますが，新しく創設される団体訴訟制度と従来の住民自身による事務所使用差止訴訟との間に連続性を持たせるためには，むしろ訴訟担当構成のほうが適切であるという側面もありました。また，これも後で述べますが，将来におけるさらなる展開の可能性を考えた場合にも，訴訟担当構成のほうが望ましいという側面もあるのです。いずれにせよ，結論として固有権構成は見送られ，任意的訴訟担当構成が採用されました。

2　従来の周辺住民等による差止請求訴訟

このように 2012 年に改正された暴力団対策法で新たに創設された暴追団体訴訟制度は任意的訴訟担当構成を採用しましたが，その授権の対象となる権利は当該地域におけるそれぞれの地域住民等が有する人格権に基づく差止請求権です。この人格権に基づく差止請求権ですが，これを明文で定めた実体法の規定は存在せず，解釈上認められている権利です。現在では，こうした人格権に基づく差止請求権が認められることについての異論はありませんが，かつては議論があったところであり，数々の裁判例を通じて認められるようになったものです。

(1)　リーディングケース

その実質的なリーディングケースとなったのは，1987 年に静岡地裁浜松支部で出された「一力一家事件」の仮処分決定です（静岡地浜松支決昭和 62・10・9 判時 1254 号 45 頁）。同決定は，「何人にも生命，身体，財産等を侵されることなく平穏な日常生活を営む自由ないし権利があり，この権利等は，人間の尊厳を守るための基本的，かつ，重要不可欠な保護法益であって，物権の場合と同様に排他性を有する固有の権利である」から，これが，「受忍限度を越えて違法に侵害されたり，又は侵害される恐れがある場合には，その被害者は，加害者の当該行為が外形的には権利行使の範囲内のものであっても，加害者に対し，人格権に基づいて，現に行われている侵害を排除し，又は将来の侵害を予防するため，その行為の差止，又はその原因の除去を請求することができる」とし

82

て，組事務所としての使用禁止および建物外壁の組名の文字板や紋章の撤去な
どを命ずる仮処分を発令しました。

(2) 裁判例の展開

そして，その後も同様の裁判例が相次ぎました。さらに，高裁レベルおよび
最高裁でも認められるに至っています。その中には，訴訟の時点においてま
だ暴力団事務所として使用されておらず，地域住民等の人格権侵害が具体的に
現実化していない段階において，「本件建物が暴力団組事務所ないし連絡場所
として使用されれば，被控訴人らは甚大な損害を受ける危険性があり，被控訴
人らは，いつ発生するか判らない発砲事件に毎日脅えながら生活を送ることを
余儀無くされる。被控訴人らは人間として当然に固有の権利たる人格権を有し
ているから，このような状況のもとでは，右人格権から派生する妨害予防請求
権に基づき」，「本件建物を暴力団事務所ないし連絡場所として使用することの
差止めを請求できる」として，請求を認容したものもあります（大阪高判平成
5・3・25 判時 1469 号 87 頁）。この事件の上告審である最高裁も，原審の判断を
是認しています。

(3) 差止請求訴訟の訴訟物

このように，従来の暴力団事務所の排除訴訟において，訴訟物となっている
のは地域住民等各個人の人格権に基づく使用差止請求権です。すなわち，暴力
団事務所周辺の地域住民等は，生命，身体，財産等を侵害されることなく平穏
に日常生活を営む人格的な権利を確保するために，暴力団事務所の存在によっ
てその権利の侵害が受忍限度を超えて違法な程度に達している場合には，暴力
団事務所の使用差止めを民事裁判の手続を通して求めることができるというこ
とです。先ほど述べた 1987 年の一力一家事件決定以降，これまでに少なくと
も 20 件以上の仮処分の申立てや本案訴訟の提起がなされていますが，いずれ
も人格権に基づく差止請求権を根拠としています。

(4) 従来の差止請求訴訟の意義

こうした地域住民等自身を原告として展開されてきた従来の暴力団事務所の

使用差止請求訴訟は，暴追団体訴訟の重要な基礎となっています。すなわち，暴追団体訴訟は，従来の地域住民等自身による使用差止請求訴訟と無関係に創設されたものではなく，むしろ，これまで積み重ねられてきた裁判例や理論の展開を尊重し，その延長線上に作られたものです。任意的訴訟担当構成の採用も，そのことと決して無縁ではないことに留意する必要があります。

Ⅳ　任意的訴訟担当構成の利点

暴追団体訴訟制度が任意的訴訟担当構成を採用したことには，いくつかの利点もあります。主として次の3点が挙げられようかと思います。

1　従来の差止請求訴訟との連続性

第1に，任意的訴訟担当構成が採用されたことによって，従来の使用差止請求訴訟との連続性を持たせることができることになりました。これは，これまで長年にわたって積み重ねられてきた裁判例や実体理論を暴追団体訴訟にもフルに活かすことができることを意味します。また，そのことの帰結として，訴訟の結論の予見可能性が高まりますし，また，和解交渉もやりやすくなります。

これに対し，仮に固有権構成の採用が可能であったとしても，固有権構成がとられた場合には，訴訟物は団体自身の固有の権利ですから，それを人格権と考えることは困難ですし，たとえ団体の人格権と考えたとしても，その侵害はないのですから，何らかの特別な実体権とでも考えざるを得ないことになるでしょう。その場合には，その特別な権利の要件事実が何であるのかなどを含めて，不透明性が高くなることになります。

2　住民運動との連携性

第2は，住民運動との連携との関係です。仮に，固有権構成をとって適格団体に固有権が付与されたとしても，裁判の準備行為や裁判上の立証活動を行うには，地域住民等の理解と協力が必要です。この点につき，任意的訴訟担当構成の場合には，人格権の主体である地域住民等からの具体的な授権を必要とするため，地域住民等による主体的な暴力団排除の運動と適格団体による訴訟活

動を有機的にリンクさせやすいという側面があります。

これに対し，固有権構成をとった場合は，たしかに地域住民等は授権行為すら必要がないのでそれだけ負担は少ないのですが，それに比例する形で，地域住民等が訴訟活動に協力するための取組みや意欲も少なくなります。また，場合によっては，地域住民等が暴追センターや行政の活動に依存してしまって，住民たちの覚悟が曖昧になるのではないか，あるいは住民たち自身による主体的な活動が全般的に縮小するのではないか，そういった懸念もあります。この点は，立案にあたって重く考慮されたように感じております。

3　将来の展開の可能性

第3は，将来の展開の可能性です。2012年の法改正によって導入された暴追団体訴訟制度は，あくまでも差止請求訴訟に限られたものであって，損害賠償請求などの金銭請求には使うことができません。しかし，暴力団の報復をおそれて一般市民がみずから原告となって訴訟を行うことが困難な場合というのは，差止請求以外にもいろいろと考えられるところです。

たとえば，商店街が一体となって「みかじめ料」の返還を求めるような訴訟を暴追団体訴訟の仕組みを利用して行うことができれば，より一層，暴力団排除のために資すると考えられます。また，暴力団員の行為によって被害を受けた市民の救済のために，組織の上部で最終的な利益を得ている暴力団組長を被告として損害賠償責任を追及するいわゆる「組長訴訟」などでも，一般市民がみずから原告となる負担を回避するために暴追団体訴訟の仕組みを利用することも考えられます。

このような形で暴追団体訴訟の将来における展開を検討していく際には，現在の仕組みが任意的訴訟担当構成をとっていることは，長所として作用します。なぜなら，このような金銭請求訴訟では固有権構成は考えにくいので，否応なく任意的訴訟担当構成をとることになろうと思われますが，現在の仕組みがすでに任意的訴訟担当構成なので，授権の対象となる権利の範囲を拡げるだけで金銭請求訴訟を取り込むことができるからです。

第2章　暴力団追放団体訴訟制度の概要と評価

V　任意的訴訟担当構成の課題

　他方において，暴追団体訴訟制度が任意的訴訟担当構成を採用したことで生じた課題があることも，また事実です。そのうちの1つは，立案当時に問題視された課題ですが，これは現在では解消しているといってよいでしょう。もう1つは，これからの実務の運用に突きつけられている課題です。

1　一身専属権の授権可能性

　まず，前者の立案時に問題視された課題を振り返ってみます。任意的訴訟担当構成をとる場合には，その個々の地域住民等が有する人格権に基づく差止請求権を適格団体に授権する必要が生じます。しかし，人格権は，いわゆる一身専属権ですので，これを適格団体に授権することが，法理論上，果して許容されるものかどうかという疑問が立法時に出されました。一身専属権は，権利者自身が行使することを要し，他人が代わって行使することはできないとされます。権利者の一身に専属する権利である以上，その権利の行使は権利者の自由意思に委ねる必要があるからです。

　しかし，要は，権利者の自由意思の尊重が確保されればよいわけですから，差止請求権を適格団体に授権する仕組みにおいて，本来の権利者である地域住民等の意思が十分に尊重される制度であれば，一身専属権の本質と矛盾しないと考えられます。これと同様の考え方は，人格権が一身専属性であることを述べた最高裁判例（最判昭和58・10・6民集37巻8号1041頁）の判旨からも，読み取ることができるように思われます。すなわち，判例は，名誉侵害に基づく慰謝料請求権を「行使するかどうかは専ら被害者自身の意思によって決せられるべきもの」としたうえで，慰謝料の金額が客観的に確定しない間は，「被害者がなおその請求意思を貫くかどうかをその自律的判断に委ねるのが相当であるから，右権利はなお一身専属性を有する」旨を述べています。つまり，この判例の趣旨を裏からみれば，権利者自身の「自律的判断」が尊重されている場合には，人格権の訴訟上の代行は許されるということになるはずです。

　そもそも，従前，一身専属権である人格権について訴訟担当が許されるのか

86

という問題は，もっぱら，債権者代位訴訟を想定して議論されてきました。しかし，同じく訴訟担当といっても，債権者代位訴訟のような法定訴訟担当の場合と，暴追団体訴訟制度が採用する任意的訴訟担当とでは決定的に事情が異なります。なぜなら，法定訴訟担当では権利者の意思によらずに授権が行われるのに対し，任意的訴訟担当の場合は権利者の主体的な意思に基づいて授権が行われるからです。したがって，法定訴訟担当である債権者代位訴訟を想定した議論は，任意的訴訟担当には妥当せず，いわゆる一身専属性を持つ人格権から派生する差止請求権といえども，権利者の主体的意思により授権が行われる任意的訴訟担当については，これをあえて否定しなければならない理由はないものと思われます（三木浩一「暴力団追放団体訴訟の立法における理論と展望」NBL969 号〔2012 年〕34 頁参照）。[補注1]

　実は，このことは，下級審裁判例では，すでに認められていました。たとえば，一身専属性を有するとされる人格権に基づく慰謝料請求について，任意的訴訟担当である選定当事者を用いた訴訟を認めた例があります（東京高判平成14・6・4 判時 1794 号 48 頁）。また，やはり人格権である日照権に基づく差止請求について，選定当事者による仮処分の申立てを認めた例もあります（大阪地決昭和 54・3・31 判時 937 号 58 頁）。訴訟法上の学説でも，人格権に基づく差止請求権が任意的訴訟担当に親しむことを疑うものはなく，むしろ，一身専属性と任意的訴訟担当が背馳するものではないことを自明の前提として，これまで議論が展開されてきました（伊藤眞「紛争管理権再論——環境訴訟への受容を目指して」竜嵜喜助先生還暦記念『紛争処理と正義』〔有斐閣・1988 年〕203 頁，堀野出「団体の任意的訴訟担当について——差止請求訴訟における有用性とその限界」同法 47 巻 2号〔1995 年〕165 頁等参照）。さらに，暴力団対策法は，授権者による授権の取消しの制度（暴力団 32 条の 4 第 5 項）を規定しており，権利者の自律的判断が授権後も尊重されるようにしています。

　　［補注 1］
　　　本書 67 頁。

2　地域住民等の個人情報の秘匿

　このように，一身専属権の授権可能性という問題はすでに解決しているもの

と考えられますが，もう1つの運用上の課題のほうは，これから解決の方策を真剣に考えていく必要があります。その課題というのは，具体的には，暴力団関係者から地域住民等の氏名や住所などの個人情報をいかに秘匿するかという問題です。任意的訴訟担当構成は，地域住民等から適格団体に差止請求権が授権されるという仕組みであるために，地域住民等は，適格団体を担当者とする訴訟における被担当者ということになります。被担当者は訴訟の当事者ではありませんが，民事訴訟法115条1項2号に従って当該訴訟の確定判決の効力を受ける者となります。また，地域住民等は，訴訟物である差止請求権の要件事実である人格権の侵害のおそれを立証するために，証人や陳述書の作成者となることもあります。このようなことから，暴追団体訴訟を通じて被告である暴力団の関係者に氏名や住所などを知られる可能性のある立場に置かれることになります。

　先ほど述べましたように，立案の過程では固有権構成の採用を主張する意見もありましたが，その主たる理由は，固有権構成によれば地域住民等の個人情報の秘匿をある程度図ることができるという点にありました。すなわち，固有権構成をとった場合には，適格団体である暴追センターが，みずからの固有の権利を訴訟において行使することになりますから，その限りでは，地域住民等の氏名や住所などの情報を出すことなく訴訟を追行することが可能です。もっとも，訴訟物である差止請求権の要件事実を立証する段階では，地域住民等を証人または陳述書の作成者として出す必要が生じますから，固有権構成をとったとしても，課題が完全に払拭できるわけではないことに注意をする必要があります。

　いずれにせよ，暴追団体訴訟の追行によって地域住民等の住所や氏名が暴力団に晒されることを防ぐ方策が求められることになります。

VI　個人情報の秘匿の方法

1　個人情報の開示が問題となる場面

　まず，そもそも民事訴訟において氏名や住所などの個人情報の開示が問題となり得る場合として，どのような場面があるのかを整理してみます。大きく分

けると，次の4つの場面が考えられます。

(1) 「当事者の特定」の場面

第1は，訴訟当事者の特定の場面です。民事訴訟において手続を追行していくためには，原告および被告が誰であるかを具体的に特定する必要があります。条文としては，民事訴訟法133条2項1号により，訴状に当事者を特定記載することが要求されています。この当事者の特定表示は訴状の必要的記載事項です。したがって，当事者の特定表示がなされていない訴状は，最終的には訴状却下となります（民訴137条2項）。

この当事者の特定表示の方法ですが，通常は当事者の氏名と住所を記載することによって行われます。もちろん，暴追団体訴訟の場合は適格団体が当事者となりますので，この場面における地域住民等の個人情報の開示は直接的には問題となりませんが，地域住民等自身が原告となる伝統的な差止請求訴訟では問題となります。

(2) 「判決効が及ぶ者の特定」の場面

第2は，判決効が及ぶ者の特定の場面です。判決効が及ぶ者には，当然，当事者も含まれますが（民訴115条1項1号），当事者の特定の問題は(1)でカバーしていますので，ここで問題となるのは，民事訴訟法115条1項2号によって判決効の拡張を受ける者としての訴訟担当における被担当者です。

明文の規定があるわけではありませんが，訴訟担当における被担当者については特定して訴状に記載することが必要であると解されています。既判力が及ぶ者が誰であるかが相手方にわからないと，その者が紛争の蒸し返しのために同一内容の訴訟を提起してきたときに，既判力によって防御することができなくなるからです。

(3) 「任意的訴訟担当における授権者の特定」の場面

第3は，任意的訴訟担当における授権者の特定の場面です。任意的訴訟担当の授権者は，民事訴訟法115条1項2号の「その他人」（被担当者）にあたるので，(2)でカバーされているようにみえます。しかし，ここで問題にしているの

第2章　暴力団追放団体訴訟制度の概要と評価

は，判決効の拡張を受ける者としての授権者の特定ではなく，適格団体に授権が適法に行われたかどうかを審査する前提としての授権者の特定です。このように，授権者である地域住民等の特定を問題にする趣旨が異なりますので，その個人情報の開示の程度も理論的には異なってくることになります。

⑷ 「証拠力獲得のための特定」の場面

　第4は，地域住民等がみずから証拠方法となったり，証拠方法の作成者として訴訟に登場する場面です。具体的には，暴力団事務所の設置および活動の状況やそれに基づく危険や不安を証明するために，地域住民等が証人となって証言する場合や，陳述書の作成者になる場合などです。こうした場合，その証拠方法から得られる証拠資料の証拠力（証明力，証拠価値ともいう）を確保するために，証人や陳述書の作成者を特定する必要があります。証人や陳述書の作成者が誰であるかがわからないと，その証拠の価値は著しく減殺されることになるからです。この場合の特定においても，通常は，住所と氏名の開示が要求されます。

2　個人情報の秘匿の可能性

　以上に挙げた4つの場面ですが，地域住民等自身による差止請求訴訟の場合は，任意的訴訟担当に伴って生じる場面である1の⑵，⑶は問題となりませんので，もっぱら⑴，⑷が問題となります。これに対し，暴追団体訴訟では，原告は暴追センターなので⑴は問題になりませんが，他方，この場合は任意的訴訟担当構成ですので，⑵，⑶，⑷が問題となります。このように，地域住民等の氏名や住所の開示が問題になる場面は訴訟の種類によって異なります。これらのすべての場面で要求されているのは個人の特定ですが，それぞれの場面ごとの趣旨の違いに応じて，要求される特定の程度も異なってくるものと考えられます。順番に検討してみたいと思います。

⑴ 「当事者の特定」の場面

　まず，⑴の「当事者の特定」の場面ですが，当事者の特定は，人違いのおそれがない程度のものであれば，法律上はその方法を問いません。通常は，氏

名と住所で特定しますが，それは，ほとんどの場合には氏名と住所によれば人違いのおそれがなく，それ以外の問題もないからです。

しかし，暴力団を相手とする訴訟は，相手方からの報復のおそれがあるために氏名と住所による特定には問題がありますので，それ以外の人違いのおそれがない方法によることも認められるべきであろうと思います。たとえば，運転免許証の番号やパスポートの番号などによる特定も許されるのではないでしょうか。

また，近い将来，マイナンバー制度が運用開始されれば[補注2]，それによる特定も考えられます。なお，訴訟書類の送達との関係では住所が必要ですが，組長に対する損害賠償請求の事例において，代理人の事務所を住所とすることで特定をした事案があると仄聞しており，そのような方法によることもできようかと思います。

［補注2］
　　正式には，「行政手続における特定の個人を識別するための番号の利用等に関する法律」に基づく「個人番号」であり，「マイナンバー」は通称。2015年10月5日から指定が開始され，2016年1月から運用が開始された。

(2) 「判決効が及ぶ者の特定」の場面

次は，(2)の「判決効が及ぶ者の特定」の場面です。判決効が第三者に拡張される場合について，その者を訴状などで特定して表示することは，法律の明文では要求されておりません。しかし，相手方が勝訴の確定判決を得た場合における既判力の及ぶ者の範囲を知っておく必要がありますから，判決効が及ぶ者の特定が可能な限り，これを特定する義務があるものと思われます。

これも，通常は氏名と住所で特定されますが，(1)の場合と同様に，人違いのおそれがないことがポイントですので，氏名と住所が必須なわけではありません。したがって，この場合も，やはり運転免許証の番号やパスポートの番号などによる特定が考えられると思います。

(3) 「任意的訴訟担当における授権者の特定」の場面

次に，(3)の「任意的訴訟担当における授権者の特定」の場面ですが，この

場合における授権者の特定は，適格団体に対する授権が真に地域住民等からなされたものであるかを判断する前提として要求されるものです。たとえば，授権者が当該暴力団事務所とは何の関係もない地域の住民である場合には，その者には授権すべき差止請求権があるとはいえないために任意的訴訟担当の要件を欠き，適格団体は当事者適格を有しないことになります。

したがって，この場合の特定の手段は授権者の居住する地域がわかるものでなければならず，(1)および(2)で述べた運転免許証の番号やパスポートの番号のみでは不十分と考えられます。しかし，必ず住所が必要なのかというと，そうとはいえないように思います。たとえば，授権者を氏名または番号で表示し，地図上にその分布を概括的に記載するというような方法でも足りるように思われます。

(4) 「証拠力獲得のための特定」の場面

最後に，(4)の「証拠力のための特定」の場面ですが，この場面で証人や陳述書の作成者の特定が必要な理由は証拠力を確保するためですので，その趣旨を満たす限度であれば，特定の程度は緩和してよいものと思われます。

まず，氏名については，運転免許証の番号やパスポートの番号によることも許されると考えます。また，住所については，要は，暴力団事務所の存在による危険や不安が立証できればよいわけですから，住所そのものまで相手方に晒す必要なく，たとえば，その暴力団事務所の半径いくらいくらのエリア内に居住しているということを示すだけでもよいのではないでしょうか。

なお，民事訴訟規則106条は，証人尋問の申出に際して証人を「指定」して行うことを要求していますが，証拠申出書における氏名と住所の完全な表記までも要求しているものではありません。また，証人尋問に際しては，遮へい措置（民訴203条の3）やビデオリンク（民訴204条2号）の活用が認められるべきであろうと考えます。

Ⅶ　おわりに

以上をもちまして，本日の基調講演とさせていただきます。世界的にも類を

Ⅶ おわりに

みない暴追団体訴訟制度が，皆さんの工夫と努力で有意義に活用されていくことを願ってやみません。ご静聴，どうもありがとうございました。

第 3 編
諸外国における集合訴訟制度

第1章

集合的権利保護訴訟制度の構築と比較法制度研究の意義
—— アメリカのクラスアクションを中心として

〔初出：2008 年 6 月〕

　わが国における集合的権利保護訴訟制度としては，民事訴訟法上の一般的な制度である選定当事者と差止請求訴訟に機能が限定された消費者団体訴訟という 2 種類がある。しかし，これらだけでは，消費者被害の事後の回復などには不十分である。そのため，集合的金銭請求訴訟を実効的に可能にする新たな制度の必要性が，指摘されている。しかし，議論が先行しているヨーロッパにおいても，未だ最適の立法モデルを見出すには至っておらず，各国において模索が続いている状態である。また，集合的金銭請求訴訟の対象が同種個別的権利である場合には，利益剥奪請求権などの集合的権利と個々の被害者等が有する個別的権利との関係や，代表原告による訴訟追行と個々の権利者の裁判を受ける権利との関係などをめぐって，未解明の問題が数多く存在する。

　こうした問題を検討するには，強力な集合的権利保護訴訟制度として発達してきたアメリカのクラスアクション制度を，わが国とアメリカとの周辺的な民事司法制度の差異を十分に踏まえつつ，さらに掘り下げて研究していく必要がある。また，クラスアクションの仕組みや考え方を参考にしつつも，独自の道を探っているヨーロッパや南米における最新の試みも，同じ大陸法に属するわが国にとっては貴重な参考となろう。現在，ヨーロッパや南米においては，他国の優れた制度の部分的移植や機能的移植の試みが行われつつあり，わが国においても特定の外国の制度の丸ごとの移植といった単純な発想ではない広い視野を持った立法上の研究と議論が行われることが望まれる。

　本稿は，こうした問題意識に立って，アメリカのクラスアクションを中心とした若干の比較法的考察を行うものである。

I　はじめに

1　個別訴訟の原則

わが国の民事訴訟制度は，権利（以下，本稿において「権利」とは，「権利および義務または法律関係」を広く含む意味で用いる。また，狭義の権利のみならず，「法的保護に値する利益」をも広く含むものとする）[1]の帰属主体について当事者の個別の法人格をもって単位とし，それらの当事者に属人的に帰属する権利を訴訟対象の単位とし，訴訟の結論である判決の効力は当事者にのみ及ぶものとする相対効の原則を採用するなど，基本的に個別訴訟を前提として構築されている。

もちろん，複数の当事者による訴訟を可能にする共同訴訟（38条〜41条）の制度や，事後的に複数当事者訴訟を作出する参加（42条〜53条）の制度も用意されているが，これらも個別訴訟を手続の併合という形で束ねたものであり，個別訴訟を原則とする基本的な枠組みから本質的に逸脱するものではない。

歴史的に見ても，もともと大陸法の伝統では，権利は，個別的に特定人に帰属するものとする主観的権利（droit subjectif, subjektives Recht, diritto soggettivo, derecho subjetivo）の観念がとられており，こうした個別訴訟の原則は，それが手続法の文脈において顕現したものである。これに対し，近年，ヨーロッパや南米などの大陸法諸国においては，集合的金銭請求訴訟を含む新たな訴訟制度の構築が個別訴訟の原則の桎梏にとらわれることなくさまざまに議論されている。また，具体的な立法の試みもすでに始まっている。

2　集合的権利

欧米において，クラスアクションや集団訴訟などを論じた文献に頻出する言葉として，「集合的権利（collective right）」がある。わが国でも，用いられることが多くなった言葉であるが，一般的には，「個別的権利（individual right）」に対立する概念として認識されている。しかし，欧米でもわが国でも，学術的に

---

1)　本稿における「権利」という概念は，訴訟法学上の「訴訟物」を特定して議論をするために用いるものであり，実体法における権利と利益の関係，権利論，権利保護論などに踏み込むことを意図するものではない。

第1章　集合的権利保護訴訟制度の構築と比較法制度研究の意義

厳密な定義や普遍的な用法があるわけではなく，その意味するところはしばし
ば曖昧である。そこで，最初に，本稿で用いる「集合的権利」の意味を定義し
ておきたい。本稿では，「集合的権利」という言葉を「拡散的権利」と「同種
個別的権利」の集合体とする。[2)]

(1)　拡散的権利

　拡散的権利とは，特定の法主体に個別的に帰属するのではなく，広く社会全
体に拡散している権利である。すなわち，個別的権利に分解することができな
い，または分解することが必ずしも妥当とはいえないという意味で，超個人的
（transindividual）かつ不可分（indivisible）の性質を持つ集合的権利である。
　たとえば，環境問題における大気や河川の清廉性を人々が求める権利である
とか，消費者問題における広告の真実性や適切性などを求める権利などがこれ
に当たる。こうした権利は，特定の個人や団体には帰属しないし，かといって，
政府に帰属するものでもなく，社会における一種の公共財としての性格を有す
る。[3)]したがって，こうした拡散的権利につき，いかなる者に訴訟法上の当事者
適格およびその前提としての実体法上の法主体としての地位を付与するかは，
もっぱら当該社会における立法政策の問題に帰着する。[4)]

(2)　同種個別的権利

　他方，同種個別的権利とは，本質的には，特定の個人または団体への属人的

---

　2)　ブラジル消費者法81条は，集合的保護の対象となる利益を「拡散的利益」，「集合的利益」，
　「同種個別的利益」の3つに分類するが，前二者はいずれも超個人的かつ不可分の利益であっ
　て区別が曖昧である。本稿では，「拡散的権利」と「同種個別的権利」の2つに分類し，両者
　を併せて「集合的権利」と呼ぶことにする。三木浩一「多数当事者紛争の処理」ジュリ1317
　号（2006年）44頁〔三木浩一『民事訴訟における手続運営の理論』（有斐閣・2013年）250
　頁〕参照。
　3)　森田修教授は，法的保護に値する不特定多数人による集団の固有の利益として，公益と私益
　の中間的な性格を帯びる「集合的利益」の観念を提唱する。森田修「差止請求と民法——団体
　訴訟の実体法的構成」総合研究開発機構＝高橋宏志編『差止請求権の基本構造』（商事法務研
　究会・2001年）125頁参照。また，同様にアントニオ・ジディ教授も，権利の究極的な主体が
　誰かを論ずることが無意味な「超個人的権利」の概念を唱え，このような権利は公共財の1つ
　を構成するものであって，権利としては公法上の権利と私法上の権利の中間に位置するとする。
　アントニオ・ジディ（三木浩一ほか訳）「ブラジルにおけるクラス・アクション——大陸法諸
　国のためのモデル(4)」際商34巻11号（2006年）1500頁参照。

な帰属を観念し得る個別的権利である。しかし，たとえば，個々的な被害は僅少または軽微であるとか，個人では強大な被告に対抗できないなどの理由によって，現実には個別訴訟によって実現を図ることが困難な場合が少なくないことがある。

こうした場合，理論的には，個別訴訟によって救済が可能であっても，個々の権利者が自ら個別訴訟を提起して権利実現を行うことは期待し難い。そこで，それらが共通の事実上または法律上の原因（common origin）から生じた同種の権利であれば，訴訟における集合的な救済になじむので，集合的権利の一種としてとして観念し得ることになる。たとえば，金融機関や各種学校が顧客らから過剰なまたは違法な手数料等を徴収した場合，保険会社が一定の病気や事故に対する保険金の支払いを定型的に不当に拒否した場合，瑕疵ある薬品や製造物によって多数の者が被害を受けた場合などが，同種の個別的権利を集合的に救済するのに相応しい場合の典型例である。

これらの場合には，個々の被害者や権利者は個別的に権利を有するので，集合的救済の対象として観念される集合的権利と個別の権利との法的関係（実体法上の委任または権利譲渡の問題，代表原告による権利行使と個別権利の行使による二重の危険の問題，授権行為を伴わない訴訟担当の可否の問題，個別権利の保護のための通知手段の問題，個別権利ごとに生じる損害の集合的立証の可否の問題など，きわめて

---

4) この場合に，政府が立法政策によって公共財の訴訟における処遇を決定できるのは，公共財の権利主体であるからではなく，政府は社会のためにこうした公共財の保護政策を遂行すべき立場にあるからである。この場合における立法政策の選択肢としては，アメリカのクラスアクションのように被害者グループに属する個人に当事者適格を付与する（私人に公共財の行使を委ねるので，私的司法長官〔private attorney general〕の理論が生まれることになる），団体訴訟制度のように行政が認可した私的団体に当事者適格を付与する（行政の認可を条件として公益目的を有する私的団体に公共財の行使を委ねる），パレンス・パトリー訴訟のように国家や地方政府に当事者適格を付与する（公共財の行使主体としては国家や地方政府が相応しいとの考えに基づく）などがある。また，一般の個別的権利の場合は，実体法上の権利主体に原則として訴訟法上の当事者適格が付与されるが，拡散的権利の場合は，政策的に当事者適格を付与された主体に，その権利行使の前提として実体法上の権利主体の地位も付与されるという点で，通常の場合とは論理の逆転が生じている。
5) 同種個別的権利であっても，それがきわめて多数の者に帰属していることにより現実には個別の権利者の具体的な特定を行うことが困難な場合や，権利の金額がきわめて少額または軽微であるために現実の権利行使は考えにくい場合などでは，実質的な意味で一種の拡散性が生じることになる。こうした点を重視するとすれば，拡散的権利と同種個別的権利の境界線は必ずしも鮮明とはいえないともいえよう。

第1章　集合的権利保護訴訟制度の構築と比較法制度研究の意義

多岐に及ぶ）や，集合的権利保護訴訟の判決効の及ぶ範囲などが，理論的にも実務的にもきわめて重要な問題となる。

II　消費者団体訴訟制度と選定当事者制度

わが国において，広い意味での集合的権利保護訴訟制度のカテゴリーに含め得る既存の制度としては，民事訴訟法の1996年改正で機能の向上を図った選定当事者制度（30条）と，消費者契約法の2006年改正において導入された消費者団体訴訟制度（消費契約12条〜47条）がある。消費者団体訴訟制度については，差止めを求め得る範囲をさらに拡大するために，景品表示法（11条の2〔現行法30条〕）および特定商取引法（58条の4〜58条の10〔現行法58条の18〜58条の25〕）への導入を意図した消費者契約法等の一部を改正する法律案が第169回国会に提出され，2008年4月25日に成立した。

しかし，これらをすべて合わせても，拡散的権利と同種個別的権利のいずれについても，集合的権利保護訴訟制度としては未だ不十分な状態であると言わざるを得ない。ここにいう不十分とは，消費者や一般市民が抱える現実のニーズに十分に応えてはいないし，ヨーロッパや南米などの大陸法諸国が目指している集合的権利保護訴訟制度の水準にも達していないことを意味する。具体的には，以下のとおりである。

1　消費者団体訴訟制度

わが国における消費者団体訴訟制度は，適格消費者団体が消費者全体の利益を擁護するために原告となって，消費者の一般的な利益を害するおそれの高い事業者の行為の差止めを求める訴訟を提起することができるものとする制度である。[6] すなわち，将来における消費者被害の抑止を目的とする。将来における被害の危険はすべての消費者に潜在的に存在し，特定の消費者に個別的に帰属

---

[6]　消費者団体訴訟制度については，三木浩一ほか「〈座談会〉消費者団体訴訟をめぐって」ジュリ1320号（2006年）2頁，大村敦志「実体法から見た消費者団体訴訟制度」ジュリ1320号（2006年）52頁，三木浩一「訴訟法の観点から見た消費者団体訴訟制度」ジュリ1320号（2006年）61頁〔本書29頁〕等参照。

Ⅱ　消費者団体訴訟制度と選定当事者制度

するものではないから，現在の制度で保護される権利は基本的には拡散的権利であり，より正確には消費者保護に関する拡散的権利のうちの一部である。

しかし，集合的権利保護訴訟制度によって保護すべき権利は，消費者団体訴訟制度がカバーする範囲に尽きるわけではない。たとえば，上述した環境に関する権利などは，現在の団体訴訟制度では保護されない。また，現在の制度で決定的に欠けているのは，過去の消費者被害の回復の機能である。

過去における被害の回復のための手段は多様であり得るが，代表的な手段である個々の被害者の損害賠償請求権を代表原告が訴訟において一括して行使する形態を例にとれば，これは同種個別的権利の集合的な行使である。現在の団体訴訟制度は，同種個別的権利のこうした保護に関しては何ら対応していない。この点は，すでに消費者契約法の改正審議の段階から認識されており，国会審議では民主党から損害賠償制度を含む改正案の対案が出されたし，衆参両院の附帯決議でも損害賠償制度の導入の是非に関する検討が要請されている。

また，適格消費者団体に新たに付与すべき機能として，不当利益剥奪請求訴訟を挙げる見解もある。不当利益剥奪請求訴訟は，その実体法的根拠をどこに求めるかによって異なる性格を有し，また，剥奪した利益を誰が収受してどのように用いるかについても難しい問題が横たわっている。しかし，剥奪した利益が何らかの形で被害者の救済に用いられることが制度上担保されている場合には，過去における被害の回復手段の色彩を帯びる。すなわち，アメリカにおいて見られる流動的回復措置（fluid recovery）や近似的分配（cy pres distribution）に類似する制度となり，集合的権利保護訴訟制度の範疇に含めることができる[7]。しかし，現在の団体訴訟制度は，こうした不当利益剥奪請求訴訟にも，何ら対応していない。

---

7)　これに対し，剥奪した利益が単純に国庫に入る場合には，現在の課徴金制度と類似の懲罰的色彩を帯びた制度となる。ちなみに，ドイツにおける利益剥奪を求める団体訴訟制度では，剥奪した利益は国庫に帰属することになっており，利益剥奪請求権の性質は，損害賠償請求権とも不当利得返還請求権とも異なる独自の請求権として位置づけられている。また，刑事罰としての没収とも役割を共通にする側面があることから，ドイツでは刑事罰的性格の有無や刑事責任との関係についても議論があるとのことである。高田昌宏「団体訴訟の機能拡大に関する覚書き――ドイツ法における近時の展開を手がかりとして」福永有利先生古稀記念『企業紛争と民事手続法理論』（商事法務・2005 年）56 頁参照。

101

第1章　集合的権利保護訴訟制度の構築と比較法制度研究の意義

2　選定当事者制度

　選定当事者制度は，共同の利益を有する多数の者が，その中から全員のために訴訟を行う者を選び，選ばれた者が全員を代表して訴訟を追行する制度である。1890 年制定の旧々民事訴訟法や，その母法である 1877 年のドイツ民事訴訟法には，選定当事者に関する規定はなく，1926 年の改正によって新設された制度である。その後，1996 年の民事訴訟法改正時に，選定当事者制度を利用しやすいものにするために，係属中の訴訟の当事者でない者が，訴訟の当事者を選定当事者として選定することができるものとする，いわゆる追加的選定が創設された（30 条 3 項）。この追加的選定は，選定当事者制度をわが国における集合的権利保護訴訟の中核に据えることを意図して立法されたものであり，「日本版クラスアクション」と呼ばれることもある。しかし，現在までのところ，クラスアクションに匹敵するような機能を有さないのはもちろんのこと，当初期待された少額多数被害を救済するための手段としても，ほとんど利用されていない。[8]

　選定当事者制度は，もともと，かつては入会権に関する訴訟など多数の当事者が存在する訴訟が相当あり，その取扱いに不便を感じる場合も多くあったことから，訴訟手続の単純化を図るための一方策として導入された。[9] すなわち，訴訟手続の運営上の便宜のために作られたものであって，権利の集合的な保護を意図して作られた制度とはいえない。そのため，代表者を選定する手続が定められているにすぎず，1996 年改正で創設された追加的選定にしても，代表者を選定する手段を増やしたにすぎない。つまり，選定当事者制度は同種個別的権利を想定した制度であるが，同種個別的権利を集合的に処理するための仕組みはないのである。同種個別的権利は，30 条 1 項が「共同の利益」という言葉で表現する共通的争点と，共通には審判できない個別的争点の両方を有するが，それらを分別して適切に処理するための制度上の工夫や，共通の代理人を選任する場合と比較した制度上の明らかなメリットなどがない限り，集合的

---

　8)　1996 年民事訴訟法改正後の選定当事者制度に対する評価については，三木・前掲注 2) 42
　　　頁〔三木浩一『民事訴訟における手続運営の理論』（有斐閣・2013 年）248 頁〕参照。
　9)　新堂幸司＝小島武司編『注釈民事訴訟法(1)』（有斐閣・1991 年）444 頁〔徳田和幸〕等参照。

102

権利保護訴訟制度として十分には機能しないのは，ある意味では当然ともいえる。また，拡散的権利については，選定当事者制度では対応できない。

さらに，選定当事者制度は純粋なオプトイン型であるので，制度として本質的に利用しにくく，ユーザーである当事者もあえて利用するインセンティブを持ちにくい。また，事件や事故の被害者は偶発的に同一の事件や事故に遭遇しただけであり，事前の人間関係があるわけではないので，必ずしも協同的な行動をとり得る状況にはない。しかるに，選定者は全面的に選定当事者に授権するしかないため，当事者間によほどの信頼関係がないと，当事者は選定行為に踏み切れない[10]。そのような状況の中で，わざわざ手間と費用をかけてオプトインの手続をとろうとする当事者は少ないし，共通の代理人を選任することで同様の目的は達成できるのでその必要もない。加えて，わざわざオプトインの手続をとる意欲と能力のある者は，むしろ自ら訴訟当事者として訴訟追行を行う情熱を有している場合が少なくないものと考えられる[11]。

Ⅲ　わが国の法制度とクラスアクション

1　クラスアクションの受容に関する歴史

近年，アメリカのクラスアクションに対する関心が大きく高まっている。これは，異質な外国法についての単純な興味というレベルのものではなく，わが国への直接的な導入の可能性を探る動きなど，近い将来における消費者保護立法のモデルまたは参考としての関心である。しかし，わが国において，こうした現実の立法を見据えた具体的な立法論のレベルにおいてアメリカのクラスアクションが検討されるのは，今回が初めてのことではない。わが国におけるアメリカ型のクラスアクションに関する立法論の歴史は，大きく3つの時期に分けることができる。

---

10)　山本和彦「選定当事者について」判タ999号（1999年）63頁参照。

11)　川嶋四郎「新たな選定当事者制度の救済構造について」法政66巻2号（1999年）568頁参照。

第1章　集合的権利保護訴訟制度の構築と比較法制度研究の意義

(1)　第1期

第1期は，1970 年代から 80 年代にかけての時期である。ちょうど四大公害を始めとする公害が社会問題化した時期であり，集団被害を効果的に救済するための手段として，アメリカのクラスアクションが盛んに研究された。[12]

また，1975 年の公明党による「集団訴訟に関する法律案」[13]，1978 年のクラス・アクション立法研究会による「代表当事者訴訟法試案」[14]，1982 年の第一東京弁護士会による「集団代表訴訟法案と概説」[15] など，相次いで具体的な立法試案が発表された時期でもある。

しかし，経済界を始めとする社会一般の理解を得られる環境になく，法曹界でも本格的にこの問題を取り上げるまでには至らなかった。

(2)　第2期

第2期は，1990 年代前半から 2000 年代初頭の時期である。この期間は，民事訴訟法の全面改正と司法制度の抜本的な改革の時期に当たる。

1990 年，法制審議会の民事訴訟法部会は，民事訴訟法の全面見直しに着手し，最初に問題点を洗い出す作業の中で，クラスアクションの導入という問題も検討された。1991 年 12 月に公表された「民事訴訟手続に関する検討事項」においては，クラスアクションの導入は明示的には掲げられなかったが，導入を求める意見が，法曹関係団体，大学，消費者団体などから寄せられた。[16] しかし，これに反対する意見も多く，1996 年改正の現行法が採用したのは，わが

---

12)　この時期における代表的な研究の一部を挙げると，加藤一郎ほか「〈座談会〉クラス・アクション——権利を腐らせないための手続」ジュリ 525 号（1973 年）18 頁，谷口安平「クラスアクション運用上の諸問題——わが国への導入を考えつつ」ジュリ 525 号（1973 年）47 頁，小島武司「クラス訴訟の実情」判時 778 号（1975 年）21 頁，谷口安平ほか「〈座談会〉多数当事者の紛争解決の方法——クラス・アクションの問題点」法の支配 24 号（1975 年）3 頁，小島武司「クラス訴訟における代表の理論」自正 26 巻 9 号（1975 年）2 頁，斎藤次郎ほか「〈座談会〉クラス・アクションを考える」自正 26 巻 9 号（1975 年）35 頁，上原敏夫「集団的救済制度の基礎的研究——ドイツ法とアメリカ法を中心として」一法 11 号（1979 年）130 頁，池田由起子「アメリカにおけるクラス・アクションの実情（その 3）(上)(中)(下)」ジュリ 733 号（1981 年）104 頁・734 号（1981 年）92 頁・735 号（1981 年）94 頁などがある。

13)　「資料　集団代表訴訟に関する法律案——公明党」自正 26 巻 9 号（1975 年）64 頁。

14)　クラス・アクション立法研究会「代表当事者訴訟法試案」ジュリ 672 号（1978 年）17 頁。

15)　第一東京弁護士会公害対策委員会「集団代表訴訟法案と概説」ジュリ 759 号（1982 年）127 頁。

16)　竹下守夫ほか編『研究会 新民事訴訟法』（有斐閣・1999 年）50 頁〔柳田幸三発言〕参照。

104

国固有の選定当事者制度を拡充するために，追加的選定を創設するという方向であった。

また，1999年に，司法制度全般の見直しを目的として内閣の下に設置された司法制度改革審議会における議論においても，クラスアクションの導入問題が取り上げられた[17]。しかし，やはり反対意見が大勢を占め，2001年にまとめられた意見書が採用したのは，団体訴訟制度の導入であった。クラスアクションについては，「将来の課題として引き続き検討すべきである」とされた[18]。

(3) 第3期

そして，現在は，いわば第3期に当たる。わが国で初めての団体訴訟制度を創設した消費者契約法の改正は2006年に成立した。しかし，この改正で導入されたのは，将来の被害を予防する差止請求訴訟だけであり，過去の被害を救済するための損害賠償請求訴訟や利益剥奪請求訴訟などの金銭請求訴訟は，認められていない。

そこで，適格消費者団体に集合的金銭請求訴訟を認めるための新たな法改正を検討する必要が叫ばれているが，団体訴訟制度の本家であるヨーロッパにおいても，本格的かつ実効的な集合的金銭請求訴訟を設けた立法例は少なく，今まさに各国が模索を続けている状況である。

こうした状況の下で，再び，集合的金銭請求訴訟に関して豊富な経験を有するアメリカのクラスアクションに目が向けられるようになってきた。

2 クラスアクションに対するアレルギー

(1) クラスアクションに対する批判

もっとも，クラスアクションの導入に対しては，わが国ではかねてより強い抵抗や懸念の声があり，それは，第1期から第3期の現在に至るまで，連綿として引き継がれている。こうしたクラスアクションに対する抵抗や懸念の本質を一言で言えば，アメリカ型のクラスアクションは，メリットよりもデメリットのほうが大きい仕組みであるという主張である。

---

17) 司法制度改革審議会第54回議事録参照。
18) 司法制度改革審議会意見書34頁参照。

第1章　集合的権利保護訴訟制度の構築と比較法制度研究の意義

　すなわち，クラスアクションには，たしかに，少額多数被害の場合などにおける眠っている権利を蘇らせるというメリットがある。しかし，他方において，被告となる企業等に過剰なインパクトを与えて正当な経済活動を萎縮させる危険や，権利救済に名を借りた不当な消費者運動などに濫用されるおそれが高いとされる。

　こうしたクラスアクションに対する見方は，必ずしもわが国に固有のものではなく，ヨーロッパなどの他の大陸法諸国においても，伝統的に広く共有されてきた。また，当のアメリカにおいても，クラスアクションの弊害がしばしば指摘されてきたことは，まぎれもない事実である。こうしたことから，クラスアクションを立法的に導入しようとする議論に対しては，直ちに感情的なアレルギー反応が起きるのが従来の通例であった。[19]

(2)　ヤンキー・パッケージ

　しかし，いわゆるクラスアクションの弊害なるものは，クラスアクションの仕組みそのものに由来するのではなく，クラスアクションとは別個のアメリカの民事訴訟制度における固有の特徴に由来するものである。ここにいうアメリカの民事訴訟制度に固有の特徴とは，①民事陪審制度（Civil Jury System），②懲罰的損害賠償（Punitive Damage）[20]，③ディスカヴァリ（Discovery），④完全成功報酬制度（Contingency Fee），⑤企業家的弁護士活動（Entrepreneurial Bar），⑥裁判官の訴訟手続における広範な裁量権[21]，⑦極端に原告寄りの傾向を持つ一部の裁判所の存在（Plaintiff-Friendly State Court, Judicial Hell Hole, Magnet Court, etc.）[22]，⑧弁護士費用に関するアメリカン・ルールなどである。[23]

---

19)　早い時期に，クラスアクション・アレルギーに根拠が乏しいことを指摘したものとして，新堂幸司「クラス・アクション・アレルギー予防のために」同『民事訴訟法学の基礎』（有斐閣・1998年）185頁（初出は，鈴木竹雄先生古稀記念『現代商法学の課題(上)』〔有斐閣・1975年〕）がある。

20)　大村雅彦＝三木浩一編『アメリカ民事訴訟法の理論』（商事法務・2006年）29頁以下参照。

21)　大村＝三木編・前掲注20) 3頁以下参照。

22)　アメリカの一部の民間団体は，「司法の地獄穴（Judicial Hell Hole）」として認定した裁判所を，ランキングを伴って公表している。たとえば，アメリカ不法行為改善協会（American Tort Reform Association）のウェブページ〈http://www.atra.org/reports/hellholes〉〔現在は Not Found〕参照。

23)　大村＝三木編・前掲注20) 257頁以下参照。

Ⅲ　わが国の法制度とクラスアクション

　こうしたアメリカの民事訴訟制度が有する一群の特徴を指して、「ヤンキー・パッケージ（Yankee Package）」と呼ぶこともある。[24] アメリカでクラスアクションの弊害現象が生ずるのは、アメリカの民事訴訟制度がヤンキー・パッケージを有しているからであって、ヤンキー・パッケージを持たない国にクラスアクションを移植したとしても、アメリカと同じような形での弊害現象は起きないし、たとえ望んでも起こしようがないのである。たとえば、クラスアクションでは賠償額が巨額になって、正当な企業経営を圧迫するとか萎縮させるといわれることがある。しかし、それは、①②③⑦などに由来するところが大きい。また、クラスアクション訴訟が乱発されて経済に悪い影響を与えるとか、賠償能力のある企業（Deep Pocket）が狙い打ちされるといわれることがある。しかし、そうした現象のかなりの原因は④⑤に由来するものである。また、因果関係や個別損害の十分な立証がない場合でも安易に損害賠償が命じられるといわれることがあるが、それは⑥⑦などに由来することが多く、原告に厳格な立証負担を課す裁判所も珍しくない。

　もちろん、クラスアクションは、このようなヤンキー・パッケージが有している弊害の芽を発芽させやすくする機能、あるいは増幅する機能があるかもしれない。しかし、ヤンキー・パッケージという種そのものが存在しないところに、その発芽や増幅は考えられない。クラスアクションの弊害とヤンキー・パッケージの弊害は区別して考察する必要がある。

(3)　部分的移植または機能的移植

　また、第1期や第2期における議論では、アメリカのクラスアクションを丸ごとわが国に移植することを当然の前提として議論がなされてきたことも、クラスアクション・アレルギーの一因であったと思われる。しかし、仮にクラスアクションを導入するとしても、選択肢として部分的移植または機能的移植という手法もあり得ることに注意を要する。すなわち、クラスアクションは、さまざまな局面において大陸法にはない特徴や仕組みを有しており、わが国への導入の是非を検討するに際しては、そうした特徴や制度を機能的観点からパー

---

　24)　アントニオ・ジディ（三木浩一ほか訳）「ブラジルにおけるクラス・アクション——大陸法諸国のためのモデル(1)」際商34巻8号（2006年）1002頁参照。

ツに分解して，導入すべきものとそうではないものを仕分けるという柔軟な発想が肝要である。[25]

たとえば，団体訴訟制度に集合的金銭請求訴訟の機能を付加する改正を行う場合には，代表原告たる適格消費者団体が真の権利者である個々の被害者に金銭を分配するメカニズムが必要になるが，わが国よりも発達した団体訴訟制度を有するヨーロッパの諸国でも，代表原告が集合的に獲得した金銭を適切かつ効果的に分配するための仕組みはほとんど持っていない。他方，アメリカのクラスアクションは，個々の被害者に金銭を分配する発達した仕組みと豊富な経験を有しており，それに学ぶことは，これをクラスアクションの部分的移植または機能的移植と呼ぶか否かにかかわらず，避けて通ることはできない。

(4) 小 括

このように，従来のクラスアクション・アレルギーには，誤解や誇張に基づくところも少なくない。クラスアクションに対する理解や分析が従来よりも進んだ現在，かつてのように感情的に反応するのではなく，建設的に対応することが望まれる。また，仮にクラスアクションに何らかの弊害があるとしても，その弊害を生み出している要素を取り除き，[26] 有益な制度や手法のみを部分的または機能的に移植することも不可能ではないのであるから，わが国とアメリカの民事訴訟制度における共通点と相違点を適切に踏まえて，分析的なアプローチをとっていく必要があろう。実際，最近のヨーロッパや南米の集合的権利保護訴訟に関する立法は，まさにそうした方向で動いているように思われる。

---

25) ジディ教授は，各国の法制度に適合的なクラスアクションの部分的移植または機能的移植を「責任ある移植」と呼び，スウェーデンなどにおいても，そうした形での立法が選択されたと述べている。ジディ・前掲注24) 1003 頁参照。

26) アメリカにおいては，クラスアクションの濫用に対処するための連邦法として，2005 年に，クラスアクション公正化法（Class Action Fairness Act of 2005）が制定された。同法については，大村＝三木編・前掲注20) 252 頁，中川かおり「海外法律情報・クラスアクション適正化法」ジュリ1304 号（2006 年）138 頁，齋藤康弘＝上田淳史「米国クラスアクション公正法の評価と日本企業への影響」商事1769 号（2006 年）38 頁，渋谷年史「2005 年クラスアクション・フェアネス法の成立」NBL806 号（2005 年）7 頁等参照。

3 クラスアクションと団体訴訟制度の関係

わが国には，すでに消費者団体訴訟制度が存在するので，たとえ部分的または機能的にせよ，クラスアクションの移植を考える場合には，消費者団体訴訟との関係を考える必要がある。論理的には，次の2つの選択肢があろう。

第1は，団体訴訟制度とはまったく別個にクラスアクションを導入するというものである。すでに存在する団体訴訟制度は，その機能的射程が差止請求訴訟に限定されているので，これとは別個に，集合的金銭請求訴訟のための固有の制度として，クラスアクションを導入するという選択肢は，あり得ないわけではない。最近，わが国の一部において，アメリカのパレンス・パトリー訴訟の導入を主張する意見があるが，パレンス・パトリー訴訟を広義のクラスアクションと捉える場合には，こうした意見は，第1の選択肢を考えているようにも見える。

第2は，現在の団体訴訟制度に集合的金銭請求訴訟の機能を付加する方向で，クラスアクションの特徴や機能を取り込むという選択肢である。すなわち，団体訴訟制度という土台の上に，クラスアクションを部分的または機能的に接合するという手段である。アメリカのクラスアクションでは，クラス認可という訴訟の入口段階の手続に多大な時間と費用を要し，本案手続よりもクラス認可手続のほうに精力が注がれるという，やや本末転倒気味の事態に陥ることも珍しくない。これに対し，団体訴訟制度にクラスアクションの仕組みを接合する場合には，クラス認可手続のうちの代表原告の選定に関わる部分は，すでに内閣総理大臣による適格消費者団体の認定によって終わっているので，クラスアクションが抱える問題点の少なくとも一部は解消される。したがって，第1の選択肢よりも有力ではないかと思われる。

ただし，第2の選択肢をとる場合には，団体訴訟制度とクラスアクションの接合可能性を，確認しておく必要がある。仮に，両者が水と油のように互いに相容れないものであるとすれば，第2の選択肢はあり得ないことになるからである。そこで，団体訴訟制度とクラスアクションの相違が，両者の接合を不可能にする程度に異質なものであるかどうかの検討が必要となる。

第 1 章　集合的権利保護訴訟制度の構築と比較法制度研究の意義

Ⅳ　クラスアクションと団体訴訟制度の親和性

1　クラスアクションの種類

アメリカ合衆国は連邦国家であるので，連邦のクラスアクションと州のクラスアクションが別個に存在する。もっとも，各州のクラスアクションの形態や手続は，そのほとんどが連邦のそれと同様または類似である。そこで，以下では連邦のクラスアクションを前提に考察する。

連邦のクラスアクションに関する手続は，連邦民事訴訟規則 23 条の各項に詳細な定めがある。[27] そのうちの同条(b)項は，3 つの類型のクラスアクションを認めており，それぞれ，「(b)(1)クラスアクション」，「(b)(2)クラスアクション」，「(b)(3)クラスアクション」と呼ばれる。[28]

これらのうち，「(b)(1)クラスアクション」は，関係者の全員をクラスメンバーに含めないと一部の者の権利が害されるおそれがある場合に認められるクラスアクションであり，わが国における固有必要的共同訴訟と同様の発想に基づく。また，「(b)(2)クラスアクション」は，クラスに属する人々に代わって差止めによる救済を得るためのクラスアクションであり，消費者保護の分野では，わが国の現行の団体訴訟制度と同様の機能を営む。つまり，これらについては，ある程度対応する制度がすでにわが国にも存在する。

これに対し，「(b)(3)クラスアクション」は，現在，わが国において立法課題とされている集合的金銭請求訴訟を可能にするクラスアクションであり，直接的に参考になる制度である。また，アメリカにおいても，クラスアクションに関する議論の中心は「(b)(3)クラスアクション」である。したがって，以下で検討すべきは，もっぱら「(b)(3)クラスアクション」ということになる。

2　クラス認証要件との関係

最初に考察すべきは，クラスアクションにおけるクラス認証要件と団体訴訟

---

27)　連邦民事訴訟規則の邦語訳として，渡辺惺之ほか編訳『英和対訳　アメリカ連邦民事訴訟規則』（レクシスネクシス・ジャパン・2005 年）がある。

28)　大村＝三木編・前掲注 20) 230 頁参照。

110

制度との関係である。わが国の団体訴訟制度では，代表原告が行政機関によって提訴前に認可されており，訴訟手続内で代表原告を認証する必要がない。これに対し，アメリカのクラスアクションでは，あらゆる個人または団体が代表原告となる潜在的な資格を有している。そして，具体的な当事者適格は，事件ごとに裁判所が個別に判断するという仕組みになっており，そこに最大の相違が存在する。

「(b)(3)クラスアクション」の要件は，すべてのタイプのクラスアクションに共通する4つの一般要件（連邦民事訴訟規則23条(a)項）と，「(b)(3)クラスアクション」にのみ課される2つの固有要件（連邦民事訴訟規則23条(b)項(3)号柱書）の6つからなる。まず，4つの一般要件とは，①多様性（numerosity），②共通性（commonality），③典型性（typicality），④代表性（adequacy of representation）である。①は，クラスメンバーの全員を個別に当事者とする通常の併合訴訟が現実的でないほどにクラスの規模が大きいことを，②は，クラスメンバーに共通する法律上または事実上の問題が存在することを，③は，クラス代表者の請求または防御がクラスの請求または防御の典型であることを，④は，クラス代表者がクラス全体の利益を公正かつ適切に主張することができる客観的状況にあることを，それぞれ意味する。また，2つの固有要件とは，⑤支配性（predominance），⑥優越性（superiority）である。⑤は，個々のクラスメンバーに関わる個別争点よりもメンバー全員に関わる共通争点のほうが支配的であることを，⑥は，クラスアクションが他の方法よりも優れていること（クラスアクションの補充性）を，それぞれ意味する。

こうした6つの要件のうち，団体訴訟制度では，提訴前に代表原告の適格は行政機関によって認可されているので，③の典型性と④の代表性の2つの要件は，不要である。また，団体訴訟制度における適格団体は，特定少数の消費者ではなく多数の消費者のために訴えを提起することが法律上要請されているので（消費契約12条参照），①の多数性の要件も不要という考え方もあり得るであろう。

これに対し，団体訴訟制度を基礎とする集合的金銭請求訴訟においても，適格消費者団体が代表する消費者の範囲を特定する必要があるし，特定された範囲の消費者が共通の法律上または事実上の問題を有することは，あくまでも事

第 1 章　集合的権利保護訴訟制度の構築と比較法制度研究の意義

件ごとに確定せざるを得ないから，②の共通性に相当する何らかの要件は必要であろう。また，同種個別的権利は個別訴訟や共同訴訟などでも救済し得る可能性があるので，集合的金銭請求訴訟には謙抑性や補充性が必要であると考える場合には，⑤の支配性や⑥の優越性の要件に相当する要件が必要になる。このように，クラスアクションの認可要件の少なくとも一部は，団体訴訟制度においても等しく要求されるものである。

3　クラスアクションの手続との関係[29]

　団体訴訟制度の中に同種個別的権利を対象とする集合的金銭請求訴訟の機能を導入するためには，オプトイン型とオプトアウト型のいずれであっても，被代表者である多数の者に対する通知の問題を考えざるを得ない。被代表者たちの権利保護のために，オプトイン型の場合は被代表者たちにオプトインの機会を与える必要があり，オプトアウト型の場合は被代表者たちにオプトアウトの機会を与える必要があるからである。現在の差止請求訴訟の機能のみを有する団体訴訟制度においては，実質的には代表原告が勝訴した場合にのみ一般の消費者に対して判決の効力が及ぶことになるので[30]，通知の問題を考える必要はなかった。また，選定当事者制度も通知の制度を有していない。これに対し，クラスアクションは通知に関する規定を有し（連邦民事訴訟規則 23 条(c)項(2)号），実務や判例においても，通知の費用を誰がどのように負担するかという難解な問題を含めて豊富な経験を有する。

　同種個別的権利を対象とする集合的金銭請求訴訟においては，和解に関する規律も重要である。集合的金銭請求訴訟でも，その多くは判決ではなく和解によって解決されると思われるが，集合的金銭請求訴訟における和解は被代表者たちの個別的権利の処分を伴うため，和解に公正さを担保するために，裁判所

---

29)　クラスアクション手続の具体的な運用については，日本弁護士連合会消費者問題対策委員会「アメリカ合衆国クラスアクション調査報告書について㊤」NBL880 号（2008 年）32 頁が有益である。

30)　団体訴訟制度における判決の効果については，訴訟法上は相対効の原則が貫かれている。しかし，原告が勝訴した場合における差止判決の効果は，一般の消費者などすべての者がひとしく享受することができるので，事実上の対世効的な効果を生ずるといえる。三木浩一「消費者団体訴訟の立法的課題――手続法の観点から」NBL790 号（2004 年）54 頁〔本書 21 頁〕参照。

の承認などの付加的な和解要件を考える必要があるからである。アメリカのクラスアクションでは，2003年の連邦民事訴訟規則23条の改正によって（連邦民事訴訟規則23条(e)項），より詳細な和解に関する規制が導入され，また，2005年のクラスアクション公正法によっても和解に関する規制が設けられた。また，集合的な和解に関するさまざまな実務が考案されており，理論や判例の蓄積にも見るべきものは多い。

　上記以外にも，集合的金銭請求訴訟における手続運営，共通的争点の審理における工夫，個別的争点の集合的認定の可否，請求認容判決後のクレーム手続，代表原告が取得した金銭の配当手続，配当手続終了後の残余財産の処理，配当が困難または不能な金銭の処理としての近似的分配など，たとえ団体訴訟制度を基本とした制度構築の下であっても，クラスアクションから部分的または機能的に取り入れることが可能な要素は決して少なくない。

V　クラスアクション以外の集合的権利保護訴訟

1　ヨーロッパにおける立法の動き

　ヨーロッパの主要国においては，消費者団体訴訟のうち，差止請求訴訟については法整備をほぼ終えた国が多く，新たな立法上の関心は，集合的金銭請求の問題に移ってきている。そうした中で，大陸法における伝統的なオプトイン型に漫然と手を加えるだけでもなければ，オプトアウト型であるアメリカ型のクラスアクションを単純に導入しようとするのでもない，いわば第三の道とでもいうべき立法を目指す動きが見られる[31]。

　たとえば，2005年6月に制定されたオランダの大量被害集合救済法（Law of

---

31)　筆者は，2007年6月に，他の5人の民事手続法学者と共に「集合的権利保護訴訟研究会」を立ち上げ，諸外国の集合的権利保護訴訟の立法動向を研究している。筆者以外のメンバーは，上原敏夫（一橋大学教授），大村雅彦（中央大学教授），髙田昌宏（大阪市立大学教授），長谷部由起子（学習院大学教授），山本和彦（一橋大学教授）である〔肩書きは2008年当時〕。月例研究会の事務局は，株式会社商事法務にお務めいただいている。同研究会は，2008年の夏から，これまでの文献調査と併せて海外における現地調査を開始しており，それらの成果を順次発表していく予定である。以下の記述は，同研究会におけるこれまでの文献調査の結果に負っている。ただし，本稿の内容に関する責任はすべて筆者にあり，また意見にわたる部分はすべて筆者の私見であることを，お断りしておきたい。

113

Collective Redress of Mass Damages）は，裁判所における集合的和解手続（Collec-
tive Settlement Procedure）を創設した。これは，被害者を代表する団体と賠償[32)]
の意思を有する加害者が，損害賠償に関する契約を締結し，その契約を被害者
全員のために拘束力のあるものにするために，共同で裁判所に申立てをして確
認的判決を得るという制度である。この確認的判決に拘束されないことを希望
する被害者は，手続からオプトアウトすることができる。そのために，知れた
る被害者には個別的に通知がされるとともに，新聞紙上にも手続開始が公告さ
れる。

　また，2007 年 2 月に成立したデンマークの司法運営法 23 章（Part 23 of Ad-
ministration of Justice Act）は，オプトイン型とオプトアウト型を併用する試み[33)]
である。すなわち，原則としてはオプトイン型の集合的権利保護訴訟のみが認
められるが，被害額が少額であるために個別訴訟が期待できないことが明らか
であって，オプトインの手続では適切な審理が行えない場合には，裁判所は，
オプトアウトの手続を選択することができる。代表原告については，オプトイ
ン型の場合は，被害者のグループに属する者，消費者団体等の団体，法定され
た公的機関などが資格を有するが，オプトアウト型の場合は，公的機関のみが
代表原告になることができる。オプトインまたはオプトアウトの権利を知らせ
るための通知は，原則としては個別通知が必要であるが，場合によっては公告
も許される。

2　南米における立法の動き

大陸法をベースとする法基盤の上に，アメリカのクラスアクションの要素を

---

32)　Ewoud Hondius, The Netherlands—National Report（2006 年 1 月に，ベルギーのルーバ
ン・カトリック大学が，EU からの委託を受けて行った「通常訴訟手続による救済以外の消費
者の代替的救済方法（An alternative means of consumer redress other than redress through
ordinary judicial proceedings)」に関する研究のために提出されたナショナルリポート）参照。
ウェブページは，〈http://ec.europa.eu/consumers/redress/reports_studies/index_en.htm〉
〔現在は Not Found〕。

33)　Erik Werlauff, Class actions in Denmark—from 2008（2007 年 12 月に，スタンフォード大
学ロースクールとオックスフォード大学法社会学研究センターが共催で行った「The Globali-
zation of Class Action」と題する国際シンポジウムに提出したナショナルリポート）参照。ウェ
ブページは，〈http://www.law.stanford.edu/calendar/details/1066/The% 20Globalization%
20of% 20Class% 20Actions〉〔現在は Not Found〕。

部分的に導入しようとする動きは，南米においても盛んである。特にブラジル
は，大陸法諸国の中でも世界に先駆けて，独自の集合的権利保護訴訟制度を創
設したことで知られている。こうしたブラジルの立法に影響を受けるなどして，
他の南米諸国においても，次々と新たな立法がなされているようである。ここ
では，ブラジルにおける制度のみを簡単に紹介するにとどめる。

　ブラジルでは，1985 年制定の公共的民事訴訟法（Public Civil Action Act）と
1990 年制定の消費者法（Consumer Code）によって，ブラジル型クラスアクショ
ンとも呼ばれる集合訴訟制度が創設された。ブラジルの集合訴訟制度は複雑か
つ精緻であり，短く要約することは困難であるが，若干の特徴を挙げれば次の
とおりである。

　代表原告となり得るのは，司法長官，連邦政府，州政府，地方自治体，行政
機関，消費者団体や環境団体のような私的団体などである。被害者集団のメン
バーである個人は，集団を代表して訴えを提起する当事者適格を有しない。し
たがって，これらの点では，ヨーロッパの団体訴訟などに近い。

　代表原告により個々の被害者の権利が適切に代表されることを担保するため
に，集合訴訟の提起は常に司法長官に通知されなければならず，また，司法長
官は監督者として手続参加の呼出しを受ける。集合訴訟の手続は二段階に分か
れており，一段階目の判決は，わが国の原因判決のように被告の責任を確定す
るのみである。個々の被害者の救済は，この判決に基づく二段階目の手続で行
われる。

　一段階目の判決の効力は，代表原告が勝訴した場合はすべての被害者に及ぶ
が，代表原告が敗訴した場合は個々の被害者の不利益には及ばない。また，被
害者に対する分配が困難な損害金は特別基金口座に寄託され，類似の権利保護
などのための資金に供される。つまり，アメリカにおける近似的分配に類似す
る制度が法定されているともいえよう。

　34）　アダ・グリノーベル＝カズオ・ワタナベ（橋本聡訳）「グローバル社会における法の継受と
　　伝播」松本博之＝出口雅久編著『民事訴訟法の継受と伝播』（信山社・2008 年）95 頁参照。
　35）　ブラジルの集合訴訟については，アントニオ・ジディ（三木浩一ほか訳）「ブラジルにおけ
　　るクラス・アクション——大陸法諸国のためのモデル(1)～(9・完)」際商 34 巻 8 号（2006 年）
　　997 頁～35 巻 4 号（2007 年）547 頁参照。

第1章　集合的権利保護訴訟制度の構築と比較法制度研究の意義

［補注 1］
　本書第 3 編第 3 章参照。

3　パレンス・パトリー訴訟（父権訴訟）

⑴　パレンス・パトリー訴訟と消費者保護

　アメリカにおけるパレンス・パトリー訴訟制度を，わが国にも導入すべきとする見解がある。パレンス・パトリー（parens patriae）とは，ラテン語で「国の父」を意味する言葉であり，16 世紀におけるイギリスのコモンローに由来する。アメリカにおけるパレンス・パトリー訴訟（parens patriae action）は，連邦や州が人民を代表して提起する訴訟であり，父権訴訟と訳されることも多い。

　アメリカで，パレンス・パトリー訴訟が消費者保護の目的に拡大的に使われるようになったのは，主として，1976 年の連邦法であるハート・スコット・ロディーノ反トラスト改善法（Hart-Scott-Rodino Antitrust Improvement Act of 1976）の制定による。[36] 同法は，クラスアクションに対して裁判所が否定的な態度をとるようになった時期に，[37] クレイトン法（Clayton Act）を修正して，州の司法長官が，その州に居住する自然人を代表して，シャーマン法違反行為によって損害を被った多数の自然人のために，反トラスト民事訴訟を提起して集合的な金銭賠償を請求することを認めたものである。[38]

---

36)　ハート・スコット・ロディーノ反トラスト改善法の制定以前でも，コモンローに基づくパレンス・パトリー訴訟の余地はあったが，限られたものであった。*See* Susan Beth Farmer, *More Lessons from the Laboratories : Cy Pres Distributions in Parens Patriae Antitrust Actions Brought by State Attorneys General*, 68 FORDHAM L. REV. 361, 368 (1999).

37)　直接のきっかけとなったのは，代表原告を含むクラスメンバー各自の請求は少額であるが，予想されるクラスのサイズが巨大であるために，通知に膨大な費用がかかる場合であったとしても，クラスメンバー全員に対する個別通知を要求して，当時における「クラスアクションの死滅」への道を拓いたとされる Eisen 事件である。Eisen 事件については，松尾翼「アイゼン事件——最近の米国連邦最高裁判所の判例の紹介」自正 26 巻 9 号（1975 年）30 頁参照。また，「クラスアクションの死滅」については，大村＝三木編・前掲注 20）235 頁参照。

38)　パレンス・パトリー訴訟に関する邦語文献として，谷原修身「Parens Patriae 反トラスト訴訟の問題点(上)(中)(下)」公取 329 号（1978 年）2 頁・330 号（1978 年）2 頁・331 号（1978 年）32 頁，佐野つぐ江「米国におけるパレンス・パトリー訴訟制度と賠償金の分配——"Cy pres Distributions in Parens Patriae Antitrust Actions Brought by State Attorneys General" の紹介を中心として(上)(下)」際商 31 巻 6 号（2003 年）773 頁・31 巻 7 号（2003 年）938 頁等参照。

V　クラスアクション以外の集合的権利保護訴訟

⑵　クラスアクションとの比較

こうした制定法上のパレンス・パトリー訴訟をクラスアクションと比較した場合の特徴は，以下のような点にある。①消費者被害事件の場合，一般に個々の被害者の損害額は僅少であり，それにもかかわらず損害立証は困難であることが多いので，クラスアクションでは適切な代表原告を得ることが容易ではない。パレンス・パトリー訴訟は，代表原告を公益の代表者である州の司法長官に法定することにより，この問題を回避している。②また，パレンス・パトリー訴訟においては，原告は個々の被害者の受けた損害を具体的に立証する必要はなく，統計的手法やサンプリング的手法を用いて，全体の損害額を概算的に立証することで足りるものとされている。③さらに，個々の被害者がパレンス・パトリー訴訟からオプトアウトする機会を与えるための通知の方法は，裁判所の広範な裁量に委ねられているが，一般には公告による通知がなされており，個別的な通知は要求されていない。④パレンス・パトリー訴訟によって得られた金銭的救済は，裁判所の裁量によって被害者に分配されるか，または，民事罰とみなされて州に一般歳入として供託されるかが選択される。

⑶　パレンス・パトリー訴訟導入の是非

しかし，アメリカにおける制定法上のパレンス・パトリー訴訟は，あくまでもクラスアクションの存在を前提として，これを補完する形で反トラスト民事訴訟の分野に導入されたものであり，クラスアクション制度を持たないわが国では，前提となる周辺的な制度環境が異なる。そもそも，上述の②や③の点は，クラスアクション制度において，同様の立法をすることも可能であり，パレンス・パトリー訴訟にのみ親和的であるわけではない。また，①は，わが国がすでに導入している団体訴訟制度と目的を同じくするものであり，やはりパレンス・パトリー訴訟にのみ親和的であるわけではない。

実際，わが国の団体訴訟制度が消費者団体のみを適格団体としているのに対し，ヨーロッパなどの団体訴訟制度では，政府機関や公的団体も適格団体としている例が少なくない。ほかにも，わが国の法制との関係では，違反行為者の不当利得の徴収として考えられてきた課徴金制度との整合性なども，検討しなければならない。また，パレンス・パトリー訴訟とクラスアクションには共通

117

点も多い。たとえば，集合的権利保護訴訟に固有の手続運営，個々の被害者の特定，損害額の集合的認定，集合的な和解のあり方，徴収した賠償金の分配方法，近似的分配などである。こうした点では，むしろ実務の経験や理論の蓄積が多いクラスアクションに学ぶべきことが多い。

　したがって，パレンス・パトリー訴訟の導入を検討するとしても，それでクラスアクションや団体訴訟制度のさらなる検討が不要になるわけではない。また，パレンス・パトリー訴訟の場合も，前提となる司法制度がアメリカとわが国では異なる以上，仮にこれをわが国に導入するとしても，クラスアクションの場合と同じく丸ごとの移植は考えにくい。したがって，これを導入する場合には，やはり部分的移植や機能的移植を考えていくことになろう。その場合においても，パレンス・パトリー訴訟の特徴である代表原告の法定は，わが国における集合的差止請求訴訟では団体訴訟制度によって実現されているところであり，クラスアクションについて述べたのと同じ理由により，団体訴訟制度との接合や融合を検討すべきであろう。

　また，わが国におけるパレンス・パトリー訴訟の導入構想の議論において注意すべき点は，同構想が代表原告の適格を国の機関のみに限定する趣旨を含意しているかどうかである。なぜなら，アメリカの制定法上のパレンス・パトリー訴訟が対象にしている競争法の領域と，民事法である契約法や不法行為法などの領域とでは，国の機関による提訴権の独占や付与すべき権限の強さにおいて，本質的な違いがあると考えられるからである。また，競争法の領域であれ民事法の領域であれ，すでに集合的差止請求権を付与されている適格消費者団体などが，集合的金銭請求訴訟の代表原告適格において，劣位に扱われる理由はないものと思われる。

VI　おわりに

　集合的権利保護訴訟は，現在もなお発展途上の法領域である。とりわけ，集合的金銭請求訴訟制度の構築は，ほとんどの国にとって新たな取組みであるため，各国が試行錯誤を重ねつつある状況である。

　各国の制度は，フランスの代位損害賠償訴権制度やスウェーデンの集団訴訟

VI おわりに

制度などが採用するオプトイン型，カナダ，オーストラリア，ポルトガル，イスラエルなどが採用するオプトアウト型，両者の中間的または併用的な要素を有するオランダ（集合和解型），デンマーク（併用型），ブラジル（二段階型）などの第三の類型の3つに大別できる。しかし，そのいずれもが，アメリカのクラスアクションを何らかの形で参考にし，あるいはクラスアクションとの異同を意識しながら，独自の制度構築を行っている。したがって，どのような方向に進むにせよ，アメリカのクラスアクションを研究することは，集合的権利保護訴訟の構築において避けることのできない作業である。

また，こうした諸外国の立法過程を見てみると，他の国の取組みを参考にしつつ，自国の立法を進めている例が多い。たとえば，フランスにおけるシラク政権下の 2005 年に，少額多数債権に関する責任判決型のグループ訴権制度（action de groupe）の導入が検討された際には，アメリカやカナダの制度とともに，ポルトガルやスウェーデンの制度が研究されたといわれる[40]。また，1995 年に制定されたポルトガルのクラスアクション法や，チリ，ペルー，コロンビアなどの南米諸国の制度の構築に際しては，ブラジル法の研究や影響があったとされる。そして，そのブラジルの制度は，1970 年代のイタリアにおける研究者たちの論文や議論に影響を受けているといわれる[41]。

このように，唯一の最適な立法モデルを持つに至っていない集合的金銭請求訴訟という立法課題については，各国の立法を幅広く研究する必要がある。その際に注意すべきことは，各国の集合的金銭請求訴訟は，その国における法制度と深く結び付いているのであって，特定の部分だけを取り出して論ずるのは危険であるということである。その意味で，各分野の専門家の力を結集した組織的な研究が望まれる[42]。

---

39) フランスの代位損害賠償訴権制度については，山本和彦「フランスにおける消費者団体訴訟」ジュリ 1320 号（2006 年）102 頁参照。

40) 2006 年 11 月に消費者法典の改正法案として国会に提出されたが，実質的な審議はないままに，2007 年 1 月に廃案となった。

41) アントニオ・ジディ（三木浩一ほか訳）「ブラジルにおけるクラス・アクション——大陸法諸国のためのモデル(2)」際商 34 巻 9 号（2006 年）1159 頁参照。

42) 前掲注 31) で紹介した「集合的権利保護訴訟研究会」は，本文で述べた組織的な研究の試みの 1 つである。

第 2 章

ノルウェーにおけるクラスアクション（集団訴訟制度）の概要

〔初出：2009 年 11 月〕

I はじめに

1 ノルウェー法研究の意義

ノルウェーでは，新しい民事訴訟法（正式名称は，「民事紛争における調停及び訴訟に関する法律」であるが，一般的には「紛争法」の略称で呼ばれる[1]）が 2005 年 6 月 17 日に成立し，2008 年 1 月 1 日から現行法として施行されている。この新法において，ノルウェー法上は「集団訴訟（Gruppesøksmål）」と呼ばれる一種のクラスアクション制度が導入された[2]。これは，各個人が積極的にクラスに加入する手続を行う必要があるオプトイン型を基本型としつつ，各個人の請求金額が小さいために個別訴訟を提起することが困難と認められるときには，当事者の申立てと裁判所の判断に基づいてオプトアウト型も認められるという，両者を併用した制度である[3]。

こうした「併用型」のクラスアクションは，アメリカのような完全オプトアウト型の制度と比べると，大陸法の伝統的な制度との乖離が相対的に小さく，クラスアクションに抵抗感がある国家や個人にとっても，より受け入れやすい

---

* 本研究は，独立行政法人日本学術振興会科学研究費（基礎研究 B）（課題番号：20330016）の交付を受けている。

1) ノルウェー語では「Lov om mekling og rettergang i sivile tvister（tvisteloven）」である。*Available at* http://www.regjeringen.no/nb/dep/jd/dok/regpubl/otprp/20042005/Otprp-nr-51-2004-2005-.html?id＝397198〔現在は Not Found〕.

2) ノルウェーにおける「Gruppesøksmål」の英語訳としては，一般に「class action」が使われている。また，内容的にも，ノルウェーの集合訴訟制度は，アメリカやカナダなどのクラスアクションに近い。さらに，英米法系のクラスアクションの概念を用いたほうが，ノルウェーの併用型の制度を理解しやすい。そこで，本稿では，原則として「クラスアクション」の訳語を用いる。

3) オプトイン型とオプトアウト型を併用する制度の検討は，デンマークよりもノルウェーが先であるとされる。

という側面があろう。また，ノルウェーの民事訴訟法は，歴史的には大陸法であるドイツ法やオーストリア法などに範をとっているが，近年の制度改正によって英米法系の要素を少なからず取り入れており，同じくドイツ法系の基盤の上に英米法系の要素を取り入れたわが国の民事訴訟法と類似した歴史と内容を有する。

したがって，近い将来に予想されるわが国の立法を検討するに際して，貴重な比較法上の参考となるものと思われる。[4]

2 消費者保護政策

ノルウェーにおけるクラスアクションは，一般法である民事訴訟法の中に設けられており，したがって，その対象は消費者紛争に限られることなく，広くあらゆる民事紛争に及ぶものである。しかし，わが国では，もっぱら多数の消費者の被害を効果的に解決するための制度としてクラスアクションが議論されているし，ノルウェーにおいても，クラスアクションの主要な対象の一つとして想定されているのが消費者紛争であることは同様である。そこで，以下，ごく簡単にノルウェーの消費者保護政策について概観しておくことにする。

ノルウェーにおいて，クラスアクションに関連する官庁は，主として法務警察省と児童平等省である。法務警察省の機能と目的は，基本的な法的保障の確保と社会の安全保障の実現である。2003 年には，同省の中に市民の保護を担当する部局が新たに創設され，また製品安全法などの所管が他の省庁から法務警察省に移管された。ノルウェーのクラスアクションは，わが国の民事訴訟法に相当する紛争法の一部であり，同法は民事司法手続に関する一般法として法務警察省が所管しているので，クラスアクションに関する法律や制度については同省が担当していることになる。

---

4) 本稿を執筆するに際しては，ノルウェー政府の公開資料をはじめとするさまざまな文献や聴き取り調査などから情報を得たが，最も中心的な情報源は，Camilla Bernt-Hamre, *Class Actions, Group Litigation & Other Forms of Collective Litigation in the Norwegian Courts, available at* http://www.law.stanford.edu/calendar/details/1066/〔現在は Not Found〕，ならびに，筆者自身が内閣府からの委託を受けたクロスインデックス社の海外調査に専門家として同行して，2009 年 3 月 1 日から 8 日にかけてスウェーデンとノルウェーで行った現地調査の結果（ノルウェーでの聴取先は，ノルウェー法務警察省，ノルウェー消費者委員会，オスロ大学 Inge Lorang Backer 教授）である。

他方，消費者関連の政策や消費者保護に関係する主要な法律を所管するのは，児童平等省，とりわけ同省における消費者局である。児童平等省消費者局は，消費者政策担当と法務担当の2部体制で，総勢約20名で構成されている。ただし，消費者行政は複数の省庁が関係するため，児童平等省消費者局のイニシアティブの下に，関係する14省庁の所掌をまたぐ形で年次計画が作られている。また，児童平等省は，北欧およびEUという国際体制の枠組みの中で，消費者問題に関する国際協力や対外活動なども担当している。

さらに，それ以外のものとして，1953年に設立された消費者委員会がある。消費者委員会は，消費者保護に関する独立の政府機関である。同委員会の機能は，①消費者個人の苦情の受付け，②消費者政策における政府や企業への勧告，③消費者に対する情報提供や教育の3つである。ノルウェーにおいて消費者の利益を保護する中心的な機関であり，政府機関であると同時に，他国における非政府組織の消費者団体が担っている機能の一部も行っている。このように，ノルウェーの消費者委員会は，その名称こそ他国にもよく見られるものであるが，機能的には同国に特有の機関であって他の北欧諸国にも同様の機関はないといわれる。消費者オンブズマンとの機能分担としては，原則として，民事紛争の案件は消費者委員会が担当し，市場規制法の案件は消費者オンブズマンが担当するとのことである。

消費者オンブズマンは，市場規制法に従って，事業者のマーケティング活動や広告宣伝活動を監視して是正する任務を有する。市民から持ち込まれる苦情件数は，年間7000件程度である。消費者オンブズマンは，市民からの苦情や独自の調査に基づいて，事業者に対して働きかけを行い，自発的な是正を促す。しかし，それで解決に至らない場合には，市場委員会に事件を付託する。消費者オンブズマンおよび市場委員会は，事業者による不当な約款や広告などの禁止命令を出す権限を有する。

3　民事訴訟制度の概要

ノルウェーにおける民事訴訟法に相当する法律は，2005年6月17日に法律第90号として制定された「民事紛争における調停及び訴訟に関する法律（Lov om mekling og rettergang i sivile tvister）」である（以下に掲げる条文は，特に断わ

I　はじめに

らない限り同法のものである）。同法は，一般的には，「紛争法（Tvisteloven）」の
通称で呼ばれており，2008年1月1日から施行されている。同法は，1990年
代末から始まった大規模な司法改革の一貫として，1915年制定の旧紛争法を
全面的に改正して成立したものであり，ノルウェー型クラスアクションは，こ
うした改革のうちの一部として導入されたものである。

　ノルウェーの民事訴訟制度は[6]，もともとドイツやオーストリアの制度に範を
とったものであり，1915年に制定された旧紛争法は，明らかに大陸法の系譜
に属するものであった。しかし，同法の2005年の改正の際に，英米法系のア
メリカやイギリスのシステムを参考にした制度を導入したため，現在ではハイ
ブリッド型の民事訴訟制度となっている。特に，イギリスにおける司法改革を
リードしたウルフ・リポートが大きな影響を与えている。

　2005年改正の主要なポイントは以下のとおりである。第1に，ADRの拡充
という方針の下に，裁判所外での調停と裁判所内での調停に関するルールが整
備された。第2に，争点中心審理を充実させるために弁論準備手続を強化する
とともに，紛争の規模や軽重に手続の重さを比例させる比例原則の徹底が図ら
れた。第3に，12万5000クローネ以下の軽微な事件について少額事件手続が
導入され，原則として3か月以内に判断が下されるようにした。

　訴訟費用に関しては，敗訴者負担原則（イングリッシュ・ルール）が採用され
ている（20-1条～20-12条）。弁護士強制主義は採用されておらず，本人訴訟も
可能である。ただし，事案が複雑で本人による訴訟追行が困難であると認めら
れるような場合には，裁判所は，当事者に弁護士を付けることを命じることが
できる（3-2条）。最高裁における弁論は，最高裁弁論資格を有する弁護士に限
られる（3-3条1項）。

4　集団訴訟制度以外の集合的訴訟

　ノルウェーには，判例による展開を遂げてきた「代表訴訟[7]」と呼ばれる集合

---

5)　同法の英語訳は「Act of 17 June 2005 No. 90 relating to Mediation and Procedure in Civil
　　Dispute（"The Dispute Act"）」である。
6)　ノルウェーの司法制度は三審制で，73の地方裁判所，6つの控訴裁判所，1つの最高裁判所
　　がある。裁判所ごとのローカル・ルールはない。
7)　英語訳は，「representative action」である。

123

的訴訟がある。代表訴訟は，一定の目的を有する団体（たとえば環境保護団体など）または一定の利益集団が原告となり，企業や国などを被告として，一般大衆などの利益を擁護するために提起する一種の団体訴訟である。代表訴訟が利用されるのは，特定の個人や集団に帰属しない拡散的権利を，訴訟という手段を通じて実現しようとする場合である。このような場合には，特定の個人や集団は原告適格や訴えの利益を有しないので，通常の個人訴訟では対応することができない。そこで，係争利益と十分な関係を有する団体や集団に特別に原告適格を認め，不特定多数の者の利益を擁護するための訴えを提起することが認められている。[8]

代表訴訟は訴訟担当構成がとられるクラスアクションではなく，わが国の団体訴訟と同様に，固有権構成の訴訟であるため，代表訴訟における判決は，原告の勝訴または敗訴のいかんを問わず，当該訴訟の当事者である原告と被告のみを拘束する。しかし，たとえば差止訴訟などで原告が勝訴した場合は，これもわが国の団体訴訟と同様に，実質的に不特定多数の者の利益を擁護する結果につながるとされている。また，わが国の団体訴訟が差止請求訴訟のみに限定されているのに対し，ノルウェーの代表訴訟は，後述の Borregaard 事件に見られるように，損害賠償請求訴訟を含むあらゆるタイプの事件に利用することが可能である。

有名な代表訴訟の例には，以下のような事件がある。Alta 事件は，全国規模の環境保護団体が原告となって，水力発電のために河川工事を行うことを認めた政府の行政命令の無効を主張して，国を被告として提訴した事件である。被告である国は，当該環境保護団体は原告適格を有しないとして争ったが，最高裁判所は，被告の主張を退けて原告の訴えを適法なものとして認めた。また，Borregaard 事件は，ノルウェーとスウェーデンの環境保護団体が，民間企業2社を被告として，両国の国境付近にあるノルウェーのハルデンという町のレクリエーション地域における環境破壊を理由として，損害賠償請求訴訟を提起した事件である。この事件でも，最高裁判所は，当該環境保護団体の原告適格を認めた。

---

8) Bernt-Hamre, *supra* note 4), at 2.

5 クラスアクションの導入の経緯

ノルウェーにおいて，民事訴訟手続にクラスアクションを導入しようという考えは，かなり以前からあった。1990 年には，ノルウェー，スウェーデン，デンマーク，フィンランドの北欧 4 か国が集まり，北欧閣僚評議会のプロジェクトとして，クラスアクションの研究会がもたれた。この会議には，各国から弁護士，裁判官，オンブズマン，大学教授などが集まり，スウェーデンのLindblom 教授を座長として，アメリカのクラスアクションの検討などが行われた。このときは，オプトアウト型とオプトイン型の優劣などの具体的な議論にまでは至らなかった。しかし，その後に発生した大きな消費者被害事件において，伝統的な訴訟制度では限界があることが露呈され，クラスアクションの導入に向けた議論が始まる 1 つのきっかけとなった[9]。

1999 年，司法制度改革を検討するために，政府部内に紛争解決審議会が設置された。同審議会は，その後に最高裁長官となった Christian Reusch 氏（当時は最高裁判事）を座長とし，高裁判事 1 名，地裁判事 1 名，法学者 1 名，弁護士 3 名の計 7 人をメンバーとして，紛争法の全面的な見直しを行った。同審議会は，2001 年に報告書を政府に提出したが，この報告書の中に，現行法が採用したオプトインとオプトアウトの併用型が盛り込まれた。この紛争解決審議会の報告書には，賛否それぞれの意見が寄せられた。賛成意見を提出したのは，政府の各省庁，消費者団体，労働者団体，裁判官協会などであった。これに対し，反対意見を提出したのは，経済界団体，経営者団体，弁護士会（ただし，賛成するグループもあった）などであった[10]。

反対意見の主たる論拠は，次のとおりである。①クラスアクションは，ノルウェーにおける伝統的な手続法の原理にそぐわない。②クラスアクションを導入しなくても，すでに存在する諸制度，すなわち共同訴訟，訴訟併合，代表訴訟などにより，同様の目的は達成することができる。③ノルウェーには，アメリカと異なり，消費者オンブズマンや消費者委員会などの消費者保護のための仕組みがある。④少額被害事件の保護は，少額訴訟制度の充実によって対応す

---

9)　オスロ大学法学部 Inge Lorang Backer 教授からのヒアリング（2009 年 3 月 6 日）による。

10)　Bernt-Hamre, *supra* note 4), at 6.

べきである。⑤クラスアクションは，被告に過大な負担を強いるおそれがある。
⑥クラスアクションを背景として，不合理な和解が強要されるおそれがある。
⑦クラスアクションを導入すると，ノルウェーの産業界や対外競争力に悪影響
を与える。[11]

　これらの意見に対し，法務警察省は，以下のように応答した。①現代社会の
ニーズに応えるために，手続法の原理も変化すべきであり，法伝統はクラスア
クションの導入を否定する論拠にはならない。②共同訴訟，訴訟併合，代表訴
訟などの既存の制度は，消費者被害などの少額多数の請求には対応できない。
③クラスアクションの導入は，単に訴訟における被害救済にとどまらず，企業
におけるコンプライアンスの実現や消費者の集団的な交渉力の向上などにも寄
与する。④クラスアクションの導入は，トータルの紛争解決コストを低下させ
る。⑤クラスアクションには，一般の消費者や市民に対する告知の制度が含ま
れるので，潜在的な権利者に対する情報提供や権利救済の機会の拡大につなが
る。⑥少額訴訟制度は，真に少額の事件では利用が期待できないし，原告となっ
たものの紛争しか解決できない。⑦アメリカのクラスアクションは，被告に過
大な負担を強いることがあるが，ノルウェーには，アメリカのような訴訟費用
負担制度，懲罰的損害賠償，民事陪審制度などはないので，同じような問題は
生じない。⑧クラスアクションが産業界や対外競争力に悪影響を与えるという
意見があるが，近年にクラスアクションを導入したスウェーデン，カナダ，オー
ストラリアなどを見る限り，そのような問題は生じていない。[12]

　このように，ノルウェー政府は，寄せられた反対意見には根拠がないとして，
クラスアクションの導入を含む紛争法の改正案を国会に提出し，新紛争法は上
述したように 2005 年 6 月に成立した。

---

[11]　文献資料や現地調査におけるインタビュー等から知り得た限りでは，ノルウェーにおいて
　　は，クラスアクション（特にオプトアウト型）の導入に対して，各個人の手続保障を侵害する
　　とか，憲法上の裁判を受ける権利と抵触する疑いがあるといった，原理的な観点からの反対意
　　見はほとんど見られない。

[12]　Bernt-Hamre, *supra* note 4), at 7.

Ⅱ　ノルウェー型クラスアクションの仕組み

1　適用範囲

　ノルウェーのクラスアクションは，民事訴訟手続の一般法である「紛争法」の第 35 章に規定が置かれており，適用対象は広く民事紛争の全領域に及ぶ。すなわち，消費者と事業者の間における紛争だけに限られず，環境問題や人権問題に関する紛争などを含むあらゆるタイプの集団的な民事紛争が，ノルウェー型クラスアクションの対象となり得る。

　裁判所の職分管轄や土地管轄も一般的な民事訴訟の場合と異なるところはなく，すべての地方裁判所がクラスアクションの管轄権を有する（35-1 条 1 項）。また，上訴された場合の上訴審の審級管轄も，通常の民事訴訟と同じである。クラスアクションが認可された後の訴訟手続についても，第 35 章に別段の定めがある場合を除き，通常の民事訴訟と同じルールが適用される。

　ノルウェーのクラスアクションでは，原告側のクラスアクションのみならず，被告側のクラスアクションも認められる。被告側のクラスアクションには，原則として，原告側のクラスアクションと共通のルールが適用される（35-15 条）。

2　認可要件

　クラスアクションとして裁判所により認可（35-4 条 1 項）されるためには，35-2 条 1 項に定める 4 つの要件をすべて満たす必要がある。4 つの要件とは，①事実上または法律上の基礎が同一または実質的に共通である権利または義務を有する複数の者が存在すること，②同一の裁判所および同一の手続規則に基づく審理が可能であること，③複数の請求を処理する手段としてクラスアクションが最も適切であること，④ 35-9 条に基づいて集団（アメリカ法におけるクラス）の代表者を選任することが可能であること，である。

　これらをアメリカのクラスアクションについて定めた連邦民事訴訟規則 23 条と比較すると，ノルウェー法の①は，アメリカ法の共通性（commonality）の要件（23 条(a)項(2)号）に，③は，優越性（superiority）の要件（23 条(b)項(3)号柱書後段）に，④は，代表性（adequacy of representation）の要件（23 条(a)項(4)号）に，

第2章　ノルウェーにおけるクラスアクション（集団訴訟制度）の概要

ほぼ相当するものと思われる。②は，アメリカ法では明文の規定はないが，クラスアクションの当然の前提である。また，アメリカ法のような多数性（numerosity）の要件（23条(a)項(1)号）はないが，クラスメンバーが少数の場合はクラスアクションが最も適切な手段といえないので，③の要件を欠くことが多いであろう。[13]

このように，ノルウェー法の4つの要件は，アメリカのクラスアクションの要件と共通するところが多い。他方，アメリカ法における典型性（typicality）の要件（23条(a)項(3)号）と支配性（predominance）の要件（23条(b)項(3)号柱書前段）の2つについては，ノルウェー法には対応する規定がない。その理由は，以下のように考えられる。

まず，典型性の要件であるが，これは，クラス代表者の請求または防御が，クラス全体の請求または防御の典型でなければならないとするものである。しかし，ノルウェー法では，アメリカ法とは異なり，クラス代表者は裁判所が任命することになっており（35-9条3項第1文），裁判所がクラス代表者の任命を判断するに際しては，当然に典型性の要件と同様の判断も行うであろうから，実質的にはアメリカ法と差異はないと思われる。

次に，支配性の要件であるが，これは，個々のクラスメンバーにかかわる個別争点よりも，クラス全体にかかわる共通争点のほうが支配的でなければならないとするものである。ノルウェー法には，アメリカ法のような形で直接的に支配性の要件を定めた規定はない。しかし，ノルウェー法における次の2つの点を考えると，実質的にはアメリカ法と大差ないものと考えられる。第1に，ノルウェー法においても，オプトアウト型については，個別審理を必要とする争点が生じない事案であることが，オプトアウト型を認可するための要件とされている（35-7条1項b号）。第2に，ノルウェー法における「複数の請求を処理する手段としてクラスアクションが最も適切であること」という要件（35-2条1項c号）の判断においては，当然に支配性の要件に相当する判断も含まれるものと思われる。

---

13)　Bernt-Hamre, *supra* note 4), at 11.

3 提訴資格

クラスアクションを提起することができる当事者適格，すなわちクラスアクションの提訴資格については，ノルウェー法は次のような2つのカテゴリーを設けている。

第1は，クラスメンバーとなり得る要件を満たす者である。つまり，何人であれクラスメンバーの要件を満たす限り，クラスアクションの提訴資格を有する（35-3条1項a号）。これは，アメリカのクラスアクションと同じく，クラスメンバーのうちの誰にでもクラスアクションの提訴資格を認めるものである。第2は，消費者団体などの特定の利益の保護を目的とする組織（organization）や団体（association），あるいは特定の利益の保護を目的とする政府機関（public body）である（35-3条1項b号）。この第2のカテゴリーは，ヨーロッパ型の団体訴訟の系譜に位置づけられる。

上記の第2のカテゴリーであるが，その特徴は，消費者団体などの民間の組織・団体とオンブズマンなどの政府機関の両方に提訴資格が認められていることである。まず，前者の民間団体については，わが国の団体訴訟制度のような事前の認証や登録は不要である。すなわち，適格団体制度ではなく，裁判所が個々の事件ごとに提訴資格を認定する。次に，後者の政府機関であるが，ここで想定されているのは，消費者委員会，差別平等オンブズマン，児童オンブズマンなどである。消費者オンブズマンは提訴資格を有しない。ノルウェーでは，個々の消費者の保護や民事紛争の案件は消費者委員会の権限である。ノルウェーの消費者委員会は政府の機関であるが，その役割や実質は消費者団体に近いものである。消費者オンブズマンの役割とされているのは，より大所高所からの市場全体の監視であるので，消費者オンブズマンにはクラスアクションの提訴資格はない。

4 クラス代表者の地位

クラス代表者は，裁判所が任命する（35-9条3項第1文・35-4条2項e号）。クラス代表者になり得る資格を有するのは，クラスアクションを提訴することができる者であって，クラス代表者になる意思がある者である（35-9条2項）。裁

判所が任命を行う際の基準は，集団の利益を十分に擁護することができ，かつ集団が負う可能性のある訴訟費用の負担に責任をとり得る者である（35-9条3項第2文）。裁判所が任命したクラス代表者が事後的にこれらの基準を満たさなくなった場合や，その他の理由で不適任となった場合は，裁判所は，クラス代表者の任命を取り消したうえで，新たなクラス代表者を任命することができる（35-9条3項第3文）。

　クラス代表者は，クラスアクションにおけるクラス全体の権利および義務を保護する職務上の一般的な責務を負う。その具体的な表れの1つとして，クラス構成員に対して，重要な手続の進行や裁判所の決定などに関する情報を，適切かつ継続的に提供する責務を負う（35-9条1項）。また，クラス代表者は，クラスアクションに関する訴訟費用について，みずからが権利および義務を負う立場にある（35-12条1項）。こうした重い責務に対応して，クラス代表者は，その職務に関して報酬を受ける権利や，支出の償還を受ける権利を有する（35-13条1項第1文）。これらの具体的な内容については，裁判所が決定する（35-13条1項第2文）。

5　クラス認可決定

　裁判所は，クラスアクションの訴えが提起されたときは，可能な限り速やかに，クラスアクションとして認可するかどうかに関する決定をしなければならない（35-4条1項）。そのために，訴状には，クラスアクションの認可の判断に際して必要な情報を記載しておくことを要する（35-3条3項）。

　クラスアクションとして認可する場合には，以下の付随決定事項についても，併せて判断しなければならない（35-4条2項）。すなわち，付随決定事項として，①クラスアクションの対象となる請求権の範囲の確定（a号），②オプトイン型とするかオプトアウト型とするかの決定（b号），③オプトイン型の場合にはオプトインが可能な期限の設定（c号），④クラス代表者の任命（e号），⑤費用に関する決定（d号。ただし，必要的決定事項ではない）がある。クラス認可に関する決定は中間的裁判として行うが，通常の中間的裁判と異なり，独立の上訴が可能である（35-4条4項）。

　クラスアクションとして認可した事件の審理を進めたところ，クラスアク

ションによって審理することが明らかに不適当であることや，請求権の範囲について再定義が必要なことが明白になった場合には，裁判所は，認可決定の取消しや変更の決定をすることができる。この決定によって，事後的にクラスアクションに含まれなくなった当事者は，取消しや変更の決定が確定してから1か月以内であれば，裁判所に対して個人訴訟としての審理を続行することを求めることができる（35-4条3項）。当事者に再度の訴え提起の負担を負わせないようにする趣旨である。

6　クラスアクションの告知

　裁判所は，クラスアクションの訴えを認可したときは，オプトイン型とオプトアウト型のいずれであっても，クラスに属する者（オプトイン型の場合はオプトインの資格を有する者，オプトアウト型の場合はクラスメンバー）に対して，クラスアクションが提起されたことを告知しなければならない（35-5条1項）。オプトイン型の場合はオプトインの機会を与えるための告知であり，オプトアウト型の場合はオプトアウトの機会を与えるための告知である。

　告知の方法は，個別通知もしくは公告またはその他の方法であり，裁判所が裁量で決定する。また，告知の内容も，裁判所が決定する。ただし，①クラスメンバーとしての登録または登録抹消がもたらす効果の説明，②一定の訴訟上の費用を負担する可能性についての説明，③和解に関してクラス代表者がどのような権限を有するかについての説明，④オプトイン型におけるクラス登録を行うことができる期限などについては，必ず記載しなければならない（35-5条2項）。

　告知の主体は，アメリカのクラスアクションとは異なり原則として裁判所であるが，裁判所はクラス代表者に告知を担当させることもできる。また，告知の費用をクラス代表者に負担させることもできる（35-5条3項）。クラス代表者は，みずからが負担した告知の費用を一定の限度で相手方当事者またはクラスメンバーから回収することができる（35-13条2項）。

　告知すべき相手方である潜在的なクラスメンバーやその住所などの情報は，被告である企業などが有していることも少なくない。こうした場合でも，裁判所は，告知の実施に対する協力を被告に強制することはできない。ただし，法

務警察省の解釈によれば，被告の顧客リストなどに基づく通知の実施を事実上被告に依頼することは，できるものと考えられている。[14]

7 オプトイン型クラスアクション

ノルウェー法では，オプトイン型のクラスアクションは，クラスメンバーとしての登録を要するタイプのクラスアクションとして位置づけられている。すなわち，オプトイン型の場合はクラスメンバーになるにはクラス登録を必要とし，みずから積極的にクラス登録の手続をした者だけが，クラスアクションにおける判決や和解の効力を受ける。クラス登録がなされることにより，一種のメンバーリストが作成されることになる。クラス登録をすることができるのは，裁判所がクラスアクションの範囲に含まれるものと定義した請求権を有する者である（35-6条1項）。ただし，その者が真に請求権を有することの証明は，この段階では必要ではなく，裁判所はその者の主張のみを資料として判断すれば足りる。

原告は，クラスアクションの訴えを提起するに際して，訴状にオプトイン型による訴えの意図であることを記載することを要する（35-3条3項）。この原告の申立てを受けて，裁判所による認可決定における付随決定事項として，オプトイン型で手続を進めることが最終的に決定される（35-4条2項b号）。クラス登録の申請は，裁判所が定めた登録期限内にしなければならない（35-6条2項）。登録方法には，書類申請と口頭申請がある。書類申請は，必要な書類を裁判所に対して郵送することによって行う。口頭申請は，裁判所に出頭して行う。クラス登録の名簿は裁判所において管理し，クラス登録に関する細則は裁判所事務局が定める（35-6条4項）。

ノルウェーにおけるクラスアクションの基本はオプトイン型であり，オプトアウト型は例外的な事件に限られる。オプトイン型とオプトアウト型とで，審理に関するルールは基本的に異ならない。しかし，若干の点で両者の間に差異がある。1つは，訴訟費用やクラス代表者の報酬等の負担についてである。オプトイン型においては，クラス代表者が負う訴訟費用およびクラス代表者に対

---

14) Bernt-Hamre, *supra* note *4*), at 19.

する報酬等について，これらを負担することがクラス登録の条件とされた場合には，オプトインしたクラスメンバーは，これらをクラス代表者に支払わなければならない（35-14条1項）。また，和解に関する規律も異なる。オプトアウト型の場合は，クラスアクションにおける和解は裁判所の認可を要するが，オプトイン型の場合は不要である。ちなみに，筆者が，法務警察省におけるインタビューの際，立法論的にはオプトイン型でも和解には裁判所の認可を要するとする法制もあり得たのではないかという質問をしたところ，そのような立法の可能性も考えられたとの返答であった。

8　オプトアウト型クラスアクション

オプトアウト型のクラスアクションは，クラスメンバーとしての登録を要しないタイプのクラスアクションである。すなわち，裁判所がクラスアクションの範囲に含まれるものと定義した請求権を有する者は，みずから積極的にクラス登録を行う必要はなく，自動的に観念上のクラスメンバーとみなされる。クラスメンバーとなることを望まない者は，みずからのイニシアティブで，クラスからオプトアウトすることができる[15]。オプトアウトをするには，離脱の登録を要する（35-7条2項・35-8条）。したがって，オプトアウト型では，クラスメンバーのリストは作られず，離脱者（オプトアウトした者）のリストのみが作られることになる。オプトアウトをしなかったクラスメンバーは，クラスアクションにおける審理および判決の効力のすべてを，有利にも不利にも受けることになる。

原告は，訴状にオプトアウト型を希望する旨を記載することを要し（35-3条3項），裁判所がオプトアウト型の要件を満たしていると判断したときは，認可決定における付随決定事項としてオプトアウト型で手続を進めることを決定する（35-4条2項b号）。オプトアウト型クラスアクションが認められるためには，次の2つの要件をともに満たすことが必要である。

第1の要件は，クラスメンバーとされる者たちが個々に有する請求の金額または利益が非常に小さいために，その者たちの中の相当に多数の者が個別の訴

---

15)　ノルウェー法では，オプトイン型におけるオプトインの撤回とオプトアウト型におけるいわゆるオプトアウトを併せて「離脱（英語訳では withdrawal）」と呼ぶ。

えを提起することはないであろうと推測される場合である。この要件においては，後段の個別訴訟の提起が困難になることこそが本質的要素である。したがって，事件の種類や性質に応じて，個々の請求の金額がある程度の大きさでも個別訴訟の提起が困難であることもあれば，それより少額でも個別訴訟の提起が可能であることもあり得る。つまり，実際の事件の性質に応じて「少額」には幅があり，金額で一律に定義することはできないと考えられている。そのため，「少額」の具体的な金額を定めた規定はない。また，インタビューにおいても，「少額」の上限に関するイメージは人によって異なっており，100クローネから2000クローネあたりまで，大きく異なる回答があった。

　第2の要件は，個別審理の必要がある争点が生じることはないであろうと判断される案件であることである。これは，アメリカ連邦民事訴訟規則23条が定めるクラスアクションの認可要件における支配性（predominance）の要件（23条(b)項(3)号柱書前段）と共通する。ただし，文言どおりに解すれば，支配性の要件よりもさらに厳しい要件である。すなわち，アメリカ法における支配性の要件の下では，たとえ個別争点が含まれていても共通争点が支配的であれば認可される可能性が少なくないのに対し，ノルウェー法の場合は，個別争点が含まれればオプトアウト型は許されないものと解されるからである。ノルウェー法の下では，個別争点を含んでいるにもかかわらず，なおクラスアクションとして訴えを提起したい場合は，少額の事件であってもオプトイン型を選択することになるものと思われる。

　オプトアウト型が典型的に想定しているのは，銀行，保険，電力，ブロードバンドなどの継続的サービスにおける料金の過剰請求などである。これらは，クラスメンバー各人の被害は少額であり，個別訴訟にはなじみにくいうえに，被害形態が均一であるために，個別争点がほとんど存在しないタイプの事件である。すなわち，クラスメンバー各人の損害額は，サービスに関する書類上のデータを基にして，サービス単価とサービス期間から機械的に算出できるので，大規模な身体傷害事件や死亡事故事件のように，被害者ごとに異なる健康状態

---

16)　一部の者たちの請求の金額または利益が大きくても相当に多数の者の請求の金額または利益が小さければ，この要件を満たすものと解されている。Bernt-Hamre, *supra note 4)*, at 15.
17)　法務警察省におけるヒアリング（2009年3月5日）による。

や逸失利益などを考慮する必要がないからである。

9 離　脱

　オプトイン型とオプトアウト型のいずれにおいても，クラスアクションからの離脱が可能である（35-8条1項第1文）。オプトイン型における離脱は，いったんみずからの意思でオプトインした後に，みずからの意思で手続から離脱することを意味し，実質的にはオプトインの撤回である。他方，オプトアウト型では，オプトアウト型クラスアクションとして認可されると，クラスの範囲に属する者は，本人の意思に関係なく自動的にクラスメンバーとみなされるので，この場合の離脱は，いわゆるオプトアウトとしての離脱である。いずれの離脱も登録の手続を要する。オプトイン型における離脱の場合は，クラス登録の抹消を行う。他方，オプトアウト型における離脱の場合は，離脱登録を行う（38-8条1項第2文）。離脱が効力を生じるのは，裁判所が離脱の通知を受領したときである（35-8条1項第3文）。

　離脱が可能な時期については，本案の終局判決が確定するまで行うことができるものとされている（35-8条1項第4文）。ちなみに，オプトイン型を採用するスウェーデン法の下では，オプトインの期限が過ぎれば離脱することができないものとされているが，ノルウェー法におけるオプトイン型の場合は，オプトインの期限を過ぎた後であっても判決の確定までは離脱できるので，スウェーデン法に比べて原告側に有利であるといえよう。[18] 本案に関する終局判決前の離脱であれば，離脱をしたことによって離脱者は実体法上の権利を失うことはない（35-8条2項）。他方，終局判決後に離脱した場合は，その判決の効力を当然に受ける。したがって，原告敗訴の判決後に離脱した場合は，離脱したクラスメンバーの権利に対しても，敗訴判決の効力が及ぶことになる。

　終局判決後でクラス代表者による上訴の前に離脱した場合には，離脱の時点でクラスメンバーではなくなるため，クラス代表者による上訴には服しない。

---

18)　立法時には，クラスアクションの被告とされる可能性がある事業会社や銀行団体などから，判決が確定するまで離脱を認めるのは原告側に過度に有利であり，フェアではないとの批判があったとのことである。それでも，広範な離脱の権利を認めたのは，クラスメンバー各個人の個別訴訟を受ける権利の保障を重視したからであろう。

第2章　ノルウェーにおけるクラスアクション（集団訴訟制度）の概要

しかし，上述したように敗訴判決の効力は及んでいるため。離脱したクラスメンバーがそれを上訴審で争いたい場合は，個人訴訟として上訴をすることにより，上訴審でクラスアクションと離れて独自に訴訟を追行することになる。すなわち，第1審におけるクラス代表者の訴訟追行に不満を持つクラスメンバーは，判決後に離脱をすることにより，第2審ではそのクラス代表者による訴訟追行を避けて，第2審においてみずから訴訟を追行することが可能となる。ノルウェー法の下で，終局判決後に離脱をすることの実務的な意味は，主としてその点にあるものと考えられる。相手方から上訴がなされる場合には，被上訴人の範囲は，上訴において別段の申立てがある場合を除き，本案に対する終局判決の時点でクラスメンバーであった者とされる（35-8条4項）。

　クラスアクションの係属中に，クラスメンバーが，クラスアクションにおける請求と同じ請求について個人訴訟を提起したときは，オプトイン型とオプトアウト型のいずれにおいても，クラスアクションから離脱したものとみなされる。ただし，オプトアウト型の場合については，個人訴訟が却下されれば離脱とはみなされない（35-8条5項）。他方，オプトイン型の場合は，個人訴訟が却下された場合でも離脱とみなされる。

10　クラスアクションの本案審理手続

　ノルウェーのクラスアクションは，民事訴訟法の特別手続であるので，クラスアクションとして認可された後の本案の審理手続は，基本的に通常の訴訟と同じである。請求権の種類や内容も，通常の訴訟と同様に，差止請求，損害賠償請求，確認請求，引渡請求など，すべてのタイプが可能である。本案審理では，共通争点と個別争点の両方を審理する必要が生じる場合があるが，裁判所は，原則として，共通争点を先に審理し，その後に個別争点を審理することを要する（35-10条1項第4文）。なお，クラスアクションとして実施されるのは，原則として判決手続の段階のみであり，執行手続の段階における規定は設けられていない。[19]

---

　19)　クラスアクション制度を有しているほとんどの国で，クラスアクションは最終的に和解で処理されることが多く，ノルウェーでも，将来の実務における運用では，強制執行が必要になる事態は少ないものと想像されている。

本案審理において，クラスメンバーの中の一部にのみ関係する紛争の争点があることが明らかになった場合には，裁判所は，その部分をクラスアクションの手続から分離して，その部分にはクラスアクションの規定が適用されない旨を決定することができる。こうして分離された部分は個別訴訟となるので，各クラスメンバーはクラス代表者によることなく，各自が当事者として自律的に訴訟を追行することになる（35-10条1項第1文・第2文）。

クラスがかなり多数のクラスメンバーで構成されており，法律上または事実上の争点がそのうちの一部の者には共通しているが，クラス全体に共通する争点とは異なるときは，裁判所は，サブクラス（部分集団）の設置を決定することができる。サブクラスの審理等においても，クラスアクションの規定が準用される（35-10条2項）。

11　判決および和解

クラスアクションにおける判決や決定などの裁判は，オプトイン型であるとオプトアウト型であるとを問わず，その裁判の時点におけるクラスメンバー全員を拘束する。ここにいう拘束には，既判力，執行力，その他の判決効のすべてが含まれる。

オプトアウト型のクラスアクションにおいては，個々の被害者ないし権利者（クラスメンバー）ごとの損害額を特定しない判決，いわゆる総額判決をすることが許されるかどうかという問題がある[20]。ノルウェー法には，この点に関する特別の規定はなく，通常の民事訴訟と同じ規律に服することから，総額判決は許されないというのが同国における一般的な認識である。ただし，総額判決が許されないことが，オプトアウト型の判決において，クラスメンバー全員の氏名を常に特定して記載しなければならないことを意味するわけではない。たとえば，クラスメンバーの損害額が全員について同額であるとか，サブクラス（35-10条2項）ごとに同額である場合などにおいては，「クラスメンバーの各自に○○クローネを支払え」といった判決で足りるのであり，クラスメンバーの氏名を個々的に特定することまでは必要ない。また，たとえば，被告が販売し

---

20)　アメリカのクラスアクションでは総額判決が許されるとされる。ただし，その実例は皆無に近い。

第2章　ノルウェーにおけるクラスアクション（集団訴訟制度）の概要

た商品がすべて同じ性質の欠陥を有していた場合には，被告はこの商品の購入者に商品価格の 10% を返却せよといった判決も許されると解されている。このように，クラスメンバーごとの損害額を特定しないという総額判決は許されないが，クラスメンバーの氏名の具体的な特定までは必ずしも必要ない[21]。

　裁判所は，当事者からクラスメンバーの一部または請求の一部に関する判決の申立てがあり，本案について全部判決をすることが適切ではないと認めるときは，裁判を分割して一部判決をすることができる（35-11 条 2 項第 1 文）。裁判所は，残部の判決をする際には，原則として，一部判決の判断と同じ判断をしなければならない（35-11 条 2 項第 2 文）。ただし，上訴の対象とならない事実上または法律上の判断はこの限りでない（35-11 条 2 項第 3 文）。

　クラスアクションにおける和解については，手続に参加しないクラスメンバーを保護するために，和解内容について裁判所の認可を要するものとするかどうかという問題がある。ノルウェー法の下では，オプトイン型とオプトアウト型とで規律を異にする。すなわち，オプトアウト型では裁判所の認可を要するのに対し，オプトイン型では不要である（35-11 条 3 項）。したがって，オプトイン型では，和解に対する裁判所の監視や後見は，通常の訴訟における和解の場合と異ならない[22]。

　ノルウェーのクラスアクション法には，強制執行や金銭の分配などに関する規定はない。したがって，個別訴訟における規定が適用されることとなり，クラス代表者が全員を代表して行う強制執行は原則として認められない。ただし，強制執行法の規定の解釈を通じて例外的にクラス代表者による強制執行を認める余地があり得るとの見解が，司法省から示されている。

　21）　現地調査から帰国した後に，ノルウェー法務警察省に対して行った確認のための問い合わせに対し，2009 年 5 月 22 日付で，同省の Vibeke Irene Løvold 氏（同省法務顧問）から送られてきた回答による。
　22）　通常の和解における裁判所の監視や後見としては，和解が強行法規に違反していないか，当事者が処分できる権利や利益であるか，和解の形成過程に詐欺や強迫などがないかなどがある。

Ⅲ　クラスアクション制度の根拠法[23]

【民事紛争における調停及び訴訟に関する法律（Low 2005-06-17　om mekling og rettergang i sivile tvister）】（抄）

（ノルウェーにおける通称は「紛争法（Tvisteloven）」）

第8部　特別形式の訴訟手続
第35章　集団訴訟

第35-1条　適用範囲・定義
　(1)　本章は，地方裁判所における集団訴訟の取扱いに関する特別の規則及び集団訴訟における決定に対する上訴について定める。
　(2)　集団訴訟〔クラスアクション[24]〕とは，事実上及び法律上の基礎が同一若しくは実質的に共通である集団が提起する訴訟，又はそのような集団に対して提起される訴訟であって，裁判所が集団訴訟として認可したものをいう。
　(3)　集団訴訟手続〔クラスアクション手続〕とは，集団訴訟に関する一連の特別な訴訟手続の規則をいう。
　(4)　集団〔クラス〕は，裁判所が定義した集団訴訟の範囲内に属する権利又は義務を有する法律上の人であって，第35-6条又は第36-7条に基づく訴訟に包含される者によって構成される。
　(5)　集団構成員〔クラスメンバー〕とは，集団に属する個々の法律上の人である。
　(6)　集団登録〔クラス登録〕とは，第35-6条に基づいて管理される集団構成員としての登録である。
　(7)　集団代表者〔クラス代表者〕とは，第3-9条第(1)項ないし第(3)項に基づく訴訟において，集団を代表して行動する者をいう。

第35-2条　集団訴訟の要件
　(1)　集団訴訟は，次のすべての要件を満たす場合に限り，提起することが

---

23)　ノルウェー紛争法の英語訳からの翻訳である。
24)　〔　〕内の言葉は，アメリカのクラスアクションとの対比のしやすさを考慮して筆者において補ったものである。

第2章 ノルウェーにおけるクラスアクション（集団訴訟制度）の概要

できる。

　　a)　複数の法律上の人が，事実上又は法律上の基礎が同一又は実質的に共通である権利又は義務を有すること。

　　b)　複数の請求が，同一の構成による裁判所によって審理することが可能であり，かつ，同一の手続規則に基づいて大部分は審理することが可能であること。

　　c)　当該複数の請求を処理する手段として集団訴訟手続が最も適切であること。

　　d)　第35-9条に基づいて集団代表者を選任することが可能であること。

　(2)　ノルウェーの裁判所において通常訴訟の提起又は参加をすることができる者のみが集団構成員となることができる。

第35-3条　訴えの提起

　(1)　次に掲げる者は，集団訴訟を提起することができる。

　　a)　集団構成員になるための要件を満たす者。ただし，訴えの提起が認可されることを要する。

　　b)　特定の利益の保護を目的とする組織，団体，又は公的機関。ただし，提起される訴訟がその目的及び第1-4条が定める一般要件に適合することを要する。

　(2)　集団訴訟は，集団構成員の資格を有する者が通常の訴訟を提起することができる地方裁判所に，訴状を提出することによって提起しなければならない。

　(3)　訴状には，裁判所が集団訴訟の要件の充足の有無及び第35-4条第(2)項の争点に関する決定を行うに際して，判断のために必要な情報が記載されていなければならない。訴状には，その集団訴訟が第35-6条又は第35-7条のいずれに基づいて提起されたのかが記載されていなければならない。

第35-4条　集団訴訟の認可

　(1)　裁判所は，集団訴訟として認可するかしないかの決定を，可能な限り迅速に行わなければならない。

　(2)　集団訴訟を認可する場合には，裁判所は，認可決定に次の事項を記載しなければならない。

　　a)　その集団訴訟に包含される可能性のある請求の範囲，

140

b) その集団訴訟を第35-6条又は第35-7条のいずれに基づいて進めるべきかについての決定,

c) 第35-6条に基づく集団訴訟の場合には, 集団登録簿に登録を行う最終期限の決定,

d) 裁判所が必要と認める場合には, 第35-6条第(3)項に基づく責任及び予納費用の上限の決定,

e) 集団代表者の任命。

(3) 集団訴訟として認可した事件について審理を進めた結果, その事件を集団手続によって審理することが明らかに不適当であること, 又は, 集団訴訟における請求権の範囲について再定義が必要なことが明白になった場合には, 裁判所は, 職権により認可決定を取消し又は変更することができる。これにより, その集団訴訟に含まれなくなった当事者は, 取消し又は変更の決定が確定して執行可能になったときから1か月以内であれば, 裁判所に対し, みずからの請求について個人訴訟としての審理を続行することを求めることができる。

(4) 本条第(1)項から第(3)項までに定める決定は, 中間的決定としてなされなければならない。上訴に関して第29-3条第(2)項は適用されない。

第35-5条　認可された集団訴訟の告知

(1) 集団訴訟を認可したときは, 裁判所は, 通知, 公告又はその他の方法により, その集団訴訟に参加しうる者又は第35-7条に基づき集団構成員とされる者に対し, その集団訴訟が提起されたことを知らせなければならない。

(2) 通知又は公告には, 集団訴訟及び集団訴訟手続の意味するところ (集団構成員としての登録又は登録抹消がもたらす影響, 訴訟費用を負担する潜在的な責任, 和解に関する集団代表者の権限を含む) を明確に記載しなければならない。通知には, 集団登録を行うことができる期限を記載しなければならない。

(3) 裁判所は, 通知の内容, 通知の方法 (集団代表者が通知又は公告を担当するかどうか, 及びその費用を負担するかどうかを含む), 及びその他の事項を決定しなければならない。

第35-6条　集団構成員の登録を要する集団訴訟

(1) 集団訴訟は, 第35-7条に基づいて提起された訴訟を除き, 集団構成員

第2章 ノルウェーにおけるクラスアクション（集団訴訟制度）の概要

として登録された者のみを対象とする。集団訴訟の範囲に含まれる請求を有する者は，集団登録をすることができる。

(2) 登録の申請は，登録期限内に提出しなければならない。本案審理前の時点であれば，裁判所は，特別の場合には，期限後の登録を認めることができる。ただし，相手方当事者が強く反対する場合には，これを考慮しなければならない。

(3) 集団訴訟の訴えを提起した者又は集団代表者からの申立てに基づいて，裁判所は，第35-14条に基づく費用に関して裁判所が認めた上限額について，集団登録をした集団構成員が責任を引き受けるべき旨を決定することができる。同じく申立てに基づいて，裁判所は，集団のための弁護士費用の一部又は全部が，集団登録の前に支払われるべきことを決定することができる。

(4) 集団登録は，裁判所がこれを管理する。裁判所事務局は，集団登録に関するより詳細な規則を定めることができる。

第35-7条 集団構成員の登録を要しない集団訴訟

(1) 裁判所は，次の各号に掲げる場合には，集団訴訟の範囲に含まれる請求を有する者たちが集団登録をすることなく集団構成員となるべき旨の決定をすることができる。

    a) その者たちが有する請求の金額又は利益が非常に小さく，その者たちの中の相当に多数の者が個別の訴えを提起することはないであろうと推測される場合，かつ

    b) 個別審理の必要がある争点が生じることはないと判断される場合。

(2) 集団訴訟に加入することを望まない者は，第35-8条に従って手続から離脱することができる。離脱の登録は，裁判所がこれを管理する。これに対応して，第35-6条第(4)項を準用する。

第35-8条 集団構成員からの離脱

(1) 何人も，集団構成員から離脱することができる。離脱には，集団登録の抹消または離脱登録の記載を要する。離脱は，裁判所が離脱の通知を受領したときに，その効力を生じる。ある集団構成員の請求に対して終局かつ執行可能な裁判がなされた後は，その集団構成員は離脱することができない。

(2) 事件の本案に関して第35-11条に基づく集団構成員を拘束する判決がなされる前であれば，集団構成員は，その実体法上の請求権を失うことなく，

集団から離脱することができる。

(3) 集団構成員が，事件の本案に関して第35-11条第(2)項に基づく集団構成員を拘束する判決がなされた後に離脱した場合において，その者の事件についてさらなる審理を要するときは，同一の裁判所で，通常訴訟手続又は少額訴訟手続の規則に従って，審理を続行しなければならない。その離脱した集団構成員の請求について裁判所の判断がなされたときは，上訴の申立ては個人訴訟における上訴の方法で行わなければならない。その上訴の期限は，集団のための上訴の期限から1か月後である。ただし，集団が上訴した場合には，この期限を徒過した後であっても個人上訴を行うことができる。この場合には，上訴の通知は集団からの離脱の通知と同時に提出されなければならず，その上訴は集団が申し立てた上訴の範囲内でなければならない。

(4) 上訴において別段の陳述がある場合を除き，集団の相手方当事者からの上訴は，第35-11条に基づいてすべての集団構成員が拘束される判決が言い渡されたときに集団の構成員であった者たちに対して，なされるものとする。

(5) 個人訴訟の方法で訴えを提起した者は，本条の前項までの規定との関係では，集団訴訟から離脱したものとみなされる。第35-7条に基づく訴訟においては，個人訴訟が却下されたときはこの効果は失効する。

第35-9条　集団訴訟における代表者の権利及び義務

(1) 集団代表者は，集団訴訟における集団の権利及び義務を保護しなければならない。集団代表者は，その代表する集団訴訟について，集団構成員に対する適切な情報の継続的な提供を確保しなければならない。この義務は，特に，集団構成員の請求に影響を及ぼす手続の段階及び決定について妥当する。

(2) 何人も，第35-3条第(1)項に基づく集団訴訟を提起することができ，集団代表者となる意思があれば，集団代表者となる適格を有する。

(3) 集団代表者は，裁判所が任命する。集団代表者は，集団の利益を十分に擁護することができ，かつ，集団が負う可能性のある訴訟費用の負担に責任をとりうる者でなければならない。裁判所は，必要がある場合には，集団代表者の任命を取り消し，新たな集団代表者を任命することができる。これに対応して，集団代表者の任命の取消し及び新たな集団代表者の任命に関する決定に第35-4条第(4)項を準用する。

(4) 集団は，弁護士である代理人によって法的に代理されなければならな

第2章　ノルウェーにおけるクラスアクション（集団訴訟制度）の概要

い。ただし，特別な事情のある事件では，裁判所は，この要件の例外を認めることができる。

第35-10条　集団構成員の一部にのみ関係する紛争の争点，部分集団

　(1)　裁判所は，集団訴訟に関する規定が，集団構成員のある一部にのみ関係する紛争の争点の審理に対しては，適用されない旨を決定することができる。この場合には，その一部の集団構成員は，この争点についての自律権を与えられる。裁判所は，複数の争点を審理する際の順序を決定しなければならない。裁判所は，通常の場合には，当事者のある一部にのみ関係する特定の争点を審理する前に，集団全体に関係する争点を審理しなければならない。

　(2)　集団が大きな数の集団構成員で構成されており，共通又は実質的に類似の法律上又は事実上の争点がそのうちの一部の者について当てはまるが，集団全体に当てはまる争点とは異なるときは，裁判所は，部分集団〔サブクラス〕の設置を決定することができる。これに対応して，本章の規定は，部分集団の設置及び部分集団が設置される原因となった争点の審理に準用される。

第35-11条　集団訴訟で申し立てられた請求に関する判断及び和解

　(1)　集団訴訟で申し立てられた請求に関する判断は，その判断の時点における集団構成員たる者を拘束する。

　(2)　裁判所は，当事者の異議又は主張を受けて，集団構成員の全員の請求に関して同時に本案についての判断をすることが適切ではないと認めるときは，裁判を分割して，最初に集団構成員の一人または一部の請求について判断することができる。裁判所は，その後の手続では，最初の判断に従うべきではないとする特別の理由が主張されない限り，最初の判断を再審理することなく，これに従わなければならない。本項は，集団構成員が上訴の方法による再審理を求めることができない事実上または法律上の状況の判断には適用されない。

　(3)　集団訴訟における第35-7条に基づく和解は，裁判所の認可を要する。この認可の決定には，第35-4条第(4)項を準用する。

第35-12条　費　用

　(1)　集団代表者は，集団訴訟の費用に関して，権利及び義務を有する。

　(2)　集団代表者の交替があった場合には，裁判所は，前任者と後任者の間

で費用に関する権利及び義務をいかに分配すべきかにつき，決定しなければ
ならない。

(3)　本条第(1)項及び第(2)項は，第35-10条第(1)項に基づく紛争の争点に関
する費用には適用されない。

第35-13条　報　酬

(1)　集団代表者は，その職務に関して報酬を受ける権利，並びに，支出
（弁護士に対する報酬及び費用を含む）の償還を受ける権利を有する。この報
酬及び支出の償還については，裁判所がこれを決定する。この場合には，第
20-9条が適用される。

(2)　集団代表者が負う費用に関する請求権は，相手方当事者が費用負担を
命じられた範囲において相手方当事者に対して，又，第35-14条に定める限
度で集団構成員に対して，これを行うことができる。

第35-14条　集団構成員の経済的負担等

(1)　第35-6条に基づく訴訟における集団構成員は，第35-12条に基づいて
集団代表者が負う費用，及び，第35-13条に基づいて裁判所が決定した報酬
及び支出の償還について，責任を負担することが登録の条件であった場合に
限り，集団代表者に対して責任を負う。前払いされていない集団の弁護士に
対する支払いは，その弁護士に対して支払われる。

(2)　第35-4条第(3)項に基づいて集団から除外されたかつての集団構成員は，
本条第(1)項に基づく費用負担の責任を負わない。第35-6条第(3)項に基づく前
払金は，償還されなければならない。登録抹消により集団から離脱したかつ
ての集団構成員は，本条第(1)項に基づく責任を負う。ただし，裁判所が別段
の決定をしたときは，この限りではない。裁判所は，この決定をするに際し，
責任の免除が集団代表者にもたらす影響，責任の維持が離脱した集団構成員
にとって不合理な負担かどうか，その他の離脱の時点におけるあらゆる事情
を考慮しなければならない。

(3)　集団の弁護士は，自身の報酬及び支出が支払われた後は，本条第(1)項
に基づいて支払われた金銭を，集団代表者の費用の充当のために支払われる
前に，集団の相手方当事者が受けることを認められた費用の精算のために譲
渡しなければならない。

第 2 章　ノルウェーにおけるクラスアクション（集団訴訟制度）の概要

第 35-15 条　被告側の集団

　集団が訴訟における被告側の当事者によって構成される場合は，第 35-1 条から第 35-14 条までの規定（第 35-7 条を除く）は，その性質に反さない限り，対応して準用する。

第 3 章
ブラジルにおけるクラスアクション（集団訴訟制度）の概要

〔初出：2011 年 9 月〕

I はじめに

1 ブラジル法研究の意義

　ブラジルのクラスアクション[1]は，世界で初めての本格的な二段階型の仕組み
を取り入れた斬新なアイデアに富む集合訴訟制度である。

　ブラジルの基本的な法制度は大陸法系に属するが，このブラジル型クラスア
クションは，英米法系のアメリカで発展したクラスアクションの思想と大陸法
の訴訟制度の仕組みを融合させることを意図した試みである。その斬新な立法
の狙いは，現実の事件数や紛争解決に果たしている役割などを考えると，相当
程度，成功していると評してよいであろう。

　二段階型の集合訴訟制度は，フランスでも立法が検討されたように，大陸法
系の国々における有力な選択肢の 1 つである。理論的にも，多数の者が権利や
被害を共通にする事件のほとんどについて，共通争点のほかに個別争点も残さ
れている以上，共通争点と個別争点を段階的に審理判断するという司法構造は，
一定の普遍的な合理性を有しているといえる。

　日本における立法に際しても，二段階型は有力な考え方として認知されてお
り，ブラジルのクラスアクションを研究することは，わが国における集合訴訟

　＊　本研究は，独立行政法人日本学術振興会平成 20 年度科学研究費補助金（基盤研究 B）（課題
　　番号：20330016）（交付期間は平成 20 年度から 22 年度まで）の交付を受けている。
　1)　ブラジルの集団訴訟制度は，大陸法における団体訴訟や集団訴訟とは，相当に異なる制度で
　　あり，他方において，アメリカやカナダのクラスアクションとも相当に異なる。しかし，同制
　　度の設計にあたっては，アメリカのクラスアクションが参照されており，欧米やブラジル国内
　　においては，「ブラジル版クラスアクション」の呼称で紹介されることも少なくない。このよ
　　うな事情に鑑み，本稿では，同制度の呼称として「クラスアクション」の語を用いることにす
　　る。ジディ・後掲注 2)（3)際商 34 巻 10 号（2006 年）1316 頁も，「もっとも適切な訳は『クラ
　　ス・アクション』に落ち着く」とする。

第3章　ブラジルにおけるクラスアクション（集団訴訟制度）の概要

の立法および理論のいずれにとっても有益であると思われる[2)]。

2　関連する法制度の概要

ブラジルにおけるクラスアクションの歴史は，1985 年制定の公共民事訴訟法（Ação Civil Pública）に始まる。この 1985 年公共民事訴訟法は，自然環境，消費者，都市計画，芸術，美術，歴史，観光，風景，民衆経済などを保護するため，一定の機関および団体に，公共民事訴訟を提起する権限を付与している（公共民事訴訟法 1 条・5 条）。同法が保護の対象とする自然環境などに関する利益または権利（以下，単に「権利」という）は，個人帰属を観念することが困難な拡散的権利である。制定当時の同法は，主としてこうした拡散的権利を対象としており，同種個別的権利に関する集合的な救済は定めていなかった。

1988 年，新たなブラジル連邦共和国憲法が制定され，国が消費者の擁護を促進する義務を負うことが明示的に規定された（憲法 5 条 32 号[3)]）。さらに，1990 年，消費者保護法（Código de Proteção e Defesa do Consumidor）が制定された。同法は，消費者および被害者の利益または権利の保護のために，一定の機関および団体に，集団的な民事訴訟を提起する権限を付与した（消費者保護法第 3 編）。これにより，公共民事訴訟法と消費者保護法を両輪として，ブラジルにおけるクラスアクションが展開していくことになった。

現在では，公共民事訴訟法と消費者保護法は，相互に他方を取り込む形で一体化が図られている。すなわち，公共民事訴訟法 21 条は，消費者保護法の第

---

2)　本稿の執筆に際しては，アントニオ・ジディ（三木浩一ほか訳）「ブラジルにおけるクラス・アクション——大陸法諸国のためのモデル(1)〜(9・完)」際商 34 巻 8 号（2006 年）997 頁〜35 巻 4 号（2007 年）547 頁（原論文は，Antonio Gidi, *Class Action in Brazil: A Model for Civil Law Countries*, 51-2 AM. J. COMP. L. 311 (2003)），ROBERT VAUGHN, GUIDLINE TO SOUTH AMERICAN CONSUMER PROTECTION LAWS (1996) 等を参照した。また，消費者庁の委託による財団法人比較法研究センターの海外調査に専門家として同行し，現地にて実施した聴き取り調査およびその際に収集した資料にも多くを負っている。この調査は，2009 年 11 月 16 日から同月 21 日にかけて実施された。調査先は，ブラジル連邦共和国検察庁，サンパウロ州検察庁，サンパウロ州 PROCON（消費者保護センター），IDEC（消費者団体），Trench, Rossi e Watanabe Advogados（法律事務所），サンパウロ州サンタナ地区裁判所，Dr. Ada Pellegrini Grinover（サンパウロ大学名誉教授），Dr. Kazuo Watanabe（サンパウロ大学名誉教授）である。

3)　ブラジル連邦共和国憲法の日本語訳については，阿部照哉 = 畑博行編『世界の憲法集〔第 4 版〕』（有信堂高文社・2009 年）353 頁〔山口和秀訳〕参照。

3編が定める拡散的権利，集合的権利，同種個別的権利の規定が，可能な限り
において公共民事訴訟法に適用されると規定する。他方，消費者保護法 90 条
は，民事訴訟法および公共民事訴訟法の規定や概念は，同法に基づく訴訟にも
適用されると規定する。

　このように，公共民事訴訟法と消費者保護法が実質的に融合して 1 つのクラ
スアクションに関する法制度が形成されている。その結果，ブラジルにおける
クラスアクションは，消費者保護に関する分野のみならず，環境問題，都市計
画，民衆経済，文化遺産など，拡散性の高い権利が問題となる分野をも含む多
様な紛争に対して，広く射程が及ぶ制度となっている。

Ⅱ　制度の仕組み

1　原告適格

　ブラジル法は，クラスアクションの提訴資格（原告適格）を一定の機関およ
び団体に限定している。すなわち，消費者保護法 82 条は，当事者適格を有す
る主体は，検察庁，連邦，州，市郡，連邦区，官公庁，準官公庁（官公庁や準
官公庁には法人格のない団体を含む），設立後 1 年以上を経過した法人格のある団
体（設立目的に消費者保護等が含まれていることを要する）であるとする。また，
公共民事訴訟法 5 条は，検察庁，公共弁護局，連邦，州，連邦区，市郡，独立
行政法人，公社，財団，官民混合会社，設立後 1 年以上を経過した法人格のあ
る団体（設立目的に自然保護等が含まれていることを要する）とする。民間団体に
ついて，事前の行政による認可や登録の制度はなく，適格性の有無は裁判所が
審査する。また，裁判所が認めた場合には，設立後 1 年以上の要件を満たさな
くてもよい。

　これら原告適格を有する主体のうちで，実際にクラスアクションを数多く提
起しているのは，連邦管轄の事件では，連邦検察庁および連邦公共弁護局であ
り，州管轄の事件では，州検察庁，州公共弁護局，PROCON[4]，IDEC[5] などで
ある。たとえば，サンパウロ州におけるクラスアクションでは，サンパウロ州
検察庁が原告として提起した訴訟が，同州のクラスアクションの約 80% を占
めるとされる[6]。また，IDEC が提訴している係属中のクラスアクションの件数

第3章　ブラジルにおけるクラスアクション（集団訴訟制度）の概要

は，2009 年 11 月現在で，約 150 件とのことであった。

2　対象となる権利

　ブラジル法においては，クラスアクションの対象となる 3 種類の実体権が消費者保護法 81 条によって法定されている。同規定は，公共民事訴訟法 21 条によって同法にも準用されているので，消費者保護法 81 条に列挙された 3 種類の実体権は，クラスアクション法制全体を通じた対象となる権利ということができる。また，3 種類の権利のうちの拡散的権利と集合的権利は超個人的かつ不可分の権利であるので，本来であれば民事訴訟の対象にはなりにくい性格を有しているが，こうした法律の定めによって，法定の当事者適格を有する主体によってクラスアクションによる提訴が可能であることが明確になっている。その意味では，消費者保護法 81 条は，クラスアクションの対象権利をリスト化したというだけにとどまらず，超個人的かつ不可分の権利については提訴可能性に関する疑義を払拭する機能をも有しており，見方によっては権利自体の創設または確認という意味で実体法の要素を含むともいえよう。同条が列挙する権利は，具体的には以下のとおりである。

(1)　拡散的権利

　拡散的権利とは，特定の事実状況によって結ばれた事前に直接的な関係性を

---

4)　PROCON（Fundação de Proteção e Defesa do Consumidor）は，州法に基づく一種の行政機関であり，多くの州および市に存在する。各地区によって，行政組織の一部であることもあれば，公益法人として独立した法人格を有することもある。PROCON は，消費者保護法 82 条Ⅲ号に基づいて，クラスアクションの原告適格を有する。サンパウロ州の場合，同州の約 630 市のうち，約 3 分の 1 に当たる 233 市が PROCON を有しており，サンパウロ州の人口の約 80% が PROCON によってカバーされている。サンパウロ州 PROCON に関しては，その活動資金は，すべて州政府からの予算によって賄われており，専従職員（そのうち法律家の職員は約 50%。サンパウロ州法務官の出向者もいる）約 700 名を擁している。

5)　IDEC（Instituto Brasileiro de Defesa do Consumidor）は，ブラジル全土に支部を有する大規模な消費者団体である。IDEC は，消費者保護法 82 条Ⅳ号に基づいて，クラスアクションの原告適格を有する。IDEC の専従職員は約 50 名（そのうち 10 名弱が法律家）であり，会員は約 1 万名である。IDEC 以外に大規模なクラスアクションを遂行する能力を有する消費者団体は，およそ 5 団体あるとのことである。

6)　サンパウロ州検察庁が提起するクラスアクションの内訳は，消費者関連事件，環境関連事件，汚職関連事件，違法建築事件などさまざまであるが，サンパウロ市内における消費者関連事件だけでも，2009 年 11 月 17 日現在で，1188 件とのことであった。

有しない不特定の人々の集団に帰属する超個人的かつ不可分の権利をいう。た
とえば，ある湾の水質の清廉性を求める権利を例にとると，水質の清廉性は特
定の個人または団体に帰属せず（超個人性），水質汚染は地域社会全体を害する
ものであり，汚染された水質の浄化は地域社会の全体に不可分に利益を与える
ものである（不可分性）ので，典型的な拡散的権利とされる。

　拡散的権利は，1985年に制定された公共民事訴訟法において，初めて実定
法上の概念として登場とした。その後，1988年に制定された現行憲法5条73
号において，憲法上の権利として認知された。現在，拡散的権利を直接的に根
拠づける実体規定は，1988年憲法であると一般に理解されている。

(2)　集合的権利

　集合的権利は，拡散的権利と同様に超個人的かつ不可分の権利であるが，集
団のメンバー相互または相手方との間に法律関係による連結がある人々の集団
に帰属する権利である。たとえば，特定の学校に所属する生徒たちが学校に対
して求め得る良質な教育を受ける権利などがその例である。良質な教育を求め
る生徒の権利は超個人的かつ不可分であるが，一人一人の生徒と学校との間で
教育を受ける権利に関する契約などの法律関係がある点で拡散的権利とは異な
るとされる。[補注1]

　　[補注1]
　　　本文の記述からも明らかなように，ブラジル法における「集合的権利」はブラジ
　　　ル法独自の概念であり，本書の他の編章で用いている用語法とは異なる。

(3)　同種個別的権利

　同種個別的権利は，共通の原因から生じた個別的権利をいう。たとえば，飛
行機の墜落やビルの倒壊などの共通の事故で被害を受けた人々の損害賠償請求
権などが典型例である。このような事件では，個々の被害者が共通の原因から
生じた同種の損害賠償請求権を個別に有するので，権利の性質は個人的かつ可
分である。この場合における共通の原因とは，特定の時期に発生した1つの出
来事よりも広い概念であり，事実が密接に関連しているために法的に同一のも
のと評価し得る場合には，時と場所は分散していてもよいとされる。

第 3 章　ブラジルにおけるクラスアクション（集団訴訟制度）の概要

3　超個人的権利を対象とするクラスアクション

(1)　拡散的権利クラスアクション

　拡散的権利の保護を目的とするクラスアクションでは，将来の侵害の予防命令，原状回復命令，公共的慰謝料の金銭賠償，または，これらを組み合わせた訴えなどが認められる。最後に挙げた公共的慰謝料は，特定の個人または法人に帰属しない公共的な金銭請求訴訟であり，日本法には存在しない[7]。その算定方法は法定されていないが，被告である加害企業等が違法に獲得した利益を基準に算定することが多いとされる[8]。

　たとえば，環境クラスアクションを例にとると，汚染者による湾への化学廃棄物の排出禁止，フィルターの設置の強制，過去の行為で汚染された水の浄化などに加えて，環境に対する包括的損害の公共的慰謝料が請求されることが一般的である。また，誤認を生じる広告による被害の例では，広告や放送の差止め，被告の費用による訂正広告などに加えて，消費者全体に対する包括的損害の公共的慰謝料などが求められる。

　公共的慰謝料が被告から支払われた場合には，拡散的権利保護特別基金に組み入れられる。クラスアクションの原告である官公庁などが勝訴して公共的慰謝料を得た場合であっても，被害者である個々の市民や消費者は，重ねて自身の個人的な損害賠償を請求することができる。その結果として，加害企業が得た利益以上の金額を吐き出すことになることも考えられるが，理論上は許されるものと解されている。

(2)　集合的権利クラスアクション

　集合的権利の保護を目的とするクラスアクションにおいても，求める救済の

---

7)　公共的慰謝料の本質については，一種の民事罰（civil penalty）として説明されることもある。実定法上の根拠は，消費者保護法 84 条である。拡散的権利クラスアクションにおいては，ほぼ全件について，差止請求と並んで公共的慰謝料の請求が申し立てられるといわれている。被害者の個別損害とは別であるので，クラスアクションの原告が公共的慰謝料を得た場合でも，各被害者の損害賠償請求権は失われない。

8)　たとえば，電話会社が被告となった事件では，1 日当たりの利益の額を基準に算定がなされたとのことである。

152

種類や形式は，基本的には拡散的権利のクラスアクションと同様である。すなわち，将来の侵害の予防命令，原状回復命令，公共的慰謝料の金銭賠償などが認められる。

たとえば，健康保険会社がある特定の病気の治療について違法または不当に保険金の支払いを拒絶している場合には，顧客らの集合的権利を救済するために，問題となっている約款の使用の差止命令，保険実務の差止命令，顧客に対する包括的損害の公共的慰謝料の請求などが認められる。公共的慰謝料が支払われた場合は，拡散的権利の場合と同じく，拡散的権利保護特別基金に組み入れられる。

4 同種個別的権利を対象とするクラスアクション

(1) 手続の特徴

同種個別的権利クラスアクションは，上述した超個人的権利を対象とするクラスアクションとは，手続構造を大きく異にする。同種個別的権利クラスアクションは，現実に被害を受けた市民や消費者の事後的な救済を目的とするものである。すなわち，原告である官公庁や団体は，まず，それらの同種個別的権利に基づいて，個別の権利者のために包括的な損害賠償請求の訴えを提起する。この訴えは，「概括給付判決 (sentença condenatória genérica)」を求める訴えの形態をとる (消費者保護法 95 条)。概括給付判決とは，被告が支払うべき金額やその権利者を十分に特定することなく，被告に概括的に給付を命ずる判決である。したがって，その不特定部分を埋めるために，二段階目の手続が必要となる。

二段階目の手続は，個別の権利者ごとの因果関係の立証や損害額の計算などを行うために実施される。この手続は「判決清算 (liquidação de sentença)」と呼ばれる。判決清算の手続は，民事訴訟法 475 条 A ないし同条 H に規定されている。判決清算という言葉本来の意味は，概括給付判決では債務名義の作成として最後まで完結していないので，やり残した部分について清算するとの趣旨である。判決清算は，訴訟手続による場合のほか，一定の場合には簡易な手

---

9) これに対して，拡散的権利や集合的権利は権利の個人帰属がなく，したがって第二段階の手続が必要ないので，通常の給付訴訟の形態をとることになる。

続で行うことも認められている。このように，同種個別的権利クラスアクショ
ンは，概括給付判決を求める訴えを一段階目とし，判決清算を求める手続を二
段階目とする二段階型の構造をとる。

　同種個別的権利クラスアクションの典型例としては，次のような実際のケー
スがある。ある健康保険会社が，健康保険の保険調整率を恣意的に契約者に不
利に変更したことにより，契約者は不当な保険料の支払いをさせられた。この
事件において，原告は，この保険調整率を適用する業務の中断を求めるととも
に，健康保険会社に対して契約者が余計に支払った金額の返還を求めた。この
クラスアクションでは，原告勝訴の概括給付判決が出され，最終的に確定した。
そこで，個別の被害者による判決清算手続が実施された。

(2)　第一段階（概括給付判決を求める訴え）

　同種個別的権利クラスアクションの一段階目は，上述したように，概括給付
判決を求める訴えである。この概括給付判決という判決形式であるが，これは
クラスアクションに固有のものではなく，ブラジルでは一般的な判決形式とし
て民事訴訟法286条に規定されている。

　同条は，次の3つの場合に概括給付判決を認める。第1は，「対象財産が包
括的な訴訟において原告が請求する財産を訴状において個別的に明示すること
ができないとき」である（同条I号）。具体例としては，遺産範囲に属する財産
を請求する訴えで，まだ遺産分割が行われていないために，各相続人の持分が
明らかになっていない場合などがある。第2は，「不法な事実または行為の結
果を確定的に確認することができないとき」である。具体例は，不法行為によっ
て原告が身体的な被害を受けたが，治療が必要な受傷範囲や後遺症などがまだ
確定していない場合などである。第3は，「給付すべき金額の確定が被告によっ
て行われるべき行為によって左右されるとき」である。

　このように，民事訴訟法286条が本来的に予定しているのは，被告が支払う
べき金額の確定ができない場合である。これに対し，同種個別的権利クラスア
クションの一段階目における概括給付判決については，金額の確定ができない
だけでなく，被告が支払うべき権利者の特定も十分にはできない場合があり得
る。つまり，クラスアクションにおける概括給付判決は，民事訴訟法286条が

定める一般的な概括給付判決を基礎にしつつ，その機能をクラスアクションの目的に即して拡大したものである。したがって，クラスアクションにおける概括給付判決では，通常の概括給付判決の場合よりも，さらに「概括性」の程度が高くなるということになる。

概括給付判決は，責任原因等を宣言するだけの確認判決ではなく，あくまでも給付判決の一類型である。確認判決との違いは，確認判決を前提として個別権利の救済を求めるためには通常の給付の訴えを別訴として提起する必要があるのに対し，概括給付判決は判決清算という簡易な手続によることになる点である。概括給付判決が出された場合，その内容は，官報または新聞に掲載される。それ以外の公告やクラス構成員に対する個別通知などは，義務づけられていない。しかし，消費者団体などのインターネットサイトに掲載されたり，マスコミによって報道されることが普通であるので，クラスアクションの判決の消費者に対する周知については，実務的にはほとんど問題はないとされる。

(3) 第二段階（判決清算の手続）

同種個別的権利クラスアクションの一段階目における概括給付判決では，被告が支払うべき金額や支払う相手方の権利者が必ずしも特定してはいない。そこで，第二段階として判決清算（liquidação de sentença）の手続が必要となる。判決清算の方法は，概括給付判決における概括性の程度によって異なる。

判決清算を行うために新たな事実の主張または立証が必要である場合，すなわち第一段階の一件記録から得ることのできる事実または証拠だけでは権利者の特定や損害額の計算を行うことができない場合は，新たな主張および立証を行うための手続を進めることになる（民事訴訟法475条E）。この場合の手続は，通常訴訟における手続となるので，判決清算は第2の訴訟手続として続行される（民事訴訟法475条F）。ただし，第一段階の訴訟の枠を超える新たな争点を審理することや，第一段階の判決を変更することはできない（民事訴訟法475条G）。

これに対し，判決清算が新たな事実審理を必要とせず，単純計算で行うこと

---

10) 判決清算の裁判は，民事訴訟法の一般規定に基づく管轄裁判所で行うことができるので，個別権利者はクラスアクションの管轄裁判所に赴く必要はなく，自己の住所地の裁判所で手続を行うことができる。

第3章　ブラジルにおけるクラスアクション（集団訴訟制度）の概要

ができる場合には，債権者が提出した計算明細書に基づき，書面手続によって
金額の計算を行う（民事訴訟法475条B）。また，裁判所の判断または両当事者
の合意によって，専門の鑑定人による算定で十分とされた場合には，鑑定に基
づいて判決清算を行う（民事訴訟法475条C・475条D）。これらの場合には，新
たな主張および立証を行うための手続は行われない。

　概括給付判決が確定した後，1年間を過ぎても十分な数の利害関係人が名乗
り出なかった場合は，検察庁などの当事者適格を有する主体は，集合的清算手
続として，判決清算のための手続および未払いの賠償責任の強制執行（集合的
清算手続）を自ら実施することができる（消費者保護法100条）。この集合的清算
手続の管轄裁判所は，第一段階のクラスアクションの管轄裁判所である。

5　既判力（第一段階の既判力）

(1)　拡散的権利クラスアクションの既判力

　拡散的権利クラスアクションの第一段階における確定判決は，いわゆる対世
的な効力（erga omnes）を有する。ただし，証拠による証明が不十分であるこ
とを理由として請求が棄却された場合には，この対世効は生じない。すなわち，
請求認容判決には全面的な対世効が生じるが，請求棄却判決については，法律
問題を理由として棄却された判決に限って対世効が生じる（消費者保護法103条
Ⅰ号）。

　したがって，他の当事者適格を有する主体は，当該判決における事実認定に
不服がある場合には，同一の請求原因に基づいて，別の拡散的権利クラスアク
ションの訴えを提起することができる。また，請求認容判決であると請求棄却
判決であるとを問わず，当該訴訟のクラス構成員に対して不利な判決効は及ば
ない。したがって，各クラス構成員は，損害賠償請求のために，自ら個別訴訟
を提起することができる（消費者保護法103条補項1）。

(2)　集合的権利クラスアクションの既判力

　集合的権利クラスアクションの第一段階の確定判決は，当該訴訟のクラスの
構成員に対して第三者効を有する。ただし，上述の拡散的権利クラスアクショ
ンの場合と同様に，証拠不十分を理由として請求が棄却された場合には第三者

効はなく，他の当事者適格を有する主体は，同一の請求原因に基づいて，別の集合的権利クラスアクションの訴えを提起することができる（消費者保護法103条Ⅱ号）。また，判決の結果にかかわりなく当該訴訟のクラス構成員に対して不利な影響は及ばないので，各クラス構成員が損害賠償請求のために自ら個別訴訟を提起することができることも，拡散的権利の場合と同様である（消費者保護法103条補項1）。

(3) 同種個別的権利クラスアクションの既判力

同種個別的権利クラスアクションの第一段階の確定判決は，すべてのクラス構成員およびその相続人の利益に適う請求認容判決の場合に限り，対世効を有する（消費者保護法103条Ⅲ号）。すなわち，請求が棄却された場合には対世効はなく，その点では実質的には一種の片面的な既判力に近い効果が生じるといえる。

したがって，請求棄却の場合は，そのクラスアクションに共同訴訟人として参加した者を除き，各クラス構成員は，個別の損害賠償請求訴訟を提起することができる（消費者保護法103条補項2）。しかし，クラスアクションの請求を棄却した判決の効力は，他の原告適格者によるクラスアクションの提起には拡張されるので，他の原告適格者は再度のクラスアクションを提起することはできなくなる。この点では，既判力は双面的な拡張である。

すでに個別訴訟を提起した者がいる場合には，クラスアクションの判決が有する対世的な効力または第三者に対する判決の効力は，そのクラスアクションの存在を知ったときから30日以内に自ら提起した個別訴訟の中止を申し立てなかった者に対しては，有利に拡張されることはない（消費者保護法104条）。つまり，個別訴訟において，被告が原告に対してクラスアクションの係属を通知したときは，クラス構成員であるその原告は，個別訴訟を継続するか中止を求めるかの判断を，30日以内に行わなければならない。

6 手続規律

(1) 時効の中断

法律上に明文の規定があるわけではないが，原告適格を有する機関または団

体が同種個別的権利クラスアクションの訴えを提起したときは，同種個別的権利を有するすべての権利者について時効中断の効力が生じるものと一般に解されている。理論的な説明としては，クラスアクションの代表原告は，法律上の許可により，他人の権利を保護するために訴えを提起することが特に認められているので，広義の訴訟上の代理権が発生するものと解されている。

この点につき，後述の改正法案では，明文で法的手当てをすることが提案されている。すなわち，法案15条は，「集団的訴訟における有効な呼出しは，係争事件に直接または間接に関係する個人の権利につき，その集団的訴訟の提起の日から訴訟の終了の日まで，その事件が本案判決で終結したか否かを問わず，その権利の時効を中断する」として，明文上の根拠を設けることを企図している。

(2) 証拠収集権限

クラスアクションの原告適格を有するいくつかの公的機関は，強力な情報および証拠の収集権限を与えられている。

たとえば，検察庁は，公共民事訴訟の提起に不可欠と考えられる専門的資料の提出を所持者に対して要請することができる。この要請を受けた者が，資料の提出を拒否，遅延または懈怠した場合には，犯罪を構成するものとみなされ，禁固刑や科料の制裁を受ける（公共民事訴訟法10条）。

また，行政機関の一種であるPROCONは，行政指導の権限や課徴金の制裁などを背景として，事実上，関係者に資料の提出を要請することができる。改正法案では，PROCONなどの検察庁以外の公的機関による資料の提出要請に応じなかった場合でも，刑事罰を構成するとの方向で検討がなされている。

(3) 訴 訟 費 用

ブラジルでは，原告が公的機関であるか民間団体であるかを問わず，クラスアクションにおいては提訴手数料や鑑定費用などの訴訟費用の負担はない（公共民事訴訟法18条，消費者保護法87条）。弁護士費用については，民事訴訟法上の原則は敗訴者負担であるが，クラスアクションにおいて原告が敗訴した場合には，悪意による提訴の場合を除いて弁護士費用の負担義務を負わない。

⑷　拡散的権利保護特別基金

　拡散的権利保護特別基金は，主として拡散的権利の保護に充てるために設けられている公的基金である。ただし，集合的権利や同種個別的権利の保護のために使用することも妨げられない。原則として各州ごとに１つの基金が存在する。ただし，リオ・デ・ジャネイロ州を始めとして，同基金が設けられていない州もある。こうした場合に備えて，連邦にも拡散的権利保護特別基金が創設されている。

　同基金は，環境（Meio Ambiente），消費者（Consumidor），その他（Outros Direitos Difusos）の３部門からなる。拡散的権利クラスアクションで得られた金銭は，個人帰属の性質を有しないので，原理的に個人に配当することはできず，原則としてこの基金に組み入れられることになる。また，集合的権利のクラスアクションや同種個別的権利の集合的清算で獲得した金銭も，この基金に組み入れられる。また，後述する行動調整の結果として州政府等に支払われた公共的慰謝料や課徴金なども納められる。

　同基金の使途としては，環境保護や消費者保護のほか，歴史遺産や芸術文化の保存のためなどにも，広く使われることが予定されている。

Ⅲ　運用と課題

1　事件処理の状況

　ブラジルでは，クラスアクションの件数に関する全国レベルの総合的な統計はとられていないが，事件数はきわめて多いといわれている。たとえば，サンパウロ州検察庁が１年間に提起する消費者問題関連の事件（環境事件や人権事件などを除く）の件数は，サンパウロ市域内におけるものだけで，年間１千件を超える。したがって，ブラジル全土では１年間に少なくとも数千件に達することになる。このように，ブラジルにおけるクラスアクションの件数は非常に多いが，それでも，これらは原告適格を有する機関または団体が処理している事件のごく一部であり，訴訟以外の手段で処理される事件はさらに膨大な数に上るとされる。

　ブラジルでは，検察庁などの公益を担う公的機関は，当事者の間における和

解を仲介したり，行動調整と呼ばれる一種の行政指導（公的機関が定めた一定の時期までに当事者である加害企業等に原状回復や損害賠償の履行等を指導調整する）に基づいて事件の解決を行うことが多い。つまり，クラスアクションの提起は最後の手段と考えられている。また，PROCONも，事件のほとんどを相談や和解の仲介で処理する。また，違法行為を反復している悪質なケースや詐欺的事案であることなどが判明したケースの場合には，課徴金の納付を命じることで対応する。公的機関が取り扱う事件のうちで，クラスアクションの提起にまで至るケースは，上記の数字にもかかわらず，全体から見ると非常に稀であるといわれる。[11]

2　一段階的な処理

ブラジルの同種個別的権利に関するクラスアクションは，上述のように，概括給付判決と判決清算手続の二段階のステップが基本型である。しかし，実質的に一段階目のみに近い手続で執行を可能にした事件もある。たとえば，リオ・グランデ・ド・スール州の裁判所において，政府の経済計画の変更によって貯蓄預金の収益性が低下するなどの損害が生じたことを理由として，2007年に，州検察局および公共弁護局が共同で，ブラジル銀行などの被告に対して，同種個別的権利クラスアクションを提起した事件などが，その例である。

この訴訟における概括給付判決では，きわめて多数に上る預金者による執行手続の簡易化を図るために，以下のような処置がとられた。第1に，各預金者の損害額を算定する基準が示された。具体的には，それぞれの経済計画ごとに[12]補償のための調整パーセンテージを定め，このパーセンテージを各預金者のそれぞれの経済計画の期間中における残高に適用すれば，個別の預金者が受け取

---

11)　サンパウロ州PROCONによれば，2008年に何らかのトラブルを抱えて同PROCONを訪れた消費者の数は約53万人であった。そのうちの約30%のケースは，相談により解決し，約60%のケースは，相手方である加害企業を呼び出したうえで，仲介の下に任意の和解を取り持ったとのことである。残りの10%のケースのうち，法律違反行為を繰り返している悪質な企業や詐欺的事案と認定したケースについては，課徴金の納付が命じられた。以上の措置では不十分と判断されたケースのみが，同PROCONが提訴するクラスアクションの対象となったとのことである。

12)　ブレッセル・プラン，ヴェロン・プラン，コロル・プランI，コロル・プランIIなどを指す。

ることができる賠償金額が簡単に算定できるものとした。第2に，被告となった銀行に対して，判決送達後60日以内に貯蓄預金者の名簿を裁判所に提出することを命じ，この命令に違反したときは1日当たり1千万レアルの制裁金が課されるものとした。

これらの処置により，この訴訟の判決における概括性が大幅に低下し，経済計画ごとに各期間に対して定められたパーセンテージおよび判決で銀行に義務づけられた情報の提供により，民事訴訟法475条Eに定める判決清算によることなく執行が行えることとなった。すなわち，銀行から提出される貯蓄預金者名簿と各預金者が有する書類とによって，執行開始に必要な要件は満たされるため，第二段階を経ずとも直ちに執行を行うことができるものと判断された事案である。

3　新たな動き

ブラジルでは，クラスアクション法の改正が検討されている。下院の憲法司法委員会に提出された改正法案では，公共民事訴訟法および消費者保護法を廃止し，単一のクラスアクション法に統合することが提案された。その他の主要な改正提案としては，クラスアクションの対象を税金関係訴訟や年金関係訴訟へ拡大すること，原告適格の拡張，原告の証拠収集権限の強化，原告登録システムの新設などが挙げられている。また，上述のリオ・グランデ・ド・スール州における裁判のような処置を積極的に明文化する提案もなされている。[13]

Ⅳ　クラスアクション制度の根拠法[14]

【ブラジル民事訴訟法（1973年1月11日法律5869号）】（抜粋）

---

13)　改正法案43条は，「個人的被害，因果関係および賠償価額が書類のみで確認できる場合，判決清算の手続は，これを省略することができる。この場合，概括給付判決の執行は，証拠書類および計算明細書を添付して請求することができる」ものとしている。

14)　根拠法として挙げたのは，ブラジル民事訴訟法の一部，ブラジル公共民事訴訟法の全文，ブラジル消費者保護法の一部である。これらの翻訳に際しては，二宮正人ブラジル国弁護士（サンパウロ大学教授・サンパウロ州宣誓翻訳人・東京大学客員教授）がポルトガル語から日本語への一次的な訳出を行った後，筆者において，同氏および大原毅ブラジル国弁護士（サンパウロ州宣誓翻訳人）と協議のうえで内容を確認して訳語の確定を行った。

第3章　ブラジルにおけるクラスアクション（集団訴訟制度）の概要

第286条　請求は，明確に特定されたものでなければならない。ただし，以下の場合には，概括的な請求をすることができる。

Ⅰ　対象財産が包括的な訴訟において原告が請求する財産を訴状において個別的に明示することができないとき。

Ⅱ　不法な事実または行為の結果を確定的に確認することができないとき。

Ⅲ　給付すべき金額の確定が被告によって行われるべき行為によって左右されるとき。

第461条　作為義務または不作為義務の履行を請求する訴訟において，裁判所が当該義務に対する個別的保護を付与すべきであると判断したとき，または原告の請求に理由があると判断したときは，裁判所は義務の履行に相当する実効的な結果を保障する措置を定めることができる。

補項1　作為または不作為の義務を損害賠償に転換できるのは，原告自身がその転換を求めた場合，個別的保護を与えることができない場合，または義務の履行に相当する実効的な結果を達成することができない場合に限られる。

補項2　損害賠償に対する補償は，制裁金が納付された場合でも認められる。

補項3　裁判所は，請求の根拠が十分であって最終的な判決によって満足を得られないおそれが存在する場合には，被告に告知した上で，一方当事者の審問により，暫定的な決定による保護または事前の理由開示に基づく保護を与えることができる。この暫定的な決定は，いつでも理由を付した決定に基づいて取消または変更することができる。

補項4　前項に定める決定の場合または判決において，裁判所は，原告からの求めの有無を問わず，被告の義務に照らして必要または相当と認める場合には，被告に対して，履行のための適当な期限を設定した上で，日ごとの制裁金を課すことができる。

補項5　裁判所は，個別的保護または義務の履行に相当する実効的な結果を達成するために，職権によりまたは申立てに基づいて，遅延期間に相当する制裁金の設定，捜索および没収，人および物の移転，工作物の取り壊し，有害な行為の禁止などの必要な措置を決定することができる。裁判所が必要と認めるときは，警察力の行使を要請することができる。

補項6　裁判所は，制裁金が不十分または超過したと事後に認めたときは，職権により，その金額または支払回数を変更することができる。

Ⅳ　クラスアクション制度の根拠法

第475条A　判決において給付価額の決定がないときは判決清算の手続を行う。

補項1　判決清算の手続を行うときは，当事者の呼び出しは元の訴訟の弁護士を通じて行う。

補項2　控訴審の手続が係属中であっても，判決清算を申し立てることができる。その場合には，原審において一件記録の付随記録に基づいて手続が行われる。申立人は，一件記録中における関係書類の謄本を添付しなければならない。

補項3　本法第275条第Ⅱ号(d)〔訳注：交通事故に起因する損害の補償に関する規定〕，(e)〔訳注：自動車事故による損害の保険金の徴収に関する規定〕に基づく一般的略式手続においては，金額が不確定の判決は認められない。これらの場合には，裁判所は，自らの裁量に基づいて支払われるべき金額を定めることができる。

第475条B　判決清算を単純計算で行うことができる場合は，債権者は，本法第475条Jの規定に基づいて，最新の計算明細書を添付して申立てを行う。

補項1　計算明細書の作成が債務者または第三者の占有にかかる資料に依存する場合は，裁判所は，債権者の申立てに基づいて，30日を上限とする期限を設定して，その提出を求めることができる。

補項2　債務者が正当な理由なくその資料を提出しなかったときは，債権者が提出した計算が適正なものと推定され，第三者の場合には第362条に定める事由が発生したものとみなす。〔訳注：第362条は，「第三者が正当な理由がなく開示を行うことを拒否したときは，裁判所は，5日以内に訟廷事務室または他の指定された場所における引渡しを命じることができる。その場合には，申立人に対して，必要な経費の支払いを課す。当該第三者が命令に従わないときは，裁判所は，その没収を命ずることができる。その場合において，必要があると認めるときは，警察力の行使を要請することができる。没収がなされた場合であっても，当該第三者は，命令不服従罪の責任を免れることはできない。」との規定〕

補項3　債権者が提出した計算明細書が執行額を超過しているおそれがあるとき，または債権者が無料裁判の対象者であるときは，裁判所は，裁判所会計官にその計算を命ずることができる。

補項4　債権者が補項3に定める方法でなされた計算に同意しないときは，執行は当初に請求された金額で行われる。ただし，差押えは，裁判所会計官が算定した金額に基づいて行われる。

第3章　ブラジルにおけるクラスアクション（集団訴訟制度）の概要

第475条C　以下の場合には，裁判所は，鑑定人を任命して判決清算の計算を行わせる。

Ⅰ　判決清算の実施が裁判所の判決または両当事者の合意による場合。

Ⅱ　判決清算の目的物の性質によって清算人の任命が必要とされる場合。

第475条D　鑑定人の任命による判決清算が申し立てられたときは，裁判所は，鑑定人を任命するとともに鑑定書の提出期限を定める。

補項　各当事者は，鑑定書が提出された後10日の期限内に意見を述べる。裁判所は，その後，直ちに判決を下すか，または必要と認めるときは口頭弁論期日を指定する。

第475条E　判決清算により価額を定めるために新たな事実の主張または立証が必要となったときは，事実または証拠が一件記録に存在しない場合における方法に従って，価額決定の手続を行う。

第475条F　事実または証拠が一件記録に存在しない場合の方法に従った判決清算の決定には通常訴訟における手続が適用される。

第475条G　判決清算の手続においては，新たな争点を審理すること，またはすでになされた判決を変更することはできない。

第475条H　判決清算に関する裁判に対しては，中間判決に対する不服申立ての方法により，不服を申し立てることができる。

【ブラジル公共民事訴訟法（1985年7月24日法律第7347号）】

自然環境，消費者，芸術，美術，歴史，観光，景観に対する価値破壊および権利侵害に関する公共民事訴訟法およびその他の措置について定める。

共和国大統領は，国会が以下の法律を公布し，自身が裁可したことを知らしめる。

第1条　本法は，その規定をもって個人の訴訟を妨げるものではなく，下記の精神的損害および財産的損害に対する責任を追及する訴訟について定める。

Ⅳ　クラスアクション制度の根拠法

Ⅰ　自然環境

Ⅱ　対消費者

Ⅲ　芸術，美術，歴史，観光，景観に関する資産および権利

Ⅳ　その他のあらゆる拡散的利益または集合的利益

Ⅴ　経済秩序および民衆経済に対する違反

Ⅵ　都市計画秩序

単項　公共民事訴訟は，税金，社会保障費，勤続年金積立金，その他の制度的基金であって，受益者が特定の個人の場合には適用されない。

第2条　本法に定める訴訟は，損害が生じた場所の管轄区域内で提起するものとし，同地の裁判所が事件を審理して判決を下す機能的管轄権を有する。
単項　訴えが提起された場合には，同じ請求原因または同じ目的を有する訴訟を提起することはできなくなる。

第3条　公共民事訴訟は，金員による給付または作為もしくは不作為の履行を目的とすることができる。

第4条　本法の目的の達成のため，自然環境，消費者，芸術，美術，歴史観光，景観を保護するために限り，保全訴訟を提起することができる。

第5条　下記の機関は，公共民事訴訟の本案訴訟および保全訴訟を提起することができる。

Ⅰ　検察庁

Ⅱ　公共弁護局

Ⅲ　連邦，州，連邦区，市郡

Ⅳ　独立行政法人，公社，財団，官民混合会社

Ⅴ　以下の条件を備えた民間団体

　　A　民法の規定に従って設立され，1年以上を経過していること。

　　B　設立目的の中に，自然環境，消費者，経済秩序，自由競争の保護または芸術，美術，歴史，観光，景観の保全が含まれていること。

補項1　検察庁は，当事者として訴訟に参加しない場合には，法の監督官として訴訟に参加する義務を有する。

補項2　公権力および本条の規定により参加を認められた団体は，いずれの側

165

第3章　ブラジルにおけるクラスアクション（集団訴訟制度）の概要

の当事者としても共同訴訟人として訴訟に参加することができる。

補項3　参加が認められた団体が，正当な理由なくして訴訟を継続せずまたは放棄した場合には，検察庁または他の適格者が能動的権利者として訴訟を引き受けるものとする。

補項4　裁判所は，損害の規模もしくは性質により社会的利益が存在することを認めた場合，または保護される法的利益が顕著であると認めた場合には，設立後の経過年数にかかわらず，民間団体の訴訟参加を認めることができる。

補項5　連邦検察庁，連邦区検察庁および州検察庁は，本法が定める利益と権利の擁護のために，任意に共同訴訟を行うことができる。

補項6　資格を有する公的機関は，利害関係人から適法行動の調整についての誓約にかかる書面を提出させることができる。当該書面は，裁判以外の執行名義の効力を有する。

第6条　何人といえども，検察庁に対して，その目的となる事実に関する情報を提供した上で，公共民事訴訟の提起を促すことができる。公務員は，それを行う義務を有する。

第7条　裁判官または上級裁判所は，職務の遂行において公共民事訴訟を提起する対象となる事実を知ったときは，しかるべき措置がとられるよう，それらの資料を検察庁に送付しなければならない。

第8条　当事者は，訴状に添付するために必要とされる証明書や情報につき，関係する官庁または民間機関に対し，15日以内に提供するよう求めることができる。

補項1　検察庁は，自らの主宰の下に，民事上の捜索手続を開始することができる。また，あらゆる官公署または個人に対し，証明書，情報，検証または鑑定を，10営業日以内に提出するよう求めることができる。

補項2　法律上の守秘義務があるときは，本条に定める証明書または情報を訴状に添付することなく，訴えを提起することができる。この場合には，訴訟係属後，裁判所がそれらの提出を求める。

第9条　検察庁は，あらゆる捜査を行った後に公共民事訴訟を提起する根拠がないと判断した場合には，同訴訟に関する一件記録または調査資料をしか

るべき理由を添付して保管処分にする。

補項 1　保管処分に処せられた民事上の捜索手続の一件記録または調査資料は，3 日以内に検察庁高等評議会に送付されなければならない。それが行われなかった場合は，重大な過失があるものとみなす。

補項 2　検察庁高等評議会が部会において保管処分を是認または否認するまでは，当事者適格を有する団体は，書面による理由書または書証を提出して，捜索関係の一件記録または情報提供に関する書類に添付させることができる。

補項 3　保管処分は，検察庁高等評議会の規則に従って，審査および議決に付される。

補項 4　検察庁高等評議会が保管処分を否認したときは，他の検察庁の機関に同訴訟の提起を命じる。

第 10 条　公共民事訴訟の提起に不可欠な専門的資料の提出を検察庁が要請した場合において，それを拒否，遅延または懈怠した場合は，犯罪を構成するものとみなし，1 年以上 3 年以下の禁固刑および価値修正付国債 10 口以上 1000 口以下の科料の支払いを命ずる。

第 11 条　公共民事訴訟の目的が，作為義務または不作為義務の履行であるときは，裁判所は，求められた行為の作為または有害と認定された行為の不作為を命じることができる。被告がその命令に従わなかった場合は，当事者の申立ての有無を問わず，特別執行手続によってその履行を命じ，または相当と認めるときは日ごとの制裁金の支払いを命じることができる。

第 12 条　裁判所は，事前の理由開示の有無を問わず，仮執行を命じる決定を下すことができる。相手方当事者は，その決定に対して異議を申し立てることができる。

補項 1　異議の申立てについて管轄権を有する裁判所の長官は，利害関係を有する公法人の申し立てにより，秩序，衛生，治安及び民衆経済に対する重大な損失を避けるために，理由を付した決定をもって仮処分の執行を停止させることができる。この決定に対しては，裁判所のいずれかの部に対して，決定が裁判所公報に掲載されてから 5 日以内に異議を申し立てることができる。

補項 2　仮執行によって命じられた制裁金は，原告の勝訴判決が確定した後に，被告に対して支払いを要求することができる。ただし，取立てを行うことが

第3章　ブラジルにおけるクラスアクション（集団訴訟制度）の概要

できるのは，不履行が正式に生じてからである。

第13条　金銭の支払いを命じる判決がなされたときは，損害に対する賠償金は，検察官，コミュニテイ代表が参加する連邦審議会，または州審議会によって管理される基金に納入され，損害を受けた財産の復旧に充てられる。
単項　基金に関する規則が定められるまでの間，支払われた金銭は公的な金融機関における貨幣価値修正付口座に預けられる。

第14条　当事者に修復不能の損害が生じることを回避するために，裁判所は，異議の申立てに執行停止の効力を付与することができる。

第15条　原告の請求を認容する判決が確定してから60日が経過しても，原告である団体が執行を行わないときは，検察庁がこれに代わって執行を行う。この場合，他の適格者も，執行を行うことを妨げられない。

第16条　公共民事訴訟の判決は，裁判所の地理上の管轄権の範囲内において対世的な既判力を生ずる。ただし，証拠不十分の理由により請求が棄却された場合はこの限りではない。その場合，他のあらゆる適格者は，新たな証拠を提出して同一根拠に基づく新たな訴えを提起することができる。

第17条　訴訟が悪意に基づくものであることが判明したときは，原告である団体および訴訟の提起に責任を有する理事は，連帯して，相手側弁護士の報酬の負担および訴訟費用の10倍相当の制裁金を命じられる。この場合であっても，その他の損害賠償請求は妨げられない。

第18条　本法が定める訴訟は，訴訟費用の前納，手数料，鑑定人の報酬，その他のあらゆる費用の支払義務はない。ただし，原告である団体に明白な悪意が認められるときは，弁護士報酬，訴訟費用，その他の手続費用の負担が命じられる。

第19条　本法が定める公共民事訴訟には，本法の手続と抵触しない限り，民事訴訟法（1973年1月11日法律5869号）が適用される。

Ⅳ　クラスアクション制度の根拠法

第20条　本法第13条に規定する基金に関しては，90日以内に行政府が施行細則を定める。

第21条　拡散的権利，集合的権利，個人的権利に関しては，消費者保護法を制定した法律の第3編が定める規定が，可能な限りにおいて適用される。

第22条　本法は，公布の日から効力を発する。

第23条　本法の条項に反する規定は廃止する。

【ブラジル消費者保護法（1990年9月11日法律8078号）】（抜粋）

第三編　裁判における消費者の保護
第1章　総　則

第81条　消費者および被害者の利益または権利の保護は，裁判において個人的または集団的に与えられる。
単項　集団的保護は，以下の場合に認められる。
Ⅰ　拡散的利益または権利。ただし，本法においては，事実状況によって結ばれている不確定の人々が有する超個人的かつ不可分の利益または権利をいう。
Ⅱ　集合的利益または権利。ただし，本法においては，共通の法律関係によって相互にまたは相手方当事者と結び付いている人々の集団，カテゴリー，またはクラスが有する超個人的かつ不可分の利益または権利をいう。
Ⅲ　同種個別的利益または権利。ただし，共通の原因から生じる利益または権利をいう。

第82条　第81条単項に掲げた利益または権利を保護するため，以下の主体が集団的当事者適格を有する。
Ⅰ　検察庁。
Ⅱ　連邦，州，市郡および連邦区。
Ⅲ　行政権を直接または間接に行使する公的機関および省庁。たとえ法人格

169

第3章　ブラジルにおけるクラスアクション（集団訴訟制度）の概要

がなくても，本法が保護する利益または権利の保護を目的とする団体を含む。

IV　少なくとも1年以上前に合法的に設立された団体であって，その目的が本法が定める利益および権利の保護を含むもの。この場合は，総会決議による承認は不要である。

補項1　第91条以下に規定される訴訟については，裁判所は，明白な社会利益の存在，損害の規模や性質，または保護されるべき法的利益の重要性に照らして，団体の事前設立の要件を免除することができる。

補項2　（削除）

補項3　（削除）

第83条　本法に定める権利および利益の適宜かつ実効的な保護のため，あらゆる種類の訴訟を提起することが認められる。

第84条　作為または不作為の義務の履行を目的とした訴訟において，裁判所は特定義務の履行または履行に相当する実効的効果を保障するための処置をとることを命ずることができる。

補項1　作為または不作為の義務の損害賠償請求への転換は，原告がそれを選択した場合またはその個別的保護もしくはそれに相当する実効的な結果を達成することができないときに限られる。

補項2　損害賠償に対する補償は，制裁金の徴収にかかわらず認められる（民事訴訟法第287条）。

補項3　裁判所は，請求の根拠が十分であって最終的な判決によって満足を得られないおそれが存在する場合には，被告に告知した上で，一方当事者の審問により，暫定的な決定による保護または事前の理由開示に基づく保護を与えることができる。

補項4　前項の場合，裁判所は，原告からの求めの有無を問わず，被告の義務に照らして必要または相当と認める場合には，被告に対して，履行のための適当な期限を設定した上で，日ごとの制裁金を課すことができる。

補項5　裁判所は，個別的保護または義務の履行に相当する実効的な結果を達成するために，警察に対する協力要請のほか，捜索および没収，人および物の移転，工作物の取り壊し，有害な行為の禁止等，必要な措置を決定することができる。

Ⅳ　クラスアクション制度の根拠法

第85条　（削除）
第86条　（削除）

第87条　本法が定める訴訟においては，訴訟費用の前納，手数料，鑑定人の報酬，その他のあらゆる費用の支払義務はない。ただし，原告である団体に明白な悪意が認められるときは，弁護士報酬，訴訟費用，その他の手続費用の負担が命じられる。
単項　訴訟が悪意に基づくものであることが判明したときは，原告である団体および訴訟の提起に責任を有する理事は，連帯して，相手側弁護士の報酬の負担および訴訟費用の10倍相当の制裁金を命じられる。この場合，その他の損害賠償請求は妨げられない。

第88条　〈省略〉
第89条　〈省略〉

第90条　本編に定める訴訟には，民事訴訟法および1985年7月24日法律第7347号〔訳注：ブラジル公共民事訴訟法〕が適用される。また，関連する限度において，民事上の捜索にも適用される。

第2章　同種個別的利益の保護のための集団訴訟

第91条　第82条に定める適格者は，以下の規定に基づき，自らのためまたは被害者もしくはその承継人のために，被った被害の責任を追及するための集団的な民事訴訟を提起することができる。

第92条　検察庁は，訴訟の当事者にならない場合には，常に法律の監視者として行動する。

第93条　連邦裁判所の管轄を尊重しつつ，以下の場合には，地方の裁判所が管轄権を有する。
Ⅰ　地域的な規模の事件である場合は，損害が生じた場所または生じうる場所の裁判所。
Ⅱ　全国的または全州域的な規模の損害の場合は，州都または連邦区の裁判

171

第3章 ブラジルにおけるクラスアクション（集団訴訟制度）の概要

所が管轄権を有する。この場合において，競合管轄の取扱いについては民事訴訟法の規定を適用する。

第94条 訴えが提起されたときは，利害関係人が共同訴訟人として訴訟参加することができるようにするために，公告を官報に掲載する。この場合，消費者保護機関がマスコミを通じて広報を行うことは，妨げられない。

第95条 原告の請求を認容するときは，判決は概括給付判決で足り，これによって生じた損害に対する被告の責任が認定される。

第96条 （削除）

第97条 判決の清算または判決の強制執行は，被害者もしくはその相続人または第82条に規定する適格者によって行われる。
単項 （削除）

第98条 判決の強制執行は，第82条に規定する適格者によって，集団的に行うことができる。この集団的執行は，清算判決によって請求権を有することが確定された被害者にも及ぶ。この場合，他の強制執行は妨げられない。
補項1 集団的執行は，清算判決の証明書に基づいて行われる。この証明書には，判決の確定が記されていなければならない。
補項2 判決の強制執行の管轄権は，以下の裁判所が有する。
I 個人による執行の場合は，概括給付判決または判決清算を行った裁判所。
II 集団的執行の場合は，概括給付判決を行った裁判所。

第99条 1985年7月24日法律第7347号に基づく判決による債権と，これと同一の事件によって生じた個人の損害に対する損害賠償請求権が競合したときは，後者の支払いが優先する。
単項 本条の適用においては，1985年7月24日法律第7347号によって設置された基金に払い込まれる配当は，個人による損害賠償請求訴訟が事実審に係属する間は，中断する。ただし，被告の財産が債務の全額に対して明白に十分であると判断されるときは，その限りでない。

IV　クラスアクション制度の根拠法

第100条　1年間を過ぎても被害の重大さに見合う数の利害関係人が名乗り出ないときは，第82条に規定する適格者は，判決清算のための手続および未払いの賠償責任の強制執行を行うことができる。
単項　賠償責任から生じた果実は，1985年7月24日法律7347号によって設置された基金に組み入れられる。

第101条　〈省略〉
第102条　〈省略〉

第3章　〈省略〉

第4章　既判力

第103条　本法が定める集団訴訟において，判決は以下のような既判力を有する。
Ⅰ　第81条単項第Ⅰ号に規定する利益または権利に関する訴訟については，対世効。ただし，訴訟が証拠不十分を理由として棄却された場合を除く。この場合には，いかなる適格者も，同一の請求原因に基づき，新たな証拠を提出して，別の訴訟を提起することができる。
Ⅱ　第81条単項第Ⅱ号に規定する利益または権利に関する訴訟については，対第三者効（この場合の第三者は，当該訴訟の集団，カテゴリーまたはクラスのみに限定される）。ただし，訴訟が証拠不十分を理由として棄却された場合には，前号の規定に従って，別の訴訟を提起することができる。
Ⅲ　第81条単項第Ⅲ号に規定する利益または権利に関する訴訟については，対世効。ただし，すべての被害者およびその相続人の利益に適う請求認容判決の場合に限る。
補項1　第Ⅰ号および第Ⅱ号に規定する既判力は，集団，グループ，カテゴリーまたはクラスのメンバーの個人的利益および権利に対し，不利な影響を及ぼさない。
補項2　第Ⅲ号に規定する場合において，請求が棄却されたときは，その集団訴訟に共同訴訟人として参加しなかった利害関係人は，個別の損害賠償請求訴訟を提起することができる。
補項3　既判力の効果について定めた1985年7月24日法律第7347号第16条

173

第3章　ブラジルにおけるクラスアクション（集団訴訟制度）の概要

および同法第 13 条の規定は，個人が受けた損害の賠償責任を請求する訴訟の
提起を，個人によりまたは本法の定める方法により提起することを妨げない。
集団訴訟の請求が認容された場合には，既判力は，他の被害者およびその相
続人の利益に及ぶ。この場合には，他の被害者およびその相続人は，第 96 条
ないし第 99 条の規定に基づいて，判決清算および強制執行の申立てを行うこ
とができる。

補項 4　前項の規定は，刑事における有罪判決にも適用される。

第 104 条　第 81 条単項第 I 号および第 II 号に定める集団訴訟は，個人訴訟と
の重複禁止をもたらさない。ただし，個人訴訟の原告が，集団訴訟の提起を
訴訟記録上知ったときから 30 日以内に個人訴訟の中止の申立てをしなかった
ときは，前条第 II 号および第 III 号に定める対第三者効および対世効は，その
者に対して有利には及ばない。

第4章
アメリカ連邦取引委員会(FTC)による消費者保護訴訟の概要

〔初出：2009 年 4 月〕

I　はじめに

　現代社会における消費者は，マスメディアなどを通じた虚実の情報の氾濫，製品の生産過程におけるブラックボックス化，電子通信技術などを用いた個人情報の不正取得，消費者の無知につけ込んだ詐欺的取引など，個人レベルでは対処することが容易ではない状況に日々晒されている。しかし，こうした状況下で生じる消費者トラブルに対処するための手段として，伝統的な個別的訴訟を想定した従来の民事訴訟システムは，多くの場面で必ずしも十分に機能しないことがある。そこで，多数の消費者を集合的に保護するための効果的な訴訟制度の構築が世界的な課題となっており，わが国もその例外ではない[1]。また，特にわが国では，最近，多くの省庁に分散している消費者行政の機能を一元化し，消費者行政の司令塔となる新組織を作るために，消費者庁を新たな官庁として創設することが検討されている[補注1]。そして，消費者庁が担うべき機能の1つとして，消費者庁が原告となって消費者保護のために民事訴訟を提起する制度の必要性も唱えられている。

　こうした状況の下で，消費者保護のための新たな民事訴訟の仕組みの構築を検討するに際し，有益な参考となる情報を提供してくれると思われるのが，アメリカにおける合衆国連邦取引委員会（Federal Trade Commission. 以下，「FTC」という）が原告となって行う公益的な民事訴訟の仕組みである。この仕組みの

　＊　本研究は，独立行政法人日本学術振興会平成 20 年度科学研究費補助金（基盤研究 B）（課題番号：20330016）の交付を受けている。

　1)　三木浩一「集合的権利保護訴訟制度の構築と比較法制度研究の意義——アメリカのクラスアクションを中心として」NBL882 号（2008 年）9 頁〔本書 96 頁〕，同「消費者利益の保護と集合的訴訟制度」現代消費者法 1 号（2008 年）87 頁〔本書 194 頁〕参照。

175

第4章 アメリカ連邦取引委員会（FTC）による消費者保護訴訟の概要

下では，FTC は，消費者被害の原状回復（restitution）や事業者の不当利益の吐き出し（disgorgement）などを求める民事訴訟を，消費者の一般的な利益のために提起することができる。FTC がこうした訴訟を積極的に提起するようになったのは 1980 年代以降であるが，現在では FTC による消費者保護政策の遂行手段として多大な成果を収めている。上述のわが国で創設が議論されている消費者庁のイメージは，組織や機能の点においてアメリカの FTC と類似するところが多々あるように思われるので，そのような観点からも，FTC が行っている訴訟は参考とするに値するであろう。本稿は，こうした問題意識に立って，これまであまり知られることのなかった FTC による消費者保護のための民事訴訟についてその概要を紹介し，わが国における新たな消費者保護のための訴訟制度の構築に向けて，若干の資料を提供することを目的とする。[2]

［補注 1］
　2009 年 5 月に「消費者庁及び消費者委員会設置法」等の消費者庁設置に関する法律が成立し，消費者庁は，同年 9 月 1 日に内閣府の外局として発足した。

II　FTC の組織および権限

　アメリカ合衆国連邦政府の機関である FTC は，合衆国大統領の指揮権から独立して法律を施行する独立委員会（independent agency）の 1 つであり，1914年制定の FTC 法（Federal Trade Commission Act）によって設立された。FTCに課せられている主たる任務は，消費者保護（consumer protection）と競争秩序（competitive order）に関する政策の遂行の 2 つが大きな柱である。そして，これらを実現するために，FTC は，調査および資料または情報の収集を行う権限（investigative authority），規則の制定などを行う準立法的な権限（rulemaking authority），行政的な処分により法執行を行う権限（administrative

---

2)　以下の記述における基礎的なデータは，主として，Federal Trade Commission Performance and Accountability Report-Fiscal Year 2007 ; ABA Section of Antitrust Law, FTC Practice and Procedure Manual（2007）ならびに，2008 年 9 月 5 日に筆者がワシントン DCの FTC 本部において行ったインタビューの結果およびその際に取得した資料に基づいている。なお，FTC への訪問に際しては，内閣府国民生活局総務課調査室の高橋義明室長にお世話になった。

176

enforcement authority)，裁判所の判決や命令を得ることにより法執行を行う権限（judicial enforcement authority）などを有する。さらに，これらに加えて，消費者教育，調査研究，広報活動，国際協力を含む広範な活動をも行っている。

FTC が所管して執行を行う最も中心的な法律は FTC 法である。それ以外のものとしては，クレイトン法(Clayton Act)およびシャーマン反トラスト法(Sherman Antitrust Act）などの競争関係の法律，消費者保護の分野における多種多様な法律および規則などがある。後者について若干の例を挙げるとすれば，平等信用機会法（Equal Credit Opportunity Act），公正貸付法（Truth In Lending Act），公正信用報告法(Fair Credit Reporting Act)，タバコ表示法(Cigarette Labeling and Advertising Act)，子供オンラインプライバシー保護法（Children's Online Privacy Protection Act)，電話勧誘販売規則（Telemarketing Sales Rule)，個人情報盗難法(Identity Theft and Assumption Deterrence Act)，包装表示適正化法(Fair Packaging and Labeling Act）などがある。

FTC の意思決定は，7 年の任期を有する 5 人の委員（うち 1 人が委員長）が構成する委員会が行う。具体的な政策実現にあたるのは，消費者保護局(Bureau of Consumer Protection)，競争局(Bureau of Competition)，経済局(Bureau of Economics)の 3 つの局である。また，事務部門として，事務局長室(Office of Executive Director)，事務官室（Office of the Secretary)，広報室（Office of Public Affairs)，国際業務室(Office of International Affairs)，法務官室（Office of General Counsel)，審判官室(Office of Administrative Law Judges)，審査官室(Office of Inspector General)，議会関係室（Office of Congressional Relations）の 8 つの室がある。FTC の職員は全体で約 1100 人であり，そのうちの 500 人強が法律家，100 人弱がエコノミスト，450 人程度がその他の専門家，50 人弱が上級管理者である。FTC の全体の年間予算は，2009 年度の実績で約 2 億 5000 万ドルである。

以下，本稿の目的に照らして，競争秩序の維持に関する FTC の機能や活動については割愛し，消費者保護の分野における法執行に絞って見ていくことにする。

第4章 アメリカ連邦取引委員会（FTC）による消費者保護訴訟の概要

Ⅲ 民事訴訟以外の手段による消費者保護活動

1 消費者保護活動の全体像

　FTC における消費者保護部門の職員数は競争部門よりも多く，FTC における最大の人数を抱えている。直近の 2009 年は，FTC 全体の職員数である約 1100 人のうちの 600 人弱である。また，消費者保護部門の予算規模は約 1 億 5000 万ドルであり，FTC 全体の約 2 億 5000 万ドルのうちの過半を占めている。FTC の消費者保護政策における目標は，市場における欺瞞的取引行為および不公正取引慣行の抑止と撤廃である。これを実現するために，FTC は，大きく次の 4 つの活動を行っている。すなわち，①市場の監視および消費者の苦情情報の収集と分析，②消費者保護に関する法律や規則の執行，③消費者および事業者に対する教育と情報の提供，④調査研究，情報発信，意見提出，国際協力などを含むその他の活動である。

　これらのうち，①の情報の収集および分析は，FTC のすべての活動の基礎となるものである。FTC は，自らの消費者応答センター（Consumer Response Center）に寄せられる苦情や相談から情報を得るほか，さまざまな他機関と情報を共有している。[3] また，外国の関係機関との情報共有にも努めている。[4] こうして収集された情報は，消費者情報システム（Consumer Information System）としてデータベース化され，FTC の職員によって分析される。2007 年に FTC が収集した欺瞞的取引に関する情報は 400 万件を超え，情報を共有した他機関は 1500 を超える。[5] また，③の教育および情報の提供については，FTC は，ウェブページや印刷物などを使っての消費者教育や事業者に対するコンプライアンス教育等を行っている。④については，ワークショップやカンファレンスなど

---

3) FTC が情報を交換・共有しているアメリカ国内における代表的な他機関としては，National Fraud Information Center of National Consumers League，Internet Fraud Complaint Center，Better Business Bureau などがある。

4) 消費者保護問題に関する情報を共有するための世界的な組織として，International Consumer Protection and Enforcement Network がある。

5) 消費者からの苦情や相談で数が多いのは，個人情報盗難（データセキュリティ，スパイウェアなどを含む），詐欺的スパム，カタログ販売，電話販売，懸賞賞金詐欺，インターネットオークション，欺瞞的クレジット，金融商品，健康食品などである。

を積極的に開催したり，レポートを発行したりしている。さらに，他の連邦政府や州政府の機関などに対して，それらの政策決定に資するためにコメントや意見書を提出し，議会に対しても報告や証言を行っている。また，外国の政府機関との協力活動にも力を入れている。

2 行政的手続による法執行活動

FTC のさまざまな活動の中でも，とりわけ重要な位置を占めるのは，直接的に消費者保護に結び付く②の法執行活動である。執行の対象となる法規は，上述したFTCが所管するさまざまな法律や規則などである。なかでも，きわめて広範な射程を有するFTC法5条(a)項は，FTCによる消費者保護活動の根拠法のうちでも中心的な位置を占める。すなわち，同条同項は，「取引におけるまたは取引に影響を及ぼす不公正な競争方法および取引におけるまたは取引に影響を及ぼす不公正もしくは欺瞞的な行為または慣行は，これを違法とする[6]」と定める。これは，シャーマン法およびクレイトン法に違反する行為を含むと同時に，およそある行為が欺瞞的であれば，競争と無関係に取り締まることを広く認めるものである[7]。FTCによる消費者保護に関する法規の執行は，行政的手続（administrative process）および司法的手続（judicial process）を通じて行われる。

そのうちの行政的手続は，基本的には以下の手順を踏んで実施される[8]。消費者保護法規に違反する行為が行われているとFTCが信ずるに足る状況がある場合には，FTCは，審判開始決定書（complaint）を発することができる（FTC法5条(b)項）。これに対し，被審人が同意命令を選択した場合は，同意書

---

6) 英文は，"Unfair methods of competition in or affecting commerce, and unfair or deceptive acts or practices in or affecting commerce, are hereby declared unlawful"である。

7) FTC法5条(a)項の「不公正もしくは欺瞞的な行為または慣行（unfair or deceptive acts or practices）」の禁止は，1931年のララダム事件判決（FTC v. Raladam Co., 283 U. S. 643 (1931)）において，競争に影響しない欺瞞的な行為または慣行に当時の同規定を適用することができないことが明らかにされたことを受けて，1938年のウィラー＝リー法（Wheeler-Lea Amendment）によって付加されたものである。

8) *See* Federal Trade Commission, *A Brief Overview of the Federal Trade Commission's Investigative and Law Enforcement Authority* (2008), *available at* http://www.FTC.gov/ogc/brfovrvw. shtm.〔現在のURLは，https://www.ftc.gov/about-ftc/what-we-do/enforcement-authority〕

179

第4章　アメリカ連邦取引委員会（FTC）による消費者保護訴訟の概要

(consent agreement) にサインをして，最終審決に同意するとともに司法による
再審査の権利を放棄する。他方，被審人がこれを争う場合は，審判官（administrative
law judge）が審判開始書に基づいて審理判断を行う。訴追側の手続を行うのは，
消費者保護局または地方事務所に所属する FTC の審査官（complaint counsel)
である。審判手続が終結すると，審判官は，仮決定（initial decision）を下す。
仮決定の内容は，排除措置命令（cease and desist order）または申立ての却下
(dismissal of the complaint) である。被審人または審査官がこの仮決定に不服が
ある場合は，委員会に対して不服申立てをすることができる。これに対し，委
員会は最終審決をする。委員会の最終審決に対して不服のある被審人は，裁判
所に対して取消訴訟を提起することができる（FTC 法5条(c)項)。

　審決が確定した後に被審人がこれに違反した場合は，違反ごとに最高で1万
1000 ドルの民事罰（civil penalty）を科すことができる。被審人が民事罰を支払
わない場合は，FTC または司法長官が，裁判所に対して民事訴訟を提起する
ことにより強制的実現を図ることになる。また，FTC は，審決の違反に対し
てこれを強制的に執行するために，裁判所に対して，強制的インジャンクショ
ン（mandatory injunction）およびその他の適切な衡平法上の救済措置（such other
and further equitable relief) を求めることもできる（FTC 法5条(l)項)。

　さらに，FTC は，行政的手続が意図した目的を実現するために，FTC 法 19
条に基づいて消費者の損害の回復等を内容とする民事訴訟を提起することもで
きる。FTC 法 19 条は，1975 年に，「マグヌソン・モス保証―FTC 改善法
(Magnuson Moss Warranty―Federal Trade Commission Improvement Act)」によっ
て付加された規定であり，行政的手続およびその司法審査が完了して排除措置
命令が確定している場合には，不公正または欺瞞的な行為または慣行を行った
者を被告として，裁判所に対して，消費者等の救済措置を求める訴えを提起す
ることを認める。裁判所は，不公正または欺瞞的な行為または慣行が行われた

---

　9)　FTC 法 19 条の立法の背景や経緯については，*See* David M. FitzGerald, *The Genesis of
　　 Consumer Protection Remedies under Section 13(b) of the FTC Act*（公表年不詳）6, *availa-
　　 ble at* http://www.FTC.gov/FTC/history/docs/fitzgeraldremedies.pdf#search='FTC% 2013
　　 (b)〔現在は，以下の URL から PDF ファイルのダウンロードが可能。https://www.ftc.gov/
　　 sites/default/files/documents/public_events/FTC%2090th%20Anniversary%20Symposium/
　　 fitzgeraldremedies.pdf〕.

と認める場合は，消費者等を救済するために必要な多様な措置を命ずることができる。具体的な例として，契約の取消しまたは変更，金銭または物件の返還，損害賠償金の支払命令，被告の違法行為の公表などが例示されているが，これらに限られない（FTC 法 19 条(b)項）。

　もっとも，現在では，FTC 法 19 条に基づく訴訟は少ない。なぜなら，同条に基づく民事訴訟は，行政的手続が完了してからでなければ提起することができず，スピード感に欠けることや手間がかかることから，同条の活用が敬遠されるようになってきたからである。また，後述するように，FTC 法 13 条(b)項による訴訟によって実質的に同様の結果が得られるようになったため，あえて制約の多い FTC 法 19 条による必要はほとんどなくなった。

Ⅳ　FTC を当事者とする公益的民事訴訟

　上述したように，行政的手続による法執行といえども，最終的には，裁判所による民事罰の執行やインジャンクションその他の司法上の救済措置を通じて実現されることになるが，それ以外に，FTC は，行政的手続を先行させることなく，直ちに裁判所に対して公益的な民事訴訟を提起することにより，司法的手続（judicial process）を通して法執行を実現する権限を与えられている。

　FTC が提起する民事訴訟の根拠となる法律上の規定は，主として FTC 法 13 条(b)項である[10]。同条同項は，FTC が所管するあらゆる法律に関する何らかの違反がある場合において，FTC が保全的差止命令または本案的差止命令を求める訴えを裁判所に提起する権限を認めるものである。すなわち，同条同項の本文は，FTC により執行される法律の規定に関して現在の違反または将来の違反のおそれがある場合には，FTC は，FTC による行政的手続が完了するまでの間，暫定的に当該行為の一時的禁止命令（temporary restraining order）または予備的差止命令（preliminary injunction）を求める申立てを裁判所に対して行うことができる旨を定めている[11]。また，同条同項の第 2 ただし書（second proviso）は，適切な事件においては，FTC は，当該行為の本案的差止命令（permanent

---

　10)　15 U. S. C. Sec. 53(b).

injunction）を求める申立てを裁判所に対して行うことができる旨を定めている[12]。

この13条(b)項は，1973年にFTC法に付加されたものである。付加された当時は，FTCによる行政的手続が完了するまでの間，企業買収を暫定的に差し止めるために使われることが主として予想されていた。実際にも，1970年代は，合併規制のための保全目的で利用されることがほとんどであり，消費者保護のために13条(b)項が利用されることは稀であった[13]。また，消費者保護のために使われる場合も，同条同項の利用は行政的手続が進行中における保全が主たる目的であり，第2ただし書の本案的差止命令は，利用価値の乏しい規定と考えられていた。しかし，1980年代になると，FTCは，それまでの経済社会の広範な分野における一般的なルール作りにのみ専念する姿勢を改め，個別的な消費者詐欺事件への対応に本格的に取り組む方針をとるようになった。そのための法的ツールとして目を付けたのが，FTC法13条(b)項の第2ただし書に基づく公益的な訴訟の提起である[14]。

---

11) FTC法13条(b)項の本文は，「委員会（Commission）が（1）ある個人（person），組合（partnership）若しくは会社（corporation）の行為がFTCにより執行される法律の規定に現に違反しているか若しくは違反するおそれがあり，かつ，（2）委員会が審判開始決定書（complaint）を発してその審判開始決定書が委員会により取り下げられるか若しくは裁判所の再審理により取り消されるか又は委員会の命令が確定するまでの間において当該行為を禁止することが公共の利益にかなうものと，信ずるに足る理由があるときはいつでも（Whenever the Commission has reason to believe），委員会は，当該目的のために指定した代理人を通じて，当該行為又は慣行の禁止を求める申立てを，合衆国地方裁判所に対して行うことができる。裁判所は，衡平法上の利益の衡量及び委員会が本案で勝訴する可能性の考慮に基づいて，当該申立てが公共の利益にかなうものと認めるに足る証明があるときは，被申立人に対する告知を行った後に，一時的禁止命令（temporary restraining order）又は予備的差止命令（preliminary injunction）を担保の提供を求めることなく（without bond）発令することができる」とする。

12) FTC法13条(b)項の第2ただし書は，「適切な事件においては，委員会は，本案的差止命令（permanent injunction）を求めることができ，裁判所は，適切な立証がなされれば，本案的差止命令を発することができる」とする。

13) See FitzGerald, supra note 9) at 7. 1976年の時点では，FTC法13条(b)項の利用はほとんどなく，競争関係の事件で用いられたことが1件あるのみで，消費者保護関係の事件で用いられたことはなかったとされる。

14) FTC法13条(b)項の第2ただし書を根拠として，FTCが消費者保護の目的で最初に提起した事件は，1979年に訴えが提起されたFTC v. Virginia homes Manufacturing Corp., 509 F. Supp. 51（D. Md.），aff'd mem., 661 F. 2d 920（4th Cir. 1981）である。

V FTC 法 13 条(b)項の拡大的運用

1 FTC 法 13 条(b)項の意義

本来，FTC 法 13 条(b)項の第 2 ただし書（second proviso）は，FTC が，本案的差止命令（permanent injunction）を求める訴えを提起することができる旨を定めただけの規定である[15]。また，立法に関する各種資料の中にも，本案的差止命令以外の救済方法を認める旨の記述はない。しかし，FTC は，徐々に，裁判所に対してこの規定の拡大的な適用を求める姿勢を示すようになった。

具体的には，FTC 法 13 条(b)項の第 2 ただし書がいう「本案的差止命令（permanent injunction）」を求める権限とは，単に将来における不公正または欺瞞的な取引慣行の終局的な禁止または差止めの命令を求める権限にとどまるものではなく，過去の違法行為の回復措置としてのさまざまな「衡平法上の救済（various kind of equitable relief）に関する命令」を求める権限を含むとの解釈を主張するようになった。この衡平法上の救済に関する命令には，消費者被害の原状回復(restitution)，不当利益の吐き出し(disgorgement)，契約の取消し（rescission of contract)，擬制信託の設定(imposition of constructive trust)，管財人の選任(appointment of trustee) などが含まれる。さらに，こうした衡平法上の救済の可能性を確保するための保全措置として，被告の資産の凍結（freeze of assets)，一時的禁止命令（temporary restraining order)，予備的差止命令（preliminary injunction)，財産管理人の選任（appointment of receiver）なども，この規定の解釈によって認められるとの主張を行った。

こうした FTC による FTC 法 13 条(b)項の拡大的な運用の主張については，当然，被告サイドは不当な拡張解釈であるとして反論を展開し，また，こうした拡大的な解釈を批判する識者の見解も発表された[16]。しかし，裁判所は，例外なくこうした拡大的な解釈および運用を承認する旨の判断を行った[17]。

---

15) 英文は，"Provided further, That in proper cases the Commission may seek, and after proper proof, the court may issue, a permanent injunction" である。

16) *See* Peter C. Ward, *Restitution for Consumers Under the Federal Trade Commission Act : Good Intensions or Congressional Intensions?*, 41 AM. U. L. REV. 1139 (Summer, 1992).

第 4 章　アメリカ連邦取引委員会（FTC）による消費者保護訴訟の概要

2　代表的な判例

まず，リーディング・ケースとされる 1982 年の FTC v. Singer 事件におい[18]
て[19]，FTC は，「FTC 法 13 条(b)項は，裁判所に本案的差止命令を発令する権限
を認める規定であるが，当然のこととして（by implication），これに付随して必
要とされるあらゆる救済（all necessary ancillary relief）をも認めるものであり，
それには契約の取消しや原状回復などが含まれる」旨を主張した。これに対し，
第 9 巡回区合衆国控訴裁判所は，連邦議会は FTC 法 13 条(b)項の制定にあ
たって伝統的な衡平法上の権限に明示的な制限を加えていない以上，裁判所は，
正義を達成するのに必要なあらゆる付随的救済を命じる権限があり，契約の取
消しや資産の凍結（実質的に attachment に相当する）も可能であると判示し，
FTC の主張を認める判断を行った。

これに引き続く 1984 年の FTC v. U. S. Oil & Gas Corp. 事件は[20]，この問題
が唯一の争点となった事件であるが，第 11 巡回区合衆国控訴裁判所は，
Singer 事件における第 9 巡回区の判断を支持し，連邦議会が FTC 法 13 条(b)
項の第 2 ただし書が認める裁判所の権限に何ら制限を設けていない以上，裁判
所は，付随的な救済に関するあらゆる命令を発令する固有の衡平法上の権限
（inherent equitable powers）を有すると判示した。

その後も，同様の判断が続き，13 条(b)項の拡大的な運用は定着していった。
このようにして，1980 年代の後期以降，FTC 法 13 条(b)項の拡大的な運用は
完全に定着した。すなわち，FTC 法 13 条(b)項に基づく行政的手続を経ない
民事訴訟は，FTC による消費者保護のための法執行の主要な手段となった。
現在では，FTC は，欺瞞的な取引や慣行を禁止して消費者の被害を予防する

---

17)　FTC 法 13 条(b)項の拡大的な解釈運用の実質的な根拠となっているのは，裁判所が有する
　　衡平法（エクイティ）に由来する固有の権限（inherent equitable powers）の観念およびコモ
　　ンローの補完システムとして発展してきた衡平法がもつ「完全なる正義の確保（securing
　　complete justice)」の観念である。こうした観念を表明する代表的な判例として，Porter v.
　　Warner Holding Co., 328 U. S. 395 (1946) が有名である。

18)　FTC v. H. N. Singer, 668 F. 2d 1107 (9th Cir. 1982).

19)　Singer 訴訟に先立つ連邦地方裁判所レベルの判例として，FTC v. Kazdin, No. C 79-1857
　　(N. D. Ohio 1980) がある。

20)　FTC v. U. S. Oil & Gas Corp., 748 F. 2d 1431 (11th Cir. 1984).

ための保全的差止命令(preliminary injunction)や本案的差止命令(permanent injunction)に加えて，消費者の過去の被害の救済や事業者の不当な利益の剝奪を実現するために，被告に対して，資産の凍結(freeze of assets)，財産管理人の選任(appointment of receiver)，被害の原状回復 (restitution)，不当利益の吐き出し (disgorgement)，契約の取消し (rescission of contracts) などを典型とするその他の救済措置のうちのいくつかを，事案に応じて選択して申し立てるのが通常である。また，FTC 法 13 条(b)項がこれらの救済措置の根拠となることは，判例法上完全に確立している。たとえば，2002 年の合衆国控訴裁判所の判決である FTC v. Think Achievement Corp. 事件では，次のように述べられている。「裁判所が，FTC 法 13 条(b)項に基づいて，被害者の原状回復およびそれを保全するために付随措置として資産の凍結を命ずる権限を有することは，疑いがなく，かつ疑う余地もない (is not and cannot be questioned)[21]」。

3 「原状回復」と「吐き出し」の異同

なお，わが国に対応する制度がない「消費者被害の原状回復 (restitution)」と「不当利益の吐き出し (disgorgement)[補注2]」の意義および両者の関係は，概ね次のとおりである。

まず，原状回復であるが，これは，被告の事業者が消費者の損失の下に不当に利益を得ているという反社会的な状況を是正して本来のあるべき法秩序を回復するための措置であり，具体的には，FTC が被告から金銭を徴収したうえで，その金銭から個々の被害者に対して給付が行われる。このように，被告から回収した金銭を被害者に給付するので，実質的には集合的損害賠償と類似の機能を営むことになる。しかし，被害者が有する各自の損害賠償請求権を代位して行使するものではなく，被害者に FTC に対する分配請求権があるわけでもない。

他方，不当利益の吐き出しであるが，その制度的目的は原状回復と基本的に同様である。しかし，FTC が不当利益の吐き出しによって被告から徴収した金銭は，被害者に給付されるわけではなく，国庫に納付されるか，あるいは公益目的に支出されるなどする。こうしたことから，FTC では，一般的には，

---

21) FTC v. Think Achievement Corp., 312 F. 2d 259, 262 (7th Cir. 2002).

消費者の被害回復を重視するため，原状回復のほうを優先的に検討するようである。しかし，消費者の被害回復に充当すべき金額以上に事業者に不当な利益が残っている場合や，不法スパムや詐欺的広告のように個々の消費者の被害を具体的に算出することが難しい場合には，不当利益の吐き出しを求める。また，犯罪的あるいは意図的な詐欺事件などのように，最初から不法に利益を得ることを目的としており，事件が発覚した時には被告の事業者にまともな資産が残っていないような場合は，消費者に被害回復金を給付することが困難であるので，やはり不当利益の吐き出しを求める。

原状回復の場合における被害者に対する金銭の給付は，FTC 内部における部署としては消費者保護局（Bureau of Consumer Protection）の中の企画・情報部（Division of Planning & Information）が担当することになる。ただし，実際の給付の手続は外部の業者を使うことが多い。

［補注 2］

これらのうち，「不当利益の吐き出し（disgorgement）」については，2000 年代の初め頃から立法を視野に入れた本格的な議論が始まり，2013 年 12 月 4 日に成立した「消費者の財産的被害の集団的な回復のための民事の裁判手続の特例に関する法律」の立法に至る議論の過程でも，不当利益剝奪請求訴訟や経済的不利益賦課制度などの名前で，立法の可能性が模索された。しかし，立法上の技術的な困難さや立法に関係する人々の間におけるコンセンサスが未成熟であったなどの事情から，近い将来における制度の創設は見送られた。以上につき，本書第 4 編第 1 章，第 2 章，第 3 章参照。

Ⅵ　最近の FTC 法 13 条(b)項の運用状況

1　請求の併合の傾向

最近の FTC 法 13 条(b)項に基づいて FTC が提起する民事訴訟では，将来の被害を予防するための禁止命令や差止命令の申立てと，過去の消費者被害の救済や是正を目的とする原状回復(restitution)命令や不当利益吐き出し(disgorgement)命令の申立てを，併合して求める形で申し立てられるものが多いとされる。

たとえば，FTC v. AccuSearch, Inc. 事件では，裁判所は，FTC の申立てを認容し，被告らが個人情報の売買等を行うことを禁ずる差止命令とともに，被

告らに対して 20 万ドル弱を FTC に対して支払うことを命じた。同判決は，後者について，不当利益の吐き出し（disgorgement）の方法として，国庫への納付もしくは FTC が決定する消費者に対する情報提供のための支出，またはその他の衡平法上の救済のために用いるべきものとした。[23]

また，FTC v. Transnet Wireless corporation, a Florida Corporation, et al. [24]事件では，FTC 法 13 条(b)項等に基づき，差止命令や禁止命令等の予防措置とともに，原状回復（restitution）および不当利益の吐き出し（disgorgement）のために合計で 5000 万ドル弱の支払いが命じられた。

判決が命じるこうした金銭の納付後の処理は，次のとおりである。FTC が管理する基金に被告から納付がされた後，この金銭は消費者の救済のための給付および基金の管理費用として支出される。消費者に対する直接的な支払いが困難である場合や消費者救済のために支出した後に残金が生じた場合には，FTC は，消費者に対する情報提供のための支出またはその他の衡平法上の救済のために，これを支出することができる。それでもなお残金が生じた場合には，不当利益の吐き出し（disgorgement）として，国庫に納付しなければならない。

2 FTC 法 13 条(b)項に基づく訴訟が好まれる理由

これまで述べてきたように，現在では，FTC による消費者保護を目的とする法執行は，行政的手続そのものや行政的手続の先行を要件とする FTC 法 19 条に基づく訴訟によるよりも，FTC 法 13 条(b)項の第 2 ただし書に基づいて，行政的手続を先行させることなく裁判所に民事訴訟を提起する方法で行われることが圧倒的に多い。

FTC 法 13 条(b)項に基づく民事訴訟が好まれるのは，①行政手続上の排除措置命令は将来の被害の予防には役立つが，過去の消費者被害の救済や事業者

---

22) FTC v. AccuSearch, Inc., No. 06-CV-0105 (D. Wyo. 2006).

23) 同判決は，被告に対する金銭支払命令はあくまでも衡平法上の救済措置（equitable relief）であって，罰金，没収，その他の懲罰的な性質を有するものではないことを付記している。他の多くの判決も同様である。

24) FTC v. Transnet Wireless Corporation, a Florida Corporation, et al., No. 05-61559-CIV-MARRA/SELTZER (S. D. Fla. 2005).

第4章　アメリカ連邦取引委員会（FTC）による消費者保護訴訟の概要

の不当利益の剥奪はできないのに対し，FTC法13条(b)項に基づく民事訴訟[25]によれば，それらが可能となること，②行政手続上の排除措置命令は送達から60日を経過して初めて効力を生じるのに対し，司法手続による命令は直ちに効力を生じること，③FTC法13条(b)項に基づく民事訴訟では，1つの手続で将来の消費者被害を予防する差止命令と過去の消費者被害を回復する救済命令を同時に得られること，などの実務的なメリットがあるからである。

　もっとも，行政的手続にもそれなりのメリットがないわけではない。行政的手続においては，FTC法13条(b)項に基づいて直接的に裁判所に提訴する場合と異なり，FTCが第一次的な事実認定および法律解釈を行う。もちろん，このFTCの判断は司法審査に服するが，事実認定については実質的証拠法則が働くし，法律解釈についても裁判所はFTCの判断に相応の敬意を払う。したがって，新たな事実パターンまたは新たな法律問題が含まれる事件については，行政的手続が選択されることが多い。

　2008年9月30日付の統計を見ると，FTCが当事者となっている係属中の民事訴訟事件は，アミカス・キュリエ・ブリーフ（Amicus Curiae Brief）を提出しただけの事件を含むあらゆる事件をあわせて115件であるが，そのうち，FTC法13条(b)項に基づいて差止命令や原状回復命令を求める事件は88件で，全体の76%を占める[26]。また，1980年代にFTC法13条(b)項の拡大的な運用が始まってから2004年春までの20年余の間に提起された同条同項に基づく訴訟は1000件近くに上り，1997年から2003年までの7年間だけで15億ドルを超える消費者被害の救済がなされたとされる[27]。

---

25)　競争法違反事件に比べて欺瞞的取引などの消費者被害事件では，将来の被害予防のための差止命令の効果は相対的に小さい。宣伝や取引は容易にその形態を変化させることができるため，差止命令を得るまでの間に，問題となった宣伝や取引を廃止することがしばしば行われるからである。*See* FitzGerald, *supra* note *9*) at 9.

26)　Quarterly Federal Court Litigation Status Report（Sep. 2008）: *available at* http://www.FTC.gov/ogc/status/status.pdf.

27)　David R. Spiegel, *Chasing the Chameleons: History and Development of the FTC's 13(b) Fraud Program*, 18-Sum. ANTITRUST 43, 44（2004）.

Ⅶ おわりに

　ヨーロッパでは，消費者保護のための司法的ツールとして多くの国々が団体訴訟制度の整備を進めてきたが，先行して法整備がなされたのは将来の消費者被害の予防を目的とする差止請求訴訟であり，過去の消費者被害の回復や不当利益の剝奪を目的とする訴訟については法整備が遅れている。わが国でも，2006 年に消費者契約法の改正により消費者団体訴訟制度が導入され，2008 年には不当景品類及び不当表示防止法（景品表示法）および特定商取引に関する法律（特定商取引法）にも拡張されたが，現在の制度が対応しているのは，いずれもやはり差止請求訴訟のみである。興味深いことに，アメリカの FTC による消費者保護のための民事訴訟においても，最初に対応がなされたのは差止請求訴訟であり，その後，徐々に FTC による運用上の工夫や判例法の確立によって，その範囲が過去の消費者被害の回復や不当利益の剝奪を目的とする訴訟に拡大されていった。つまり，それぞれ基礎となる法システムや制度の起源が異なるにもかかわらず，まず将来の被害を予防するための差止請求訴訟が消費者保護を目的とする訴訟制度として時期的に先行し，その後，それでは対応できない部分を補うために，被害の回復や不当利益の剝奪のための金銭請求訴訟が整備されていくという流れは共通している。

　このように，いずれの国においても，差止請求訴訟が先行して立法的対応がなされることが多いのは，現に進行中または差し迫った消費者被害の抑止については，過去の被害の回復にも増して緊急の対応が求められることが，その背景にあるものと思われる。また，差止請求訴訟は損害賠償請求訴訟などに比べて相対的に仕組みが単純であり，制度の構築が容易であるという立法技術上の理由もあろう。さらに，次のような事情もある。消費者被害に対する差止請求権は個人帰属を観念することが困難な拡散的権利であって，個々の消費者が差止請求訴訟を提起することは想定しがたいので，公益的な立場で訴権を行使する者を通じた訴訟制度を立法によって創設する必要性が高い。これに対し，過去の被害の回復については，具体的な被害者である個々の消費者に損害賠償請求権が個人帰属するため，特別の訴訟制度を構築することは，理論的には必ず

第4章　アメリカ連邦取引委員会（FTC）による消費者保護訴訟の概要

しも必要ではない。

　しかし，現実には，被害を受けた消費者各個人が訴訟を提起したり，係属中の訴訟に自発的に参加することは困難であり，過去の被害の回復についても何らかの集合的訴訟が必要であることが次第に認識されるようになってきた。また，仮に消費者各個人による訴訟が期待できる場合であっても，事業者に対して請求することができるのは実際に訴訟上の請求が定立された被害者に関する損害のみであり，事業者が不当に得た利益をすべて吐き出させることができるわけではない。したがって，一般予防機能の観点からも，集合的損害賠償や不当利益剥奪などを可能とする訴訟制度の構築が望まれることになる。

　そこで，わが国における議論のあり方であるが，可能な選択肢の1つの分野としては，アメリカのクラスアクションのように被害者の代表が原告となって集合的損害賠償を行う制度，アメリカのパレンス・パトリー訴訟（いわゆる父権訴訟）のように政府機関が原告となって集合的損害賠償を行う制度，大陸型の団体訴訟制度の延長線上に適格団体が集合的損害賠償を行う制度などが考えられる。

　そして，さらにもう1つの選択肢の分野たりうるのが，アメリカのFTCによる民事訴訟のような公益的な訴訟である。前三者の集合的損害賠償訴訟とFTC型の訴訟との決定的な相違点は，FTC型の訴訟は，本質的には課徴金や民事罰などと同様に被告に対して一定の不利益処分を課すための訴訟であって，クラスアクションやパレンス・パトリー訴訟のような集合的損害賠償訴訟ではないということである。換言すれば，集合的損害賠償訴訟は，被害を受けた個々の消費者に個人帰属している損害賠償請求権を行政機関等が代表して行使するものであるのに対し，FTCによる原状回復命令を求める訴訟は，集合的損害賠償訴訟と機能的には重なるところが少なくないとはいえ，あくまでも行政による不利益処分の手段として行われる。そのため，集合的損害賠償訴訟は，訴訟法的には訴訟担当構成がとられることが多いのに対し，FTC型の訴訟では，個々の消費者の損害賠償請求権を代位して行使するわけではなく，訴訟物は当該行政機関に帰属する権限となり，理論的な必然として固有権構成が観念されることになる。したがって，FTCによる訴訟では，訴え提起にあたって消費者に対してオプトインやオプトアウトの機会を与えるための通知は必要と

190

Ⅶ おわりに

されないし，訴訟の結果として生ずる判決効は勝訴または敗訴を問わず消費者には及ばない。

このように，FTC 型の訴訟には，代表原告の認可手続や判決効の拡張と手続保障の関係などの厄介な問題を回避できるというメリットがある。しかし，他方で，事業者に対する過剰な規制につながりやすい側面や，被告に対して集合的損害賠償との二重の負担をもたらす危険もある。また，わが国においては，既存の課徴金制度との関係も整理しなければならない。したがって，導入にあたっては慎重な検討を加える必要があろうが，消費者保護を目的とする新たな訴訟制度の有力な選択肢であると思われる。[28]

---

28) クラスアクション型，パレンス・パトリー訴訟型，団体訴訟型，FTC 訴訟型のそれぞれは，相互に排他的であるわけではなく，これらのうちのいくつかを組み合わせて導入することも当然に可能である。現時点における私見としては，団体訴訟型と FTC 訴訟型を組み合わせ，さらに団体訴訟型の中に部分的にクラスアクション型の要素を盛り込むのが，最も適切ではないかと考えている。ただし，FTC 訴訟型は，行政の過剰な肥大や官による民への不必要な介入を避けるためにあくまでも補完的な位置にとどめるべきであり，具体的には違法性の高い事業者のみを対象とする制度とすべきである。

第 4 編
消費者集合訴訟制度の立法

第1章

消費者利益の保護と集合的訴訟制度

〔初出：2008 年 10 月〕

I　はじめに

　高度消費経済社会である現代のわが国においては，事業者の不当または違法な経済活動等の行為によって，消費者利益が危険に晒されまたは侵害される事態が構造的に生じうる。こうした消費者利益の侵害を予防および回復するためには，行政措置，刑事司法，民事司法のすべてを通じた包括的な取組みが必要であり[1)]，さらに，それぞれの分野において伝統的な枠組みに捕らわれることのない新たな制度の構築が求められる。本稿は，そのうちの民事司法による取組みのあり方について，法制度のさらなる整備に向けた立法論的考察を行うものである。

　消費者被害は，①被害者の中に被害の認識がない者または被害の認識に乏しい者が含まれる場合があること，②被害者の範囲は広範に及ぶが個々の被害金額は僅少である場合が多いこと，③被害者である消費者と加害者である事業者の間に資金力やマンパワーなどにおいて格差がある場合が多いこと，④証拠や情報が加害者である事業者に偏在している場合が多いこと，⑤多数の被害者の間に人的なつながりが乏しいことなどの特徴を有する。したがって，単純な個別的訴訟や伝統的な集団訴訟[2)]だけでは必ずしも十分に対応できず，効果的な集合的訴訟制度[3)]の構築が必要となる。

---

　1) 消費者団体訴訟制度の拡充やクラスアクションの導入をめぐる論議の中で，詐欺的商法に対する予防や救済が例に挙げられることがあるが，当初から犯罪的行為を意図して行われた消費者利益の侵害に対しては，民事司法上の制度が果たしうる役割にはおのずから限界がある。犯罪的行為により被害を受けた消費者の救済については，行政措置や刑事司法（たとえば，「組織的な犯罪の処罰及び犯罪収益の規制等に関する法律」における没収および没収保全のような制度を，消費者被害事件にも効果的に適用できるように拡大するなど）の担うべき役割が大きい。

I　はじめに

　わが国には，ドイツを起源とするヨーロッパ型の集合的訴訟としての消費者
団体訴訟制度がすでに存在するが，現在導入されているのは差止請求訴訟のみ
であり，過去の被害を救済する制度への拡大の必要性が，衆参両院の附帯決議
をはじめとして，立法当時から認識されている。それに加え，最近では，わが
国では一般に父権訴訟として紹介されることの多い制度（本稿では，「行政庁訴
訟」と呼ぶ[4]）の導入も，いわゆる消費者庁の創設に関する政治の動向と相まっ

---

2) わが国では，「集団訴訟」という言葉は多義的に用いられるが，主として一定の目的のために
結集した集団により提起される訴訟を指して使われる。これを「多数当事者訴訟」という言葉
と比較すると，「多数当事者訴訟」は，単に当事者が多数である訴訟を指し，また被告側の多
数をも含む概念として用いられるのに対し，「集団訴訟」は，明確な共通利益を有する者たち
が原告として提起する訴訟をいうことが多いとされる。また，「集団訴訟」は，共同訴訟のほ
かに，代表訴訟や団体訴訟を含むこともあるといわれるが，それでも，あくまでも人的集団に
着目した概念である。以上につき，福永有利「多数当事者紛争における利害関係者の訴訟上の
地位——訴訟関与者の実体上の地位と訴訟上の地位」上田徹一郎＝福永有利編『講座民事訴訟
③当事者』（弘文堂・1984 年）194 頁参照。
　これに対し，本稿が用いる「集合的訴訟」という言葉は，明確な共通利益を有する多数人の
集団というよりも，「拡散的権利」と「同種個別的権利」の両方を含む「集合的権利」に着目
した概念である。また，「集団訴訟」のように一定の目的のために結集した集団が提起する訴
訟ではなく，自覚的または組織的に集団を形成することのない，またはできない共通利益を有
する多数の者のために，代表資格を認められた原告が提起する訴訟を主として想定している。

3) 本稿にいう「集合的訴訟」という概念は，「集合的権利」を保護するために提起される訴訟を
広く指す概念であり，英語における「collective action」にほぼ相当する（もっとも，「collec-
tive action」という言葉も，論者によって異なる意味で使われることがある）。ちなみに，筆
者は，別稿において「集合的権利保護訴訟」という言葉を用いたこともある。これは，「集合
的訴訟」という言葉は伝統的な「集団訴訟」と紛らわしいこと，および，集合的権利を保護す
るための訴訟制度という意味が伝わりにくいことを考慮したものである。しかし，他方におい
て，やや冗長な呼称であるので，本稿では「集合的訴訟」と呼ぶことにする。ただし，もとよ
り実定法上の用語ではなく，厳密な定義になじむ概念とまではいえない。

4) アメリカにおける「parens patriae action」の訳語として，わが国では，「父権訴訟」が使わ
れることが多い。そして，アメリカにおいて，州司法長官（state attorney general）や連邦
取引員会（Federal Trade Commission〔FTC〕）が原告となって，市民のために損害の回復
（restitution）や不当利益の吐き出し（disgorgement）を求めて提起する訴訟を，すべて「父
権訴訟」と呼ぶ例がしばしばみられる。しかし，それらのすべてが parens patriae action で
あるわけではない。たしかに，ハート・スコット・ロディーノ反トラスト改善法（Hart-Scott-
Rodino Antitrust Improvements Act（HSRA）of 1976, Pub. L. No. 94-435, 90 Stat. 1383）に基
づいて，州司法長官が提起する訴訟は parens patriae action であるとされる（ただし，その
対象は連邦法であるシャーマン法違反の場合に限られる）。また，たとえば，カリフォルニア
州のように，消費者保護のための parens patriae action を明文で認める州法（Cal. Bus. and
Prof. Code§16760）をもつ州もある（こうした州法をもつのは 14 州であるとされる）。しかし，
これと実質的には同じような機能をもつが，厳密には parens patriae action ではない訴訟の
制度をもつ州も多い（こうした州法をもつのは 16 州であるとされる）。たとえば，ニューヨー
ク州（N. Y. Exec. Law§§63⑴, 63⑿, N. Y. Gen. Bus. Law§§340, 342, 349）やペンシルバ
ニア州（71 Pa. Cons. Stat. Ann.§732-204⒞）などにおける同種の制度は，正確には parens

第1章　消費者利益の保護と集合的訴訟制度

て，議論の対象となっている。さらに，世界的にも，「消費者紛争の解決及び
救済に関する OECD 理事会勧告[5]」にみられるように，従来の差止請求訴訟の
みに限られない総合的な集合的訴訟の構築の動きが広がっている。

そこで，本稿では，次節以下において，「集合的訴訟と集合的権利」，「集合
的消費者保護訴訟における救済手段」，「集合的訴訟における当事者適格」，「集
合的訴訟における審理構造」の順で検討を加え，わが国において実現されるべ
き集合的訴訟制度の立法の姿を考察してみたい。

---

patriae action ではないものとして分類されている。

　また，わが国で創設が議論されている消費者庁のイメージに近いのは連邦機関である FTC
であるが，FTC 法 13 条(b)項に基づく損害回復請求訴訟や不当利益吐き出し請求訴訟なども，
parens patriae action ではない。以上につき，*See, e. g.,* Susan Beth Farmer, *More Lessons
from the Laboratories: Cy Pres Distributions in Parens Patriae Antitrust Actions Brought by
State Attorneys General,* 68 FORDHAM L. REV. 361 (1999) ; Robert L. Hubbard, *Authority of
State Attorneys General to Represent Consumers, available at* http://www.abanet.org/
antitrust/at-committees/at-state/programs/spring-03.shtml〔現在は Not Found〕; David M.
FitzGerald, *The Genesis of Consumer Protection Remedies under Section 13(b)of the FTC
Act, available at* http://www.ftc.gov/ftc/history/docs/fitzgeral dremedies.pdf#search='the
% 20 genesis% 20of% 20consumer% 20protection% 20remedies% 20under% 20 section%
2013(b)% 20of% 20 the% 20FTC% 20Act'〔現在は，以下の URL から PDF ファイルのダウン
ロードが可能。https://www.ftc.gov/sites/default/files/documents/public_events/FTC%20
90th%20Anniversary%20Symposium/fitzgeraldremedies.pdf〕; *In re* Lorazepam &
Clorazepate Antitrust Litigation, 205 F. R. D. 369, 386-87 (D. D. C. 2002). *See also* ABA
Section of Antitrust Law, State Antitrust Enforcement Handbook (2003); ABA Section of
Antitrust Law, FTC Practice and Procedure Manual (2007).

　したがって，これらを一律に「父権訴訟」と呼ぶのは適切ではない。また，現在のアメリカ
において，「parens patriae」という言葉に「父権」というニュアンスはなく，訳語としての
観点からもジェンダーの観点からも不適切である。そこで，本稿では，一般に熟していない言
葉ではあるが，「行政庁訴訟」と呼ぶことにする。

5) OECD 理事会が 2007 年 7 月 12 日に採択した「OECD Recommendation on Consumer Dis-
pute Resolution and Redress」の第 2 章には，消費者のための集合的な紛争解決および救済の
仕組みの拡充の必要性が具体的に述べられている。

II 集合的訴訟と集合的権利

1 集合的権利の種類と性質

　消費者利益の保護を目的とする集合的訴訟制度の構築に際しては，まず訴訟物となる集合的権利（collective rights）の種類とそれぞれの性質を検討する必要がある。そもそも大陸法の伝統では，権利は特定人に個別的に帰属するものとする個別的権利の観念がとられてきた。そして，民事訴訟制度もこれに対応する形で，個別的権利の主体（権利の帰属者または管理権者）を訴訟上の当事者の単位とし，個別的権利を訴訟物の単位とする個別的訴訟の原則がとられてきた。こうした個別的訴訟を原則とする基本構造は，伝統的な多数当事者訴訟においても貫かれている。すなわち，共同訴訟制度（38条〜41条）や訴訟参加制度（42条〜53条）など，多数の者の権利がかかわりうる訴訟の仕組みも存在するが，それらは，基本的には個別的訴訟を束ねたものにすぎず，個別的訴訟の原則を本質的に逸脱するものではない。

　しかし，現代社会において消費者が享受すべき権利の中には，社会一般に薄く広く拡散して特定人への帰属を観念することが難しいものもあれば，特定人への帰属は観念できても個別の行使が事実上容易ではないものもあり，伝統的な個別的訴訟の観念のみでは今日の消費者保護の要請に対して，十分には対応できない。こうした個別的権利および個別的訴訟の限界という問題は，消費者問題のみならず，環境問題や人権問題でも同様に生じる。そこで，伝統的な個別的訴訟の観念に固執することなく，新たな集合的訴訟制度を構想すべきであり，それに対応して集合的訴訟制度にふさわしい訴訟物としての権利を観念すべきである。

　このような権利として，最近の欧米諸国では，集団的権利（group ritht），集合的権利（collective right），拡散的権利（diffuse right）などの概念が用いられることがある。しかし，これらに一般に承認された定義があるわけではなく，しばしば論者によって異なった意味で用いられている。しかし，要は，現代社会に即応した権利救済の仕組みをいかにして構築するかを論ずるための道具概念の問題であるから，概念定義を哲学的に論じることにさほどの意味はない。

第1章　消費者利益の保護と集合的訴訟制度

むしろ，伝統的な個別的権利の観念にどこまで固執するか，それとも従来の考え方に縛られずに大胆な概念の飛躍をどれだけ試みるかという，論者ごとの態度決定に依存するともいえよう。

本稿では，以下のような概念および定義の整理を用いることにする。[6] まず，伝統的な個別的保護のみでは不十分と考えられる場合における保護に値する権利（この場合の「権利」は，法的保護に値する利益を含む）を大きく2つのカテゴリーに分類し，それぞれを拡散的権利と同種個別的権利と呼ぶ。[7] そして，両者をあわせて集合的権利と呼ぶ。拡散的権利とは，特定の法主体に個別的に帰属するのではなく，広く社会に拡散していると観念される権利であって，[8] 個別的権利に分解することができないか，または分解すべきではないという意味で，超個人的（transindividual）かつ不可分（indivisible）の性質を有する権利である。[9] これに対し，同種個別的権利とは，特定の個人または団体への帰属を観念しうるが，現実には個別的訴訟によって実現を図ることが困難であるために，共通の事実上または法律上の原因から生じた同種の権利として，集合的な救済になじむ権利をいう。[10]

---

6) 三木浩一「集合的権利保護訴訟制度の構築と比較法制度研究の意義──アメリカのクラスアクションを中心として」NBL882号（2008年）10頁〔本書97頁〕参照。

7) ブラジル消費者法81条は，集合的保護の対象となる利益を「拡散的利益」，「集合的利益」，「同種個別的利益」の3つに分類するが，前二者はいずれも超個人的かつ不可分の利益であって区別が曖昧である。サンパウロ大学のカズオ・ワタナベ教授にうかがったところでは，両者の区別は必ずしも理論的なものではなく，ブラジルでも2つに分類する考え方も有力であるとのことである。本稿では，「拡散的権利」と「同種個別的権利」の2つに分類し，両者をあわせて「集合的権利」と呼ぶ。三木浩一「多数当事者紛争の処理」ジュリ1317号（2006年）44頁〔三木浩一『民事訴訟における手続運営の理論』（有斐閣・2013年）250頁〕参照。

8) 拡散的権利は，特定の個人や団体には帰属しないし，かといって政府に帰属するものでもなく，社会における一種の公共財としての性格を有する。したがって，こうした拡散的権利につき，いかなる者に訴訟法上の当事者適格およびその前提としての実体法上の法主体としての地位を創設的に付与するかは，もっぱら当該社会における立法政策の問題に帰着する。アントニオ・ジディ（三木浩一ほか訳）「ブラジルにおけるクラス・アクション──大陸法諸国のためのモデル(4)」際商34巻11号（2006年）1500頁参照。

9) 当事者適格との関係では，個別的権利の場合は実体法上の権利主体に原則として訴訟法上の当事者適格が付与されるが，拡散的権利の場合はその本質において個人帰属しないので，立法措置によって政策的かつ人工的に，当事者適格を創設して付与することになる。そして，こうして当事者適格を付与された主体に対し，その訴訟追行に不可欠な前提として，実体法上の権利主体の地位を付与するという流れになる。すなわち，通常の場合とは論理の過程に逆転が生じる。

10) アントニオ・ジディ（三木浩一ほか訳）「ブラジルにおけるクラス・アクション──大陸法諸国のためのモデル(5)」際商34巻12号（2006年）1658頁参照。

198

II 集合的訴訟と集合的権利

ただし，この両者は常に明瞭に区別できるわけではない。拡散的権利の典型
は，消費者被害の事前差止請求権や事業者の不当利益の剝奪請求権などである
が，これらについても無理をすれば権利の個人的帰属を考えることができない
ではない。他方，航空機事故による大勢の乗客の死傷損害や不純物の混入した
薬品による健康被害を原因とする不法行為に基づく損害賠償請求権などは典型
的な同種個別的権利であるが，各個人ごとの被害金額が極めて少額であるとか，
個人レベルでは被告である企業等の責任を立証することが困難であるなどの事
情で，個別の権利行使が期待できない場合もあり，こうした事情があれば実質
的には拡散的権利に近づく。したがって，以下の論述では「拡散性が高い」な
どの程度を伴う表現を用いることがある。また，本稿においては，必ずしも実
体法上の権利としての性格を分析するものではなく，集合的訴訟制度を構築す
るための前提としての作業であるので，主として訴訟法上の訴訟物たる権利と
しての性格のみを問題にするものである。[11]

以上を前提として，消費者紛争の問題に局面を限定して，拡散的権利と同種
個別的権利を具体的にみていくことにしたい。

2 差止請求権

すでに立法措置が講じられて制度が存在する消費者団体訴訟の訴訟物である
差止請求権であるが，消費者契約法等が消費者団体訴訟のために用意した差止
請求権は，権利行使主体である適格消費者団体のためではなく，消費者一般の

---

[11] このように訴訟物たる権利の性格づけを訴訟法上の観点から行うことは，新訴訟物理論とは
無関係である。いわゆる旧訴訟物理論と新訴訟物理論の対立は，実体法上の権利の既存を前提
として，訴訟物のサイズや範囲を決定するために行われた議論である。これに対し，本稿で論
じようとしているのは，立法措置によって政策的かつ人工的に付与される拡散的権利を含む集
合的権利の整理であり，拡散的権利と同種個別的権利の区別も集合的訴訟制度の構築のための
道具概念としてのものである。したがって，訴訟物論争とは次元を異にする。ちなみに，拡散
的権利と同種個別的権利の実体法上の位置づけについても，筆者の未熟な考えを一言だけ述べ
ておきたい。筆者は，拡散的権利と同種個別的権利の区別は，実体権のレベルにおいても，同
様に観念しうると考えている。つまり，拡散的権利と同種個別的権利は，本稿では，訴訟物と
しての分類を主として問題にしているが，その前提として，実体法上の権利としての性格それ
自体が，両者の間で異なるとの認識を有している。したがって，両者の境界線が一定の場合に
おいては十分に明瞭でないことや，訴訟を含む権利行使の局面では同種個別的権利が事実上の
拡散性を帯びることがあるとしても，両者は実体法上の性格において別種の権利であり，理論
的にも区別できるものと考えている。

199

第1章　消費者利益の保護と集合的訴訟制度

利益擁護を目的として政策的かつ人工的に創設した権利である。したがって，通常の個別的権利としての差止請求権とは異なる性格を帯びるものであり，いわば集合的差止請求権である。具体的には，適格消費者団体は，消費者全体の利益を擁護するために，消費者の一般的な利益を害するおそれの高い事業者の行為につき，その差止めを求める訴訟を提起することができるものとされており，将来における不特定の消費者被害の危険を一般的に排除するための権利である。こうした将来における消費者被害の危険は，すべての消費者に潜在的に存在しているものであるから，特定の消費者に個別的に帰属するものではなく，広く社会に拡散している。したがって，集合的差止請求権は，超個人的かつ不可分の性質を有する拡散的権利である。

3　損害賠償請求権

次に問題となるのは，クラスアクションの導入等の将来の立法を見据えた議論がされている過去に発生した消費者被害の救済の局面である。この場合は，被害を受けたそれぞれの消費者が個別に権利を有しており，その意味では，当該訴訟の客体は伝統的な個別的権利である。しかし，現実には，消費者被害では個別の被害が高額ではなく，被害者たちの組織化が困難であるなど，個人による具体的な権利行使が期待できないことから，適格消費者団体等の代表原告による集合的な権利行使が想定されている。つまり，多数被害者の権利を束ねたものが訴訟物となるという状態が生じる。しかし，そうはいっても，あくまでも個々の消費者が受けた個別の被害から生じる個別的な損害賠償請求権が集団的に行使されるものであるので，なお本来の個人帰属性や可分性という法的性格は維持されている[12]。したがって，このような場合の損害賠償請求権等は同種個別的な権利である。

ただし，個々の被害金額が個別行使が全く想定できないほど少額であるとか，個人レベルでは被告の責任の立証が困難であるなどの理由により，被害者個々人による権利行使がより一層困難な場合には，その困難性の度合いに応じて訴

---

[12]　伊藤眞「司法による消費者被害の救済と支援の在り方――消費者問題と法テラスをめぐる一試論」ジュリ1360号（2008年）65頁参照。

訟物たる権利の拡散性が高まることになる。また，後述する責任認定手続と損害認定手続を分ける二段階構造型の制度を採用する場合には，第一段階である責任認定手続の対象は被告の責任であり，すべての消費者に共通して確定されることになるので，その限りにおいて拡散的権利の性格をある程度有するともいえる。他方，二段階手続の後半に当たる損害認定手続は，たとえ集合的立証や集合的認定が許容されるとしても，訴訟物は明らかに同種個別的権利である。

4 不当利益剥奪請求権

最後に，いわゆる父権訴訟の導入論とも絡んで議論が高まっている不当利益剥奪の局面が問題となる[13]。詳しくは後述するが，民事訴訟による不当利益剥奪制度としては，代表原告が剥奪した不当利益の処理につき，個々の被害者への分配を可能とする制度と，分配を想定しない制度がありうる。しかし，前者は，結果的に集合的損害賠償制度と同じことになるので，無用な議論の混乱を避けるために，本稿では後者のみを不当利益剥奪制度と呼ぶことにする[14]。すなわち，本稿で不当利益剥奪制度というときは，被告から剥奪した不当利益を国庫に帰属させる制度や近似的分配（cy pres distribution）を行う制度などを意味する[15]。

このような意味における不当利益剥奪請求訴訟においては，訴訟物となる不当利益剥奪請求権は広く社会全体のための権利であり，権利の個人帰属性や可

---

[13] 事業者が不当に得た利益の吐き出しを実現する法制度の可能性を検討するものとして，独立行政法人国民生活センター総務企画部調査室編『消費者取引分野の違法行為による利益の吐き出し法制に関する研究』（国民生活センター総務企画部調査室・2004年）参照。

[14] 本稿において，個々の被害者への分配を想定しない制度のみを不当利益剥奪制度と呼ぶのは，あくまでも議論の混乱を避けるためであって，不当利益剥奪制度が本質的に被害者への分配と相容れない制度ということではない。むしろ，クラスアクション等において，代表原告が集合的損害賠償請求訴訟に勝訴して得た金銭を分配した場合に，一部の被害者が名乗り出なかったために分配されずに残る金銭（残余金）が出てくるのが普通であるが，これを被告に返還しない制度を採用した場合には，その部分は不当利益剥奪と同じことになる。また，近似的分配における近似性の程度が高くなればなるほど被害者への分配に接近していくことからもわかるように，集合的損害賠償と不当利益剥奪は密接に関連している。さらに，訴訟の場面においては，両者をあわせて1個の実体法上の権利と構成するか，少なくとも訴訟法上は1個の訴訟物と構成したほうが，処理がしやすい。実際にも，アメリカのFTCや一部の州の司法長官が提起する行政庁訴訟では，両者を1個の訴訟物とするかのごとき処理（日本風の訴訟物概念にあてはめた言い方をすれば）が行われている。

[15] 近似的分配（cy pres distribution）とは，本来の権利者に対する金銭等の分配が不可能または極めて困難である場合に，本来の権利者の救済に役立つ事業に寄付をするなどして，直接的な利益の分配になるべく近い状態を作り出すことをいう。

第 1 章 消費者利益の保護と集合的訴訟制度

分性は考えにくい。したがって，当該権利の法的性質は拡散的権利である。また，たとえ被害者個々人への金銭分配を行う制度であっても，あくまでも剥奪した不当利益の処理方法としての分配であって，代表原告が被害者の権利を代表して行使するのではないものとして構成するのであれば，やはり拡散的権利と考えるべきである。いずれにせよ，不当利益剥奪請求権は拡散性の高い権利である。

ただし，厳密な意味での実体的な性格には曖昧な点が残る。たとえば，ドイツにおける利益剥奪を求める団体訴訟制度では，剥奪した利益は国庫に帰属することになっているが，その利益剥奪請求権の性質は，損害賠償請求権とも不当利得返還請求権とも異なる独自の請求権として位置づけられているとのことである。また，わが国においても，近時，実体法分野の研究において，「利益吐き出し型損害賠償」を論じるものがあるが，吐き出された不当利益を被害者が直接的に受け取ることを想定した議論であり，損害賠償論の 1 つとして論じられているものであって，吐き出された利益の処分として国庫帰属や近似的分配を想定した拡散的権利を意識して論じたものではないようである。さらに，わが国では，課徴金制度との関係についても整理していく必要がある。

このように，不当利益剥奪請求権の実体的な性格には不明な点が少なくないが，さしあたり，本稿との関係では，不当利益剥奪請求権が拡散性の高い権利であることを確認しておけば足りるであろう。

Ⅲ　集合的消費者保護訴訟における救済手段

現在，消費者保護の分野において，すでに民事訴訟手続上の制度として存在する救済手段，および，近い将来の導入の可能性が議論されている民事司法手続による救済手段としては，①集合的差止請求訴訟，②集合的損害賠償請求訴

---

16) 髙田昌宏「団体訴訟の機能拡大に関する覚書き——ドイツ法における近時の展開を手がかりとして」福永有利先生古稀記念『企業紛争と民事手続法理論』（商事法務・2005 年）56 頁参照。

17) 窪田充見「不法行為法と制裁」石田喜久夫先生古稀記念『民法学の課題と展望』（成文堂・2000 年）685 頁，後藤巻則「損害賠償と制裁」法時 78 巻 8 号（2006 年）54 頁等参照。また，廣峰正子「民事責任における抑止と制裁——フランスにおける民事罰概念の生成と展開をてがかりに(1)(2)」立命 297 号（2004 年）1223 頁・299 号（2005 年）270 頁，潮見佳男「著作権侵害を理由とする損害賠償・利得返還と民法法理」論叢 156 巻 5 = 6 号（2005 年）216 頁もあわせて参照。

訟, ③不当利益剝奪請求訴訟がある。そこで, これら3種の司法的救済手段の
相互関係を検討しておく必要がある。

1 集合的損害賠償請求訴訟と不当利益剝奪請求訴訟の異同

まず, 集合的損害賠償請求訴訟と不当利益剝奪請求訴訟との異同を整理しな
ければならないが, これは理論によって決すべき問題というよりも, むしろ不
当利益剝奪請求訴訟の概念定義および制度設計にかかわる問題である。

不当利益剝奪請求訴訟は, 近年, その導入がさかんに議論されているが, わ
が国の司法がこれまで知らない制度であるために確立した概念定義が存在せず,
論者によって異なるイメージで語られることが多い。すなわち, これを差止請
求訴訟や損害賠償請求訴訟と比較すると, これらは個別的訴訟の形では古くか
ら存在する司法上の救済手段であり, 不特定多数の消費者を代表して追行され
る集合的訴訟としては新規であっても, 概念定義上の混乱はないのに対し, 不
当利益剝奪請求訴訟は, 剝奪した利益の処理に関して複数の選択肢が存在する
ことから, それに応じて多様な概念定義が可能である。

具体的には, 剝奪した利益の処理に関して, 国庫に帰属させる制度, 公的基
金に帰属させる制度, 近似的分配 (cy pres distribution) を可能にする制度, 被
害者への分配を認める制度などが考えられ, いずれも不当利益剝奪請求訴訟の
バリエーションとして構想することができる。これらのうち, 最後の被害者へ
の分配を認める制度については, 上述したように, 本稿では不当利益剝奪請求
訴訟の定義に含めないことにする。すなわち, 本稿の定義の下では, 不当利益
剝奪請求訴訟は, 剝奪した利益の処理につき, 国庫への帰属, 公的基金への帰[18]
属, 近似的分配などを行う訴訟であり, 集合的損害賠償請求訴訟は, 剝奪した[19]　　　[20]
利益を被害者に分配する訴訟である。

もっとも, このような概念上の仕分けを行ったとしても, 両者の区別には困
難な部分が残る。集合的損害賠償請求訴訟においても, 被害者が名乗り出ない

---

18) 剝奪した利益を国庫に帰属させる制度としては, ドイツの利益剝奪訴訟制度などがある。
19) 剝奪した利益を公的基金に帰属させる制度としては, ブラジルの集合的訴訟制度などがある。
20) 剝奪した利益の近似的分配を認める制度としては, アメリカのクラスアクションや行政庁訴
　　訟などがある。

第 1 章　消費者利益の保護と集合的訴訟制度

などの理由により，賠償金の一部が最終的に分配されないままに残ること，すなわち残余金が生ずることは避けられない。その場合に，これを被告に返還しないとすると，実質的に不当利益剝奪請求訴訟と同じことになる。また，他方で，不当利益剝奪請求訴訟においても，近似的分配を認める場合には，その内容によっては被害者に対する分配に近づくことになる。

2　各種の救済手段の機能上の差異

次に，それぞれの制度の機能上の差異を整理しておく必要がある。ここでも特異な地位を占めるのは不当利益剝奪請求訴訟である。集合的差止請求訴訟については，その機能は，将来における被害の予防である。わが国では，消費者団体訴訟制度として 2006 年の消費者契約法改正により導入され，2008 年の法改正により，その範囲は景品表示法（正式名称は，「不当景品類及び不当表示防止法」）と特定商取引法（正式名称は，「特定商取引に関する法律」）にも拡大されたが，いずれも適格団体に差止請求訴訟を認めるものであり，将来における被害の予防を目的とする制度である。

他方，集合的損害賠償請求訴訟の機能は，過去における被害の金銭的な回復である。集合的損害賠償請求訴訟には，オプトイン型，オプトアウト型，および，どちらにも分類するのが困難な第 3 類型と呼ぶべき制度がありうる[21]。わが国の既存の制度との関係では，選定当事者制度（30 条）を集合的損害賠償請求訴訟に利用することが可能であるが（現実には，そのような利用は，ほとんど行われていない），選定当事者制度は典型的なオプトイン型である。オプトアウト型と第 3 類型の集合的賠償請求訴訟制度は，わが国には存在しない。オプトイン型，オプトアウト型，第 3 類型のいずれであれ，その機能は過去における被害の回復である（副次的効果として，予防機能を果たすことはある）。

これらに対し，不当利益剝奪請求訴訟の機能は，剝奪した利益の処理の方法によって異なる。剝奪した利益を国庫に帰属させる場合には，過去の被害の回復という意味合いは薄く，むしろ将来の被害の予防が中心となる。これに対し，公的基金に帰属させる制度や近似的分配を行う制度を採用した場合には，公的

21）三木・前掲注 6）21 頁〔本書 113 頁〕参照。

基金の使い方や近似的分配の内容に応じて，過去における被害の回復という機能を併有することになる。

IV　集合的訴訟における当事者適格

1　集合的訴訟における当事者適格の特殊性

集合的訴訟においては，原告となる者は，不特定多数または特定多数の他者の利益を代表して訴訟を追行すべき地位にある。すなわち，団体訴訟や行政庁訴訟の場合は，代表原告は，もっぱら自らの利益ではなく他の者の利益のための訴訟を追行すべき者であるし，クラスアクションの場合は，代表原告は，自らの利益のために訴訟を追行すると同時に，共通利益を有する他の者のために訴訟を追行すべき者である。

したがって，通常の訴訟における当事者適格は，実体法上の権利主体または管理処分権を有する者に与えられるのが原則であるのに対し，集合的訴訟における当事者適格の付与においては，まず，適切に集合的訴訟を追行できる主体が誰であるのかを考え，次に，その当事者適格に対応する訴訟物としての実体法上の権利を考えるという思考の順番をとる。その際，訴訟物となるべき権利が拡散的権利であるときは，権利の自然な発生を観念することが困難であるため，立法による当事者適格の付与とあわせて立法による実体権の付与を行うことになる。

このように，集合的訴訟における当事者適格は，通常の訴訟における場合と比較して，実体法に対する依存性は相対的に低い。[22]

2　固有権構成と訴訟担当構成

集合的訴訟における当事者適格については，当事者適格を有する者自身を実体法上の権利者とする固有権構成をとるのか，それとも他の者に属する権利の管理処分権者に当事者適格を与える訴訟担当構成をとるのかという問題がある。

---

[22]　当事者適格は訴訟法上の概念であるので，通常の訴訟における当事者適格についても，実体法への依存が必然であるわけではない。しかし，民事訴訟が実体法上の権利の実現手段である以上，通常の訴訟であれ集合的訴訟であれ，実体法上の権利との関係は何らかの形で考慮する必要がある。

第 1 章　消費者利益の保護と集合的訴訟制度

しかし，いずれとするかは自由に決められるわけではなく，集合的権利の性質が拡散的権利か，それとも同種個別的権利かによって，ある程度必然的に定まるべきものである。なぜなら，まず，訴訟物である集合的権利が拡散的権利である場合は，被担当者としての権利者を観念することができないのであるから，原則的には固有権構成とならざるを得ない。他方，訴訟物が同種個別的権利である場合には，代表原告に対する権利の譲渡がなされない限り[23)]，訴訟法上の代表原告と実体法上の権利者が分離するから，基本的には訴訟担当構成がとられることになる。

　こうした当事者適格の構成と集合的権利の性質との関係を，集合的権利の種類ごとに見ていくと次のようになる。まず，集合的差止請求権であるが，これは拡散的権利であるから，固有権構成となる。現に，消費者団体訴訟制度の創設の際には，訴訟物である差止請求権は拡散的権利であることから，立法においては固有権構成が採用された[24)]。こうした関係は，不当利益剥奪請求訴訟についても，等しく妥当する。すなわち，不当利益剥奪請求訴訟の訴訟物は不当利益剥奪請求権であり，不当利益剥奪請求権は拡散的権利である。したがって，不当利益剥奪請求権の訴訟担当構成は考えにくく，集合的差止請求権と同様に固有権構成によるべきである。

　これに対し，集合的損害賠償請求訴訟の訴訟物は同種個別的権利であり，個別的な損害賠償請求権が束ねられて行使されるものであるので，その当事者適格は訴訟担当構成であるべきである。こうして訴訟担当構成による場合には，さらに訴訟担当の種類が問題となる。仮に，オプトイン型が採用された場合には，選定当事者制度がそうであるように任意的訴訟担当となる。他方，オプトアウト型の場合は，考え方が分かれる余地がある。すなわち，オプトアウトし

---

　23)　比較法的には，代表原告に対する権利譲渡を制度的に組み込んだ集合的訴訟制度もある。制度上，権利譲渡が常になされるとすれば，たとえそれが信託的な譲渡であっても，訴訟上の当事者適格は固有権構成となる。しかし，こうした制度は消費者に負担がかかるオプトイン型のうちでも，さらに最も負担を要する制度である。わが国では，権利譲渡を必要としない選定当事者制度ですら，実務上はほとんど機能していないことを考えると，あえて検討の対象とする必要はないものと思われる。

　24)　三木浩一「訴訟法の観点から見た消費者団体訴訟制度」ジュリ 1320 号（2006 年）61 頁〔本書 29 頁〕参照。また，同「消費者団体訴訟の立法的課題——手続法の観点から」NBL790 号（2004 年）44 頁〔本書 2 頁〕もあわせて参照。

206

なかったことをもって消極的な授権と考えることができれば任意的訴訟担当となるが，それが擬制にすぎると考えるときは，法定訴訟担当として構成することになる。

3　当事者適格を付与される主体

次に問題となるのは，当事者適格を付与される主体である。選択肢として考えられるのは，①他のメンバーと共通的な利益を有する個人または団体（以下，「クラスメンバー」という）で裁判所が事件ごとに代表者としての適格性を認可した者，②行政庁等が事前に一般的に適格性を認定した民間の団体（以下，「適格団体」という），③消費者行政に関係する政府機関またはその他の公的機関（以下，「政府機関」という）などである。いうまでもなく，①は，アメリカのクラスアクション等において典型的にみられるものであり（以下，「クラスアクション型」という），②は，わが国やヨーロッパ等の団体訴訟でみられるものであり（以下，「団体訴訟型」という），③は，アメリカの政府機関による行政庁訴訟でみられるものである（以下，「行政庁訴訟型」という）である。これらと集合的訴訟の種類との関係は，次のとおりである。

(1)　差止請求訴訟における当事者適格

まず，差止請求訴訟であるが，わが国には，すでに消費者団体訴訟制度が存在するので，将来の立法論として問題になりうるのは，これをさらにクラスアクション型や行政庁訴訟型に拡大すべきかどうかという点である。しかし，クラスアクション型に関しては，集合的差止請求権は拡散的権利であるので，クラスアクション型が機能する場面は考えにくく，その必要性は低いであろう。これに対し，現在の団体訴訟型に加えて，さらに行政庁訴訟型を追加するのは，考えうる選択肢である。しかし，消費者団体訴訟制度は未だ緒についたばかりであるので，今後の運用状況を見定めてから議論すべき問題であろう。

(2)　不当利益剥奪請求訴訟における当事者適格

次に，不当利益剥奪請求訴訟であるが，これについては，新たに創設される消費者庁に当事者適格を認める行政庁訴訟の導入が議論されている[補注]。その場合に

第1章　消費者利益の保護と集合的訴訟制度

参考とされているのは，アメリカの政府機関による行政庁訴訟である。アメリカでは，連邦政府の機関である FTC や州政府の機関である司法長官（attorney general）が原告となって訴訟を提起し，事業者が消費者の犠牲の下で不当に得た利益の吐き出し（disgorgement）を求めることが認められている。この訴訟によって吐き出させた利益は，政府の財政に組み入れられることになるか，あるいは近似的分配がなされることになる。不当利益剥奪請求権は拡散的権利であって個々の消費者が権利主体になるわけではないので，消費者利益を代表すべき政府機関に当事者適格を付与することには，一定の合理性が認められよう。

しかし，不当利益剥奪請求訴訟の当事者適格を付与する主体として，政府機関だけがふさわしいというわけではない。比較法的に見ても，たとえばドイツでは，不正競争行為により不当に利益を得た事業者に対し，消費者団体などの適格団体が原告となって訴えを提起し，剥奪した利益を国庫に組み入れる制度がある。適格団体は，適格認定によって消費者利益を代表する資格を有することが認められるのであるから，拡散的権利の行使主体とすることに相応の合理性が認められる。

したがって，行政庁訴訟型と団体訴訟型のいずれを採用するか，あるいは両制度をともに採用して併存させるべきかなど，複数の選択肢を検討する必要があろう。その際，民間部門の活動に政府機関が介入することの危険性については，十分な配慮が払われるべきである。

　　［補注］
　　　2009 年 5 月に「消費者庁及び消費者委員会設置法」等の消費者庁設置に関する
　　法律が成立し，消費者庁は，同年 9 月 1 日に内閣府の外局として発足した。

(3)　**集合的損害賠償請求訴訟における当事者適格**

最後に，集団的損害賠償請求訴訟であるが，この場合の訴訟物は同種個別的権利であるので，理論的には，クラスアクション型，団体訴訟型，行政庁訴訟型のすべての選択肢が考えられる。

集合的損害賠償請求訴訟が最も発達しているアメリカでは，クラスアクション型が中心的な役割を演じている。しかし，集合的損害賠償請求訴訟とクラスアクションの結びつきは必然ではないし，必ずしもクラスアクション型が最も

208

Ⅳ　集合的訴訟における当事者適格

望ましいとも限らない。消費者事件では被害額が少額であることが多いが，そうした場合にはクラスメンバーの中から適切な代表原告を見つけることが容易ではない。また，クラスアクション型の場合は，クラス代表者の利益のための訴訟と化して被害者の利益回復が十分に図られないといった問題も，アメリカでは一部で指摘されている。

　そこで，ヨーロッパの動きにみられるように団体訴訟型による集合的損害賠償請求訴訟や，アメリカに存在する行政庁訴訟型の集合的損害賠償請求訴訟を導入することも，有力な選択肢であろう。また，集合的損害賠償請求訴訟は，被害者が名乗り出ないために生じた残余金の処理については実質的な利益剥奪手続となりうるので，不当利益剥奪請求訴訟の当事者適格を政府機関や適格団体に認める場合は，これらの主体に同時に集合的損害賠償請求訴訟の当事者適格も認めることに，別の意味での合理性を見出すことができる。実際に，アメリカにおける FTC や州司法長官を原告とする行政庁訴訟では，これらの政府機関によって，損害回復（restitution）を求める訴えと利益の吐き出し（disgorgement）を求める訴えが同時に（より実質的には 1 個の訴えとして）提起される例がみられる。

　ただし，次の 3 点に注意が必要である。第 1 は，アメリカでは，集合的損害賠償請求訴訟の中心はあくまでも同種の権利者の代表によって提起されるクラスアクションであり，行政庁訴訟は一定の限られた分野において補充的な役割を果たしているにすぎないという点である。第 2 は，同一原告または別の原告による集合的損害賠償請求訴訟と不当利益剥奪請求訴訟の重複的な提起と重複的な判決の危険をどのように考えるかという点である。アメリカでは，こうした重複に対して寛大な考え方がとられており，被告に対して重複的な利益の吐

---

25)　集合的損害賠償請求訴訟と不当利益剥奪請求訴訟の相互乗り入れ的な処理を可能にする制度をめざす場合には，訴えの客観的併合の論理によって制度を構築することが適切なのか，あるいは，集合的損害賠償請求権と不当利益剥奪請求権の両者を包含する上位の訴訟物を観念することが可能なのかを，さらに検討する必要があろう。

26)　仮にわが国で政府機関や適格団体に当事者適格を付与する制度を選択したとしても，あわせてクラスメンバーに当事者適格を認める制度を併存させなくてもよいかどうかは，別の問題として慎重に検討すべきである。集合的損害賠償請求権は同種個別的な権利である以上，共通利益を有する権利者の集団に属する者が集団全体を代表して訴えを提起できるものとする制度は常に考慮に値する。

209

第 1 章　消費者利益の保護と集合的訴訟制度

き出しを強いることが理論的には許容されている。しかし，アメリカにはわが国には存在しないエクイティ（equity）の法体系が存在するうえに，懲罰的損害賠償（punitive damage）や民事罰（civil penalty）が広く認められるなど，わが国とは実体法上の大きな相違が存在することを認識しておく必要がある。第3に，これと関係するが，アメリカの行政庁訴訟には，行政庁訴訟における判決効がオプトアウトしない限り一定の範囲の者に及ぶものとする制度と，行政庁訴訟の判決の効力が直接的には消費者に及ばない制度の両方がある。前者は，当事者適格を政府機関に固定している点を除けばクラスアクションに近い制度であるのに対し，後者の制度の下では，消費者は，政府機関が敗訴しても不利な判決効の拡張というデメリットを受けないので，結果的には片面的に消費者に有利になる。政府機関や適格団体に当事者適格を認めるとしても，オプトアウトや判決効などの点でクラスアクションに近い制度を採用するのか，それとも，それとは異なる制度を採用することの可能性と妥当性を探るのかは，立法における選択肢として考慮しなければならない。

V　集合的訴訟における審理構造

1　集合的訴訟における審理構造の一般論

集合的訴訟においては，その審理構造をどのように構築するのか，換言すれば，通常の訴訟と異なる規律をどこまで設けるのかも，検討しておかなければならない重要な課題である。

まず，クラスアクション型を採用する場合には，事件ごとに訴訟手続の中でクラスの認可および当事者適格の認可が行われるから，通常の訴訟には存在し

---

27) わが国における既存の制度との関係でも，課徴金制度と損害賠償請求権の関係については，すでに同様の問題が潜在的に存在する。

28) ハート・スコット・ロディーノ反トラスト改善法に基づく parens patriae action や，parens patriae action を明文で認めるカリフォルニア州などでは，クラスアクションと同様のオプトアウト型がとられているので，政府機関が提起した訴訟からオプトアウトしない限りは同訴訟の既判力が及び，被害者個人によるクラスアクションや個別的訴訟を提起することはできなくなる。これに対し，FTC法に基づく訴訟やニューヨーク州法などに基づく訴訟では，オプトアウト型はとられていない。こうした制度は消費者にとっては有利であるが，他方で，被告となる事業者は多重払いを命じられる可能性があることになる。

210

ない認可手続の創設が不可欠なものとなる。これに対し，団体訴訟型や行政庁訴訟型を採用する場合には，代表原告の当事者適格はすでに認可済みであるので，訴訟手続は通常の訴訟と同じでも差し支えない。

実際，すでに立法化されている消費者団体訴訟制度においては，若干の細かな特則が置かれているものの，本質的には通常の訴訟と同じ訴訟手続となっている。このように，団体訴訟型または行政訴訟型を採用した場合には，差止請求訴訟については，通常の訴訟手続をベースとすることで足りる。また，同じく拡散的権利を訴訟物とする不当利益剥奪請求訴訟についても，団体訴訟型または行政訴訟型を採用する場合には，本質的には通常の訴訟手続が妥当するであろう。

もちろん，すでに存在する消費者契約法における規律のように，代表原告による濫用的な提訴を制限する規律（消費契約12条の2第1項1号），代表原告による重複的な提訴を制限する規律（同項2号），移送および併合に関する特則（消費契約44条・45条）などの特則を設けるかどうかは別論である。

2 集合的損害賠償請求訴訟における固有の問題

(1) 二段階型について

これに対し，集合的損害賠償請求訴訟については，これらとは別異の考慮を必要とする。なぜなら，集合的損害賠償請求訴訟においては，被告の責任の存否および内容を争点とする責任論と，被告の責任の存在を前提としたうえで，個別の被害者における因果関係および損害を争点とする損害論の2つが問題となり，しかも，前者は，すべての被害者との関係で同一の判断がなされるべき共通的争点であるのに対し，後者は，原則として個々の被害者ごとに判断すべき個別的争点であるからである。[29]

そこで，集合的損害賠償請求訴訟の制度構築においては，通常の個別的訴訟や多数当事者訴訟などと同じく両者を同一の手続で処理する制度（以下，「一段階型」という）のほかに，共通的争点である責任論と個別的争点である損害論を別個の手続で処理する制度（以下，「二段階型」という）という選択肢も考えられる。

---

29) ただし，争点の個別性をある程度抽象化した集合的処理や集合的立証の問題については，別にあらためて検討しなければならない。

第 1 章　消費者利益の保護と集合的訴訟制度

(2)　比較法的検討

比較法的に見ると，アメリカをはじめとするコモンロー諸国におけるクラスアクション[30]やアメリカの行政庁訴訟[31]は，制度としては基本的に一段階型である。これに対し，近時，南アメリカやヨーロッパなどの国々では，二段階型の立法の動きがみられる[32]。こうした二段階型の集合的損害賠償請求訴訟には，さまざまなバリエーションがみられるが，紙数と筆者の能力の制約もあることから，ここでは，結果的には廃案となったフランスの制度と，ごく最近成立したイタリアの制度とを，ごく簡単に紹介するにとどめることにしたい。

(a)　フランスの例

まず，フランスで 2006 年に国会に提出され，2007 年に実質的な審議を経ずに廃案となった集合的損害賠償請求訴訟の制度をみてみることにする[33]。これは，消費者法典の改正によって導入しようとしたもので，2000 ユーロ以下の少額債権について認められるグループ訴訟(l'action de groupe)と呼ばれる制度である。

グループ訴訟は，認可を受けた消費者団体によって追行される訴訟であり，同一の事業者による同一のタイプの契約に基づく義務の不履行を原因として，複数の自然人である消費者に生じた損害の賠償を目的として行われる。裁判所

---

30) もっとも，実質的には二段階型の運用がなされている。たとえば，カナダのコモンロー諸州におけるクラスアクションでは，裁判所は，共通的争点についてまず判決を出す（筆者がオンタリオ州において調査したところでは，この判決は中間的判決や暫定的判決ではなく，終局判決であるとのことであった）。そして，その判決を前提として引き続き個別的争点の処理を行うが，この段階では，裁判所に広範な裁量権が認められている。すなわち，裁判所は，①個別的争点につき自ら判断する，②別の裁判官に付託する，③1 名または複数の評価人を選任して個別的争点の調査および評価を行わせる，などの手段を選択する。また，当事者の同意を得て，個別的争点を仲裁や調停などの ADR に付託することもある。個別的争点の審理段階では，当事者にも広範な手続のコントロールが認められており，当事者は，事件の性質に応じて柔軟に手続を合意することが認められている。See Ward K. Branch & Branch MacMaster, *Class Actions in Canada* 18. 10-18. 45 (2000).

31) アメリカにおけるクラスアクションにおいても，クラスが認可された段階ではほとんどの事件は和解によってその後の処理がなされるので，実質的には，クラス認可を中心とする手続と和解手続の二段階型がとられているといってもよい。こうした実質的な二段階型という事情は，行政庁訴訟においても同様である。すなわち，行政庁訴訟でもトライアル(trial) や判決にまで進む事件は極めて稀であり，ほとんどの事件は途中で和解によって処理されている。

32) 二段階型の立法を試みている国の例としては，ブラジル，チリ，オランダ，イタリア，フランスなどがある。ただし，フランスの場合は，シラク政権下の 2006 年に国会に法案が提出されたが，政治情勢のために実質的な審議を経ることなく 2007 年春に廃案となった。

33) フランスの制度に関する記述は，山本和彦教授のご教示に負う。

は，事業者の責任を認める判決をするときは，損害を受けた消費者にその判決を知らせるために，事業者の費用で判決内容を公示することを事業者に命じる。これが，第一段階の責任論の判決となる。

　次に，第二段階の損害論の手続である。各消費者の個別的な損害額の算定については，第一段階で判決を猶予するという形がとられており，その猶予の期間内に，責任を認定された事業者と消費者との間でやりとりが行われる。すなわち，責任判決と同じ性質の損害を受けたものと考える消費者は，2000 ユーロを超えない範囲で，受けた損害に相当する賠償を事業者に請求する。事業者は，一定の要件および期間の下に，賠償の申入れをするか，または拒否の理由を明らかにしなければならない。事業者の申入れを拒否する消費者または事業者からの申入れがなかった消費者は，責任判決をした裁判所に対して賠償請求の申立てをすることができる。この申立てに対し，裁判所は，わが国の非訟手続のような簡易な手続によって，口頭弁論を行うことなく，判断を行うことができる。

　裁判所が，賠償請求を認めるときは，事業者に対し，賠償額の最大 50% に相当する額まで，制裁金の支払いを命ずることができる。

（b）　**イタリアの例**

　次に，イタリアの制度であるが，集合的賠償訴訟（azioni collective）と呼ばれる同国の制度は，次のようなものである[34]。

　法定要件を満たす消費者団体は，多数の消費者の利益を代表して集合的訴訟を提起し，代表にかかる消費者が損害賠償請求権や不当利得返還請求権などを有することを宣言する判決を求めることができる。裁判所は，入口審査として集合的訴訟としての適格性の有無を判断し，適格性が認められたときは，原告である消費者団体は集合的訴訟の係属を公示する。この訴訟の判決効を受けることを希望する当事者は，訴訟係属中に，書面でオプトインの手続をとらなければならない。また，消費者は，オプトインの手続とは別に，訴訟参加をすることもできる。

　裁判所は，本案審理を経て原告の請求を認容するときは，オプトインまたは訴訟参加した消費者に支払うべき金額の計算方法を示さなければならず，可能

　34）イタリアの集合的賠償訴訟制度は，2007 年 12 月 21 日の法改正（消費者法 104 条の 2）で成立し，2008 年 6 月 29 日から施行された。

第1章　消費者利益の保護と集合的訴訟制度

であればあわせて支払うべき最低金額も定めなければならない。判決の効力は，オプトインの手続をとらなかった消費者には及ばない。このように，イタリアの集合的賠償訴訟制度では，オプトイン型の手続によって，まず責任論を中心とした判決がなされる。

　次に，損害論の手続段階に移ることになるが，イタリアでは，比較法的にみてもユニークな集合的和解ないし集合的調停の制度が第二段階に設けられている。すなわち，被告は，判決の送達から60日以内に，集合的な和解案の提示を行うことができる。この和解案の提示が受け入れられたときは，その和解は司法上の執行力を獲得する。他方，被告が和解案の提示を行わなかったとき，または被告による和解案の提示が受け入れられなかったときは，裁判所は，調停委員会の構成を命じなければならない。調停委員会は，損害賠償として支払われる金額や支払条件などについて，調停案を提示しなければならない。[35]調停委員会に請求をしなかった消費者は，裁判所の判決を求めて個別に訴訟を提起することができる。

(3)　二段階型の長所

　こうした二段階型の制度は，わが国においても有力な選択肢となりうるものと思われる。同種個別的権利の集合的訴訟は，共通的争点である責任論の共通的な処理に主たる意味があるのであり，個別的争点である損害論については，たとえ集合的訴訟の制度が導入されたとしても，当事者による主張および立証は原則として個別的に行わざるを得ない。

　このような共通的争点と個別的争点の関係は，公害事件や薬害事件などで多数の請求の共通的処理を図るために被害者たちが原告団を組織して提訴する多数当事者訴訟においても，解決が困難な問題としてかねてより指摘されてきたところである。[36]また，個別的争点の処理は個別的に行わざるを得ないという問題は，たとえクラスアクション型を採用したとしても変わるところはない。現

---

35)　この調停案がいかなる拘束力を持つのか，あるいは効力において仲裁判断と等しいのかどうかは，法律の文言からは不明確である。*See* GianBattista Origoni & Matteo Fusillo, *The New Italian Collective Actions* (2008), *Available at* http://www. iadclaw. org/pdfs/Internationa-MAR-08.pdf#search＝'the％ 20new％ 20italian％ 20collective％ 20actions'〔現在は Not Found〕．

214

に，アメリカにおいては，クラスアクションは大規模不法行為事件には適さな
いと，長らく一般に考えられてきた。[37]したがって，集合的訴訟に期待すべき機
能は，フランスの法案やイタリアの制度にみられるように，被告の責任の宣言
にとどめることが望ましいともいえる。

　この場合における第一段階の構造については，オプトイン型とオプトアウト
型のいずれもが考えられる。上述のように，イタリアはオプトイン型を採用し
たが，わが国では一段階型ではあるがすでに選定当事者の制度があり，しかも
集合的訴訟制度としては失敗に終わっている現状に鑑みると，何らかのオプト
アウト型の要素を採用すべきであろう。オプトアウト型については，積極的に
オプトアウトの手続をとらない限り自己の権利を処分されてしまうクラスメン
バーの手続保障に欠けるとの批判があるが，二段階型をとる場合の第一段階に
ついては，判決効が不利に及びうるのは共通的争点である責任論だけであると
ころ，責任論については個別の権利者による自由処分性は相対的に低いので，
代表原告の選定とオプトアウトの機会の保障が適切に行われる限り，手続保障
の点は深刻な問題ではないと思われる。

(4)　第二段階の制度設計

　第二段階の損害論については，個々の被害者の個別的訴訟に委ねるという制
度が最もシンプルであり，制度設計も相対的に容易である。この場合でも，責
任論については集合的訴訟の既判力が原告に有利に及ぶので，通常の場合に比
べれば個別的訴訟における原告の負担は軽減することになる。しかし，それで
も被害額が少額であるなどの場合には，個々の被害者にとっては個別的訴訟の
提起と追行は重い負担である。

　そこで，イタリアにみられるように，集合的和解や集合的調停を制度化する
ことが考えられる。[38]個別的争点である損害論の段階で集合的和解や集合的調停
を用いることには，個々の被害者の負担軽減のほかにもメリットがある。損害

---

36)　筆者は，多数当事者訴訟に関しては，この問題に対応するための手続上の方策として，合同
　　審理の実施を提唱している。三木浩一「多数当事者紛争の審理ユニット」法研70巻10号（1997
　　年）78頁〔三木浩一『民事訴訟における手続運営の理論』（有斐閣・2013年）201頁〕参照。
37)　大村雅彦＝三木浩一編『アメリカ民事訴訟法の理論』（商事法務・2006年）231頁参照。
38)　集合的和解の制度化については，オランダや韓国にも立法例がみられる。

第 1 章　消費者利益の保護と集合的訴訟制度

論における立証の局面でも，関係者の数が多数である場合には，集合的立証を行わなければ紛争解決は長期化し，費用や負担もそれに応じて増大する。しかし，集合的立証は，不可避的に一定のフィクションを伴うため，個別の被害者との関係では，本来負担すべきではない賠償を負担させたり，本来受けるべき賠償を受けられなくするなど，実体法秩序に反する結果を招来する場合があり，それを理論的に正当化することは必ずしも容易ではない。これに対し，集団的和解や集合的調停などであれば，合意による権利の放棄または権利の変更の論理により，集合的処理を正当化することができる。また，被害者救済のために役立つ事業の創設を合意するなど，それ以外の柔軟な処理も可能になる。ただし，集合的和解や集合的調停は，関係者が和解案に応じなければ成立しないため，不調に終わった場合の手当ても必要である。これについては，すでに被告の責任は第一段階の手続で確定しているのであるから，非訟手続による簡易な損害確定手続を検討すべきであろう[39]。

　また，第一段階の責任確定手続において被告の責任が認められれば，その時点で被告が不当に得た利益の総額を支払わせ，これを特別に創設した基金等に組み入れ，第二段階の手続は，この基金を相手にして行うという制度も考えられる。すなわち，被告が吐き出した利益を破産財団のように被告の責任財産から法的に分離し，これを被害者への配当のための独立した財産として管理人を置き，その管理人を相手として交渉，和解，調停，訴訟などを行うのである。このような制度を採用した場合には，不当利益剥奪請求訴訟の処理と集合的損害賠償請求訴訟の処理とを一括して行うことができる。また，権利者が名乗り出なかった残額を容易に不当利益剥奪として処理することができるなどのメリットがある。ちなみに，このような制度を採用しない場合でも，被害者の一部が名乗り出ないために生ずる残余金の問題は，いずれにせよ避けて通ることはできないので，利益剥奪としての処理の方法として国庫帰属または近似的分配のいずれを採用するかを決めておく必要があるであろう。

---

39) 簡易な非訟手続によって損害認定を行う仕組みを導入する場合には，被告の手続保障が問題となりうるが，すでに第一段階の手続で責任は確定しており，それを前提とした損害の確定であるから，訴訟手続でなければ手続保障に反するとまで考える必要はないと解する。破産法125条の破産債権査定決定や民事訴訟法248条の損害額の認定に関する規定などの趣旨も参考になろう。

第 2 章
集団的消費者被害救済制度の展望と課題

〔初出：2010 年 9 月〕

I　はじめに

現代社会における消費者被害には，以下のような特徴がある。

第 1 に，消費者被害では多数に及ぶ同種の被害が頻発ないし反復されることが多く，個々の被害者による個別的解決では問題の本質的な解決にはならないことが多い。第 2 に，消費者と事業者の間には情報や能力の非対称性があることから，個々の被害者による個別的解決に期待することが難しいことも多い。第 3 に，消費者被害における個々の被害はしばしば少額であるため，個々の被害者は自らの手による被害回復を断念しがちである。第 4 に，多数の被害者が集団を形成して実効的に被害救済を図ることを考えようとしても，消費者相互には面識や社会的なつながりがなく，さらに消費者の中には被害の認識や権利の意識に乏しい者が含まれるために実効的な集団の形成は困難である。第 5 に，消費者全体に被害が及ぶ事案の中には，個々の被害者の特定が困難または不可能な類型の事案があり，こうした事案については被害者の個々的な活動に期待することはできない。第 6 に，加害者側が特に悪質な事案では，加害者による資産の隠匿または散逸などが行われるため，早期に対応しなければ被害の回復が困難になる。

II　消費者庁における研究会

1　研究会発足の経緯

こうした事態に国として対応するために，2009 年 9 月 1 日に設立された消費者庁において，消費者被害の救済のための新たな制度を検討することを目的として，同年 11 月 24 日，「集団的消費者被害救済制度研究会」が立ち上げられた。これは，内閣府国民生活局における「集団的消費者被害回復制度等に関

第2章　集団的消費者被害救済制度の展望と課題

する研究会」の結果を引き継ぐものであり，また，消費者庁及び消費者委員会設置法附則6項において，法施行後3年を目途として被害者を救済するための制度について検討を加え必要な措置を講ずるものとされたことを受けてのものである。[1]

わが国において，消費者を広く保護するための制度としては，2007年6月から制度の運用が始まった消費者団体訴訟制度がある。しかし，同制度は消費者契約における不当条項や不当勧誘行為の差止めを通じて消費者一般の将来における被害を事前に予防することを目的とするものであり，過去に生じた個々の被害者の被害救済の手段としての機能を有してはいない。また，民事訴訟法上の一般的な制度である共同訴訟制度，選定当事者制度，少額訴訟制度なども，上記のような特徴を備えた消費者被害の救済には必ずしも十分な機能を発揮していない。

2　複線的な検討の必要性

そこで，「集団的消費者被害救済制度研究会」では，消費者被害を適切かつ効果的に救済するための新たな制度を検討することとした。ただ，ひとくちに消費者被害といってもその態様は多種多様である。そこで，1つの制度だけで対処することは困難であるため，複線的な手段の検討が不可欠であるとの基本的な認識の下に，以下の3つに分けて検討することとした。

第1は，民事訴訟制度の枠内で対応すべき類型である。これは，個々の被害者または権利者（以下，単に「被害者」という）が自ら訴訟を提起することが困難である場合に，集合的な訴訟制度によって判決または和解を調達し，被害者が金銭的な被害回復を受けることができるようにしようとするものである。

第2は，被害者の特定が困難または不可能である場合である。このような類型では，被害者に金銭的給付を行うことができないので，民事訴訟制度では対応できない。そこで，このような類型については，行政による経済的不利益賦課制度の創設が考えられる。これは，加害者が違法に得た利益を実質的に保持

---

1) 筆者は両研究会の座長を務めたが，本稿のうちの意見にわたる部分は，筆者の個人としての見解である。

218

できないようにして，違法状態の是正や将来の違法行為の抑止を達成しようとするものである。

　第3は，悪質商法事案や犯罪性のある事案である。こうした事案では，刑事捜査との連携が必要であると同時に，犯罪性のある集団は本来の営業資産を有していないことが普通であり，活動開始の直後から債務超過に陥っている場合がほとんどである。また，資産の隠匿や拡散の可能性が高く，早期に資産を保全して迅速に破産手続などにつなげていく必要がある。そこで，効果的な保全制度と破産手続の活用などが考えられる。

　集団的消費者被害救済制度研究会は，このような分析を行った結果，「集団的消費者被害救済制度研究会報告書」（2010年9月。以下，単に「報告書」という）を作成し，これからさらに検討していくべき課題を3つのパートに分けて記載することとした。

Ⅲ　報告書の構成と概要

1　報告書の全体構成

　報告書の全体構成は，7つの章からなる。すなわち，「Ⅰ．研究会開催の経緯」，「Ⅱ．集団的消費者被害の実態」，「Ⅲ．国内制度の分析」，「Ⅳ．集合訴訟制度」，「Ⅴ．行政による経済的不利益賦課制度」，「Ⅵ．保全制度」，「Ⅶ．まとめ」である。このうち，Ⅳ，Ⅴ，Ⅵが新たな制度を構築するにあたっての論点や検討課題を分析した部分であり，上述した3つのパートである。

2　集合訴訟制度

　まず，「Ⅳ．集合訴訟制度」の検討では，4つの手続モデル案が提示されている。A案は，二段階型を想定している。ただし，報告書において述べられているように，二段階型にはさまざまなバリエーションがありうるので，A案を採用する場合には，さらに詳細を詰めていく必要がある。B案は，第一段階がオプトアウト型で第二段階がオプトイン型であり，カナダの二段階型に近いイメージの案である。C案は，わが国の一部の団体などが主張するオプトアウト型である。D案は，集合訴訟として精緻化したオプトイン型である。

219

第 2 章　集団的消費者被害救済制度の展望と課題

　報告書では，いずれの案を採用すべきかの結論には至っていないが，それぞれの長所や短所が分析されている。そこからも明らかなように，B 案，C 案，D 案にはいろいろと問題が多く，基本的には A 案を軸として制度構築を考えていくことが望ましいであろう。もっとも，A 案が想定する二段階型と，B 案がベースにしたカナダの二段階型や D 案が採用するオプトイン型は，後述するように，一般に考えられているほどの大きな差異はない。また，C 案は，オプトアウト型であるが，アメリカのクラスアクションとはかなり異なる特異なオプトアウト型であることに注意を要する。ただし，C 案が参考にしたと思われるアメリカのクラスアクションの要素の一部は，A 案の制度設計に取り込むことが可能である。

　いずれにせよ，二段階型におけるさまざまなバリエーションの中で，機能的に二段階型に期待される長所をすべて具有し，かつ現行の法制度との乖離が少なく，現実に実効的な機能が期待できるものとして，筆者が最も望ましいと考える制度設計については，Ⅳにおいて詳述する。

3　行政による経済的不利益賦課制度

　次に，「Ⅴ．行政による経済的不利益賦課制度」であるが，報告書が想定している対象事案の典型は偽装表示である。こうした事案においては，個々の消費者の個別の財産的損害を具体的に観念しうるかどうかについて疑問があり，また仮にそれが可能であっても個々の被害者を具体的に特定して損害額を算出することは困難である。そのため，集合訴訟による損害賠償を考えるよりも，事業者に一定の経済的な不利益を賦課するという行政上の手段で対応することが望ましいと考えられる。不利益賦課の方法として，報告書は，①違法収益の剝奪とは別の一定の賦課金の納付を命ずる方法，②違法収益額に相当する金銭の納付を命じる方法，③違法状態の是正等を命じる行政処分を行う方法を例示している。

　これらのうち，②は，いわゆる違法収益の剝奪に相当し，各方面で導入を期待する声があった方法である。しかし，違法収益の剝奪を制度化しようとする

---

2)　集合的権利保護訴訟研究会「集合的権利保護訴訟における各種制度の比較検討(上)(下)」NBL932 号（2010 年）13 頁・933 号（2010 年）52 頁参照。

場合には，何をもって違法収益と定義するかという問題や，いかに収益額を判定する基準を立てるかという問題など，制度設計にあたって困難な課題が少なくない。また，収益を剥奪するだけで事業者が投下した経費に相当する部分は剥奪されないという制度に実効性はあるのかという問題や，個々の事案ごとに違法性の有無や収益の額を立証することが極めて困難であるという実務上の問題も無視できない。

また，③は，違法状態を定める行政規制が別途必要であるとの問題があるほか，実効的な制度を設けようとすると，結局は，①と実質的に同じような制度になるのではないかとも思われる。したがって，課徴金の範囲の拡大など，①の方向で制度を検討していくことが望ましいであろう。

4　保全制度

最後に，「Ⅵ．保全制度」であるが，ここにいう保全の必要性がある事案とは，システムとして破綻が必至であるマルチ商法やその他の悪質商法，あるいは潜在的に損害賠償請求権等の債務を負っていることを考慮すれば債務超過となっている不当勧誘の事案などである。

通常の民事保全においては，被保全債権の特定や保全すべき財産の特定などが必要であるが，上述のような消費者被害事件において，早期にこれらを特定することは困難である。そこで，通常の民事保全とは異なった手段が必要であるとの指摘がなされている。報告書は，①被保全債権や保全すべき財産を個別に特定せずに財産を保全する方法，②私法上の契約の効果として取引を停止する方法，③行政が財産を特定して保全する方法，④行政処分による賦課金等のための保全を行う方法を新たな手段として例示している。

これらのうち，①は，破産法における包括的禁止命令（破25条参照）などを活用することを意図した案であるが，破産手続開始の申立てについては，債務者申立てはもとより期待できないし，債権者申立てを一般の消費者が行うことも困難であることを考えると，消費者庁などの公的機関に破産申立権を立法によって付与することを検討すべきであろう。

第 2 章　集団的消費者被害救済制度の展望と課題

Ⅳ　集合訴訟に関する私案

以下では，集合訴訟制度に絞って検討してみたい。報告書の分析結果にも示されているように，B 案，C 案，D 案は，少なくともそのままでは問題が多いので，A 案をベースにすることが妥当である。しかし，A 案が前提とする二段階型にはバリエーションが多く，ただ単に二段階型ということで議論を進めることは，あまり生産的とはいえない。そこで，筆者が考える二段階型の私案を提示する形で，あるべき集合訴訟制度の姿を探っていくことにしたい。[3]

1　集合訴訟の各類型との関係

集合訴訟制度は，最近では，オプトイン型，オプトアウト型，二段階型に分けて議論されることが多い。[4] これらは，しばしば異なった制度として議論されるが，相互の垣根は想像以上に低い。したがって，集合訴訟の制度設計においては，これらのいずれを選択するかという択一的な思考態度によるよりも，これらのいずれの要素をどのように組み合わせるかという思考態度によるべきである。また，二段階型は，もともとオプトイン型やオプトアウト型とは次元が異なる類型であるので，オプトイン型やオプトアウト型の要素をどのように取り込むかという観点からの制度設計になじみやすい。

各類型相互の境界における相対性と流動性は，制度設計上，とりわけ次の 4 点において重要な意味を持つ。

(1)　オプトイン型の普遍性

第 1 は，オプトイン型の普遍性である。およそ，あらゆるタイプの集合訴訟制度において，結局のところ，いずれかの時点においては，個々の被害者による自発的な加入が不可欠である。したがって，制度のいかんを問わず，オプトイン型の要素を完全に払拭することはできない。

---

3)　筆者が集団的消費者被害救済制度研究会の席上で披露した「私案」を詳述するものである。
4)　オプトイン型とオプトアウト型を組み合わせた併用型もある。ノルウェーやデンマークに立法例がみられる。

たとえば，オプトイン型の対極にあるとされるクラスアクションなどのオプトアウト型においても，判決または和解が成立した時点で，個々の被害者に名乗り出てもらう必要がある。つまり，オプトインの時点との関係でいえば，オプトアウト型は手続の最終に近い段階でオプトインが行われる制度ということができる。

これと比較すると，二段階型は，第一段階の終了を受けた第二段階においてオプトインが行われる制度である。つまり，手続の中間段階でオプトインが行われる制度である。たとえば，カナダのコモンロー諸州における二段階型クラスアクションは，第一段階はアメリカのクラスアクションに類似したオプトアウト型であるが，第二段階は一種のオプトイン型である。つまり，アメリカのクラスアクションに比べてオプトインの時点が前倒しされている。

また，わが国における選定当事者制度はオプトイン型として認識されているが，民事訴訟法の1996年改正によって導入された追加的選定制度（30条3項）は，オプトインの時点が手続の中間段階とされているので，どちらかといえば二段階型の構造に近い。これに対し，改正前から存在する従来の選定当事者制度（同条1項・2項）は，手続の最初の段階からオプトインする必要がある。

このように，オプトイン型，オプトアウト型，二段階型といっても，ある一面を捉えた場合にはオプトインの時点に関する相違ということになる。

(2) クラス概念の普遍性

第2は，オプトアウト型の典型であるクラスアクションにおけるクラス概念の普遍性である。

クラスアクションにおける「クラス」と類似する概念は，わが国の既存の制度にも存在する。たとえば，選定当事者の要件である「共同の利益を有する多数の者」（30条1項）は，いわばクラスに相当する概念である。しかし，クラス概念と異なって範囲という考え方を必ずしも伴っていない。他方，クラス概念は，クラスに属する個人およびその有する債権の範囲を概括的に想定した概念である。これによって，被告である事業者は，クラス全体におけるクラスメンバーの広がりやクラスに属する債権の総額について，最終的な見込みをある程度予想することができ，それに応じた訴訟追行や和解に応じる判断などを適

切に行うことができる。

こうしたクラス概念の重要性ないし普遍性は，二段階型の手続においても異なるところはない。なぜなら，仮に第一段階の審理において責任原因だけが審理されるとすると，被告である事業者は，どの程度のコストや時間を投下して防御活動を行うべきか，あるいはどの程度の真剣さで争いまたは和解すべきかの判断が困難となり，手続保障が害されるからである。このように，オプトアウト型の典型であるクラスアクションにおけるクラス概念の考え方は制度類型の枠を超えて普遍性を持つ。

(3) 典型債権概念の重要性

第3は，やはりクラスアクションにおいてみられる代表原告の有する典型債権という考え方の重要性である。

二段階型の一般的なイメージは，第一段階の審理において責任原因だけが審理されるとするものであるが，それだけでは第一段階の審理としては不十分である。第一段階においても，概括的には，典型債権の因果関係論や損害論まで含めた審理が必要である。なぜなら，被告である事業者からすれば，責任原因だけの審理では第二段階における審理を争った場合にどのような攻撃防御がなされることになるかについて十分な予想ができず，やはり被告の手続保障を害するからである。

また，典型債権について因果関係や損害の発生が認められないときは，第二段階の手続に進むこと自体が無駄である。第一段階で責任原因だけの審理が行われる場合には，こうした無駄が生ずるおそれがあり，被告である事業者や裁判所に不当な負担を強いることになりかねない。このように，典型債権の考え方は二段階型においても取り込む必要がある。

(4) 既存制度との関係

第4に，すでに若干触れたところであるが，オプトイン型に分類されるわが国の選定当事者制度のうちの追加的選定（30条3項）と二段階型との類似性である。

二段階型の基本的な発想は，第一段階の手続では代表原告（当事者適格を被害

者である個人に認める場合には被害者のうちの1人または複数）が当事者となって責任原因などの共通争点の審理を行い，他の一般の被害者たちはその第一段階の裁判の結果を見定めたうえで，その結果の利用を前提として第二段階の手続に加入するというものである。これと追加的選定の基本的発想はよく似ている。すなわち，追加的選定の場合においても，被害者のうちの1人または複数が当事者となって審理を行い，他の一般の被害者たちはその審理を見定めたうえで，その審理状態の利用を前提として手続に加入するというものである。

さらに，当初の当事者による訴訟において責任原因等の有無に関する中間判決（245条）を介在させることも可能である。その場合には，より一層，選定当事者制度は二段階型に類似する。このようにオプトイン型といっても，そのうちのある種のタイプのものは二段階型と基本的発想および集合訴訟としての機能のいずれについても類似しており，このような両者は一体的に把握することも可能である。

2　本私案の法的性格

本私案は，基本的に二段階型を採用するものであるが，同時に，民事訴訟法の1996年改正で日本型クラスアクションを構想して導入された追加的選定の延長線上にもある。

選定当事者制度は，その利用件数も少なく一般に失敗の烙印が押されているが，1996年改正前からの選定当事者制度と同改正で導入された追加的選定とでは，その構造や機能がかなり異なっている。それにもかかわらず，追加的選定が利用されないのは，事後的にオプトインできることが規定されているだけであって，集合訴訟としての装置を伴っておらず，制度利用者からしても利点が見えないからである。しかし，その基本的な仕組みのうえに，一定の規定の整備を行えば，二段階型の集合訴訟に発展させることが可能である。

このように，追加的選定の延長線上に制度を構築することにより，既存の法制度との整合性に対する懸念を解消することができる。しかも，そこに盛り込まれるべき機能は，各国における二段階型の集合訴訟と比肩しうる。また，クラスアクションの要素やオプトイン型の要素をバランスよく取り込むことも可能である。

第2章　集団的消費者被害救済制度の展望と課題

3　第一段階の手続

(1)　基本的な構造

　本私案は，二段階型の制度という点では，ブラジルにおける集団訴訟制度やフランスで検討された制度と基本的に同様である。より正確にいえば，対象となる事件について金額等による制限がない点ではブラジルの制度に似るが，第一段階の裁判が終局判決ではなく一種の中間判決である点ではフランスの制度に似る。また，第一段階の審理においてクラスの概念的な特定を行う点や，典型債権についての審理および判断を行う点では，アメリカのクラスアクションの要素を取り入れている。

(2)　訴えの提起

　具体的な手続の流れは，以下のとおりである。消費者被害を受けた個人は，二段階型集合訴訟の第一段階に当たる訴訟を提起することができる。この訴訟の訴訟物は，追加的選定における先行訴訟の場合と同じく原告個人の有する損害賠償請求権などの実体権であり，訴えの類型は給付訴訟である。後述する認可手続の点を除けば通常の訴訟と異なるところはないので，単独訴訟として提起するほかに，他の被害者とともに通常共同訴訟（38条）として提起することや，選定当事者（30条1項）を選定して提起することも可能である。

(3)　認 可 手 続

　通常の訴訟と異なるのは，集合訴訟として裁判所に認可されることが手続要件とされるところである。この点，本私案の制度は追加的選定の延長線上にあり，実質的にも中間判決を伴う追加的選定と大差ないことを考えると，認可手続は不要であるとも考えられる。しかし，追加的選定とは次の2点において相違があり，認可手続を介在させるほうが穏当であろう。第1の相違は，後述するように，第一段階の最終段階で出される一種の中間判決に対して独立の上訴が許されるという点である。第2の相違は，第二段階の手続において他の被害者たちによる既存の訴訟参加の手続とは異なる加入が認められるという点である。このように，通常の訴訟とは異なる集合訴訟としての固有の手続が認めら

226

れる以上，集合訴訟としての手続続行を認めるかどうかにつき，裁判所による認可が必要であるものとすべきである。

(4) 認可要件

集合訴訟としての認可の要件は，①原告を含む集団の全員に共通する法律上または事実上の問題が存在すること，②原告の請求権が集団に属する他の構成員の請求権と比べて典型性を欠くとはいえないこと，③集合訴訟よりも当該紛争の解決にとって優れている他の方法が存在するとはいえないことである。

①は，選定当事者制度における「共同の利益」の概念やアメリカのクラスアクションにおける「commonality」の概念にほぼ相当し，あらゆる集合訴訟に共通して求められる要件である。

②は，アメリカのクラスアクションにおける「typicality」に類似した要件である。特異な権利を有する者が集合訴訟制度を利用することを回避することを目的とする。ただし，後述するように，本私案の制度では，原告が集合訴訟制度を濫用して不正な利益を図るとか，集合訴訟制度を通じて他人の権利を侵害するとかのおそれはほとんど考えられないので，積極要件ではなく消極要件である。すなわち，主張責任および証明責任は相手方が負う。

③は，アメリカのクラスアクションにおける「superiority」に相当する。通常の訴訟や行政手段などのほうが当該紛争の解決に優越している場合にまで，集合訴訟制度の利用を認める必要はないからである。この要件の主張責任および証明責任も相手方が負う。裁判所が認可を否定した場合は，通常の訴訟として手続は続行される。

(5) 第一段階における審理

集合訴訟として認可されれば，第一段階の審理手続を行う。第一段階の審理における中心的な審理対象は，集団の全員に共通する法律上または事実上の問題，すなわち共通争点である。これに加えて，集団の範囲（アメリカのクラスアクションにおけるクラス範囲に相当する。具体的には，集団に属する個々の消費者およびその有する債権の範囲に関する概括的な特定である）および典型債権の審理が必要である。

227

第2章　集団的消費者被害救済制度の展望と課題

　共通争点の典型は，被告の責任の存否および内容であるが，それに限られるものではない。たとえば因果関係の有無や損害の算定基準などが共通している場合にはこれらも共通争点であり，第一段階の審理対象となる。注意すべきは，共通争点とされる争点は，それがまさに共通争点であることによって，原告個人の請求権にとっての争点であり，原告個人の請求権の審理をすることによって共通争点に関する判断は行われる。つまり，共通争点の審理といっても特別なことを行うわけではなく，通常の個別訴訟における場合と同じく，原告の訴訟物に関する審理を行うことで足りる。したがって，共通争点の審理と典型債権の審理はオーバーラップすることになる。

　ただし，典型債権の審理においては，これに当該典型債権に固有の個別争点の審理が加わる。その中心的な対象は，当該典型債権に関する因果関係および損害の算定方法である。

(6)　第一段階における判決の性質

　第一段階の判決は，一種の中間判決として出される。特に「一種の」と断った理由は，通常の中間判決（245条）とは異なるからである。他方，これを「中間判決」とするのは，この判決が終局性を有しないからである。すなわち，第一段階の判決が出ても手続は終了せず，訴えの取下げ，訴訟上の和解，請求の放棄・認諾などがなされない限り，引き続き手続は第二段階に進む。

　通常の中間判決との相違は，次の2点である。第1は，この判決の対象は245条に掲げるものに限られず，集団の全員に共通する争点を広く含む。第2は，通常の中間判決は独立して上訴の対象とはならないが，この判決については，当事者双方は不服の利益があれば独立して上訴することができる。上訴を認めるのは，第一段階の手続において共通争点を手続内で確定させることにより，第二段階で他の被害者たちが安心して加入することができるようにするためである。この場合の上訴審の構造は，第2審は事実審，第3審は法律審であるなど，通常の上訴の場合と異ならない。

(7)　第一段階における判決の効力

　第一段階における判決は，その判決をした裁判所自身を拘束し，それ以後の

手続および第二段階の終局判決において，これと異なる判断をすることはできない。この限りでは，判決の効力は自己拘束力である。第一段階の判決が上訴されて上訴審が原審と異なる判決をした場合，その判決は当然に原審を拘束する。この判決の効力は，手続内拘束力（伝統的な言葉では羈束力）である。第二段階の終局判決が上訴された場合にも，第一段階の判決は上訴審を拘束する。したがって，終局判決の上訴審は，第二段階の審理対象のみを再審査することができる。この判決の効力も，その性質は手続内拘束力として説明することができる。このように，第一段階における判決の効力は，その判決をした裁判所自身および同一手続内の他の裁判所を拘束するものであり，自己拘束力および手続内拘束力の性質を有する。他方，別の手続における裁判所や当事者を拘束するものではない。この点において，別の手続における裁判所や当事者を拘束する既判力とは異なる。当然，既判力の第三者に対する拡張（115条参照）や，独立して再審（338条以下）の対象になるなどの問題も生じない。

(8) 第一段階における和解等

第一段階の手続において，原告は，自由に，被告である事業者との間で和解をすることができる。訴えの取下げや請求の放棄・認諾等についても同様である。第一段階の手続における訴訟物は原告個人に属する請求権であり，他の者または他の権利に対して何らかの影響が及ぶことはないからである。また，第一段階の判決の効力は裁判所の自己拘束力および手続内拘束力であるので，手続の外にいる者およびその権利並びに他の裁判所に対して判決の効力は及ばない。結局，第一段階の手続においては，裁判所による集合訴訟の認可を受けているとはいえ，訴訟手続自体は原告個人の請求権のみを訴訟物とする給付訴訟であり，審理の手続や内容も，クラスの確定を除いて，通常の個別訴訟における場合と異なるところはない。したがって，通常の訴訟と同様に，処分権主義の適用を認めて差し支えなく，それによって格別の弊害も生じない。

4 第二段階の手続

(1) 基本的な考え方

二段階型の集合訴訟においては，すべての被害者に共通する法律上または事

第2章　集団的消費者被害救済制度の展望と課題

実上の問題（共通争点）は第一段階で処理されるので，第二段階では，被害者各個人に固有の争点（個別争点）が手続の対象になる。個別争点は，その本質上，基本的には個別に審理および判断をせざるを得ない。被害者が有する損害賠償請求権などの実体権は被害者ごとに個別であり，因果関係や損害などを構成する事実も被害者ごとに異なっているからである。しかし，第二段階で被害者ごとの個別審理を行うのでは，通常共同訴訟を行うのと大差がない。そこで，第二段階では紛争解決をできるだけ和解に誘導する仕組みが望ましい。和解によれば実体権を変容することが可能であり，実体権の平準化や立証手段の簡易化などを（少なくともサブクラス単位において）図ることができるからである。このように，最終的に和解による解決を目指すべきなのは，本私案または二段階型に限られた話ではなく，およそあらゆる形態の集合訴訟に共通する要請である。

　たとえば，アメリカにおけるクラスアクションは，オプトアウト型の集合訴訟の典型であるが，手続がトライアルや終局判決に至ることは皆無に近い。また，カナダやオーストラリアにおいても，ほとんどの事件が和解で解決されるといわれる。そして，当事者や裁判所も最初から和解を目指して手続を進めることが多く，いかなる和解を行うかに心血が注がれることが普通である。つまり，クラスアクションの実態は，集合的和解の調達手段であるといっても過言ではない。いかにクラスアクションといえども，個別争点を訴訟で扱う限りは個別審理が不可欠であるが，実際に個別審理を行うとなると，クラスアクションによる紛争解決の意義は大きく損なわれるからである。

　したがって，手続の後半段階で和解を誘導する仕組みを作るのは，集合訴訟制度の制度構築における必然である。そして，第二段階において和解を調達するためには当事者の自主的な交渉に委ねるだけでは不十分であるとすれば，裁判所における集合的な調停が最も適切であろう。ただし，訴訟上の和解にせよ裁判所における調停にせよ，被告である事業者に強制はできないので，それ以外の簡易・迅速な手続等の手段を併用せざるを得ない。また，調停は訴訟と比べると手続が簡易であるとはいえ，本格的な調停は相応の手間・負担・時間・費用などを要するので，その意味でも別個の簡易・迅速な手段が用意されていることが望ましい。

本私案では，因果関係や損害額の算定方法などについて各被害者の間で共通性が高く，これらが第一段階で共通争点としてある程度まで審理および判断されている一定の事件を対象として，書面手続を中心とした簡易・迅速な手続を提案している。そして，裁判所における集合的な調停も書面による簡易・迅速な手続も利用することができない場合は，被告の裁判を受ける権利を保障する必要があるので，その場合の第二段階の手続は，第一段階の手続の続行としての訴訟手続となる。このように，オプトイン型の集合調停や簡易・迅速な書面手続を導入する点は，カナダのコモンロー諸州におけるクラスアクションと同様の考え方に立つ。

(2) 加 入 手 続

第一段階の判決が手続内で確定すれば（いわゆる「終局判決の確定」や既判力を意味する「実質的確定」とは異なる。第一段階の判決が上訴期間内に上訴されなかった場合または上訴手段が尽きた場合には，当該手続内では一種の形式的確定をみることになる。以下，これを「手続内確定」という），一定の期間を設けてその事実を一般に公告し，第二段階に加入する被害者を募る。この「加入」は実質的には当事者参加であるが，法律的には選定当事者制度における追加的選定（30条3項）と同じである。

具体的には，共通の被害を受けた消費者（以下，単に「被害者」という）は，一定の様式を備えた書面と付属資料を提出して加入の届出をする。この加入の届出のための書面および付属書類は，後述する集合的調停や書面手続に必要な情報を含むものでなければならない。この加入の手続によって，第一段階の原告を選定当事者として選定したのと同じ効果が発生する。ただし，誰を選定するかは各被害者の自由であるべきであるので，被害者のうちの一部または全部が他の者を選定当事者とすることを望むときは，それも可能である。被害者のうちの一部が他の者を選定当事者として選定したときは，その1人または複数の者と第一段階の原告が共同で選定当事者となる。被害者の全員が第一段階の原告以外の者を選定当事者としたときは，第一段階の原告は第二段階における選定当事者ではなく，自己の権利を届け出た個人と同一に取り扱われる。

各被害者においても，選定当事者を選定することを望まず，個人で訴訟参加

第 2 章　集団的消費者被害救済制度の展望と課題

をすることを希望する者は，第二段階の手続に当事者参加をすることができる。

(3)　集合的調停

　裁判所は，第一段階の判決が手続内確定したときは，事件が後述する書面手続になじむと考えられる場合を除き，集合的和解の手続を開始する。この手続開始は，すでに存在する法制度との関係でいえば，受訴裁判所の職権による一種の付調停（民調 20 条参照）である。他庁調停も自庁調停も可能であるが，調停集中部がある裁判所では専門の部を設けて担当させるように整備を図ることが妥当であろう。

　この調停においては，いうまでもなく調停に参加する当事者の請求権についてだけでなく，手続に加入したすべての被害者の権利を一括して審議する。調停の経過や手続上の重要な事項については，必要に応じて加入者に告知するための措置を講ずる。裁判所により調停案が示された場合や，当事者間で和解案が調った場合は，加入者に告知して意見を述べる機会を与えなければならない。成立した調停は，裁判上の和解と同一の効力を有する（民調 16 条参照）。

(4)　書 面 手 続

　当事者間において書面手続を用いることに異議がなく，裁判所も書面手続が相当と判断したときは，第二段階は簡易・迅速な書面手続で行うことができる。

　まず，原告側（実際には原告側の弁護士によることになろう）は，被告が判断をするのに必要な各被害者の個別の情報と損害額の算定方式に従った請求金額が記載された書面を作成し，裁判所の承認を受けて，その書面を加入者全員に送付する。各加入者は，その内容に対する異議や記載の補充などがある場合には，一定期間内に，その旨を連絡して自己の記載部分の修正を要求する。修正の可否は，最終的には裁判所が判断する。この一定期間が経過すれば，裁判所は，当該書面を被告に送付する。

　これに対し，被告側は，加入者ごとに記載金額を争うかどうかを判断し，争わないものについては記載どおりに権利関係が確定する。被告が争う部分については，被告が相当と考える金額等およびその理由を記入し，これを各加入者に送付する。加入者の側がこれを受け入れた場合には，その内容に従って権利

関係が確定する。[5]

　こうした手続を経て確定しなかった部分については，裁判所が，書面審理を中心として（必要に応じて審尋等を行うこともできる），決定で判断を行う。この判断に対しては，当事者のいずれも異議を述べることができる。当事者の異議があれば裁判所の決定は失効し，手続は，上述した集合的調停または後述する第二段階の訴訟手続に移行する。

　この書面手続の性質は，被告および加入者が相手方からの提案を受け入れるかどうかの判断をする段階は裁判上の和解であり，裁判所の決定による段階は一種の非訟手続である。いずれの場合も確定すれば，裁判上の和解または確定判決と同じ効力を有する。

(5)　第二段階の訴訟手続

　第二段階において，被告が集合的調停や書面手続を拒否した場合，集合的調停が不調に終わった場合，書面手続に対して異議が出された場合，事案の性質上これらが機能しない場合などにおいては，第二段階は第一段階の続行としての訴訟手続で審理されることになる。この訴訟の性質であるが，加入者が自ら当事者参加をしたときや第一段階の原告以外の者を選定したときは，それらの者を共同原告とする通常共同訴訟である。加入者がこれらをしなかったときは，第一段階の原告を加入者の選定当事者とする通常訴訟である。

5　当事者適格

(1)　基本的な考え方

　過去に生じた被害の回復を求める事後回復型の集合訴訟においては，第一次的に当事者適格を付与されるべきは，その被害の被害者集団に属する者であるべきである。事後回復型の集合訴訟において回復や救済が求められる権利は，個々の被害者に属する実体法上の個人的な権利であり，訴訟に対する直接的な

　5）　このような書面の交換を通じた和解手続は，カナダのブリティッシュ・コロンビア州で試みられている方法と同様である。2010 年 5 月 7 日，同州のブランチ゠マクマスター法律事務所（Branch MacMaster Barristers & Solicitors）においてウォード・ブランチ（Ward Branch）弁護士からの聴取に基づく。

第2章　集団的消費者被害救済制度の展望と課題

利害を有する者もそれぞれの被害者であるからである。わが国では，時として，事後回復型の集合訴訟が事前予防型の団体訴訟の延長線上で議論されることがあるが，両者は性格を異にする。事前予防型の団体訴訟の場合は，訴訟物である差止請求権は個々の消費者には帰属しないので，政策的に法律によって権利を創設する必要があった。その創設された権利を付与する主体として，現在の法制の下では適格消費者団体が選ばれた。つまり，事前予防型訴訟の訴訟物である差止請求権は，個人に属人的に帰属しない権利であって一種の公益的な権利である。これに対し，事後救済型訴訟の訴訟物である損害賠償請求権等は，個人に帰属する私益としての権利である。

　また，被害者集団に属する者に第一次的に原告適格を付与しないと，事後回復型の集合訴訟は被害者救済の実効性をあげ得ないことは，諸外国の例からもある程度論証することができる。たとえば，スウェーデンは，アメリカのクラスアクションの要素を取り入れた精緻なオプトイン型の集合訴訟制度を有するが，2003年に制度が施行されて以来，関係者の当初の予想に反して，ほぼすべての事件は被害者集団に属する者によって提起されており，消費者団体による提訴は皆無である。また，成功した二段階型の制度を有するブラジルにおいても，わが国よりも資金や規模においてはるかに優る消費者団体が数多く存在するにもかかわらず，消費者団体による提訴は極めて少ない⁶⁾。こうした現象には，必然的な理由があるものと思われる。

　消費者団体は，もとより訴訟を行うことを主目的とする団体ではなく，消費者の地位向上や事業者の不当な活動の是正などが目的であり，団体訴訟などの訴権を付与された場合でも，訴えの提起はこうした目的を達成するための手段にすぎない。したがって，現実には，訴権をバーゲニングパワーとして事業者と交渉を行い，訴え提起によることなく目的を達成することが多く，わが国でもそのような方法で数多くの結果を出している団体が存在する。また，基本的に証拠が書証のみである事前予防型の差止訴訟と異なり，事後救済型の集合訴訟は訴訟追行における負担が格段に大きい。そのような負担にもかかわらず集合訴訟を行っても，判決や和解によって得られた賠償金は被害者が受けること

---

6)　ブラジルにおけるクラスアクションの中心的な担い手は検察庁である。ただし，ブラジルの検察庁は，日本の検察庁とは役割や権限において大きく異なっている。

になるので，消費者団体による事後救済型の訴訟は，訴え提起のインセンティブと訴訟追行の体力面のいずれにおいても限界がある。

　なお，わが国の一部には，事後救済型の集合訴訟の当事者適格を消費者団体のみに限定し，しかも消費者団体の中でも行政の認可を受けた適格消費者団体に限ることを主張する見解がある。しかし，新たに設ける集合訴訟制度によって真に消費者被害の回復をもたらそうとするのであれば，このような当事者適格をなるべく限定しようという議論は方向が逆であろう。適格消費者団体の関係者からも，当事者適格を排他的に独占したいという声は聞かれない。そればかりか，仮に集合訴訟による救済を要する消費者被害事件が多発した場合には，適格消費者団体だけでは対応しきれないものと思われる。

(2)　被害者集団に属する者

　上述したように，およそ事後救済型の集合訴訟では，第一次的な当事者適格者として適切な主体は本来的には被害者集団に属する者である。とりわけ，本私案は，すでに民事訴訟法上の制度として存在する追加的選定の延長線上に位置づけられるものであり，追加的選定における当事者適格は被害者集団に属する者に認められるのであるから（「共同の利益を有する多数の者」に属する者。30条参照），被害者集団に属する者に当事者適格を認めるべきは当然のことである。

　仮に，被害者集団に属する者の当事者適格を否定して適格消費者団体のみに限定するなどの議論が成り立ちうるとすれば，それは被害者集団に属する個人に当事者適格を認めた場合には制度の濫用が起きうる場合に限られよう。しかし，本私案の制度の下では，そのような懸念は考えにくい。なぜなら，本私案における第一段階の訴訟物は通常の給付訴訟と同じく原告個人の請求権であり，オプトアウト型のように他人の権利を処分するものではない。したがって，仮に原告が第一段階の手続中に被告と和解をする場合でも，原告は自己の権利を処分するだけであり，その和解の効力は第三者に対する効力を有しないから，制度の濫用の余地がない。また，第一段階の判決は一種の中間判決であり，その効力は自己拘束力および手続内拘束力に尽きるので，この点でも手続外の者に対する濫用の懸念はない。

第2章　集団的消費者被害救済制度の展望と課題

　それでは，手続内の相手方である被告との関係において，不公平が生じることはあるであろうか。本私案に限らず，あらゆるタイプの二段階型の集合訴訟では，消費者の側は第一段階の判決の効果を有利に受けることができるのに対し，被告である事業者の側は第一段階の判決で責任原因がないとの判断がなされても，再び他の消費者からの訴訟を提起される可能性がある。すなわち，被告にとって不利な仕組みを伴う制度であるので，当事者適格を制限すべきであるとの議論がある。しかし，本私案の原型である追加的選定制度は，先行して訴えを起こした原告（被害者集団に属する者）が有利な訴訟状態を築いたときに，それを見定めたうえで他の被害者たちが手続に加入して，その有利な訴訟状態を利用することを想定して創設された制度であり，消費者の側が第一段階の判決の効果を有利に受けることができることは，すでに認められている。さらに，追加的選定制度に民事訴訟法上の中間判決（特に責任判決）を組み合わせれば，本私案と大きく異なるところはない。このように，有利に進行してきた手続に途中で加入した者が，それまでの訴訟状態の恩恵を受けることができるのは，参加制度や追加的選定制度のような加入制度に必然的に伴う結果であり，これを不公平というのであれば，訴訟の途中における加入制度自体を否定するしかない。

　また，実際には，そこでいわれるような不公平は存在しないと言ってよい。なぜなら，被告がある被害者から通常の訴訟によって訴えられ，その訴訟において責任原因が否定されたとしても，別の被害者から同様の別の訴訟を提起されれば，その別の訴訟においては責任原因が認められる可能性がある。つまり，再び別の被害者からの訴訟を提起されて，一度否定されたはずの責任原因を再度争わなければならないという状態は，二段階型の集合訴訟に原因があるわけではない。いかなる訴訟形態をとろうと，いまだ訴訟当事者となっていない被害者が存在する限り，理論的には，別の被害者による再訴の可能性は避けられないのである。結局のところ，一度の訴訟ですべての被害者との関係で決着がつくのはオプトアウト型のみであり，その代わり，オプトアウト型は，代表原告によって権利を処分される者の手続保障との相克という高い代償を払うことになる。また，実務的には，別の被害者からの別訴という事態はほとんど考えられず，このような議論は現実的ではない。

(3) 消費者団体

　本私案が，第一次的な当事者適格を被害者集団に属する者に認めるということは，消費者団体に当事者適格を付与することを否定するものではない。政策的には，当事者適格の享有主体は広範かつ多様であることが消費者保護の観点からは望ましく，消費者団体にも適格を認める方向で制度を検討していくべきであろう。

　しかし，消費者団体に当事者適格を認めることは理論的には必ずしも容易なことではない。まず問題となるのは，これを認めた場合に，その訴訟の訴訟物は何かということである。消費者団体は消費者被害の主体ではないため，被害者から権利譲渡や訴訟担当の授権などを受けない限り，損害賠償請求権を訴訟物とする給付訴訟を提起することはできない。そうすると，消費者団体が提起する訴訟は共通争点の確認を求める確認訴訟ということになりそうであるが，差止請求権の場合とは異なり，確認請求権という実体権は存在しない。また，責任原因などの共通争点は，それ自体としては実体法上の権利ではないので，一種の客観訴訟となるようにも思われる。そのような客観訴訟を創設することが妥当かどうかという問題があると同時に，仮に創設が理論的に可能であるとしても，被害者集団に属する者に当事者適格を認める場合に比べて，現行法との乖離はかなり大きいように思われる。

　また，消費者団体が訴訟上の和解を行うことができるのかという問題もある。消費者団体自身はいかなる実体権も有していない以上，実体権の処分を内容とする訴訟上の和解は考えにくい。また，第二段階において，現実の被害者であって損害賠償請求権などの実体権を有する被害者たちが加入してきた場合に，これらの者と実体権の主体ではない消費者団体との関係がどうなるかも不明である。特に，第二段階で加入してきた被害者たちが消費者団体に授権せず，当事者としての訴訟参加または他の者を代表者として選択したときに，消費者団体は第二段階における当事者の地位を維持できるか，あるいは維持させるべきなのかどうか。さらに，第二段階における集合的調停において，加入してきた被害者各個人または被害者団体が主体的な役割を演じる意思と意欲がある場合に，消費者団体はどのような役回りを演じるべきか。こうした場合には，消費者団体は一歩退いて，被害者各個人または被害者団体の主体性を尊重するのが筋のよ

うにも思われる。また，両者の意見や方針が食い違った場合にはどうすべきか。

(4) 適格消費者団体

適格消費者団体も消費者団体である以上，(3)で述べた点が同様に問題となる。さらに，適格消費者団体については，次の点の検討をも要する。現在の事前予防型の差止訴訟においては，適格消費者団体は当然に訴訟上の当事者適格を認められる。しかし，事後回復型の集合訴訟においては，適格消費者団体であるというだけで当然に当事者適格を認められるということにはならない。なぜなら，適格消費者団体は，「不特定かつ多数」の消費者の「一般的な」保護のために業務を行う団体として適格認定がされているところ（消費契約13条参照），事後回復型の集合訴訟は「特定」の被害者たちの「個人的な」保護のために行うものであり，両者はその趣旨を異にするからである。

現実的に考えても，適格消費者団体における理事等の一部が被害者に含まれる場合には，当該団体は，被害者である理事等の人数が増えるに応じて，(2)で述べた被害者集団に属する者の性格を帯びてくる。また，適格消費者団体と被害者たちまたは被害者団体との間で，紛争解決の方向性や訴訟追行の方針などが異なり，または相互の対立や不信が存在するような事態も生じうる。実際にそのような事態が生ずることは稀であるとしても，可能性がある以上，行政の一般的な認可を受けているというだけで，司法による個別審査を免除することはできないであろう。つまり，具体的な被害者が存在する事後回復型の集合訴訟においては，適格消費者団体といえども，被害者集団に属する者や適格認定を受けていない消費者団体と異なる取扱いをすることは当然にはできないものと解される。

(5) 被害者団体

これまで，集団的被害の回復や救済のための活動は，主として被害者団体およびそれを支援する個人や組織によって担われてきた。そうした状況は，集合訴訟が導入された後でも大きくは変わらないであろう。したがって，被害者団体にも当事者適格を認めるべきであるとする議論は，方向性としては全く正当である。ただし，訴訟法上の観点からは，被害者団体における当事者能力（28

条・29条参照）の有無が問題となりうる。被害者団体は一般に法人格を有しておらず，また構成員の新陳代謝を基本的に予定していないので，29条の要件を満たすかどうかは疑わしい。仮に，被害者集団に属する者に当事者適格を認めない場合には，集合訴訟制度に最低限の実効性を持たせるために何らかの形でこの問題をクリアする必要があろう。しかし，被害者集団に属する者に当事者適格を認める場合には，被害者団体の代表者個人（1人または複数）を原告とすることで足りるので，あえて被害者団体に当事者適格を付与するまでもないものと思われる。

第3章

集団的消費者被害救済制度の立法に向けて

〔初出：2011 年 3 月〕

　本日，お話しする内容は，最近公表した 2 つの論考を基にしています。1 つ
は『現代消費者法』の 8 号に書いた「集団的消費者被害救済制度の展望と課
題」というタイトルの論文です。また，もう 1 つは，『NBL』の 932 号と 933
号に連載したものですが，私個人の名前で出したものではなく，私が研究会代
表を務めている「集合的権利保護訴訟研究会」の名前で掲載した「集合的権利
保護訴訟における各種制度の比較検討」^{［補注2］}という論考です。
　この 2 つの論考を基にして，本日のこの研究会^{［補注3］}でお話しさせていただくのに
ふさわしいと判断した部分をピックアップし，これまでの議論の経緯やそもそ
もの事柄の流れに従って整理したものです。本日の限られた時間で十分にお話
しできない部分もあろうかと思いますが，そうした部分については，もしお暇
があれば，そちらをご覧いただければ幸いに存じます。

　　［補注 1］
　　　三木浩一「集団的消費者被害救済制度の展望と課題」現代消費者法 8 号（2010
　　年）4 頁〔本書 217 頁以下〕。

　　［補注 2］
　　　集合的権利保護訴訟研究会「集合的権利保護訴訟における各種制度の比較検討
　　㊤㊦」NBL932 号（2010 年）13 頁，933 号（同年）52 頁。

　　［補注 3］
　　　北海道大学グローバル COE プログラム「多元分散型統御を目指す新世代法政策
　　学」のプロジェクトとして，2010 年 10 月 22 日に同大学にて開催された「集団的
　　消費者被害救済制度の展望と課題」についての研究会。

I　は じ め に

　それでは，まず，なぜ消費者被害の集団的な救済に関して現在の訴訟制度の
うえにさらに特別な司法制度を検討する必要があるのか，という点の確認をし
ておきたいと思います。しばしば，消費者被害は少額多数の被害であるから，
集団的消費者被害の救済制度が必要だといわれます。そういうケースも，もち
ろん多々あります。けれども，それが唯一の理由でもなければ，主たる理由で
もないと思います。そういう議論は，消費者被害に対する集合的な権利保護の
ための訴訟制度の必要性という問題の本質を，やや矮小化しているのではない
か，あるいは過度に局面を限定しているのではないかという気がします。つま
り，それに加えてさらにいくつか挙げておくべき理由があろうかと思うのです。
　第1は，消費者被害は多数に及ぶ同種の被害が頻発したり反復されたりとい
うことが多く，仮に個々の被害者自身によって個別的な解決ができる場合で
あっても，それだけでは問題の本質的な解決にはならないことが多いというこ
とです。
　第2は，少額か多額かにかかわらず，消費者と事業者の間には製品やサービ
スなどについての情報力あるいは交渉力やその他のさまざまな能力において非
対称性がありますので，個々の被害者による個別的解決に期待することは難し
い場合も少なくないということです。
　第3は，多数の被害者が集団を形成することができれば，実効的に被害救済
を図ることができるわけですけれども，消費者は相互に面識あるいは社会的な
つながりがないことが普通です。これは労働事件などと比べると，その差が際
立ちます。さらに消費者の中には被害の認識や意識が乏しいとか，あるいは権
利意識が乏しい者が相当程度含まれることがあります。したがって，労働事件
のように集団を形成して対応することが難しいわけです。
　第4に，消費者全体に広く被害が及ぶ事案の中には，被害者の特定が個々的
に困難であるとか，あるいは不可能な類型の事案があります。こうした事案に
ついては，当然のことながら被害者が特定できないわけですので，個々の被害
者の活動に期待することはできないことになります。

241

第3章　集団的消費者被害救済制度の立法に向けて

　第5に，加害者側が特に悪質な事案においては，加害者による資産の隠匿または散逸などが組織的，計画的，および事前に行われるために，早期かつ効果的に対応しないと被害の回復は困難になるという事情があります。

　そして，第6として，これはしばしば言われますように，消費者被害における個々の被害は少額であることが少なくなく，被害者は自らの被害回復を断念しがちであるということがあります。いわゆる「腐った権利」の救済という問題です。

　こうしたもろもろの複合的な理由があって，特別な制度の必要性があるのではないかと考えられることになります。

Ⅱ　消費者庁における研究会

　このようなことから，消費者問題に対して政府として効果的に対応するために，消費者庁が，2009年の9月1日に設立されました。そして，消費者被害の回復および救済のための新たな制度を検討せよということで，同年11月24日に，「集団的消費者被害救済制度研究会」が立ち上がったわけです。この消費者庁の研究会は，内閣府の国民生活局に設けられた「集団的消費者被害回復制度等に関する研究会」の活動を引き継いでいます。また，「消費者庁及び消費者委員会設置法」の附則6項において規定されている，法施行後3年を目途として消費者被害救済制度を検討せよという指示を受けてのものです。

　さかのぼれば，わが国において集合的な消費者保護制度として最初に作られたのは，消費者団体訴訟制度です。ご案内のとおり，この団体訴訟制度は，消費者契約における不当条項や不当勧誘行為の差止めを通じて，消費者一般の将来における被害を事前予防することを目的とするものです。すなわち，過去に生じた被害者の個々の被害の回復や救済の手段ではありません。そうした過去の被害回復や被害救済の手段としては，現在，民事訴訟法上の一般的な制度があるのみですが，こうした目的に資すると思われる諸制度，たとえば共同訴訟制度，選定当事者制度，少額訴訟制度などは，いずれも消費者被害の回復や救済において実効的な機能を発揮していません。

　そこで，消費者被害の適切かつ効果的な回復や救済のための，新たな制度の

242

検討の必要があるわけです。そして，消費者庁における研究会で，1年間にわたって検討していった結果として得られた結論は，ひとくちに消費者被害といっても，その態様は多種多様であり，何か1つの制度だけを作れば対応できるということではないということです。複線的な手段といいますか，複数の制度の創設が必要です。それが，これからの立法作業として，現実にどこまで可能かという問題はありますけれども，考え方としては複線的な手段を設置することが必要だという結論になっております。

　具体的には大きく次の3つに分けることができます。

　第1は，民事訴訟上の手段です。すなわち，民事訴訟制度の枠内で，訴訟制度を通じて対応が可能である事案，あるいは対応すべき類型です。これは個々の被害者あるいは権利者がみずから訴訟を提起することが困難であるという場合が典型的です。そういう場合に，集合的な訴訟制度によって和解または判決を調達して，被害者が金銭的な被害回復を受けることができるようにするというのが主たる目的です。いわゆる新たな集合訴訟制度の創設です。

　第2は，先ほどもちょっと，消費者被害の概要の1つとして申し上げましたが，被害者の特定が困難または不可能であるという場合です。このような類型では，司法による被害救済を求めていくという，その司法の担い手自体がなかなか見つけにくいことになります。また，仮に訴訟が提起できて，さらに何らかの形でお金が取れたとしても，被害者の特定が困難または不可能である以上，その取ったお金によって被害者に給付を行うということが，そもそもできないわけです。したがって，基本的には民事訴訟制度での対応はできないということになります。そこで，消費者庁の研究会報告書の言葉によりますと，「行政による経済的不利益賦課制度」ということが，必要ではないかと考えられます。この「経済的不利益賦課制度」というのは聞き慣れない言葉かもしれません。この研究会で作ったような言葉ですが，たとえば課徴金などはその典型的な1つの例です。また，一般に，不当利益剥奪制度と呼ばれるものも，これに含まれます。しかし，課徴金や不当利益剥奪のみが手段ではないということで，より広く経済的不利益賦課制度という言い方をしております。いずれにしても，その内容は，加害者といいますか被告といいますか，企業側が違法に得た利益を実質的に保持できないような形にして，違法状態の是正とか将来の違法行為

第3章　集団的消費者被害救済制度の立法に向けて

の抑止を達成しようというものです。

　第3ですが，これは悪質商法のような犯罪性のある事案への対応です。日本ではこの種の事案がよく目に付きます。たとえば，いわゆるマルチ商法とか，エビの養殖商法とか，ロコ・ロンドンとか，それこそ手を替え品を替えして，次々と出てきておりまして，ご老人とかが，いろいろと被害に遭っています。したがって，早急かつ効果的な対応という意味では，とりわけ新しい制度の必要性が高い類型であり，同時に，民事訴訟による対応が困難な類型です。民事訴訟はあくまでも民事上の手段ですので，犯罪性のある事案については，それで対応するのが容易ではないということです。刑事捜査との連携が必要であることは言うまでもないですが，同時に，こういう犯罪性のある集団は，本来の意味での営業資産を有していないことが普通です。あるいは活動開始の直後から，法的に見れば債務超過状態にあるとか，あるいは最初から資産隠匿を事業に組み込んでいることがほとんどです。したがって，早期に資産を保全して，迅速に破産手続などの倒産手続を利用して，そちらにつなげていく必要があろうかと思います。そこで効果的な保全制度と破産制度の活用などが考えられるわけです。

　これらの分析を行った結果，消費者庁の研究会では，3つのパートに分けて報告書を作りました。このうち，分量的には，集合訴訟の部分が抜きん出て多いという結果になっています。つまり，あとの2つについては，あまり検討が進んでいないということです。また，あとの2つについては，本当に制度として実現していくことができるのかという問題もあります。いろいろと，その理由はあります。たとえば第3の類型ですが，悪質商法事案とか犯罪性のある事案について，刑事捜査とか刑事司法でカバーできていないものを作ろうとすると，たとえば消費者庁の中に，そうした事案に対応するための部隊が必要になってくるわけです。また，早期の資産保全制度のようなものを作ろうということになると，保全する資産があるかどうかというのは，一種の行政的な捜査とか捜索のようなものをしないと分からないわけです。そうすると，そういう人員とか強制立入権限とかが必要になる。当然，予算の問題もあります。もちろんノウハウの問題もあります。大量に，警察や検察からの出向みたいなもの，あるいは移籍か何か分かりませんけれども，そういうことが必要であったりす

244

ることになりますが，それは容易なことではない。

　今，挙げたのは，ごく分かりやすいというか，いわば表面的な理由ですけれども，ほかにも理論的な意味で，あるいは法的な面で，乗り越えなければならないハードルがたくさんあります。集合訴訟を作るのとはまた違った意味での困難があるのです。そういうこともありまして，現状，検討があまり進んでいない状態です。こうしたことですので，以下では，もっぱら集合訴訟について，すなわち民事訴訟制度による対応というところに話を絞っていきたいと思います。

Ⅲ　集合訴訟の多様性

1　検討の経緯

　ひとくちに集合訴訟といっても，集合訴訟には多様な類型があります。そこで，集合訴訟の各類型について見ていきたいと思います。これは，この消費者庁の研究会でというよりも，先ほど『NBL』において「集合的権利保護訴訟研究会」の名前で論考を発表していると申しましたが，そちらで諸外国の制度[補注4]を精力的に研究してきた成果について，ある程度，消費者庁の研究会でも取り入れていただいたということかもしれません。いま申し上げた「集合的権利保護訴訟研究会」は，私が代表を務めさせていただいております私的な研究会です。民事訴訟法学者ばかり6人で比較法的な研究などを行っています。

　そういう研究を通じて，世界に存在するさまざまな集合訴訟制度，あるいは現実には存在しないが理論的に考えられる集合訴訟制度まで含めて，少なくとも4つほどの類型があるのではないかと考えています。その4つとは，オプトイン型，オプトアウト型，併用型，二段階型と，われわれが呼んでいるものです。最近，世の中でもそういう言葉を使っていただく機会も増えているように思います。

　　［補注4］
　　　前掲［補注2］参照。

第3章　集団的消費者被害救済制度の立法に向けて

2　集合訴訟の各類型

(1)　オプトイン型

まず，オプトイン型といいますのは，代表原告が個別権利者，すなわち被害者である消費者からの授権を受けることを必要とするタイプの集合訴訟です。訴訟法理論上の言葉でいいますと，任意的訴訟担当構成ということになろうかと思います。この場合の授権がいわゆるオプトインということになります。

(2)　オプトアウト型

これに対し，オプトアウト型は，個別権利者からの授権を要しないタイプです。すなわち，代表原告は適切代表性とか，それは制度によってどういう要件を組むかによりますが，一定の法定要件や裁判所の認可などの手続要件を満たしますと，授権を受けなくても当然に集合訴訟の当事者として，個別権利者たちの権利を代表して訴訟を行うことができるというものです。

その場合，その訴訟に自動的に組み込まれることを望まない個別権利者は，自らの意思で集合訴訟から離脱することが，当然保障されていなければなりません。その離脱をオプトアウトと呼びます。

そういう訴訟が係属しているのに離脱をあえてしないことをもって，消極的な授権と見ることが仮にできるとすれば，任意的訴訟担当の一類型とも整理できますが，消極的な授権の論理には，私はやや無理があると思います。したがって，一種の法定訴訟担当となるのではないかと思います。ちなみに，諸外国でこの点について話をしたときも，理論的な説明として任意的訴訟担当は無理だと，おっしゃる方がほとんどだったように思います。

ここでいう授権ですけれども，訴訟法上の授権が1つ念頭にあるわけですが，それだけかというと，そうではないように思います。任意的訴訟担当の論理で仮に説明ができるとしても，実体権を持っていなければ訴訟行為はできないわけですし，最後まで訴訟を行ったとしても棄却になるだけですから，そうすると訴訟法上の授権に加えて実体法上の授権が必要になります。

訴訟法上の授権についても，消極的な授権の論理は難しいと思いますけれど，実体法上の授権は，より一層難しいのではないか。すなわち，他人による訴訟

246

Ⅲ　集合訴訟の多様性

手続が係属していることを知っているけれども，積極的にオプトアウトの手続
をとらないということをもって，実体法上の委任とか準委任とかを観念するこ
とは困難ではないかという気がします。つまり，実体法の観点からも，オプト
アウト型を消極的な任意的訴訟担当ないし消極的な授権と見るのは難しいよう
に思います。

⑶　併用型

　3つ目の併用型とは，これはオプトイン型とオプトアウト型とを組み合わせ
たタイプです。いくつかの国において，実際に，すでにそういう制度が存在し
ます。たとえば，各個別権利者が持っている請求権の価値というか，個別権利
の価額が低い事件では，オプトアウト型による訴訟遂行を認めるけれども，そ
れ以外の事件では，オプトイン型しか認めないという制度などです。

⑷　二段階型

　4つ目の二段階型とは，共通争点と個別争点の審理を分ける制度です。たと
えば，被告に責任があるかどうかという責任論などの共通争点の審理を第一段
階とし，それからその第一段階の結果を受けて，個別権利者ごとの損害論など
の個別争点を第二段階とするという形の集合訴訟のタイプです。この二段階型
というのは，さまざまなバリエーションが考えられますので，さらに制度選択
の幅は広くなります。いずれにしても，共通争点審理の手続と個別争点審理の
手続とで，別個の手続を用意するというタイプです。

3　各類型の比較検討

　こういう4通りのタイプが世界的に見ると存在しますし，または理論的にあ
り得るわけです。ちなみに申し上げておきますと，最初の3つ，すなわちオプ
トイン型，オプトアウト型，併用型と，最後の二段階型というのは，並列的に
論じるのはいかがなものかという意味で，次元が異なっているところがありま
す。

　たとえば，二段階型における第一段階ですけれども，制度の組み方によって
は，そもそも訴訟担当構成にはならない。ブラジルの制度などがそうです。し

247

第3章　集団的消費者被害救済制度の立法に向けて

たがって，オプトインでもオプトアウトでもない集合訴訟を第一段階に組むことも可能です。また，第二段階をオプトインで組むとか，第二段階はそもそも訴訟じゃなくて集合調停で仕組むなども可能です。また，カナダのコモンロー州に見られるように，第一段階はオプトアウト型，第二段階は一種のオプトイン型という組み合わせでの二段階型も考えられます。そういうことで，先ほど申しましたように，オプトイン，オプトアウト，併用型とはやや次元が違うジャンルになると思われます。

　いずれにしても，こうしたさまざまな形での集合訴訟が，わが国でこれから制度構築をしていくときに考えられます。もっとも，消費者庁の研究会では，残念ながら，そのどれが望ましいかという，結論めいたものを出すところまでは至っておりません。いろいろなタイプの集合訴訟があり，それぞれの長所と短所がどうかという分析の点までが，基本的には終わっているということです。

　ただ，そうは申しましても，議論の流れの中で，比較的これから実現に向けて検討される可能性が高いものと，比較的支持を集めなかったものという，ニュアンスの差はあるわけです。そのニュアンスでいいますと，1つは，オプトアウト型を強く主張される方々がおられます。消費者問題に取り組んでおられる弁護士さんなどによく見られます。それから，政権与党になる前の民主党が作った法案も，アメリカのクラスアクションとも異なる制度ですが，一種のオプトアウト型です。

　ですので，これから1年かけて行う最終ラウンドの専門調査会では，少なくともオプトアウト型が議論の俎上に載ることは間違いないと思います。もう1つ，広く支持を集めたのは二段階型です。あとの2つは，あまり取り上げて議論される方はおられなかったということで，この2つを中心に話が動いていくのではないかと思います。

　ちなみに二段階型については，オプトアウト型を支持する方々も，オプトアウト型だけではすべての事案には対応が困難であることは明らかですので，二段階型それ自体に反対する意見はありませんでした。そういう意味では，二段階型は有力な選択肢として議論されていくだろうと思います。ただし，先ほども申しましたように，二段階型の中身に何を組み込むかというのはさまざまな可能性が考えられて，バリエーションは非常に多いので，どういう二段階型を

248

組んでいくかということこそが，むしろ大きなテーマになるのではないかと思います。

そこで，以下，オプトアウト型と二段階型の2つを検討していきたいと思います。

Ⅳ　オプトアウト型の分析

オプトアウト型については，その機能に対する過剰な期待といいますか，その実態について誤った認識を持った方が，少なからずおられるように思われます。換言しますと，オプトアウト型には，さまざまな問題点と申しますか，あるいは課題が存在するということで，ここでは，そこに少しフォーカスしてみたいと思います。

オプトアウト型の典型的な制度は，申し上げるまでもなく，アメリカのクラスアクションです。クラスアクションは，古くからわが国で，導入論が浮かんでは消え，消えては浮かびということで，集合訴訟を語るうえでは避けて通ることのできない制度です。一般には，これを好意的に見る人は極めて効果的な制度としてとらえ，これに否定的な人はその濫用の危険を指摘するという図式ですが，いずれも誤解に基づくイメージという側面があるように思います。また，アメリカだからこういう形で効果的に機能するけれども，日本では司法制度が違うなどの理由で同じ議論はできないというような面も，多々あります。

1　オプトアウト型の長所と位置づけ

まず，オプトアウト型の問題点を述べる前に，そのメリットなり長所なりを確認しておきたいと思います。クラスアクションのようなオプトアウト型の制度は，何よりもみずからが手続に参加してこない人も訴訟の中に組み込めるわけですので，集合的権利保護のために被害者や権利者を糾合するということでいうと，それを極めて容易にする制度であって，被害救済を徹底できるという可能性を秘めていることは，間違いないだろうと思います。

特に被害規模が大きい場合は，何千人とか何万人のクラスメンバーによる訴訟を可能にします。クラスというのは観念的な集団概念ですから，アメリカで

言えば，何百万人のクラスによるクラスアクションもあるわけです。そこで，オプトアウト型によれば，高い割合で被害救済が図れるとか，あるいは加害行為の予防が図れるといわれております。

また，オプトアウト型について，しばしば欠点として指摘される濫用のおそれの大きい制度であるという批判や，被告に対して過剰な負担を強いる制度であるという批判は，やや誤解ないし誇張されている面があると思います。特に，アメリカの民事司法には，日本にもなければヨーロッパにもない種々の制度が存在するのですが，それらとオプトアウト型に関する議論とが混同されていると思われるのです。たとえば，民事陪審 (civil jury system) とか，懲罰的損害賠償 (punitive damage)，あるいはディスカバリ (discovery)，それから完全成功報酬制 (contengency fee)，さらには企業家的弁護士，要するに弁護士活動を企業活動としてとらえるような考え方の実務ですね，また弁護士費用に関するいわゆるアメリカン・ルール等々です。アメリカの民事訴訟のみに見られる一群のこうした特徴的な制度を私はヤンキー・パッケージと呼んでおりますが，こういうヤンキー・パッケージがあるからこそ，アメリカではクラスアクションの濫用とか被告に対する過剰な負担が生まれるのであって，クラスアクションそれ自体が単独で濫用や負担をもたらしているわけではないのです。したがって，普通の訴訟でも，いわゆる過剰な負担や制度の濫用は当然に生じています。

他方で，アメリカ型のクラスアクションを導入しているオーストラリアやカナダでは，クラスアクションの濫用とか弊害というような批判はあまり聞かれません。たとえば，カナダで私が調査したときには，インタビューをしたすべての人がクラスアクションの濫用とか弊害という批判は聞いたことがないと言っていました。ヤンキー・パッケージを持っていないところでは，そういうことではないかと思います。

つまり，濫用のおそれや被告の過剰な負担というのは，オプトアウト型自体が持つ固有の欠点では必ずしもないのです。

2 オプトアウト型の問題点

それでは，オプトアウト型の問題点はどこにあるのか，ということになりま

す。ちょっと長くなりますが，何点か挙げていきたいと思います。

(1) 権利救済の実効性に対する疑問

第1は，権利救済の実効性がオプトアウト型クラスアクションは非常に高いといわれるのですが，本当にそうかという問題です。アメリカのクラスアクションが持っている強烈なイメージから，しばしば最も効果的な制度であるという認識が持たれますけれども，これは先ほど申し上げたヤンキー・パッケージと相まって大きな機能を発揮している，そういう側面がありまして，オプトアウト型自体に由来する実効性の要素は，必ずしも大きいとはいえないように思います。現実に，オーストラリアはオプトアウト型のクラスアクションを有していますが，これまでのところ，事件数を見ても訴訟の実状を見ても，そんなにすごい制度という感じはしないわけです。

(2) 要件の厳格性や利用のしにくさ

第2ですが，オプトアウト型クラスアクションは，個別権利者から授権がないにもかかわらず，その権利者の権利を処分することができる制度です。つまり，代表当事者が敗訴すれば個別権利者は，何もやっていないのにその権利を一方的に奪われるわけです。そうすると，オプトアウト型でなければその権利は実現できないという事件だけを，厳しく選別する制度でないと，おそらく説明がつかないということになります。そうした選別の結果として，対象事件は極めて限定されることになります。クラスアクションはエクイティ（衡平法）に由来しますので，もともと法の枠組みとして緩いところがあるのですが，それでも，アメリカにおいてすら，クラスアクションが認められる事件は，日本人が一般に思っているよりはずっと狭いといいますか，選別されているように思われます。

現に，アメリカの連邦民訴規則におけるクラスアクションの規定を見ても，要件が非常に厳格です。いわゆる多数性の要件（普通の集団訴訟が現実には不可能であるほどクラスの規模が大きくなければならない），支配性の要件（個々のクラスメンバーの個別争点よりもメンバー全員にかかわる共通争点が支配的でなければならない），優越性の要件（クラスアクションという訴訟形式が他の訴訟形式や行政手段など

第3章　集団的消費者被害救済制度の立法に向けて

のその他の救済手段よりも優越していなければならない）というような，諸要件を満たす必要があります。こうした要件を満たす事件は，あまり多くはありません。したがって，クラスアクションを厳格に運用している法域では，クラスアクションはそう簡単には認可されないのです。

しばしば，かなりルーズにクラスアクションが認可されている事件が，ジャーナリスティックですので報道されますけれど，それは一部の特殊な裁判所に偏っております。そういう裁判所をジュディシャル・ヘルホール（judicial hell holes：司法の地獄穴）と呼んで，インターネットのサイトなどでワースト・ランキングが作られたりしているわけです。

(3)　通知や公告に要する負担

第3の問題点ですが，オプトアウト型では，当然，個別権利者が自由にオプトアウトすることができる権利を保障しなければなりません。これは，裁判を受ける権利の保障という観点から，オプトアウト型には必須の手続ということになります。そのオプトアウトする権利を保障するためには，クラスアクションが係属しているということが，潜在的な当事者というか，被害者に知られていないといけないので，もれなく告知をすることが原理的には要求されます。告知の方法には，大別して，個別通知と一般公告の2つがありますが，アメリカの連邦の判例では，原則は個別通知でなければならないということになっております。個別通知というのは，クラスの規模が大きければ膨大な費用と手間が掛かるわけですし，そもそもその通知するべき相手を探索するということも，大きな負担となります。

他方，一般公告による場合には，マスメディアを通じてやるので，かなり費用が掛かります。あるいは，公告をするだけで本当に手続保障は足りているのかという，原理的な問題が当然生じてきます。これは，非常に高いハードルでして，仮にその憲法的な意味での手続保障の問題がクリアできたとしても，実務的には公告をする手間や費用が大きな負担となってきます。アメリカやカナダでは，そこがネックとなって提訴を断念するという事件は珍しくないと聞いております。

252

Ⅳ　オプトアウト型の分析

(4)　個別争点の個別審理の必要性

　第4に，たとえオプトアウト型クラスアクションが採用されたとしても，その手続で共通審理が可能であるのは，いくらクラスアクションだといっても，やはり共通争点だけであって，個別争点はいずれにしても個別に審理せざるを得ないわけです。一人一人損害が違う，一人一人因果関係が違うというときに，共通審理は，クラスアクションをとったから可能になるということにはなりません。そうすると，普通の通常共同訴訟と比べて，何か手続的なメリットがあるのか，迅速化とか効率化が図れるかというと，そんなことはあまりないように思われます。共通争点は共通的に審理できるけれども，個別争点は個別にせざるを得ないという点を考えますと，そこに着目して効果的に制度を組もうと考えている二段階型のほうが，そこにはうまく対応しているように思われるわけです。

　二段階型の場合を考えますと，第一段階で共通争点審理をして，一定の結論が出た場合，その後，第二段階において個別争点を個別に審理していくステップに必ず移行するかというと，もちろん，そういうことになる場合もあるでしょうけれども，共通争点でたとえば被告の企業に責任があるということが分かりますと，被告の企業も，いずれにしても一定の金額を払わされることになるわけですから，そこで和解に導きやすくなるということがあります。つまり，第二段階は，基本的には和解を含めた柔軟な解決を導くというところに意味があるわけです。

　これに対してオプトアウト型は，制度としてはそうした個別争点の共通化といいますか，柔軟な処理という部分を含んでいないわけですので，文字どおりに運用されてしまうと，普通の集団訴訟と何が違うのかということになりかねないわけです。現実に，アメリカやその他のクラスアクションを採用した国で制度が成功しているのは，ほとんどの事件が和解で終わっているからです。二段階型という構造は制度的にはとっておりませんけれども，実質的には一種の二段階型のような運用がされていて，第一段階に当たるクラス認可手続が終わりますと，第二段階と呼んでいいかどうか分かりませんけれども，もう和解を進めるのが一般的です。クラス認可がされますと，その後にトライアルが始まるということは，ほとんどありません。ほとんどないというのは誇張ではあり

253

第3章　集団的消費者被害救済制度の立法に向けて

ませんで，クラスアクションを専門に扱っている弁護士でも，一度もトライアルをやったことがない人が少なくありません。もちろん，トライアルをやっていないのですから，判決なんて見たことがない。和解型の判決はわずかながらありますけれど，本当の判決は皆無に近いということです。

　アメリカで，ほとんどの訴訟事件が和解で終わるのは，クラスアクションに限ったことではありません。普通の民事訴訟事件でも，連邦裁判所では，95％以上が和解で終結すると言われています。カナダも，おおむね似たような傾向です。クラスアクションは，被告の賠償金額が増大するために普通の訴訟よりもずっと和解圧力が強いですから，現実にはほぼ100％が和解です。こうした実態に照らすと，オプトアウト型のクラスアクションというのは，アメリカのように，通常訴訟も含めて訴訟のほとんどが和解で終わるというプラクティスが確立している国でないと，なかなか機能しないのかなという気もします。

(5)　実体法の観点からの疑問

　第5ですが，実体法の観点から見ても，オプトアウト型が効果的に機能する範囲や事件は，特定の一部のものに限定されるように思われます。たとえば，不法行為事件において慰謝料とか無形損害を請求に立てるということは普通に行われるわけですが，慰謝料や無形損害というのは一身専属的といいますか，権利の属人性が高いということですので，基本的には各権利者からの積極的な授権が必要です。通知や公告のみで，代表原告が他人の慰謝料請求権を行使するというのは，わが国の実体法の見地からはなかなか困難な部分もあるように思われます。したがって，この観点からも，集合訴訟制度としての実効性は乏しいように思われます。

　また，集合訴訟は，常に不法行為構成をとるわけではもちろんなくて，契約構成がとられることは多々あるわけですが，個別の権利者には，もちろん事件によりますけど，損害賠償請求権と完全履行請求権の選択の自由がある場合があります。これについても，オプトアウト型によって，代表原告が通知・公告のみで，その選択の自由を奪うことができるのかという問題があります。同様の問題として，損害賠償請求権発生の前提として，契約解除や取消しが必要な場合に，実体法上の取消権や解除権が通知や公告で代表原告に移るのかという

254

問題もあるように思われます。このような個別権利者の意思の尊重が必要な場合とか，実体法的な意味での手段選択が個別権利者に個々に委ねられている場合には，基本的にはオプトアウト型の枠に入れることは難しいのではないかという気がします。

(6) 総額賠償判決に対する疑問

第6に，いわゆる総額賠償判決を行うことは，理論的にも実務的にも難しい問題があるように思います。ここにいう総額賠償判決とは，最終的に賠償金等を受け取ることになる個別権利者の特定，被告の違法行為と各権利者の損害との因果関係，あるいは損害の各個人ごとの発生とか各個人ごとの損害額の算定，そうしたことを個別具体的に行うことなく，クラスメンバー全員に総額でいくらを払えということを命ずる判決のことです。

民主党案とか弁護士会案は，こうした総額賠償判決を当然の前提とした案になっているわけですが，クラスアクション制度はあくまでも訴訟制度ですから，実体法は変えられないことは言うまでもありません。実体法上，個別に立証しなければならないものが，クラスアクションであるというだけで不要になることはありません。クラスアクションだからといって，個別立証がネグレクトできるというわけではないのです。それを可能にするためには，基本的には実体法上に何らかのみなし規定とか立証緩和規定のようなものが新たに置かれる必要があるように思います。

このように申し上げると，アメリカやカナダのクラスアクションでは総額賠償が行われているではないかと思われるかもしれませんが，先ほど申しましたように，アメリカやカナダの実務では，仮に総額賠償が行われるとしても，それは和解で行われているのであって，総額賠償判決というのは基本的には存在しないようです。和解であれば，両当事者が合意して実体権を変容できるわけですから，それは総額賠償和解ということで可能です。つまり，判決による終結を想定する限り，オプトアウト型のクラスアクションのメリットとして取り上げられる総額賠償は，ほとんどできないことになろうかと思います。

以上のようなことから，オプトアウト型を導入するのには，数々の問題点があるように思われるわけです。

第3章　集団的消費者被害救済制度の立法に向けて

V　二段階型に関する私案について

　以上のようなことを総合的に考慮しますと，現時点で，有力な選択肢と考えられるのは，二段階型ではないかと思います。二段階型につきましては，先ほどから申し上げておりますように，さまざまなタイプの二段階型があり得るのですが，消費者庁の研究会では，その中身に踏み込んだ議論はほとんど行われませんでした。そこで，私は，研究会の最終盤のところで，私が考える二段階型の具体的な内容について，私案を述べました。これは，消費者委員会における第3ラウンドの議論に備えるという意味合いもあります。詳しくは，冒頭に述べました『現代消費者法』に載せており，^[補注5]消費者法学会でもいくつかポイントをしゃべる予定です。『現代消費者法』には，これからの議論に資するようにということで，相当詳しく私が考える私案の中身を書きましたが，消費者委員会の専門調査会の場で，今後，どのように取り上げられていくかは未知数ですので，本日は，少しだけ触れるにとどめたいと思います。

　　［補注5］
　　　三木・前掲［補注1］6頁以下〔本書217頁以下〕。

1　追加的選定制度との連続性

　この私案の基本的なコンセプトですが，そもそも二段階型というのは，日本の現在の民事訴訟にとってまったく新しい制度なのか，あるいは日本の訴訟制度にとって異質な概念なのかという点について，少し申し上げておきたいと思います。私が考える二段階型は，現在の日本の民事訴訟の中にすでに存在する制度の延長線上にあるものとして構想しています。つまり，既存の制度との関係で，水と油のようなものを入れることを考えているわけではない。現実の立法のプロセスを考えてみても，まったく新しいものを入れるとなると，いろいろな訴訟上の場面を網羅的に想定して，ここはどうなるのかというのをゼロから考えていかなければならなくなり，それは作業として厄介であり，場合によっては不可能に近いことになります。既存の制度をベースにしておけば，新しく付け加わった部分以外は，既存の制度で考えてくださいということができると，

256

V　二段階型に関する私案について

私は考えております。

　ここでいう既存の制度とは，民訴法の 1996 年改正によって導入された追加的選定制度，条文では 30 条 3 項です。これが導入されたときは，もちろん二段階型という言葉はありませんでしたが，消費者庁の研究会などで議論されてきた二段階型と，基本的な発想において類似性が高いと思われます。どういうことかと申しますと，そもそも二段階型という集合訴訟の基本的な発想は，第一段階で代表原告が有利な地位を築けば，他の被害者や権利者がその成果を利用すべく，第二段階の手続に加入していくというものです。第一段階の手続では，被告の責任論とか，その他の共通争点の審理を行う。一般の被害者たちは，その第一段階で代表原告が失敗すれば，その訴訟は彼の個人的な訴訟として，加入を見送るわけです。反対に，代表原告が，たとえば共通争点について被告の責任の存在を勝ち取れば，第二段階で手続に加入していくことになります。追加的選定制度は，基本的にこれと同じ仕組みです。

　これは，現実にそういう機能を果たし得るというだけではなくて，追加的選定制度を立法するときのもともとの考え方です。立法時における当局者の説明などでも，その当時は第一段階とか第二段階とかいう言葉は使われておりませんけれども，先に訴えを提起して走り出した者が訴訟上の有利な地位を築けば，残りの者はそれを見定めたうえで，その成果を利用すべく参加していくことを狙った制度であるとされています。そういう形の日本型のクラスアクションを目指した制度というのが，この追加的選定です。たしかに二段階型として明確に手続を区切っているわけではありませんけれども，発想としては二段階型と同じ発想です。

　しかし，現在の追加的選定制度は，制度的には先に訴えを提起した者が有利な地位を築いたかどうかを手続的に明確にする仕組みがありません。もちろん，責任論なりを含めた共通争点が判断された段階で，中間判決を出せば明確になりますが，これは現時点では運用の問題になるのであって，制度的には組み込まれていません。したがって，そうした何らかの制度を組み込めば，基本的には二段階型になるわけです。換言すれば，追加的選定制度の発想なり構造なりをより洗練されたものとして制度を発展させ，日本タイプの二段階型による集合訴訟を構想してはどうかというのが，私の私案になります。

2 第一段階の構想

その場合の制度の細かな仕組みにですが，これについては，冒頭に申し上げた『現代消費者法』のほうにはいろいろと詳細を書いておりますが，要は，現行の制度の運用ではやれない部分が何点かある，それを制度として組み込むことにしようということが，考え方の骨子です。その組み込むべき新しい仕組みというのはいくつかありますが，技術的なところは『現代消費者法』の論考に譲るとして，ここで1点だけお話しておきたいのは，第一段階における判決をどう位置づけるかという問題です。

私は，第一段階の判決が終局判決という形で出されるという制度は考えておりません。一種の中間判決とすべきだと思います。そうせずに，第一段階の判決を終局判決で出してしまうと，それは独立した1個の訴訟になってしまって，制度的に接続する第二段階は存在しないということになってしまうからです。それはおかしい。すでに存在する二段階型の制度，たとえばカナダとかブラジルとか，あるいは，法案の段階で廃案になったフランスの案などはすべて，日本の中間判決とは違いますけれども，第一段階の判決が終局判決でないというところは共通しております。

ただ，現行の中間判決と違いますのは，第一段階における判決は中間判決ですけれども，これは上訴可能であるということです。控訴も上告もできる。もちろん，上告の場合，現在の上告理由は非常に限定されていますので，上告受理の申立てになりますけれども，それは認めるということです。そうしないと，第二段階の判決が出た後，その第二段階の判決を上訴した場合の上訴審において，第一段階の中間判決が争えることになり，共通争点がその審級で確定しないことになる。つまり，共通争点がまず決着した後に個別争点を審理するということにはならないのです。

そこで，相手が共通争点について第一段階で争う場合には，上訴を認めることによってとことん争わせて，その共通争点については，その手続内ではもう争えなくする。つまり，上訴を認めることによって，その手続内では最終的に決着がつくということです。もちろん，上訴を認めてもあくまでも中間判決ですので，その判決の効力は既判力ではありません。当該裁判所ないし当該裁判

所の下級審なりを拘束するということで，自己拘束力プラス羈束力というのが，この判決の効力になります。したがって，既判力の片面的効力などの難しい問題を考える必要もないことになります。

3　第二段階の構想

もう1つは，先ほどもちょっと触れましたが，第二段階をどのような手続で行うのかという問題です。第二段階を普通の訴訟で行うということですと，第二段階は個別争点の審理になりますから，1000人について異なった因果関係なり損害なりがあれば，1000の審理をしなければならなくなります。これでは，手続をまとめた意味があまりないことになります。

そこで，私案では，第二段階は集合的調停を原則としています。これは，制度としては現在の付調停制度に近いものです。具体的には，裁判所が調停に付すると，集合的な調停として，代表者なりが相手方と交渉をします。もちろん，それには授権が必要ですので，第二段階の手続が始まるにあたっては，代表者への授権が行われなければいけないということです。その意味では，第二段階は一種のオプトイン手続にならざるを得ないと思います。

ただ，そのオプトインも難しい手続ですと困りますので，第一段階の中間判決が出た後で，その結果を公示して参加を呼び掛けます。それに対して届け出をしてきた者は，自動的にその手続に参加したものとみなされます。参加者は，第一段階を行ってきた代表者としての当事者に授権することもできますし，あるいは，自分たちの中から代表者を選んで，その者を第二段階の集合調停の代表者にすることもできます。また，どうしても自分でやりたければ，それを否定することはおそらく憲法的に難しいでしょうから，個人参加することもできるということになろうかと思います。実際には，参加者は一般の消費者等ですから，誰かに授権することがほとんどだろうと思います。

ただし，集合調停はもちろん双方が和解に応じなければ成立しないので，まとまらないときは，第二段階は訴訟手続になります。これは，やむを得ないと思います。すなわち，第二段階が第一段階の結果を受けてのオプトイン型の訴訟手続になる場合があるということは，最後の受け皿として用意せざるを得ないと思います。

第 3 章　集団的消費者被害救済制度の立法に向けて

　もう 1 つ，3 つ目の第二段階の受け皿として，第一段階における共通争点の
共通性が非常に高いような事件については，より簡易な手続を設けておくべき
だろうと思います。共通争点は，何も責任論だけが共通争点とは限らなくて，
事件類型によっては，因果関係論や損害論も共通的に審理できる事件もありま
す。その場合には，第一段階において，共通争点の審理としてかなりの部分を
もう審理していますので，第二段階は一種の書面手続で足ります。具体的には，
被害者の各人が，たとえば領収書の写しか何かを添付して，自分がこのクラス
の一員であるということを書面で名乗り出て，その書面を裁判所が非訟的に審
理することでよいかと思います。また，あるいは書面を通じた和解を行うとい
うことも考えられます。このように，一種の書面手続で第二段階を行うことが
可能な事件は，なるべくそれで簡易迅速に賄っていくということです。

　このように，第二段階の手続では，事件の種類に応じた 3 つのメニューを用
意してはどうかと思うわけです。

　以上，極めて雑駁なご説明ですが，私の構想する二段階型はそうしたもので
す。より詳しくは，お暇があれば，冒頭に述べました『現在消費者法』の論考
をご覧いただければと思います。

VI　当事者適格

　残された時間がわずかですので，当事者適格については，ごく簡単に申し上
げます。当事者適格をどのように考えるべきかということは，集合訴訟にとっ
て非常に重要な問題です。私見では，いわゆる事後回復型の集合訴訟において
は，第一次的に当事者適格を付与されるべき者は被害者集団に属する者，すな
わち，アメリカのクラスアクションにいうところのクラスメンバーであるべき
だろうと思います。なぜなら，事後回復型の集合訴訟において，回復や救済を
求める権利は，実体法上，個々の被害者に個人帰属するものであるからです。
つまり，差止訴訟の場合とは異なって属人的な権利であり，訴訟に対する直接
の利害を有する者も被害者個人です。この点，差止訴訟とはかなり構造が異な
っています。

　わが国では，時として，事後回復型の集合訴訟が事前予防型の団体訴訟の単

260

純な延長線上で議論されることがあります。しかし，両者は性格を異にしており，適切な考え方ではないように思われます。ただし，そうはいっても，消費者団体に当事者適格を否定すべきであるということを言っているわけではありません。原則的には，被害者集団に属する者に当事者適格が付与されるべきであるとしても，政策的に消費者団体に付加的に当事者適格を付与するということは，消費者保護の観点からは望ましいように思われます。その場合には，消費者団体は直接的な権利を有していないので，被害者からの権利譲渡や授権の仕組みが必要になろうかと思います。

Ⅶ　おわりに

　最後になりますが，一言だけ，付け加えて申し上げておきたいと思います。今後の審議の流れですけれども，すでに公表されているのかもしれませんが，この11月末から，今度は消費者庁ではなくて消費者委員会の下に専門調査会が置かれて，立法に向けての審議を行うことになります。最終段階の詰めの審議ですので，場合によっては，政治的な妥協を含む議論になることもあろうかと思います。委員は10数人ほどで，中小企業の代表者とか，大企業の代表者とか，消費者相談員の方とか，いろいろな人が入ってきます。それに，私を含めて3人の民訴法学者と，お2人の民法学者，お1人の商法学者が入っております。あと，弁護士の方も入ります。最高裁や法務省はオブザーバー参加するという形と聞いています。いずれにしても，来年の夏までに，制度の基本的な姿は仕上げるという流れになっています。

　とりあえず，以上で，私のお話を終えたいと思います。ご静聴，どうもありがとうございました。

第 5 編
消費者集合訴訟制度の評価

第1章

消費者集合訴訟制度の理論と課題

〔初出：2014 年 1 月〕

I　はじめに

1　本講演の趣旨と目的

　慶應義塾大学の三木でございます。「消費者の財産的被害の集団的な回復のための民事の裁判手続の特例に関する法律案」[補注1] によって創設される新しい訴訟制度そのものの概要や基本的な仕組みについては，先ほど，消費者庁消費者制度課の鈴木政策企画専門官から，十分にご説明いただきました。[補注2] そこで，私は，それを前提といたしまして，民事手続法の研究者の視点から，「消費者集合訴訟制度の理論と課題」というテーマで，お話をしたいと思います。

　なお，私の講演のテーマは，一応，「理論と課題」と題しておりますが，[補注3] 少なくともそのうちの「課題」の部分につきましては，まだ法律が通ってもいない今の時点で「課題」について詳しく議論するのは，いかがなものかという気もいたします。そういうことで最後に最小限の言及をするにとどめ，本日は差し当たり，わが国では前例のないこの新機軸を導入した集合訴訟制度の理論的な側面に主として重点を置いて，若干の分析を試みることにしたいと思います。この制度の本質を理解するうえで，多少なりともお役に立つことがあれば幸いです。

　〔補注1〕
　「消費者の財産的被害の集団的な回復のための民事の裁判手続の特例に関する法律」は，2013 年 12 月 4 日に参議院本会議で成立し，同月 11 日に交付され（平成 25 年法律第 96 号），2016 年 10 月 1 日から施行された。

　〔補注2〕
　鈴木敦士「消費者裁判手続特例法案の概要」NBL1016 号（2014 年）31 頁以下参照。

　　　　　　　　　　　　　　　　　　　　　　　　　　　　　　Ⅰ　はじめに

　［補注3］
　　本稿は，2013年11月15日，東京大学山上会館で行われた「集団的消費者被害
　救済制度について」と題する第28回民事紛争処理研究基金設立記念講演会におけ
　る私の講演の速記録に基づく。

2　創設される制度の呼称

　最初に，本論に入っていく前提として，創設される訴訟制度の呼称について，
少し申し上げたいと思います。もちろん，制度の呼び名をどうするかというこ
とは，ある意味では瑣末なことではあります。しかし，他方において，制度の
本質を適切に表現していない呼称が定着しますと，その呼称に引っ張られて制
度に対する認識に誤解が生じてしまうということも，あり得るところです。ま
た，本日，私が申し上げようとしている分析は，この訴訟制度をどのように呼
ぶかということと，ある程度密接な関係がございますので，最初に呼称を固め
ておかないと話がしにくいということもあります。

　まず，2010年10月に消費者委員会に設置された専門調査会に付された名称
から申しますと，これは「集団的消費者被害救済制度専門調査会」（以下，「専
門調査会」という）というものでした。したがって，その名称をそのまま受け継
いで，「集団的消費者被害救済制度」や「消費者救済訴訟制度」と呼ぶことも
できようかと思います。しかし，消費者被害の「救済制度」は，集団的な──
あるいは集合的なというほうがよいのかと思いますが──「訴訟制度」だけで
はありません。実際，専門調査会の場でも，あるいは専門調査会が解散した後
も，訴訟制度以外の救済制度について引き続き検討がされております。したが
って，この呼び名は必ずしも適当ではないということになります。

　次に，先ほども少し言及しました「集団訴訟」という言葉ですが，「集団訴
訟」という言い方は，この種の制度に対して，諸外国ではよく使われる呼び名
です。たとえば，日本の制度が基本的な発想を参考にしたのは，ブラジルの先
駆的な制度（三木浩一「ブラジルにおけるクラスアクション（集団訴訟制度）の概要」NBL
961号〔2011年〕48頁以下参照）ですが，同国においては当該制度のことを「集
団訴訟」と呼んでいます。また，ヨーロッパの国々でも，この種の制度を「集
団訴訟（group action）」と呼ぶことがあります。そうしたことを考えますと，

265

第1章　消費者集合訴訟制度の理論と課題

　今般の新しい制度を単に「集団訴訟」と呼ぶとか，あるいは「消費者集団訴訟」と呼ぶことが，できるようにも思われます。しかし，これには2つの問題があります。1つは，わが国では，これまで多数の原告がいるような共同訴訟の呼び名として，「集団訴訟」という言葉が，すでに一般的に使われていることです。もう1つは，わが国の今般の制度は，一段階目の訴訟でも二段階目の訴訟でも，消費者たちが現実に集団を形成することはまったくないということです。したがって，ブラジルの呼び名を参考にすることも，やや不適当ということになります。

　このように，いくつかの候補には問題がある中，最近，マスコミなどで使われている呼称で，「消費者集合訴訟制度」というものがあります。これは，この新しい訴訟制度の実質をおおむね簡潔に表しているものと思われます。ちなみに，「集団訴訟」ではなく「集合訴訟」となっている点ですが，この「集合訴訟」という言葉は英語の「collective action」の訳語としてよく使われるものです。今般のわが国の制度は，一段階目の手続も二段階目の手続も特定適格消費者団体が消費者のために訴訟を追行する仕組みであり，先ほども少し申しましたように，訴訟の最初から最後の段階に至るまで消費者が集団を組織することは現実的には一切ありませんから，消費者「集団」訴訟という呼び名ではなく，消費者「集合」訴訟という言葉のほうが適切だろうと思います。そこで，以下の私の講演の中では，基本的には，この「消費者集合訴訟」という言葉を使っていきたいと思います。

　ところで，もう1つ，ご案内のように，なにがしかの使う人の思惑を込めてのことが多いのかもしれませんが，「日本版クラスアクション」という言葉も使われます。この呼び名は，アメリカのクラスアクションに詳しい方々からみると，あるいは，カナダやオーストラリアなども含んだ英米法圏のクラスアクション一般と対比しても，今般のわが国の制度はクラスアクションとは異なる点が多々あることから，不適切と思われるかもしれません。しかし，クラスアクションという言葉がまったく不適切かというと，そうではない面もあります。これから検討しますように，今回のわが国の制度も，クラスアクションの本質的な要素の一部をかなりの程度具有しているものと認めることも，あながち不可能ではありません。また，ひとくちに英米法圏のクラスアクションといって

266

も，アメリカ版のクラスアクションとカナダ版のクラスアクションとでは相当に異なっております。あるいは，ブラジルの集団訴訟もクラスアクションと呼ばれることがあります。つまり，クラスアクションという言葉は，かなり広い外延をもって使われることもあるわけです。

　したがって，わが国の今般の制度は，クラスアクションという言葉や概念を大きくとらえた場合には，ある程度，その特徴が備わっているものとみられるわけです。また，本日，これから申し上げるお話との関係では，各国の制度と比較する際には，「アメリカ版クラスアクションに対して日本版クラスアクションは」という形でお話をすると，便利でわかりやすいという要素もいくらかあります。

　やや長い前置きの話になってしまいましたが，このようなことで，以下，適宜，文脈に応じて，「消費者集合訴訟制度」と「日本版クラスアクション」という双方の呼称を用いることにしたいと思います。

　　［補注 4］
　　　本書 147 頁以下。

II　二段階型採用の意義

1　二段階型に対する誤解

　それでは，本論に入っていきたいと思います。まず，今般の制度において，いわゆる二段階型が採用されていることの意義について，いくつかの観点から考察をしてみたいと思います。二段階型の基本構造そのものについては，鈴木政策企画専門官のお話（鈴木・前掲［補注 2］34 頁）等ですでにご理解されていると思いますので，ここではその説明は割愛し，二段階型に対する誤解という問題からお話を始めます。

　先ほど鈴木政策企画専門官から，世界的にみても，二段階型の手続を法律で厳密に制度的に仕組んでいる国は少ないというお話がありました（鈴木・前掲［補注 2］36 頁）。たしかに，比較法的にみて多くはありません。しかし，まったくないのかというと，いくつかあります。まず，いうまでもなく，ブラジルがあります。ブラジルは，世界で最初に二段階型の手続を法律の仕組みとして作った先駆的な国であり，わが国の制度もこれを相当程度参考にしています。

第1章　消費者集合訴訟制度の理論と課題

また，ほかの南米の国の中にも，ブラジルの制度に倣うものがいくつか出てき
ていると仄聞しています。さらに，カナダも，法律上の制度として二段階型を
採用しているといってよいかと思います。もちろん，カナダは連邦国家ですか
ら州によって違いますが，ブリティッシュ・コロンビア州など一部の先進的な
制度を持つ州では，明確な形で法律の中に二段階型が組まれております（大村
雅彦「カナダ（ブリティッシュ・コロンビア州）のクラスアクションの概要──二段階
型手続構造を中心として(上)(下)」NBL966 号〔2011 年〕77 頁以下，967 号〔2011 年〕50
頁以下参照）。しかし，逆にいうと，そうしたいくつかの例を除けば，法制度と
して二段階型を組み上げている国はあまり多いとはいえません。

　そうしたこともあって，二段階型の手続は，一部ではさまざまな誤解をされて
いる面もあろうかと感じています。そもそも，わが国で最初に二段階型という言
葉を使用し，あるいは，それを日本の制度に導入することを提唱したのは，僭越な
がらおそらくは私または私が代表を務めていた研究会（「集合的権利保護訴訟研
究会」）であったのではないかと思います。その当初，各所に呼ばれて，新しい
集団的な消費者被害回復のための訴訟制度の議論ではどのような制度が有力な
のですか，ということを聞かれたときに，「私は二段階型がよいと思う」とい
うお話をすると，最初は，それは何ですかときょとんとされたり，あるいは懐疑
的なことをいわれたり，ときにはよく理解されないままに反発されるというこ
とが，よくありました。そうした経験に照らしますと，二段階型というのは，あ
る意味ではわかりにくいところがある制度なのかもしれません。

　二段階型がわかりにくい理由の1つは，オプトアウト型やオプトイン型と同
一平面に位置する制度ではないという点です。そのことで生まれやすい誤解と
して，二段階型は，オプトアウト型とオプトイン型の中間形態であるという認
識があります。ステレオタイプ的に申しますと，消費者関係の方々は，アメリ
カのクラスアクションのイメージが強烈ですから，オプトアウト型こそが望ま
しいということをよくおっしゃいます。これに対し，事業者サイドの皆さんは，
オプトイン型でなければ困る，オプトアウト型では濫訴が起きるというように
反発されます。それで，今回の制度は，両者の中間をとって二段階型という制
度にしたのでしょう，といわれることがあります。しかし，こうした認識は，
明らかに誤解です。

268

それからもう1つ，こうした認識とも関連するのですが，クラスアクションのようなオプトアウト型と二段階型は相互に排他的であって，制度設計に際しては，オプトアウト型を採用するのか，それとも二段階型を採用するのかという，いわば択一の関係にあるのだという認識をお持ちの方もみられます。現に，専門調査会の席上でも，二段階型ではなくてオプトアウト型を採用するべきだ，あるいは二段階型を採用してもよいが，あわせてオプトアウト型も採用すべきだ，といったご意見がありました。しかし，そのように同一平面においてオプトアウト型と二段階型を単純に並べるということは，やや二段階型についての誤解があるのではないかと思います。

2 比較法的な考察

そこで，こうした誤解の背景にあると思われる絡まった糸を解きほぐすために，若干の比較法的な考察をしてみたいと思います。いくつかの諸外国の制度を比較してみると，二段階型とオプトアウト型やオプトイン型との関係が，目にみえてわかりやすくなると思われるからです。ここで比較の対象とする国ですが，アメリカ，ブラジル，カナダの3か国を取り上げます。この3か国は，それぞれ異なるタイプの二段階型を持っております。また，多数の被害者や権利者が存在する場合に，それらをまとめて救済する機能を持つ集合的訴訟制度として，世界的にみて裁判所の取扱件数が特に多い国々です。すなわち，ある意味で最も成功している制度を有している国々でもあります。

この3か国の制度ですが，アメリカ，ブラジル，カナダは，一見するとかなり異なったそれぞれ個性のある制度のようにみえます。しかし，私のみるところ，これらのよく使われている3か国の制度には，大きいところで共通点があります。それは，制度の仕組みや構造が異なっているにもかかわらず，いずれの制度においても，何らかの意味での二段階型が採用されているということです。このうち，ブラジルが二段階型であることはいうまでもないことですので，ここでは，カナダとアメリカを少し詳しくみてみたいと思います。

(1) カナダのクラスアクション

まず，カナダです。ご案内のように，カナダは連邦国家ですので，本来，カ

第1章　消費者集合訴訟制度の理論と課題

ナダと一括りにいうのは、やや乱暴な面があります。正確に申しますと、10州（他に3の準州がある）のうち、ケベック州1州を除くと、コモンロー（米英法系）の制度を持つ州で構成されておりますが、少なくともそのコモンロー諸州には、いわゆるオプトアウト型のクラスアクション制度があります。つまり、その点では、アメリカと同じクラスアクションの制度を有しています。しかし、そうしたカナダのコモンロー諸州の制度は、オプトアウト型のクラスアクションであると同時に、その手続構造は、法制度上、明確な形で二段階型をとっているのです。

　私たちの調査の結果で、そうした法律の仕組みが特にわかりやすいと思われたのは、ブリティッシュ・コロンビア州です。これは次のような制度です（大村・前掲 NBL966 号 77 頁以下参照）。

　まず、一段階目ですが、厳密にいえば、この一段階目だけがオプトアウト型になります。すなわち、一段階目では、日本の今回の制度と同じく、被告の責任論を中心とした共通争点が審理されます。その共通争点の判決が他のクラスメンバーにも及ぶのですが、日本の制度と違って、一段階目で原告側が敗訴しますと、その敗訴の結果も他のクラスメンバーに及びます。クラスアクションでは、共通の原因に基づく権利を有する人々をクラスメンバーと呼びます。わが国の制度の言葉でいえば「対象消費者」ですが、カナダの制度では、一段階目の判決の結果が有利であったか不利であったかを問わず、それがクラスメンバー全員を拘束するという仕組みになっています。そして、その一段階目の判決を不利に及ばされたくないクラスメンバーは、そのクラスから離脱ができますので、オプトアウト型ということになります。

　次に、二段階目ですが、これは個別争点を審理する手続です。この二段階目も、基本的な仕組みはおおむね日本と同じです。すなわち、二段階目の手続では、クラスメンバー各自が積極的に手続加入を行う必要があります。つまり、二段階目の手続はオプトイン型ということになります。そして、その二段階目の手続の結果や効力は、手続加入をしたクラスメンバーだけに及ぶということになります。なお、制度としての仕組みはそうなっていますが、現実には、二段階目の審理手続が行われることは多くなく、かなりの事件が一段階目の結果を受けて、和解として進行するようです。

270

Ⅱ 二段階型採用の意義

いずれにしましても，このように，カナダの制度がオプトアウト型のクラスアクションだというのは，あくまでも一段階目の話です。そして，二段階目はオプトイン型ですし，手続の全体は二段階型ですから，結局，カナダの制度は，オプトアウト型，オプトイン型，二段階型のすべての要素を採用していることになります。

(2) アメリカのクラスアクション

次に，アメリカのクラスアクションですが，いうまでもなく，法律上は，特に二段階型の仕組みが条文等で書かれているわけではありません。しかし，実務的には，クラスアクションの審理は，共通争点審理と個別争点審理に大きく分けて行われるようです。あるいは，別の切り口でいうと，アメリカのクラスアクションの手続は，裁判所における訴訟手続と裁判所外の和解手続に大きく分けて二段階的に行われます。したがって，そうした意味では，法律上の制度としてではないですが，事実上の二段階型がとられているといっても差し支えなかろうと思います。

アメリカのクラスアクションでは，最初に行われるクラス認可の手続が大きな攻防の場となります。細かなことをいえば，クラス認可の手続においても，個別争点審理の要素がないわけではないのですが，大きくいえば，クラス認可手続では個別争点の審理はされず，共通争点の審理が中心となります。そして，原告の請求どおりにクラス認可が行われますと，その後は，ほぼ例外なく和解によって紛争の解決が図られます。実務的には，原告側も被告側も，ひとたびクラス認可がされれば，あとは和解で処理をするしかないという認識を持っているということです。つまり，原告側は，そうした認識で訴えを提起しますし，被告側も，クラス認可がされれば，判決を取りにいってもいたずらに傷を拡げるだけですので，当然に和解へと進みます。一般に，クラスアクションにおける和解率は，99％を超えているといわれています。したがって，個別争点に該当する部分は，基本的に和解によって処理されることになります。これが，実務上は二段階目ということになるわけです。

このように，ほとんどの事件は最終的には和解で処理されますので，オプトアウト型クラスアクションの判決として一般にイメージされる総額賠償判決が

第1章　消費者集合訴訟制度の理論と課題

下されることは現実にはまずないといわれます。私が，アメリカに調査に行ったときに，総額賠償判決がなされた裁判例が1件あるということをいった方がいて，では，その判例を探してくれませんかとお願いしたのですが，結局，みつからなかったという返事がきました。つまり，アメリカ人の専門家が探してもなかなかみつからないほどに，クラスアクションの総額賠償判決というのは珍しく，事実上は，ほぼすべての事件で最後は和解に移行するということのようです。ちなみに，訴訟当事者間において和解が成立した後は，和解条件に従ってクラスメンバーに金銭の分配等が行われますが，この段階では，当然のこととして，クラスメンバー各自にみずから名乗り出てもらう必要があります。したがって，こうした最後の段階では，アメリカのクラスアクションといえども，オプトイン型の要素を持ちます。

このように，ここで取り上げた各国の制度をみてみますと，法制化されたものか，事実上のものかという違いはあっても，いずれもある種の二段階型がとられているといえます。そして，その二段階型という下部構造を前提として，手続段階に応じてオプトアウト型やオプトイン型を上部構造として組み合わせているということが，いえようかと思います。

3　理論的な検討

もっとも，ここで取り上げたのは，わずか3か国の制度です。そこで，こうした比較法的な考察の結果にしても，たまたまということなのではないのか，との疑問もあろうかと思います。しかし，私は，各国が何らかの形で二段階型の仕組みをとっているのは，決して偶然ではなく，いわば必然のことであろうと思っております。そこで，そのことを検証するために，オプトアウト型，オプトイン型，二段階型という，それぞれの手続の仕組みについて，その理論的な検討に進みたいと思います。

まず，アメリカのクラスアクションに代表されるオプトアウト型ですが，オプトアウト型という仕組みをとると，共通利益を有する多数の人々を一挙に糾合して効果的に審理を行うことができるといわれます。共通利益を有する多数の人々から授権を得ずに，さらにいえば，それらの人々の顔や名前も知らないままに，あるいは，そもそもそれらの人々が存在するかどうかということすら

272

Ⅱ　二段階型採用の意義

知る必要もなく，自動的に，それらの人々を訴訟当事者と同一の地位に引き込むことができるからです。そのために，わが国でも昔からオプトアウト型のクラスアクションの導入を唱える見解が，さまざまに主張されています。先ほど申しましたように，専門調査会においてもオプトアウト型の採用を主張する意見がありました。

　しかし，注意しておく必要があるのは，いかにオプトアウト型のクラスアクションといえども，一括して審理を行うことが可能なのは，あくまでも共通争点だけだということです。それぞれのクラスメンバーが被った損害の額であるとか，クラスメンバーごとの因果関係などの個別争点については，クラスアクションで手続を糾合したとしても，いずれにしても，まさに個別的に審理する必要があります。つまり，共通争点は文字どおり共通的に審理することができますが，個別争点は本質的に個別的にしか審理することができないのであり，このことは，訴訟制度の仕組みとは何ら関係がないわけです。そうすると，何らかの意味で手続を効率化しようとすれば，共通に審理をして意味のあるものは共通に審理をし，その意味のないものは，また別な工夫をするということになりますから，どうしても二段階的な手続構造をとらざるを得ないということになります。

　また，個別争点についての主張立証ですが，それぞれのクラスメンバーが自分で主張しなければ，あるいは自分で立証しなければ，他人ではどうしようもない，ということがほとんどです。具体的には，損害の種類や金額であるとか因果関係などの主張立証は，それらの情報や資料を持っていないほかの人にはできないということが多いわけです。そうすると，個別争点の主張立証の段階では，どのような手続構造の下でも，それぞれのクラスメンバーに名乗り出てきてもらう必要があります。つまり，オプトイン型の要素が入ってくることになります。また，仮にこの段階ではそうでなくても，少なくとも最後の金銭を分配する段階まで至ると，クラスメンバーに名乗り出てもらって，その人自身にクラスメンバーであることを立証してもらう必要があります。つまり，オプトアウト型といっても，どこかの段階では何らかの形でオプトイン型の要素が必要になるのですから，それを組み合わせた二段階型の構造を取り入れる必要があるわけです。

　アメリカ版のクラスアクションの実務では，こうした二段階目におけるオプトイン型の要素は，当事者間の自主的な和解交渉およびその和解金の分配手続

273

第1章 消費者集合訴訟制度の理論と課題

という形をとって実現されています。カナダ版のクラスアクションでは，立法によって明確に二段階型が採用されており，一段階目の手続は法律上オプトアウト型ですが，二段階目の手続は法律上オプトイン型になっています。ブラジル型クラスアクションでも，一段階目は日本と同じくクラスメンバーからの授権を要しないという仕組みですが，二段階目ではオプトイン型がとられています。先ほどから申し上げているように，二段階目は，どこかの時点で何らかの形でオプトイン型の要素を持たせないと，実効的な集合訴訟の制度は作れないことが，これらの例からもよくわかると思います。

4 二段階型導入の評価

以上の検討から明らかなように，二段階型という手続構造は，オプトアウト型やオプトイン型と同一平面で比較すべきものではなく，手続構造としての次元が異なります。したがって，今回の法案が採用している二段階型の仕組みも，そういう意味において，オプトイン型とオプトアウト型の中間的なシステムを採用したわけでは，もちろんないことになります。また，事業者側に配慮して一種の微温的な制度を妥協の産物として導入したものかというと，二段階型の採用自体については，そうではないということです。仮に，今回の制度に何らかの妥協的な要素があるとしても，それは二段階型の採用以外のほかの点にあるのであって，二段階型の採用が妥協の結果というわけではないということになります。

やや繰り返しになりますが，およそ制度設計のいかんを問わず，集合訴訟において共通争点と個別争点が存在することは不可避ですので，両者の審理を段階的に仕組むのは合理的であるといえるでしょうし，考え方によっては必然とすらいえるかと思います。もちろん，法制度としての二段階型をとらずに，アメリカのように事実上の二段階型をとるというのは，選択肢としてはあり得ることです。しかし，先ほど，アメリカではクラスアクションのほとんどが和解で終わると申しましたが，普通の訴訟であっても，トライアルを経て判決に至るのは，5％未満といわれています。そうした確固たる和解の実務慣行を持っている国であればこそ，事実上の二段階型が仕組みとして機能しますが，わが国ではそのような実務慣行は存在しませんから，法制度として二段階型を採用し

274

たというのは，それなりに適切な立法判断であったと評価できるかと思います。

　ただし，二段階型といってもその形態は必ずしも一様ではなく，さまざまな形態の二段階型が考えられるところです。したがって，今回の制度で導入する二段階型はどのようなものなのか，その中身こそが，次の話として問われることになります。そこで，わが国が採用しようとしている二段階型について，一段階目の手続がどういうものであるか，二段階目の手続がどういうものであるか，これを順番にみていきたいと思います。

III　一段階目の手続

1　クラスアクションの要素

　まず，一段階目の手続につき，わが国の今回の制度は，集合訴訟制度の1つの典型とされてきたアメリカやカナダなどのクラスアクションとどのような関係に立つのか，あるいは，しばしばいわれる「日本版クラスアクション」という呼称は，制度の本質をどの程度表しているのか，という点を考えてみたいと思います。

　わが国の今回の制度の一段階目ですが，これは共通の利益を有する個々の消費者から具体的な授権を得ることなく，特定適格消費者団体がみずからの自由な判断で訴えを起こすことができる仕組みです。このように，実質的な利益の帰属主体から授権を得る必要がないという点では，アメリカのクラスアクションやカナダのクラスアクションの一段階目と共通するところがあります。

　また，一段階目の判決の効力が拡張される者の範囲ですが，これは先ほど鈴木政策企画専門官のお話にありましたように（鈴木・前掲［補注1］35頁），一定の範囲に属する消費者に限ります。アメリカやカナダにおけるクラスアクションの言い方を借りれば，「クラスメンバー」に限るわけです。日本の法律では，これを「対象消費者」と呼んでいます。この対象消費者という概念ですが，アメリカやカナダのクラスアクションにおける「クラスメンバー」という概念と実質的には異なりません。日本の対象消費者のことをクラスメンバーと呼んでも，一向におかしいことはないわけです。

　したがって，こうした2点に着目した場合には，消費者集合訴訟制度のことを，別名として，「日本版クラスアクション」と呼ぶのは，あながちミスリー

275

第1章　消費者集合訴訟制度の理論と課題

ディングではないということになります。ただ，いわゆる日本版クラスアクションは，一段階目の判決の効力が，結果の有利・不利を問わずクラスメンバーに及ぶという仕組みはとっておらず，もちろんオプトアウトの制度もありませんから，オプトアウト型ではありません。したがって，オプトアウト型というのがクラスアクションという概念の必須の要素だと考える方にとっては，日本版クラスアクションというのはミスリーディングということになろうかと思います。要は，クラスアクションという概念の定義の問題になるわけです。

2　終局判決による手続終了

それでは，次に，今回の法案の特徴の1つとして挙げられる，一段階目の手続の終局判決による終了というお話に移りたいと思います。この日本版クラスアクションの一段階目の手続ですが，一段階目の審理を経て出る判決は，これで最終的な事件の解決には至っていないにもかかわらず，中間判決ではなくて終局判決です。ちなみに，この終局判決は確認判決です。つまり，法制度上は，一段階目と二段階目は独立した別個の訴訟手続として制度設計がなされています。

この点ですが，立法論的には，一段階目と二段階目を連続した手続として設計し，一段階目の判決を中間判決ないし中間判決類似の判決とするという選択肢も，理論的にはあり得たところです。先ほどの鈴木政策企画専門官のお話の中にも出てきましたように（鈴木・前掲［補注1］34頁），一段階目は，要件事実の中の一部だけを審理する特殊な訴訟です。要件事実の一部だけを審理するということは，いわば裁判がまだ途中であって，残りの要件事実は，いずれ審理しなければならないことを意味します。したがって，そうした実質から考えてみても，一段階目の判決は実質的には中間的な判決であり，それを文字どおり中間判決として仕組むということは，それなりに，考え得る選択肢であったということになります。

また，このように考えることは，比較法的にみても，まったく特異な発想というではありません。たとえば，1つの例ですが，フランスの2006年法案（山本和彦「フランスにおける消費者集団訴訟制度の概要(上)」NBL942号〔2010年〕26頁以下参照）は，結局，法律にならずに法案で終わりましたので，現に存在する制度ではありませんが，一段階目と二段階目は連続した1個の訴訟手続という

仕組みでした。もっとも一段階目の判決が中間判決か終局判決かというと，セルジュ・ガンシャール（Serge Guinchard）教授のご説明によれば，これは終局判決の判示事項と中間判決の判示事項とを同時に含む混合判決だという理解のようです（山本和彦「フランスにおける消費者集団訴訟制度の概要(下)」NBL943号〔2010年〕20頁以下参照）。ただ，いずれにしても，純粋な終局判決ではないという設計で法案が作られていました。

　これに対し，わが国の制度の場合は，専門調査会の中では中間判決の可能性を探ることを示唆する意見なども出されたのですが，日本の現在の中間判決には上訴が認められていないことや，終局判決のほうが中間判決よりも制度として作りやすいなど，さまざまな考慮要素があり，最終的には，一段階目の判決は終局判決として設計されました。ただし，ここで重要なのは，制度上はたしかに終局判決ですが，これが普通の終局判決かというと，必ずしもそうではないということです。どちらかといえば，中間判決的な要素を含んだ，わが国では類例のない特殊な終局判決といえるように思われます。その意味では，一種の混合判決的な要素があるといってもよいかもしれません。

　そのように考えることができる理由ですが，3点ほど挙げてみたいと思います。第1は，一段階目の判決で判断されるのは実質的には実体権の成立要件の一部であり，これのみでは権利の存否が確定できないという意味で，実体法的には中間段階の判決にすぎないという点です。第2に，二段階目の手続を開始することができる主体は，一段階目の訴訟を担当した特定適格消費者団体のみに限られるという仕組みがとられていることです。つまり，一段階目と二段階目では，原告は引き継がれなければならない仕組みになっており，もちろん被告も引き継がれます。そうすると，当事者の点でも，二段階目の手続は，実質的には一段階目の延長ということになります。第3に，一段階目の訴訟を担当した特定適格消費者団体には，原則として，一段階目の判決確定から1か月以内に二段階目の手続を開始する義務が課されています。つまり，早期に一段階目から二段階目へ移行することが制度上予定されており，時間的にも連続した手続となります。

　このように，少なくともこれらの諸点をみるだけでも，一段階目の判決は，たしかに形式上は終局判決ですが，実質的には，一段階目と二段階目が連続性

第1章　消費者集合訴訟制度の理論と課題

を有しているということで，ある程度中間判決の色彩を帯びているといえよう
かと思います。

3　主観訴訟と客観訴訟

　そうすると，こうした一段階目の訴訟の本質というのは，いったい何なのだ
ろうとの疑問が生じてきます。これは，果たして伝統的な主観訴訟といえるの
だろうか，一種の客観訴訟ではないかというのは，法学者であれば，誰でも気
になるところではないかと思います。そこで，次に，主観訴訟と客観訴訟とい
う観点から，お話をしたいと思います。

　一段階目の判決は，実質的には実体権の成立要件の一部のみを判断するもの
であり，したがって，一段階目の判決だけでは直ちに個人の権利救済にはつな
がらないといたしますと，この一段階目の訴訟は主観訴訟とはいえないのでは
ないか，という気がしてきます。ここであらためて申し上げるまでもないこと
ですが，わが国の民事訴訟は基本的には主観訴訟です。ちなみに，ここで主観
訴訟と申しますのは，個人の権利や利益の実現を目指す訴訟のことです。これ
と対比されるのが客観訴訟です。すなわち，客観訴訟とは，個人の権利や利益
の実現を直接の対象とせずに，公益の実現や法秩序の維持を目的とする訴訟が，
そう呼ばれます。ご案内のように，主として行政訴訟の世界で使われることが
多い言葉です。ただ，客観訴訟の例が行政訴訟に特に多くみられるとはいって
も，現在，すでに存在する民事訴訟でも，たとえば婚姻無効の訴えなどは客観
訴訟だと考えられていますので，民事訴訟と客観訴訟が親和しないということ
ではありません。

　そうすると，消費者集合訴訟制度における一段階目は一種の客観訴訟ではな
いか，という気配も感じるのです。しかし，私の結論を述べますと，消費者集
合訴訟制度の一段階目は，伝統的な主観訴訟とはやや異なる要素があるとはい
え，依然として主観訴訟の範疇に属するものであると思います。なぜなら，消
費者集合訴訟制度の一段階目の手続は，特定の個人の権利それ自体を審理する
わけではありませんが，かといって，公益を一般的に実現することや法秩序の
維持を目的とするというものでもありません。あくまでも，特定のクラスに属
する一定範囲の個人の私的権利の実現に奉仕するための訴訟です。それから，

278

先ほど検討しましたように，形式的には，一段階目と二段階目は独立した手続であり，一段階目の判決は終局判決とされていますが，実質的には，一段階目と二段階目の手続は連続しています。そこで，これを全体としてみれば，やはり，連続した個人の権利の実現を目指す訴訟ということになります。

このようにみてくると，一段階目の訴訟を客観訴訟と考えるのは不適切であり，なお主権訴訟の範疇に入るものであろうと思います。つまり，「消費者の財産的被害の集団的な回復のための民事の裁判手続の特例に関する法律案」は，わが国では過去に例のない仕組みの訴訟制度を新たに創設するものではありますが，だからといって，客観訴訟を創設するというほどにドラスティックなものではなく，従来の主観訴訟の枠組みには収まる制度であるということです。したがって，この制度を過度に特別視することは，制度の本質を見誤ることになろうかと思います。

4　一段階目の手続の性格

このように，一段階目の訴訟はあくまでも主観訴訟であると考えられますが，そうだとしても，それは，果たして，どのような種類といいますか，どのような性格の主観訴訟なのでしょうか。まず，一段階目の手続には対象消費者からの授権が必要ないのですから，オプトイン型ではないことは確かです。また，対象消費者への判決効の拡張や手続からの離脱という要素がありませんから，もちろん，オプトアウト型でもないことになります。

ところで，このオプトイン型とオプトアウト型の関係ですが，一般には対極に位置する仕組みだと考えられていますが，両者に共通点もあります。それは，オプトイン型もオプトアウト型も，どちらも訴訟担当であるという点です。ただし，オプトイン型は当事者の授権を要しますから，任意的訴訟担当であるのに対して，オプトアウト型は授権なく訴訟を遂行することができますから，法定訴訟担当の一種です。研究者の中には，オプトアウト型を黙示の授権でとらえる人もいますが，クラスメンバーとか対象消費者は訴訟が行われていることすら知らないことが多いので，黙示の授権の論理には無理があり，法定訴訟担当とみるべきだろうと思います。

そこで，日本版クラスアクションの一段階目を考えますと，クラスメンバー

の授権の必要がない訴訟であるといえます。そして，二段階目に移った後には，手続に加入した対象消費者に対して一段階目の判決効が及ぶという点を考えますと，一種の法定訴訟担当とみることができるように思います。ただし，115条1項2号が適用されるわけではないので，その点では特別の規律が働く法定訴訟担当となります。もちろん，これは一段階目の話をしているのであって，二段階目は明らかに任意的訴訟担当になります。

そうした観点から，今回の制度をあえてアメリカやカナダのオプトアウト型のクラスアクションに引き寄せて考えますと，日本の制度の下で，二段階目の手続に積極的に加入しないという対象消費者の選択，すなわち二段階目の手続に届出をしないという当事者の行為をもって，一種の不作為によるオプトアウトに近いものだとみることも，あるいはできるかもしれません。つまり，明らかにオプトアウト型そのものではないのですが，それなりに，オプトアウト型に近い性格を持った訴訟という一面もあるということも，見方によってはいえようかと思います。

最後の点は，やや異論の余地もあろうかと存じますが，いずれにしましても，法定訴訟担当の一種ではあろうかと思います。以上の分析により，わが国の消費者集合訴訟の一段階目は，やや特殊な形態であるとはいえ，法定訴訟担当としての主観訴訟としてとらえるのが適切ではないかと考えています。

Ⅳ　一段階目の判決効の拡張

1　判決効の主体的範囲に関する規律

次に，一段階目の判決効の拡張という，この制度をめぐる議論として，一番ホットなお話をいたします。日本の今回の制度に限らず，およそ二段階型の集合訴訟において，一段階目の判決が二段階目で誰にどのように及ぶかということが，その制度の意義や機能を考えるうえで最大のポイントとなることは，あらためて申し上げるまでもないところかと思います。この点に関する日本版クラスアクションの仕組みですが，おおむね次のようなものです。

まず，一段階目の訴訟における原告であった特定適格消費者団体と被告であった事業者の間には，当然，一段階目の確定判決の効力が及びます。しかし，この

IV 一段階目の判決効の拡張

点は，もちろん今回の制度が作った仕組みというわけではなく，民事訴訟の一般
原則の適用によるものです。すなわち，115条1項1号が適用される結果であり，
いわゆる既判力の主体的範囲における相対効の原則そのものにほかなりません。

日本版クラスアクションにおける判決効の仕組みの特徴は，この先にありま
す。一段階目の判決の効力は，当事者であった特定適格消費者団体と事業者に
及ぶだけではなく，一段階目の訴訟の当事者ではなかった別の特定適格消費者
団体にも拡張的に及びます。さらに，当該事件の対象消費者であって二段階目
の手続に加入の届出をした者にも及びます。このことは，法案の9条に規定さ
れています。

このように，いわば2つの判決効の拡張があるわけです。このうち，前者の
他の特定適格消費者団体への拡張は，別の適格消費者団体による訴訟の蒸し返
しを防止することが主目的ですから，どちらかといえば被告保護のための拡張
です。これに対し，後者の対象消費者に拡張されるというほうは，一段階目の
訴訟結果を消費者側が二段階目で有利に活用できるということを意味しますか
ら，実質的には被告側に不利に働く，つまり，消費者側に有利に働く拡張とい
うことになります。

2 原告と被告の間における非対称性の存在

こうした判決効の拡張の仕組みに伴って生じる結果として，原告と被告の間
に一種の非対称性が存在することになります。日本版クラスアクションの手続
では，原告が一段階目で勝訴した場合——あるいは勝訴と同内容の和解や請求
の認諾があった場合も同じですが——つまり，実質的な意味で一段階目におい
て原告が勝訴した場合にのみ，二段階目が始まる仕組みになっています。そう
すると，判決効の拡張は，二段階目の手続に参加した者の間でのみ生じるもの
ですから，結果的には，一段階目の確定判決のうちの原告勝訴の効力のみが二
段階目に拡張されるようにみえるわけです。

他方，一段階目の確定判決が原告敗訴の場合には，対象消費者は，その判決に
何ら妨げられることなく，以後も自由に同じ事業者を相手に個別に個人として
訴訟を起こすことができます。これも，判決効の拡張が二段階目の手続に加入の
届出をした対象消費者にのみ及ぶことの結果です。つまり，事業者側からみれば，

第1章　消費者集合訴訟制度の理論と課題

消費者集合訴訟で勝訴したとしても，同様の内容の個別訴訟を阻止することはできないのですから，やはり，一種の非対称性が存在することになるでしょう。

3　既判力の片面的拡張か

そこで，今回の消費者集合訴訟制度は，既判力の片面的拡張を認めたものであるといわれることがあります。民事訴訟の研究者の方でも，そうしたことをおっしゃる人がおられます。しかし，果たして本当にそうでしょうか。たしかに，この制度の仕組みには，消費者側と事業者側の間に一定の非対称性が存在するということは，間違いのないところだろうと思います。しかし，結論を先にいえば，その非対称性は，既判力の片面的拡張によってもたらされているのではないように思われます。つまり，既判力の拡張の仕方が片面的であるわけではないと考えられるのです。そこで，そのことを明らかにするために，場合を分けて検討してみたいと思います。

まず，一段階目の確定判決と届出対象債権との関係をみてみたいと思います。たとえば一段階目の共通義務確認訴訟において被告の義務が一部だけ認められ，残りの一部は義務がないという判断になったとします。この場合，一段階目の判決は一部認容判決になるわけです。一部認容判決というのは，一部原告勝訴，一部原告敗訴という意味ですが，この判決の効力は，二段階目の手続において，手続に加入した対象消費者に対して有利にも不利にも拡張されます。すなわち，二段階目の手続に加入した対象消費者は，一段階目の訴訟で原告が敗訴している部分については，一段階目の判決の既判力が不利に及ぶことになりますので，二段階目でこの判断を蒸し返すことはできなくなります。つまり，この局面では，既判力は双面的に拡張されるということです。

次に，一段階目の確定判決と非届出対象債権との関係をみてみましょう。一段階目の訴訟で消費者側が敗訴した場合であっても，その確定判決の効力は二段階目に加入しなかった非届出対象債権者には及びませんから，非届出対象消費者は，その後に個別訴訟を自由に提起することが許されます。このことは，被告である事業者からみれば，実質的な紛争の蒸し返しにつながりますから，事業者に不利な仕組みと映るわけです。しかし，これと同様のことは，事業者側にも認められています。すなわち，一段階目の訴訟で事業者側が敗訴した場

合であっても，その確定判決の効力は，やはり，二段階目で手続加入をしなかっ
た対象消費者には及びません。したがって，事業者は一段階目の訴訟において
敗訴したとしても，非届出対象消費者に対する関係では，債務不存在確認訴訟
などの個別訴訟を自由に提起することが許されるわけです。つまり，非届出対
象債権との関係でみると，一段階目の訴訟で消費者側が勝訴した場合のみなら
ず，たとえ消費者側が敗訴した場合であっても，確定判決の相対効の原則は双
面的に貫かれるということです。

　すなわち，一段階目の確定判決の効力の当事者以外の者への拡張という規律
は，いずれの場合にせよ消費者集合訴訟制度の枠内にのみとどまるものであり，
消費者集合訴訟の枠外にある個別訴訟には何ら影響を与えないという結果は双
面的であるわけです。

　以上に述べたことは，次のように言い換えることもできます。消費者集合訴訟
の一段階目における全部棄却判決や一部認容判決の敗訴部分をみずから争いた
いと希望する対象消費者は，二段階目の手続に加入しないことにより，みずから
個別訴訟を提起して，その敗訴の結果を実質的に蒸し返すことができます。ま
た，たとえ一段階目の確定判決が全部認容であったとしても，その勝訴判決の内
容に不満があるという対象消費者がいれば，その者も，二段階目の手続に加入し
ないことによって，みずから独自の個別訴訟を自由に追行することができます。
他方において，一段階目の敗訴の結果に不満を持っている事業者も，その敗訴
結果を争いたいと思えば，二段階目の手続に加入しない非届出対象消費者との
関係では，個別訴訟においてこれを自由に蒸し返すことができるわけです。

　このようにみると，既判力の拡張の仕方それ自体には，どうも片面性はみら
れないということになります。つまり，消費者集合訴訟制度における非対称性
は，既判力の片面的拡張とは別のところに原因があるということになります。

4　非対称性の本質

　それでは，この手続における非対称性は，いったいどこに存在するのでしょ
うか。

　消費者集合訴訟制度においては，消費者側は，二段階目の手続に加入するこ
とによって，一段階目の判決における原告勝訴の結果を，みずからに有利に援

用することができます。これに対し，事業者側は，一段階目で請求棄却を勝ち取ってみても，それを対象消費者との関係でみずからに有利に利用する仕組みがないわけです。

より具体的にいえば，一段階目の共通義務確認訴訟で被告の義務は存在しないという判決が得られた場合に，それを個々の対象消費者にも及ぼすために，事業者側のイニシアティブで対象消費者を消費者集合訴訟制度に引き込むための手段がないわけです。これが日本版クラスアクションの持つ非対称性だろうと思います。すなわち，一段階目の判決の効力が片面的に拡張されているのではなく，判決の効力の利用手段の有無において，消費者側と事業者側の間に非対称性があるということになります。

5　非対称性の評価

この非対称性ですが，立法論的には，これを解消することは可能です。すなわち，被告側のイニシアティブで対象消費者を消費者集合訴訟の手続に引き込むことができる制度を設ければ，被告の義務が存在しないという判断の既判力を，個々の対象消費者に及ぼす手段を設けることになるわけです。ただし，これは，新たな二段階目の手続を作ることが可能だという意味ではありません。二段階目は個別争点の審理をするための手続ですが，ここでは，事業者側に義務がないという判決——共通争点で事業者側が勝つ場合——を想定しているわけですから，その判断を個々の対象消費者にも及ぼしたいということであるとすれば，一段階目の手続の途中で対象消費者を手続に引き込む必要があります。つまり，一段階目の手続の中に対象消費者の引込制度を設ければ，制度的には非対称性はほぼ解消されることになるということです。

もっとも，そのような制度を設けるのが望ましいことなのか，つまり，そうした法改正を将来において目指すべきなのか，というのは別の話になろうかと思います。問題は，現在の制度に存在する非対称性が，どれほど重大かということです。先ほど申しましたように，事業者側のイニシアティブで対象消費者を引き込むという制度が設けられれば，非対称性はほぼ解消するのですが，そうしたニーズが実際にあるのかというと，必ずしもそうとはいえないように思います。実際には，消費者集合訴訟の一段階目で，特定適格消費者団体が敗訴した

となると，それにもかかわらず，個々の対象消費者がそれと同じ内容の個別訴訟をみずから提起するということは考えにくいと思われます。また，仮にそうした訴えが提起されたとしても，消費者集合訴訟の判決と異なる結果が得られる可能性は現実には少ないでしょう。したがって，事業者側に引込制度を作ってほしいというニーズがあるかというと，それはほぼないように思いますし，実際，私の知る限りでは，これまで事業者側からそうした要求は聞かれないわけです。

　また，およそ集合訴訟を作るということの背景として，もともと原告サイドと被告サイドの間に類型的に何らかの格差がある場合に，集合訴訟というものの立法事実が生まれてくるわけです。日本の制度が，今回，対象としているような消費者と事業者の間の紛争というのは，その典型例です。つまり，消費者と事業者の関係というものを考えてみますと，情報量，交渉力，資金量，その他に格差があります。消費者集合訴訟は，その格差を縮小する手段であるということを考えますと，現在の制度にみられる非対称性は，実質的には，それほど深刻ではないと思われます。

V　二段階目の手続

1　一段階目との違い

　次に，二段階目の手続の考察に入りたいと思います。まず，一段階目との違いですが，消費者集合訴訟の二段階目は，いうまでもなく，一段階目の共通争点に関する確定判決を前提として，対象消費者ごとの個別争点を審理する手続です。具体的には，加入の届出があった個々の対象消費者に帰属する対象債権について，その存否あるいは金額を確定するという手続になります。

　先ほど述べましたように，集合訴訟というのは共通利益を有する多数の請求権を糾合して一括して処理をするものであり，審理の効率化や迅速化を達成することが大きな目的です。ところが，一段階目で審理される共通争点とは異なって，個別争点については，単純に請求権を1個の手続に集めればそれだけで審理の効率化や迅速化が図れるというものではありません。繰り返しになりますが，個別争点は，定義上当然のこととして，個別的な審理が必要になりますので，たとえ手続を一本化しても，手間や負担の軽減にはつながらないからです。

第1章　消費者集合訴訟制度の理論と課題

　そこで，個別争点を審理する二段階目では，何らかの手続上の工夫がどうしても必要になります。つまり，単純に通常の訴訟手続を行うということではない仕組みが，必然的に要求されることになるのです。ただ，そうした工夫のための手段は，それほど選択肢が多いわけではありません。細かなことを抜きにすれば，大きく分けて，2つの方向性しかないように思われます。1つは，厳格な審理を要求される訴訟手続ではなく，何らかの非訟的な手続を使うというものです。たとえば，証人尋問や鑑定などを経ずに，書面審理を原則とすることにより，審理の軽量化を図るという仕組みなどです。もう1つは，訴訟本来の裁断型の手続ではなく，和解などの合意型の手続を取り入れることです。これには，制度的な調停手続なども含みますが，いずれにしても最終的には和解による解決を目指す仕組みということです。

2　比較法的な考察

　比較法的には，次のような例がみられます。まず，カナダのブリティッシュ・コロンビア州における二段階目のクラスアクションですが，その二段階目では，当事者の一方が調停を申し立てると，他方に調停手続への応諾義務が発生するという意味での強制調停の仕組みが採用されています。また，強制調停以外の選択肢として，原告側の作成した賠償方法に関する書面に対して被告側が認否を述べるといった手順で進めていく簡易な手続もあります。つまり，先ほど申しました和解的な手続と非訟的な手続という，2つの選択肢の両方が用意されているわけです（大村・前掲 NBL966 号 80 頁以下参照）。

　次に，アメリカのクラスアクションですが，先ほど申しましたように，事実上の二段階目では，ほぼ例外なく，当事者間で和解交渉が行われます。すなわち，法制度化されたものではありませんが，実務的には，2つの選択肢のうちの和解のほうが選択されているということになります。ちなみに，和解の内容として，クラスメンバーの損害や因果関係の立証は簡易な方法でよいことが合意されることも少なくありませんので，その意味では，実質的に非訟的な方法も取り込まれているともいえます。

　最後に，ブラジルのクラスアクションですが，これは少し特殊な仕組みであり，ブラジルの二段階目では，判決清算と呼ばれる特殊な手続が置かれていま

286

す（三木・前掲 NBL961 号 52 頁〔本書 155 頁〕以下参照）。これはどのようなものかというと，まず一段階目では，請求権の主体や金額が完全に特定されていない給付判決がなされます。日本の一段階目と違って確認判決ではなく給付判決ですが，まだクラスメンバーなどが定まっていませんから概括的な内容の判決であり，「概括給付判決」と呼ばれます。すなわち，概括給付判決では給付の金額や誰に払うかという部分は特定されておらず，それらの部分はいわばブランクとなっています。二段階目では，その概括給付判決のブランクを埋めていくという意味で，判決清算が行われることになります。つまり，二段階目は，一段階目の判決を清算して完成させていくという仕組みです。やや異色な制度に映りますが，この判決清算では，事件の内容に応じて書面審理を中心とした簡易な審理がなされることも少なくありませんので，基本的には非訟的な手続の一種ということになろうかと思います。

3 日本版クラスアクションの二段階目

そこで，こうした比較法的な観点も踏まえてわが国の制度をみますと，先ほど鈴木政策企画専門官からご説明があったように（鈴木・前掲［補注 1］36 頁），二段階目の手続は，書面審理を想定した簡易確定手続が原則です。もちろん当事者から異議があれば通常訴訟に移行しますが，第一次的には簡易確定手続が予定されています。したがって，2 つの選択肢のうちの非訟的な手続による方法が選択されており，これによって，書面中心の審理による手続の軽量化ということが意図されているわけです。

ただし，この一種の非訟手続による制度ですが，もう少し踏み込んで考えてみますと，もう 1 つの和解の要素も実質的にはある程度取り込まれているように思います。より正確にいいますと，先ほど私が申し上げた 2 つの選択肢は，相互に排他的かという話につながります。非訟手続と和解手続というと，まったく別物のようにみえますが，実は，そうではありません。むしろ，非訟的な簡易な手続というのは，しばしば和解の要素を実質的に含んでいます。

どういうことかといいますと，人証などを用いない簡易な手続ですから，本格的な訴訟手続のように十分な事案解明は行うことはできません。しかし，それを前提として相手方の主張の認否を行って，場合によっては相手方の主張を

287

第1章　消費者集合訴訟制度の理論と課題

認める回答を行うわけです。たとえば，事業者の側で，本来のきちんとした審理をすれば，認められなかったかもしれない権利を認めるという事態もあり得ます。もちろん，それを承知のうえで，認否を行うわけですから，簡易な手続というのは，自己の権利の放棄を伴う可能性を受け入れているということになるわけです。したがって，実質的には和解の要素が簡易手続にも含まれてくることになります。

そういうことで，2つの選択肢といっても，実は奥のところではつながっており，今回の日本の制度も，あるいは，ブラジルの制度やほかの国の制度もそうですが，2つの要素を兼ね備えているという意味合いが，ある程度はあろうかと思います。

4　和解の要素の必要性

さらに申し上げますと，個別争点を扱う二段階目の手続では，基本的にはどうしても和解の要素が必要になってきます。なぜなら，個別争点を個別的に争っていたのでは，どうしても時間や手間の節約にはなりません。もともと個人ごとに凹凸のある個別の権利を平準化して一括的に処理するためには，実体的な権利放棄を部分的に伴う和解の要素が必要になります。

そうした意味では，日本の制度にも実質的に和解の要素が入っているというのは先ほど申し上げたとおりですが，さらに今後，この制度ができた後の運用としても，和解交渉による解決を念頭に置いた事件処理の姿勢が望まれます。すなわち，二段階目の手続で個別の対象消費者から授権を受けている特定適格消費者団体と被告である事業者の間において，本来の意味での和解が積極的に推奨されるべきであろうと思います。もちろん，その際，特定適格消費者団体に授権をした対象消費者の意思の確認と了解を得ることが，不可欠の前提であることはいうまでもありません。

裁判所のサイドも，もちろん事案にもよりますが，積極的に和解の勧試をすべきだろうと思います。それが，日本版クラスアクションにおいてもむしろ望ましい姿であり，二段階目の書面手続を常に使わなければならないとか，それを使うのが本道であるということではないと思います。そうした認識の下で，新しい制度が運用されるということを望みたいと思っています。

Ⅵ　将来に向けた課題

1　課題の所在

　わが国が導入しようとしている日本版クラスアクションは，ブラジルやカナダの制度を参考にしつつも，わが国独自の工夫を随所に盛り込んだものとなっています。その基本的な仕組みは，これまでみてきたように，相応の合理性と効率性を備えたものであると評価することできます。したがって，この制度が施行された暁には，立法に込められた趣旨に沿った形で消費者被害救済の手段として有意義に活用されることが期待されます。

　もっとも，今回の制度の仕組みについて，将来に向けて残された課題がないわけではないと思います。比較法的にみて特に目につくのは，手続の運用を担うべき原告適格者の範囲が非常に狭く限定されていること，および，対象となる事案の範囲もまた非常に狭く限定されていることです。このように，二重の意味できわめて謙抑的な制度設計がなされております。

　専門調査会におきましても，この２点については，いずれも問題を指摘する意見が出されました。したがって，将来における見直しの際にも，あらためて課題として取り上げられることになるものと思われます。

2　原告適格者の範囲

　まず，原告適格者の範囲ですが，今回の消費者集合訴訟制度は，原告適格者を特定適格消費者団体のみに限っています。比較法的にみても，私の知る限り，これほど原告適格者を狭く限定した例はあまりないと思います。

　たとえば，アメリカのクラスアクションと比較すると，アメリカでは，裁判所による認可さえ受ければ，クラスメンバーの誰でも原告となることができます。カナダのクラスアクションも，その点は同じです。また，ヨーロッパの例をみますと，たとえば，ノルウェーのクラスアクションはオプトイン型とオプトアウト型の両方を併用した仕組みですが，消費者団体などの民間組織や政府機関のほかに，アメリカやカナダと同じく，広くクラスメンバーにも提訴資格を認めています（三木浩一「ノルウェーにおけるクラスアクション（集団訴訟制度）

の概要」NBL915 号〔2009 年〕46 頁以下・916 号〔2009 年〕51 頁以下〔本書 120 頁以下〕参照）。他方，ブラジルのクラスアクションは，わが国と同様にクラスメンバーに原告適格を認めていません。しかし，それでも，わが国と比べると，はるかに広い範囲の主体に原告適格を認めています。具体的には，検察庁，連邦，州，市郡，官公庁，独立行政法人，公社，財団，民間団体などが原告となれます。しかも，民間団体について，事前の認可や登録の必要はありません（三木・前掲 NBL961 号 49 頁〔本書 147 頁〕以下参照）。

　民事訴訟理論の原則からいっても，権利の帰属主体が本来的には第一次的な原告適格者であり，権利主体ではない消費者団体に原告適格を認めることのほうが，むしろ例外です。このようなことから，専門調査会でも，対象消費者の集団や個人に原告適格を付与すべきであるとの意見が，何人かの委員から有力に主張されました。しかし，今回の制度は，このあとに述べますように，対象請求権について相当の限定を付したこともあり，また，新制度の運用状況を見据えたうえでしかるべき時期に再検討をするという一応のコンセンサスもあり，ひとまずはということで，このような形でまとまったものです。したがって，当事者適格の将来のあり方については，なお議論の余地が残されているということがいえようかと思います。

　本日は，この問題についてこれ以上深入りする時間的な余裕はありませんが，原告適格の範囲を拡大することについては，濫訴の危険という理由で反対の意見を述べる方々がおられますので，その点について，一言だけ触れておきたいと思います。原告適格者の範囲を特定適格消費者団体よりも拡げると，濫訴が生じるという議論は，しばしば耳にするところです。しかし，こうした意見に実証的な根拠はありません。むしろ，比較法的な調査からは，反対の結論が指し示されているように思います。たとえば，カナダのクラスアクションでは，クラスメンバーに広く提訴資格が認められていますが，われわれが調査した限りでは，カナダにおいて濫訴の弊害という議論は聞かれないとのことでした。オーストラリアやイスラエルなどのオプトアウト型の本格的なクラスアクションを有する他の国々でも，濫訴の弊害という議論はほとんど耳にしません。二段階型のブラジルや併用型のノルウェーでも同様です。

　このようにみてくると，濫訴の弊害という問題が，多少なりとも指摘されるこ

とがあるのは，アメリカだけのように思われます。しかし，仮にアメリカにおいてクラスアクションによる濫訴の弊害という問題があるとしても，同様の仕組みを有する他の国々にはそのような問題はないのですから，クラスアクションという仕組みに原因があるわけでもなければ，当事者適格がクラスメンバーに認められることに原因があるわけでもないことになろうかと思います。そこで，一般には，クラスアクション以外のアメリカの司法制度上のさまざまな仕組みや特徴に，その原因があるものと考えられます。いくつか具体的に挙げますと，懲罰的損害賠償，民事陪審制度，完全成功報酬制度，企業家的な弁護士実務，低廉な訴訟費用，広範なディスカヴァリ制度，特異な判決を出す一部の裁判所（judicial hellholes）などです。私は，かねてより，これらの一群の仕組みや特徴をヤンキー・パッケージと呼んでいます。

わが国には，こうしたヤンキー・パッケージは存在しませんから，仮に当事者適格を対象消費者などに拡げたとしても，カナダを始めとする他の国々と同じく，濫訴の弊害はあまり考えられないものと思われます。

3 対象事案の範囲

将来の課題となり得るもう1つの点は，対象事案の範囲が非常に狭いことです。今回の立法では，対象事案は，消費者契約に関する事件のうちの一部に限られております。したがって，たとえば不法行為に基づく損害賠償事件であっても，消費者契約に基づかない純粋な事故によるものなどは除かれています。また，たとえ消費者契約に関するトラブルであっても，拡大損害，逸失利益，人身損害，慰謝料などは，やはり対象事案から外されています。これにより，航空機事故，列車事故，原発事故などによって人身損害が生じた事件は，基本的に今回の日本版クラスアクションでは対応することができないことになります。また，立法段階で議論になったインターネット等における個人情報の流出事案なども，消費者契約に基づく事案とはいえない場合が多いでしょうし，損害としては慰謝料が中心なので，基本的には対象となりにくいものと思われます。

このように対象事案を限定した理由ですが，1つには経済界への配慮があることは確かでしょう。しかし，それだけが理由かというと，そうとはいえません。実は，集合訴訟の対象範囲をどこまで認めるかは，一筋縄ではいかない難

解な問題をはらんでおります。たとえば，わが国では対象事案が無制限と思われがちなアメリカのクラスアクションですら，対象事案の範囲をめぐっては議論があるところです。具体的には，人身被害を損害とする大型の不法行為事件については，法域や裁判所によっては，クラスアクションの認可がされないことも珍しくありません。こうした事件では，因果関係や損害額の個別性が高いため，クラスアクションによる集合的な事件処理に適しているとは必ずしもいえないからです。

　そうしたことを考えますと，日本版クラスアクションでは人身損害が法律の明文で対象事案から除外されていますが，それは理論的に考えても立法政策的にも，うなずける面がないわけではないように思われます。また，拡大損害についても，損害の内容が被害者ごとにまちまちとなりやすいでしょうから，やはり，対象事案から外したのは1つの考え得る選択であったように思います。もっとも，人身損害や拡大損害といっても，ケース・バイ・ケースであることを考えますと，明文規定によって一律に除外することには，疑問の余地もないわけではありません。また，被害者救済の観点からは，慰謝料を除外した点にも疑問が残るところです。

　しかし，いずれにしましても，共通争点に比べて個別争点の比重が高いことが一般的な事件類型や，個別争点の比重は低くても個別争点ごとの隔たりが大きいような事件類型について，これらを集合訴訟に取り込むかどうか，その線引きをどのようにするかは，なかなか難しい問題です。純粋な理論だけで結論が出せる問題ではなく，立法政策的な判断が伴うことは，将来の見直しの際にもある程度は避けられないように思います。

Ⅶ　お わ り に

　以上をもちまして，消費者集合訴訟制度をめぐる理論と課題についての私のお話とさせていただきます。冒頭に申しましたように，いまだ誕生もしていない制度であることもあり，後者の「課題」のほうは，最後に駆け足で述べるにとどまり，主として前者の「理論」のほうを中心にお話を申し上げました。

　ご清聴，どうもありがとうございました。

第2章
消費者集合訴訟制度の構造と理論

〔初出：2015年2月〕

I　はじめに

　2013年12月4日，消費者の過去の被害を集合的に回復するための新しい民事訴訟制度を創設することを目的とする「消費者の財産的被害の集団的な回復のための民事の裁判手続の特例に関する法律」（以下，単に「特例法」という）が，参議院本会議において可決・成立し，同月11日，法律第96号として公布された。この法律は，公布の日から起算して3年を超えない範囲内において施行するものとされており（特例法附則1条），2016年の施行が予想されている。[補注1]

　この特例法は，消費者被害の集合的な回復を図るために，ブラジル法やカナダ法に先駆的な例がみられるいわゆる二段階型の手続構造を，わが国で初めて採用したものである。すなわち，まず，一段階目の手続は「共通義務確認訴訟」と名付けられ，特定適格消費者団体が原告となって，相当多数の消費者と事業者との間の共通義務の存否および内容について，裁判所が確認判決によって判断を下す。次に，二段階目の手続は，一段階目の判決を受けて行う個別の対象債権の確定手続であり，その審理を簡易かつ迅速に行うことを目的として導入された「簡易確定手続」が，二段階目における原則的な手続となる。

　このように新機軸を盛り込んだ訴訟制度は，マスコミや識者によって，「消費者集団訴訟」，「消費者集合訴訟」，「日本版クラスアクション」等の呼称で呼ばれている。しかし，「消費者集団訴訟」という呼称については，わが国では人的規模の大きい共同訴訟（民訴38条参照）を「集団訴訟」と呼んできた歴史があるので，そうした訴訟と紛らわしいことは否めない。また，「日本版クラスアクション」については，アメリカやカナダ等のクラスアクションとの類似性が低いという問題がある。したがって，前記の各呼称の中では，「消費者集合訴訟」が相対的に無難な呼称であろう。本稿においては，単に「本制度」と

第 2 章　消費者集合訴訟制度の構造と理論

呼ぶことにする。

　消費者集合訴訟制度は，すでに諸外国にも種々の立法例があり，わが国の今回の制度も，前述のように，ブラジル法やカナダ法の立法思想や，未成立に終わったフランスの法案の考え方などを参考にしている。しかし，二段階型の手続構造は，わが国の立法例としては初めての試みであるうえに，参考にしたブラジル法やカナダ法と比較しても，大きく異なるところが少なくない。法成立から施行までに 2 年以上の長期間が予定されているのも，本制度に数多くの新機軸が盛り込まれていることから，既存の民事訴訟規則とは別に新たな最高裁判所規則を制定する必要があることや，本制度の趣旨や内容を国民各層に広く周知する期間が必要なことなどが一因である。

　そこで，本稿では，こうした特例法に基づく消費者集合訴訟制度について，理論的な観点からの分析を加えるとともに，法文の規定のみでは十分に分からない構造や運用のイメージについても，私なりの若干の検討を加えてみることとしたい。

　　［補注 1］
　　　「消費者の財産的被害の集団的な回復のための民事の裁判手続の特例に関する法
　　律」は，2016 年 10 月 1 日から施行された。

II　一段階目の手続構造

1　一段階目の手続の概要

　本制度における一段階目の手続は，特例法上，「共通義務確認訴訟」（特例法 2 条 7 号括弧書）と呼ばれる。ここにいう「共通義務」とは，「消費者契約に関して相当多数の消費者に生じた財産的被害について，事業者が，これらの消費者に対し，これらの消費者に共通する事実上及び法律上の原因に基づき，個々の消費者の事情によりその金銭の支払請求に理由がない場合を除いて，金銭を支払う義務」（特例法 2 条 4 号）である。つまり，多数の同種の権利者を有する紛争における多数の権利者に共通する争点（以下，「共通争点」という）を意味する。一段階目の手続は，こうした共通争点について，その存否および内容を一括して確認訴訟として審判し，後行する個別権利者ごとに固有の争点（以下，

294

「個別争点」という）を対象とする二段階目の手続の前提として，確認判決によっ
て共通争点の確定を図る手続である。

それでは，この一段階目の確認訴訟における確認の対象，すなわち，共通義
務確認訴訟における訴訟物は何であろうか。共通義務確認訴訟は，実体権の成
立要件の一部のみを対象として審判する。たとえば，不法行為に基づく損害賠
償請求権であれば，被告事業者の故意・過失と行為の違法性が主たる対象であ
り，他方，被害との因果関係や損害は二段階目の手続で審判される。したがっ
て，共通義務確認訴訟の訴訟物は，実体権そのものではなく，実体権の成立要
件の一部を取り出して，訴訟物としているものと考えられる。[補注2]これは，訴訟法
学上の位置づけとしては，証書真否確認の訴え（134条）と類似する。すなわ
ち，証書真否確認の訴えは，要件事実の一部を訴訟物とするものではないので，
共通義務確認訴訟と同じというわけではないが，実体権とは異なるもの（証書
真否確認の訴えの場合は「証書の真否という一種の事実」）を訴訟物とする点や，実
体権の判断における重要な前提となる事項（証書真否確認の訴えの場合は「証拠の
形式的証拠力」）を対象とする点において，共通性を有する。したがって，共通
義務確認訴訟の対象は，証書真否確認の訴えの場合と同様に，厳密にいえば，
裁判所法3条1項の「法律上の争訟」には該当しないともいえるが，少なくと
も同条同項の「その他法律において特に定める権限」に該当するものであるの
で，いうまでもなく立法上の問題はない。

このように，共通義務確認訴訟は実体法上の個人の主観的権利を確定するも
のではないとすると，共通義務確認訴訟は主観訴訟ではなく，一種の客観訴訟

---

1) 伊藤眞「消費者被害回復裁判手続の法構造——共通義務確認訴訟を中心として」曹時66巻
8号（2014年）2048頁以下は，共通義務確認訴訟の訴訟物は，他人間の法律関係であり，そ
の内容は，範囲によって特定された被害者の金銭支払請求権とそれに対する事業者の義務とし
ての概括的法律関係であるとする。しかし，ここにいう「概括的法律関係」なるものが，文字
どおりの「法律関係」，すなわち，「本来の意味での権利」という趣旨なのか，それとも，単な
る修辞上の表現としての「法律関係」なのかは判然としない。仮に，前者であるとすれば，共
通義務確認訴訟の訴訟物は，裁判外または裁判上で権利として行使することはできず，本来の
意味での法律関係ではないので，これを「概括的『法律関係』」と呼ぶことは不当であろう。
他方，後者であるとすれば，結局のところは，実体権の成立要件の一部を「概括的法律関係」
と呼んでいるにすぎないものと思われる。
2) 中野貞一郎「確認訴訟の対象」同『民事訴訟法の論点Ⅱ』（判例タイムズ社・2001年）47頁
参照。

第2章　消費者集合訴訟制度の構造と理論

ではないかとの疑問が生じる。しかし，客観訴訟は，公益の実現や法秩序の維持を目的とする訴訟と理解されているところ，共通義務確認訴訟は，あくまでも個人の主観的権利の実現に奉仕するための手続であり，公益の実現や法秩序の維持を目的として創設されたものではないので，客観訴訟と考えるべきではない。この点，行政法学者の中川丈久教授も，共通義務確認訴訟は，もともと消費者個人が個別に行使し得る請求権の共通部分だけを括り出して，特定適格消費者団体にいわば圧縮して訴権を付与したものであり，客観訴訟ではなく，あくまでも主観訴訟であるとする。[4]

［補注2］
　　対象消費者の特定個人の権利の成立要件ではないので，厳密には，訴訟物は「対象消費者に共通する実体権の成立要件の観念的集合」となろう。いずれにしても，文字どおりの意味での実体権やそれに対応する義務そのものではない。

2　共通義務確認訴訟の法的性質

　共通義務確認訴訟を前述のように主観訴訟とみるとしても，次に，それがどのような性質の主観訴訟であるかが問題となる。より具体的にいえば，特定適格消費者団体の当事者適格を，訴訟法学上，どのように位置づけるかという問題である。この点については，すでに，学説上，一種の固有権とする見解（以下，「固有権説」という），一種の停止条件付きの任意的訴訟担当とする見解（以下，「任意的訴訟担当説」という），一種の法定訴訟担当とする見解（以下，「法定訴訟担当説」という）等が主張されている。

　そこで，どのように解すべきかであるが，検討の前に，次のことを確認しておく必要がある。そもそも，以下の法的性質に関する議論は，純粋な学理上の問題であり，いかなる見解をとろうとも，具体的な問題の結論や解釈論の方向性に影響を与えるものではない。また，厳密には，共通義務確認訴訟の当事者適格は，既存の法概念のいずれとも何らかの相違があり，その意味では，特例

---

　3)　三木浩一「消費者集合訴訟制度の理論と課題」NBL1016号（2014年）48頁〔本書278頁〕参照。また，三木浩一（司会）「〈座談会〉消費者裁判手続特例法の理論と課題」論究ジュリ9号（2014年）147頁〔三木発言〕も参照。
　4)　三木（司会）・前掲注3)146頁〔中川発言〕参照。

296

法に独自のものというほかはない。しかし，それでも，既存の法概念を配置した地図上のどのあたりに位置づけられるかを探る作業は，研究者に課せられた責務であろう。つまり，共通義務確認訴訟の法的性質に関する以下の検討は，いわば法概念上の近似値を探る作業であるということができる。

まず，固有権説をとるものとして，山本和彦教授の見解がある[5]。同教授は，共通義務確認訴訟は，請求権の中味を分断して共通義務を取り出したものであり，その部分について，団体に一種の固有権を与えたものであるとする。こうした同教授の議論の背景には，同教授の，本制度の保護法益は消費者個人の主観的権利とは別の集団利益であるとの基本認識があるようである。しかし，固有権説には，次のような問題がある。第1に，消費者の事業者に対する権利はもともと個人帰属性を有する主観的権利であり，その同じ権利の成立要件の一部を束ねたものにすぎない共通義務について，これとは別に集団的権利を観念することは，実質的には同一の権利のダブルカウントを認めることになる[6]。第2に，固有権説は，結局，共通義務確認訴訟を客観訴訟とみることに等しいともいえる。第3に，共通義務確認訴訟に引き続く二段階目の手続が任意的訴訟担当（ここにいう「訴訟」は，非訟を含む広い意味である）であることに争いはないが，一段階目の当事者適格を固有権と考えるとすると，二段階目との連続性が説明しにくい[7]。第4に，固有権説は，本制度に基づく仮差押え（特例法56条）

---

5) 山本和彦「集団的利益の訴訟における保護」民商148巻6号（2013年）626頁参照。

6) 筆者は，「暴力団員による不当な行為の防止等に関する法律」（以下，「暴対法」という）の2012年改正における周辺住民等の人格権を訴訟物とする暴力団事務所使用差止めの団体訴訟の導入に際して，団体への人格権の授権に基礎を置く任意的訴訟担当構成のほかに（最終的に改正暴対法は任意的訴訟担当構成を採用した），理論的には固有権構成も考え得る旨を論じたことがある。三木浩一「暴力団追放団体訴訟の立法における理論と展望」NBL969号（2012年）32頁〔本書66頁〕参照。しかし，この場合と本制度とでは前提条件が異なる。改正暴対法の保護法益としては，周辺住民等の人格権という属人的な権利とは別に，社会の安全や平穏という公益が考えられるので，この公益を保護法益として法制度を構築する場合には，1個の権利のダブルカウントとはいえず，固有権構成も可能である。これに対し，本制度の場合は，保護法益はいかなる意味でも純然たる私益のみである。もちろん，仮に消費者被害の拡がりが社会の安全や秩序の侵害といえる程度に構造的なものとなり，それに対応するための新たな訴訟制度が創設された場合には，そこに公益の要素を見出すことも可能であろうが，本制度は，そうした事態を想定してのものではない。

7) 伊藤教授は，固有権説は，共通義務確認訴訟の訴訟物を抽象的法律関係と捉えるものであるところ，特例法5条が対象債権および対象消費者の範囲を訴状の必要的記載事項としていることに照らして訴訟物は具体的法律関係と考えるべきであり，抽象的法律関係と考えることは妥当ではないとの批判を述べている。伊藤・前掲注1) 2048頁参照。

第2章　消費者集合訴訟制度の構造と理論

の法的性質が後述のように法定保全担当であることとは必ずしも整合せず，特定適格消費者団体による強制執行が任意的執行担当であることとも整合性が低い。

次に，任意的訴訟担当説をとるものとして，八田卓也教授の見解がある[8]。この見解は，共通義務確認訴訟の法的性質につき，二段階目における債権届出による授権を停止条件とする一種の停止条件付きの任意的訴訟担当という理論構成を示唆するものである。しかし，任意的訴訟担当説には，次の問題がある。第1に，特例法は，一段階目の共通義務確認判決を中間判決ではなく終局判決としており，二段階目とは別個独立の手続として制度設計をしており，二段階目が任意的訴訟担当であるということから，一段階目の法的性質を導く論理には疑問がある。第2に，本制度に基づく消費者集合訴訟は，共通義務に関する訴訟上の和解や請求の認諾と個別の対象債権の訴訟外の和解を組み合わせることにより，二段階目に至ることなく終結することもあり得ることと整合しない。第3に，二段階目の手続のうち，簡易確定手続はその名前のとおりの簡易版の手続であり，適法に異議が出されれば，本来の債権確定手続である通常訴訟に移行するが，異議後の訴訟は届出消費者が自身で訴訟追行することもできるので，二段階目の手続がすべて任意的訴訟担当というわけではない。第4に，二段階目の簡易確定手続において，理論的には，対象消費者からの債権届出が皆無という事態もあり得るのであり，その場合に，一段階目が停止条件付きの任意的訴訟担当であったと考えることは困難である。

このように，特定適格消費者団体の当事者適格については，固有権説や任意的訴訟担当説には問題があり，近似的には特殊な法定訴訟担当の一種として捉えるべきであろう[9]。もちろん，法定訴訟担当の場合は，訴訟担当者に対する実体法による実体権の授権が必要となるが，本制度の場合には，特例法3条にそれを求めることができるであろう。ただし，本来の法定訴訟担当は，他人の実体法上の権利の管理処分権についての授権を要するのに対し，本制度では，共通義務確認訴訟の訴訟物は実体法上の権利そのものではなく，実体権の成立要

---

8)　八田卓也「消費者裁判手続特例法の当事者適格の観点からの分析」千葉恵美子ほか編『集団的消費者利益の実現と法の役割』（商事法務・2014年）398頁参照。

9)　三木・前掲注3) 50頁〔本書279頁〕，三木（司会）・前掲注3) 147頁〔三木発言〕参照。

II 一段階目の手続構造

件の一部であるので，通常の法定訴訟担当とは異なる[10]。したがって，すでに述べてきたように，厳密にいえば，既存の法概念のいずれにも属さないが，既存の法概念を配置した概念整理のためのマップにおける位置づけとしては，本制度は，他人の実体法上の権利について，その成立要件の一部についてではあるが，管理権の部分的な法定授権があるとみることができるので（いうまでもなく，処分権の法定授権はない），特殊な法定訴訟担当の一種と考えるべきであるというのが私見である。

3 共通義務確認訴訟と処分権主義

一段階目の共通義務確認訴訟は，特例法における後述する特則の適用を別にすれば，あくまでも通常の民事訴訟である。したがって，原則として，民訴法が採用している処分権主義の適用を受ける。具体的には，①訴え提起における不告不理の原則，②訴訟物の特定権能，③当事者の意思による訴訟の終了，のすべてについて，当事者は，自治的に訴訟物の処分を行うことができるし，裁判所はその当事者の処分に従う訴訟法上の義務を負う。これらのうち，特例法に特則が置かれているのは，③の一部である訴訟上の和解（特例法10条）のみである。

まず，①の不告不理の原則であるが，共通義務確認訴訟は，特定適格消費者団体が原告として訴えを提起しなければ開始されない。訴え提起の有無やタイミングは，特定適格消費者団体の判断に委ねられている。この点につき，特例

---

10) 伊藤・前掲注 1) 2048 頁は，共通義務確認訴訟は，訴訟物が他人または他人間の権利関係にあたらない以上，法定訴訟担当と考えることは困難であるとし，また，固有権説や任意的訴訟担当説にも疑問を呈する。しかし，本文で述べたように，共通義務確認訴訟の当事者適格に関する議論は，厳密には既存の法概念のいずれにも該当しないことを認識したうえでの議論である。そのことは，すべての学説が，例外なく「一種の」という限定を付けていることからも明らかである。なお，伊藤教授自身は，共通義務確認訴訟の法的性質について，これを他人間の法律関係の確認訴訟と捉えているようである。しかし，共通義務が果たして本来の法律関係かという問題を別にしても，特定適格消費者団体は，対象消費者と被告事業者との間の法律関係について確認の利益を有しないはずであり，当事者適格の問題は確認の利益に包含されていると考えられるのであるから，本来は認められないはずの当事者適格がどのような法概念との近似で認められるのかは，伊藤教授の説明では不明である。そもそも特定適格消費者団体は，自己の利益を追求するために訴えを提起するわけではなく，一段階目と二段階目を通して，消費者被害を受けた個別の消費者の権利を代行的に行使する存在として当事者適格を付与されているのである。したがって，伊藤教授の上記のような理解は，共通義務確認訴訟の本質を見据えたものとは言い難い。

第 2 章　消費者集合訴訟制度の構造と理論

法 75 条 1 項には，「特定適格消費者団体は，対象消費者の利益のために，被害
回復関係業務を適切に実施しなければならない」との定めがあるが，この規定
は，特定適格消費者団体の行為規範を定めたものであり，評価規範として機能
するものではない。すなわち，被害回復関係業務の適切な実施が行われていな
いときには，特定認定の取消し等の事由にはなり得ても，不告不理の原則を始
めとする訴訟法上の効果に影響を及ぼすものではない。また，同条 2 項は，
「特定適格消費者団体は，不当な目的でみだりに共通義務確認の訴えの提起その
他の被害回復関係業務を実施してはならない」と定めているが，この規定の
位置づけも前記と同様である。

　次に，②の訴訟物の特定権能については，以下のように解すべきである。共
通義務確認訴訟を提起する特定適格消費者団体は，通常の訴訟と同様に，訴状
における請求の趣旨と原因の記載（民訴 133 条 2 項 2 号。共通義務確認訴訟は，文
字どおり確認訴訟なので，基本的には請求の趣旨のみによる特定で足りることが少なく
ないであろう）によって訴訟物を特定することができ，その訴訟物は，裁判所
の判決の対象および範囲を拘束する。いわゆる申立事項による判決事項の拘束
である（民訴 246 条）。したがって，たとえば，学納金の不当利得に基づく返還
義務の事件において，対象債権として授業料のみが記載されているときには，
入学金についての判決をすることは許されない。また，対象消費者の範囲とし
て「平成○年○月○日から同年○月○日までに在学契約を締結した者」と記載
されているときに，その期間以前または以後の者を加えることも許されない[11]。
もちろん，その期間のうちの一部の者のみについて共通義務を認め，残りの者
の共通義務は否定することは，一部認容判決として許される。

　また，③については，以下のように解される。まず，訴えの取下げについて
は，特例法に特則はなく，民訴法の規律に従うことになる（民訴 261 条）。した
がって，特定適格消費者団体は，いつでも共通義務確認の訴えを取り下げるこ
とができるが，被告事業者の応訴後はその同意を要する（同条 2 項本文）。なお，
前述のように，特例法 75 条 1 項には，「被害回復関係業務を適切に実施しなけ
ればならない」との定めがあり，同条 2 項には，「不当な目的でみだりに……

---

11)　伊藤・前掲注 1) 2057 頁参照。

実施してはならない」との定めがあるが，これらは前述のように行為規範であるから，訴えの取下げに関する訴訟法上の効力に影響を与えるわけではない。請求の放棄については，特例法86条2項に，「特定適格消費者団体がその相手方と通謀して請求の放棄……をしたとき」は認定取消しの事由になり得る旨の定めがあるが，これも監督に関する行為規範であるから，請求の放棄に関する訴訟法上の効力とは無関係である。請求の認諾については，被告事業者の行為であり，もちろん行為規範としての規定もない。ただし，民訴法上，被告による請求の認諾は，原告勝訴（請求認容）の確定判決と同一の効力を有することから（民訴267条），特例法12条により，請求認容判決と並ぶものとして，二段階目の簡易確定手続を起動させる原因として明文で言及されている[12]。なお，訴訟上の和解については，二段階目における和解と併せて後述する。

Ⅲ　一段階目の手続の追行方法

1　訴訟物の特定

　一段階目の手続は，共通義務の確認を求める訴えであるから，訴状の記載によって特定されるべき訴訟物は，一定範囲の消費者に共通する金銭の支払義務ということになる。たとえば，学納金返還請求の事案であれば，「別紙当事者目録記載の対象消費者による在学契約の解除に基づいて被告事業者が負う不当利得返還義務」が訴訟物であり，一段階目の共通義務確認訴訟では，その存在を確認する判決の要求が請求の趣旨となる。「別紙当事者目録記載の対象消費者」は「範囲」で特定することになるため（特例法5条），別紙当事者目録の記載は，対象消費者の範囲を明らかにするために必要な事実を，その限度で具体

---

12)　伊藤教授は，請求の放棄や認諾は，確定判決とは異なってその効力が他の特定適格消費者団体に拡張されないので，本制度の下では実務上の意義に乏しいとし，解釈論として，他の特定適格消費者団体への拡張を検討する余地があるとする。伊藤・前掲注1) 2058頁参照。しかし，確定判決や確定判決と同一の効力の他の主体への拡張は，判決効の相対性の原則に対する例外的な措置であるので，法の明文が必要であり，解釈による拡張は無理であろう。また，法律上または解釈上の拡張がないとしても，特例法75条1項および2項が定める監督に関わる行為規範がある以上，他の特定適格消費者団体が同一事件の蒸し返しに当たる別訴を提起することは，現実には考えにくい。したがって，早期の訴訟終了を望む当事者にとっては，本制度の下における請求の放棄や認諾にも，十分な実務上の意義があろう。

301

第2章 消費者集合訴訟制度の構造と理論

的に書くことになる。

たとえば，「平成○年○月○日から同年○月○日までの間に，○○大学との間で在学契約を締結し，同契約に基づいて授業料を支払った後に，平成○年○月○日までに同契約を解除した消費者」等の記載により特定する[13]。対象債権が契約内容の不当性に基礎を置く場合には，その契約を前記のように契約の内容と時期の範囲によって特定することにより，対象消費者の範囲の特定が可能である。これに対し，対象債権が勧誘行為の不当性に基礎を置く場合は，特定がより複雑または困難になる事態があり得るものと思われる。しかし，特定の基本的な考え方は同じであり，契約の場合と同様に時期によって範囲を限定するほか，共通的な勧誘の方法（文言，手段，場面）をもって，その特定を図ることになろう[14]。

なお，特例法5条は，「対象債権及び対象消費者の範囲」を記載して特定しなければならないとしているが，一般には，前記のように対象消費者の範囲を特定すれば，自動的に対象債権の範囲の特定もなされることになるものと思われる。先ほどの例では，前記の範囲に含まれる同大学に授業料を支払った合格者の全員に共通する不当利得返還義務が共通義務ということになる。

2 訴訟物の競合

一段階目の共通義務確認訴訟は，特定の消費者被害事件における被告事業者の共通義務の存否および内容の確認を行うことが目的であるが，1個の事件について確認を求められる共通義務が1個であるとは限らない。たとえば，事業者の提供したサービスが債務の本旨に従った履行ではなかった場合などでは，共通義務として，債務不履行に基づく損害賠償義務と不当利得に基づく返還義務という2通りの法律構成が考えられる場合がある。また，意図的に虚偽の事実を記載したパンフレット等により勧誘が行われた場合などでは，不法行為に基づく損害賠償義務と債務不履行に基づく損害賠償義務の2通りの法律構成が考えられる場合がある。

こうした場合，原告となる特定適格消費者団体には，訴訟物を設定するに際

---

13) 消費者庁消費者制度課編『一問一答 消費者裁判手続特例法』（商事法務・2014年）22頁，三木（司会）・前掲注3）149頁〔加納克利発言〕参照。

14) 三木（司会）・前掲注3）149頁〔野々山宏発言〕参照。

302

して，①訴え提起の段階でいずれかの法的構成に訴訟物を絞り込み，その法的構成のみについて裁判所の審判を求める（単純訴訟），②複数の法的構成を客体的に併合し，そのすべてについて裁判所の審判を求める（単純併合），③複数の法的構成に順位を付け，上位の法的構成の認容判決がなされることを下位の法律構成の解除条件として，いずれかについて裁判所の審判を求める（予備的併合），④複数の法的構成に順位を付けず，一方の法的構成の認容判決がなされることを他方の法的構成の解除条件として，いずれかについて裁判所の審判を求める（選択的併合），という選択肢がある。

　共通義務確認訴訟の訴訟物は公益とはいえず，あくまでも対象消費者の私益に属するものであるので，同訴訟に処分権主義が妥当することに疑いはない。また，債務不履行に基づく損害賠償義務と不当利得に基づく返還義務，あるいは，不法行為に基づく損害賠償義務と債務不履行に基づく損害賠償義務では，それぞれ実体法上の要件や効果が異なるので，前記の①ないし④のいずれが望ましいかは，具体的な事案の内容に応じて異なり得るものであり，場合によっては，原告となる特定適格消費者団体の戦術的な判断が必要となることもあろう。したがって，前記の①ないし④のいずれを選ぶかは，基本的に特定適格消費者団体の自由であると解される。

　この点につき，伊藤教授は，後続する簡易確定手続との関係を考えると，単純併合か選択的併合かが特定適格消費者団体によって明示されていない場合は，単純併合ではなく選択的併合として取り扱うべきであるとする。[15]この見解は，簡易確定手続との関係では，特定適格消費者団体は，確定した共通義務確認判決で認められた訴訟物のみを前提として手続の申立てをすれば足り，対象消費者も，それを前提として特定適格消費者団体に対する授権をすることになることを考慮して，訴訟物が1つに絞られることになる選択的併合とみなすべきであるとするものである。しかし，処分権主義の原則に照らして考えれば，やはり原告の意思がいずれであるかを釈明権の行使によって確かめるべきであり，裁判所がそれをせずに職権で選択的併合として取扱うことは許されないというべきである。

---

15)　伊藤・前掲注 1) 2055 頁参照。

第2章　消費者集合訴訟制度の構造と理論

　また，伊藤教授は，共通義務確認訴訟と簡易確定手続とを含む被害回復関係業務を全体として対象消費者の利益のために適切に実施すべき特定適格消費者団体の責務を考慮すれば（特例法75条1項），単純併合よりも適切な併合の形態である選択的併合または予備的併合を主張することを求める訓示規定を最高裁判所規則に置くべきであると主張する。[16)]

　たしかに，それぞれの対象消費者は，最終的には1つの債務名義しか得られないのであるから，多くの場合にはあえて単純併合を求める合理性はないであろう。また，それが訓示規定にとどまるのであれば，処分権主義の原則に抵触するものではなく，そうした最高裁判所規則を置くこと自体は検討に値しないとはいえない。しかし，同じことは，通常の訴訟についても等しく妥当することであるから，そうした規定を設けるのであれば，特例法に対応した最高裁判所規則ではなく，すべての民事訴訟事件に適用される一般規範である民事訴訟規則に置くべきであり，本制度に基づく訴訟のみを特別扱いして規律を設けることには相当ではない。[補注3]

　　［補注3］
　　　2015年6月29日に制定され，2016年10月1日から施行された「消費者の財産
　　的被害の集団的な回復のための民事の裁判手続の特例に関する規則」（平成27年6
　　月29日最高裁判所規則5号）には，選択的併合または予備的併合に関する規定は
　　設けられていない。

3　判決の形態

　一段階目の共通義務確認訴訟の本案判決には，全部認容判決，全部棄却判決，一部認容判決の3通りが考えられる。この点については，通常の訴訟の場合と格別異なるところはない。これらのうち，まず，全部認容判決であるが，判決主文は，たとえば，「被告が，別紙当事者目録に記載された対象消費者に対し，対象消費者各自の個別事情によって請求に理由がない場合を除き，被告と対象消費者との間で締結された在学契約に基づき被告に対して支払われた金員につき，在学契約の解除を原因とする不当利得返還義務を負うことを確認する」と

---

　16)　伊藤・前掲注1) 2056頁参照。

いうように，個別事情を除外したうえで，共通義務の存否（事案によっては共通義務の具体的な内容の確認を含む）を確認するものとなろう。次に，全部棄却判決については，判決主文は，いうまでもなく「原告の請求を棄却する」であるが，その実質的な内容は，前記の例でいえば不当利得返還義務の不存在の確認である。ただし，これらの場合にいう「義務」は，特定の権利に対応したものではないので，厳密には本来の意味の義務ではない。すなわち，不当利得返還義務の要件事実から因果関係や損害等の個別性のある要件事実を除外した残部の要件事実の不存在の確認である。

　共通義務確認訴訟は，前述したように，実体権の成立要件の一部のみを訴訟物とする特殊な確認訴訟ではあるが，通常の訴訟と同じく，請求の一部のみを認めて残りの一部を棄却する判決，すなわち一部認容判決も，理論上，当然のこととして認められる。たとえば，前記の学納金返還義務の確認訴訟を例にとると，入学金部分と授業料部分の返還義務の確認を求めたときに，授業料部分のみの存在が確認されて，入学金部分は不存在が確認された場合は一部認容判決となる。また，前記の訴訟物の競合の例のように，不法行為と債務不履行の両方の法的構成を立てて，不法行為は認められたが，債務不履行は認められなかった場合なども一部認容判決である。以上に述べたところは，請求の客体的併合における一部認容判決の例であるが，１個の訴訟物の一部のみを認める一部認容判決も考えられる。たとえば，エステの施術を行うサービス契約において，不適切な薬剤の使用および不適切な施術方法を理由として，債務不履行に基づく損害賠償義務の確認を求めた場合において，不適切な薬剤の使用のほうはなかったとして，施術方法のみについて損害賠償義務を認めるなどの例が考えられる。

　訴訟物の競合の事案では，対象消費者を複数のグループに分けて，それぞれに別の共通義務を認める判決をすることも，現実の必要性はさほど多くはないであろうが，理論的には許される。たとえば，不法行為による法的構成と債務不履行による法的構成が単純併合されている場合において，グループＡには不法行為に基づく共通義務を認め，グループＢには債務不履行に基づく共通

---

17)　三木（司会）・前掲注3)　154頁〔加納発言〕参照。

義務を認めるなどである。また，これら2つの法的構成が選択的併合または予備的併合の形で定立されている場合にも，同様に，グループAとグループBとの間で別の共通義務を認めることは可能である。なお，対象消費者を複数のグループに分けて共通義務確認判決を出すことは，訴訟物の競合がない場合でも考えられる。たとえば，「平成○年○月○日から同○年○月○日までの間」に被告と契約をした者を対象消費者として特定した場合に，その期間の前半に属する消費者のグループにのみ共通義務を認めるなどである。

Ⅳ　一段階目の判決の効力

　一段階目の共通義務確認訴訟における本案終局判決の種類は，請求認容判決および請求棄却判決のいずれの場合についても確認判決である。すなわち，請求認容判決は，訴訟物の存在について既判力を有し，請求棄却判決は，訴訟物の不存在について既判力を有する。この点は，訴訟物が実体権ではなく実質的にはその成立要件の一部であることを除けば，通常の確認訴訟と格別異なるところはない。他方，次の2点において，本制度に固有の効力を有する。

　第1は，共通義務確認訴訟の確定判決の効力は，民訴法115条1項に定める者のほか，当事者となった特定適格消費者団体以外の特定適格消費者団体および二段階目の債権届出を行った対象消費者にも及ぶものとされていることである（特例法9条）。すなわち，既判力の主体的範囲が通常の訴訟と比較して拡大されている。

　第2は，共通義務確認訴訟の確定した請求認容判決（全部認容判決と一部認容判決のいずれでもよく，また，請求認容判決と同様の内容を持つ請求の認諾や訴訟上の和解を含む）は，本制度の二段階目の手続を起動させる効力があるということである（特例法12条）。これに対し，請求棄却判決は，二段階目の手続を起動させる効力を有しない。

　そこで，以下，請求棄却判決と請求認容判決とに分けてみていくことにする。

1　一段階目における請求棄却判決

　一段階目の本案終局判決が請求の全部棄却の場合は，手続が二段階目に移る

IV 一段階目の判決の効力

ことはない。したがって，この場合は，前記の第1として述べた一段階目の既判力の拡張が主たる問題となる。さらに，既判力が拡張される者については，二段階目が行われない以上，届出消費者は登場しないので，ここでは，当事者以外の特定適格消費者団体への拡張のみが問題となる。具体的には，一段階目で原告となった特定適格消費者団体が敗訴すると，他の特定適格消費者団体も，同じ事件については同じ内容の訴えは起こせないということになる。これは，共通義務確認訴訟において攻撃防御を尽くして勝訴判決を得た被告事業者に対し，他の特定適格消費者団体が同一内容の別訴を起こすことにより，実質的に紛争が蒸し返されることを禁止する趣旨である[18]。

2 一段階目における請求認容判決

一段階目の判決が請求の認容（全部認容または一部認容）の場合は，一段階目の手続を追行した特定適格消費者団体は，二段階目の手続を申し立てることができる（特例法12条）。すなわち，一段階目の確定した請求認容判決には，二段階目の手続を起動させる効力がある。なお，この請求認容判決の効力は，他の特定適格消費者団体にも拡張されるが（同法9条），二段階目の手続を申し立てることができる者は，一段階目の共通義務確認訴訟が終了した時に訴訟当事者であった特定適格消費者団体に限られるので，この点についての他の特定適格消費者団体への判決の効力の拡張は，実質的には特に意味を持たない[19]。

3 既判力の片面的拡張か

一段階目の共通義務確認訴訟で請求認容判決が確定した場合，すなわち，原告である特定適格消費者団体が勝訴した場合は，通常の場合には手続は二段階目へと移行することとなる。そして，二段階目で届出消費者となった対象消費者は，一段階目の勝訴判決の効力を自己に有利に享受することができる。これに対し，共通義務確認訴訟で請求棄却判決が確定した場合，すなわち被告である事業者が勝訴した場合には，二段階目の手続が行われることはなく，また，対象消費者は共通義務確認訴訟の結果にかかわらず，みずから事業者に対して

---

18) 消費者庁消費者制度課編・前掲注 13) 51 頁参照。
19) 消費者庁消費者制度課編・前掲注 13) 50 頁参照。

第2章　消費者集合訴訟制度の構造と理論

個別に通常の訴えを提起できる。つまり，その意味では事業者は一段階目の勝訴判決の効力を享受することができない。そこで，本制度における共通義務確認訴訟は，消費者側に有利な形で既判力の片面的拡張を認めたものであるといわれることがある。

　しかし，前述したように，共通義務確認判決では一部認容判決もあり得るところ，一部認容判決の場合における原告敗訴部分の既判力，すなわち，共通義務の不存在が判断された部分の既判力は，二段階目の手続に加入した届出消費者に不利に及ぶ。つまり，その点では，共通義務確認訴訟の既判力は，双面的に拡張される。また，共通義務確認判決で請求が認容された場合，すなわち，被告事業者が敗訴した場合であっても，その確定判決の効力は，二段階目で債権届出をしなかった対象消費者には及ばない。したがって，事業者は，非届出対象消費者に対する関係では，債務不存在確認訴訟などの個別訴訟を自由に提起することができる。つまり，こうした意味でも，共通義務確認訴訟の既判力は双面的である。

　もちろん，原告側が勝訴した場合に，その既判力が二段階目で勝訴者側に有利に利用できるのに対し，被告側が勝訴した場合には，その既判力を二段階目で勝訴者側に有利に利用する方途はないので，結果として，既判力の片面的拡張に類似した現象が生じることは確かである。しかし，それは，既判力の片面的拡張によるのではなく，被告事業者のための二段階目の手続が設けられていないからである。本制度における一段階目の確定判決の既判力が，片面的拡張として制度設計されていないことは，いわゆる既判力の片面的拡張なるものが，二段階目の手続にみずからの意思で任意に加入した対象消費者についてだけ及ぶことからも明らかである。なぜなら，およそ，既判力の及ぶ主体の範囲は，その主体の意思によって左右できるものではなく，法律の規定によって確定的に定められるのが常であるからである。[20]したがって，本制度の一段階目と二段階目の関係を既判力の片面的拡張とする議論は，[21]制度の仕組みの問題と表面的な現象を混同したものといえよう。

308

V　二段階目の手続構造

1　二段階目の手続の概要

　二段階目の手続は，一段階目の共通義務確認訴訟の結果としての判決や和解等によって確定した共通義務を前提として，個別の対象債権の確定を行うものである。その確定手段であるが，まず，非訟事件の実質を有する簡易確定手続を一次的な手続として予定している。これは，個別性を有する対象債権の確定を，消費者側の負担を少なくするためになるべく簡易・迅速に行い，早期の権利救済を実現することを意図したものである。しかし，当事者の正式の裁判を受ける権利（憲32条）を保障する必要があるので，異議による通常訴訟への移行が認められている。詳しくは，以下のとおりである。

　まず，簡易確定手続は，一段階目の手続を追行した特定適格消費者団体の申立てによって開始する（特例法12条）。申立てを行った特定適格消費者団体は，対象消費者からの授権を受けて（同法31条），裁判所に対して授権を受けた対象債権の届出を行う（同法30条）。裁判所書記官は，これに基づいて届出消費者表を作成する（同法41条）。他方，相手方事業者は，裁判所が定めた認否期間内に，届出債権についての認否を行う（同法42条1項）。相手方事業者が，認否期間内に認否をしなかったとき，または，相手方事業者が届出債権の内容の全部を認めたときは，届出債権の内容は，そのとおりに確定する（同条2項・3項）。これによって確定した届出債権については，届出消費者表の記載は確定判決と同一の効力を有する（同条5項）。

　相手方事業者が，届出債権の内容の全部または一部を争ったときは，特定適

---

20)　消費者庁消費者制度課編・前掲注 13) 50 頁は，本制度における共通義務確認判決の既判力は，会社法 838 条における対世効とは異なる旨を述べる。また，世界で最初に本格的な二段階型の集合訴訟制度を立法したブラジルのクラスアクションの場合は，同国の消費者保護法 103 条で既判力の拡張の仕組みを採用しているが，わが国の制度は，これとは異なる仕組みをとっていることに注意を要する（ちなみに，ブラジル国内における同制度の評価についても，それが既判力の片面的拡張なのかどうかについては議論があると聞く）。三木浩一「ブラジルにおけるクラスアクション（集団訴訟制度）の概要」NBL961 号（2011 年）53 頁・63 頁〔本書156 頁・173 頁〕参照。

21)　八田・前掲注 8) 398 頁参照。

第 2 章　消費者集合訴訟制度の構造と理論

格消費者団体の側がこれに対する応答を行う順番となる。すなわち，特定適格消費者団体は，相手方事業者が認否した内容に対して不服があるときは，認否期間の末日から 1 か月の不変期間内に，裁判所に対して相手方事業者の認否を争う旨の申出をすることになるが（特例法 43 条 1 項），不服がないときはこの申出をしない。その場合には，届出債権の内容は，相手方事業者の認否の内容に従って確定する（同法 47 条 1 項）。これによって確定した届出債権については，届出消費者表の記載は確定判決と同一の効力を有する（同条 2 項）。

特定適格消費者団体により，相手方事業者が行った適法な認否に対して，これを争う旨の申出があったときは，裁判所の簡易確定決定によって届出債権の内容を確定することになる（特例法 44 条 1 項）。簡易確定決定を行うに際しては，裁判所は，当事者双方を審尋しなければならない（同条 2 項）。簡易確定決定を行うための証拠調べは，書証に限られる（同法 45 条 1 項）。これらは，簡易かつ迅速に手続を進めるための規律である。簡易確定決定に対して適法な異議の申立てがなければ，簡易確定決定は確定判決と同一の効力を有する（同法 46 条 6 項）。

簡易確定決定について，これに不服がある一定の者は，簡易確定決定の決定書の送達の日から 1 か月の不変期間内に，簡易確定決定をした裁判所に異議の申立てをすることができる（特例法 46 条 1 項）。適法な異議の申立てにより，簡易確定決定は，仮執行の宣言を付したものを除いてその効力を失うとともに（同条 5 項），債権届出の時に，簡易確定決定をした裁判所に訴えの提起があったものと擬制される（同法 52 条 1 項）。これによって，手続は通常訴訟（異議後の訴訟）へと移行し，通常の判決により，届出債権の内容が確定することになる。

2　二段階目の手続の法的性質

二段階目の手続においては，特定適格消費者団体は，一段階目とは異なり，対象消費者からの授権を得なければならない（特例法 31 条）。一段階目の手続では，請求認容判決であると請求棄却判決であるとを問わず，たとえ判決が確定しても対象消費者の具体的な権利の得喪という結果は直ちには生じないという意味で，対象消費者の権利処分とはいえないが，これに対し，二段階目の手続は，対象消費者の権利処分を具体的にもたらすからである。したがって，二段階目の手続における特定適格消費者団体と対象消費者の関係は，いわゆる任

V　二段階目の手続構造

意的訴訟担当（ここにいう「訴訟」には，非訟を含む）である。

　二段階目において，第一次的な手続として法が想定しているのは，簡易かつ迅速に届出債権の確定を得ることができる簡易確定手続である。この簡易確定手続は，任意的口頭弁論によるから（特例法 13 条），その法的性質は非訟事件である。ただし，本制度の趣旨に特化した特殊な非訟事件であるとともに，特例法において完結的に規律がなされているので（同法 50 条において，特別の定めがある場合を除き，簡易確定手続については，その性質に反しない限り，そこに列挙された民事訴訟法の規定が準用されるものとされている），非訟事件手続法の適用はない。

　この簡易確定手続は，前述のように，届出債権に対する相手方事業者の認否と，その認否に対する特定適格消費者団体の応答によって進められる。すなわち，特定適格消費者団体は，まず，対象消費者から授権を受けて（特例法 31 条），裁判所に対して届出書により債権届出を行う（同法 30 条）。裁判所書記官は，これに基づき，届出債権について届出消費者表を作成する（同法 41 条）。他方，相手方事業者は，届出期間内に届出債権の内容について認否を行う（同法 42 条 1 項）。特定適格消費者団体は，相手方事業者が届出債権の内容を全部認めたことによって届出債権の内容が確定した場合（同条 3 項）を除き，その認否を争うか（同法 43 条 1 項）否かの応答をする。こうした認否とその応答の交換を経て，両者間で認識の一致に至れば，届出消費者表の記載は確定判決同一の効力を有することになる（同法 42 条 3 項・5 項，同法 47 条 1 項・2 項）。

　こうした両当事者による認否とその応答の交換によるという手続の制度設計に際しては，わが国の倒産手続などとともに，カナダのクラスアクションの二段階目におけるいわゆる書式の交換による手続も，参考とされているものと思われる。[22]カナダの手続は，まず，原告側の弁護士が，個別損害の届出方法，賠償額の算定方法，賠償金の支払方法等を記載し，各クラス構成員が金額を記入できるようにした欄等を設けた書式を作成する。裁判所がこれを了承すれば，

---

22)　カナダのクラスアクションにおいては，二段階目における個別債権の確定に際し，簡易かつ迅速な手続を実現するために，さまざまな ADR 的な工夫が試みられているが，本文に述べた書式の交換による手続は，そのうちの 1 つである。大村雅彦「カナダのクラスアクションの基本構造」同『比較民事司法研究』（中央大学出版部・2013 年）116 頁参照。

第 2 章　消費者集合訴訟制度の構造と理論

各クラス構成員に提供し，各クラス構成員は，自己の基本データとともに被害額をこの書式に記入する。こうして完成した書式が被告側に提案され，被告側がこれに異議を唱えなければ，この記入内容に従って個別債権が確定する。そして，被告側は，これに従って任意に金銭債務の支払いを行う。他方，被告側が同意しない場合には，被告側が，対案として新たな書式を作ることになる。このように，書面手続により，消費者等の個別の被害者の負担を軽くして，簡易かつ迅速に権利救済を進めることを意図した仕組みである[23]。

　このカナダの書式の交換による手続は，カナダでは，合意型の ADR の一種として認識されている。これと同様に，わが国の特例法の二段階目における認否と応答の交換による簡易確定手続も，実質的には和解合意の調達手続であると考えることもできよう。現実の認否の中味を考えても，相手方事業者による届出債権の認否や特定適格消費者団体による認否への応答には，一括処理のために一定の譲歩を伴う場合があり得ることが当然に予想されるが，その場合には和解の要素を含むことになる。したがって，届出消費者表の記載は，「確定判決と同一の効力」を有するとされているが（特例法 42 条 5 項・47 条 2 項），既判力については，訴訟上の和解に準じて錯誤等の瑕疵の主張を許す制限的既判力[24]と解すべきである。

　被告事業者による認否に対し，特定適格消費者団体がこれを争う場合には，簡易確定決定という非訟的な裁判の方式により，届出債権の内容の確定が行われる（特例法 44 条）。これに対し，異議申立権者（異議申立権は，二段階目の手続の申立人，被申立人，届出消費者が有する。同法 46 条 1 項・2 項）から適法な異議の申立てが出されない場合は，簡易確定決定は，確定判決と同一の効力を有する（同条 6 項）。この場合の「確定判決と同一の効力」は，上述の場合とは異なって文字どおりであり，既判力も完全な既判力である。他方，異議申立権者から適法な異議の申立てが出された場合は，簡易確定決定は，仮執行宣言が付され

---

23)　大村・前掲注 22) 118 頁参照。

24)　裁判上の和解に既判力を認めた判例として，最大判昭和 33・3・5 民集 12 巻 3 号 381 頁，最大決昭和 35・7・6 民集 14 巻 9 号 1657 頁等。裁判上の和解に瑕疵がある場合に無効主張を認めた判例として，最判昭和 31・3・30 民集 10 巻 3 号 242 頁，最判昭和 33・6・14 民集 12 巻 9 号 1492 頁等。判例の立場は，これらを総合して制限的既判力説とされる。

たものを除いて，その効力を失うこととなり（同条5項），手続は通常訴訟へ自動的に移行する（同法52条）。移行後の通常訴訟（異議後の訴訟）は，特例法に若干の特則（同法54条等）がある点を別にすれば，通常の民事訴訟である。

VI　一段階目および二段階目における和解

　特定適格消費者団体は，一段階目の手続および二段階目の手続の双方で，和解を行うことができる（特例法10条・37条）。もともと，集合訴訟は，同種の多数の権利を1つの訴訟手続に束ねることにより，一括的で簡易迅速な権利救済の実現を図る制度であるが，いかに同種の権利といえども権利ごとの個別争点を有するため，単に多数の権利を1つの訴訟手続に束ねただけでは，その目的を効果的に達成することはできない。そのため，世界的にみても，成功している集合訴訟制度は，最終的には和解による解決を目指して制度構築がなされていることが多い。たとえば，世界で最も成功している集合訴訟と目されているアメリカのクラスアクションも，トライアルを経て終局判決が下されることは稀であり，ほとんどの事件の解決は和解または実質的には和解に近い処理によってなされている。本制度も，こうした和解による解決の重要性を意識して，明文の規定によって一段階目および二段階目における和解の可能性を認めたものである。

　まず，一段階目の和解であるが，一段階目の訴訟物は対象消費者が有する個別の権利ではなく，それらに共通する権利の成立要件の一部である共通義務であり，特定適格消費者団体に付与された権限の対象も共通義務に限られるので，和解の対象も，基本的には共通義務の存否に限られることになる（特例法10条・2条4号）。ただし，それに直接的に付随する事項については，特例法による法定の授権があるものと考えられるので，併せて和解の対象に含めることができよう。たとえば，共通義務に関する和解の内容を被告事業者の負担により公開すること，事業者の行為についての謝罪や事業者の負担によるその公開，問題となった約款の事後の不使用の約束などにつき，これらを和解の中に含め

---

　25)　三木（司会）・前掲注3）152頁〔三木発言〕参照。

第 2 章　消費者集合訴訟制度の構造と理論

る場合等が考えられる。[26]

　これに対し，対象消費者の個別の権利を対象とした訴訟上の和解は認められ
ず，共通義務に関する和解に付随する事項として和解に含めることも認められ
ない。[27] 一段階目の時点では，対象消費者からの個別の授権はなく，個別の権利
については特例法による法定の授権も認められないからである。それでは，対
象消費者から個別の授権を受けて対象消費者の権利に関する訴訟外の和解をし，[28]
これと併せる形で訴訟上において共通義務に関する和解を行うものとする準併
合和解の許容性はどうであろうか。これにつき，伊藤教授は，検討に値すると
される。[29] しかし，訴訟外の和解を準併合和解の形で訴訟上の和解に取り込むた
めには，その訴訟外の和解の対象である権利等について訴訟上の和解を行う権
限が必要である。ところが，特定適格消費者団体の一段階目の和解権限は特例
法が特に付与した創設的な権限であるところ，特例法は，一段階目における対
象消費者の個別の権利についての訴訟上の和解を否定する態度をとっているう
えに，訴訟外の和解は，特定適格消費者団体の立場ではなく，一般の消費者団
体の立場で締結されるものである。したがって，伊藤教授が示唆するような準
併合和解は許されないものと解される。

　一段階目の共通義務に関する和解は，和解調書への記載によって，確定判決
と同一の効力を有する（民訴 267 条）。この点は，通常の訴訟上の和解と異なら
ない。本制度に固有の法的効果は，次の 2 つである。第 1 に，その和解の効力
は，確定判決と同一の効力であることから，特例法に基づく確定判決の効力と
同じく，他の特定適格消費者団体および二段階目の届出消費者に対しても及ぶ
ことになる（特例法 9 条）。第 2 に，共通義務の存在を認める内容の和解につい
ては，請求認容の簡易確定判決と同じく，二段階目の手続を起動させる原因と
なる（同法 12 条）。なお，前記のように準併合和解は認められないが，和解に
よる早期の解決自体は望ましいことであるので，特定適格消費者団体が対象消

---

　26)　消費者庁消費者制度課編・前掲注 13) 55 頁参照。

　27)　消費者庁消費者制度課編・前掲注 13) 54 頁参照。

　28)　この場合の訴訟外の和解については，特定適格消費者団体の立場としてではなく，一般の
　　　消費者団体の立場として行うことになる。消費者庁消費者制度課編・前掲注 13) 56 頁参照。

　29)　伊藤・前掲注 1) 2060 頁参照。

314

費者から授権を受けて訴訟外の和解を行い，請求の認諾または訴えの取下げに
よって訴訟を終了させることは許されるものと解される。

次に，二段階目の和解であるが，特例法 37 条は，「債権届出団体は，簡易確
定手続において，届出債権について，和解をすることができる」とする。二段
階目の簡易確定手続においては，特定適格消費者団体は，対象消費者からの授
権を受けて当事者として手続を追行するものであるので，一段階目とは異なり，
この場合の特定適格消費者団体と対象消費者の訴訟法上の関係は任意的訴訟担
当である。任意的訴訟担当においては，訴訟上の代理（民訴 55 条 2 項）とは異
なり，授権は和解等の権限を含む包括的なものでなければならず，むしろ授権
時に権限を制限することは許されない³⁰⁾。したがって，二段階目における特定適
格消費者団体の和解権限は，債権届出をする際の授権に含まれていると考える
ことができるので³¹⁾，同条は，その意味では一種の確認規定といえよう³²⁾。

Ⅶ　特定適格消費者団体による仮差押え

1　制度の概要

特例法は，本制度に固有の特殊な保全手段として，特定適格消費者団体によ
る一種の概括的な仮差押えの制度を創設した（特例法 56 条）。この特殊な仮差
押制度は，主として以下の 3 点において特徴を有する。

第 1 は，保全命令の発令手続における手続要件（訴訟における訴訟要件に相当
するもの）として，管轄等の通常の手続要件に加えて，保全すべき権利にかか
る金銭の支払義務について共通義務確認の訴えを提起することができる場合で
あることを，明らかにする必要があるという点である（特例法 56 条 2 項）。これ
は，この仮差押えの制度が消費者集合訴訟に限って認められる特殊な保全手段
であることに基づくものであり，いわば当然の要件である。

第 2 は，この仮差押えの被保全権利に相当する金銭債権が，申立権を有する

---

30)　選定当事者に関する判例として，最判昭和 43・8・27 判時 534 号 48 頁参照。
31)　消費者庁消費者制度課編・前掲注 13) 86 頁参照。
32)　実務上の配慮としては，特定適格消費者団体が授権のために作成する書式には，和解の授
　　権が明記されていることが望ましいことは，いうまでもない。

315

第2章 消費者集合訴訟制度の構造と理論

特定適格消費者団体自身が有する権利ではなく，二段階目で手続に加入した対象消費者が有する債権であるという点である。つまり，この仮差押えの法的性質は，法定保全担当ということになる[33]。もっとも，こうした法定保全担当という構造は，本案事件が法定訴訟担当である事件においては，普通に生じ得るものである。したがって，消費者集合訴訟制度の一段階目の法的性質を特殊な法定訴訟担当と捉える私見の立場からは，本制度に固有の仕組みとまではいえないことになる。

第3は，被保全権利の特定方法として，対象債権および対象消費者の範囲ならびに当該特定適格消費者団体が取得する可能性のある債務名義にかかる対象債権の総額による概括的特定で足りるとしている点である（特例法56条3項）。通常の仮差押えの場合，その要件は，保全の必要性と被保全権利の疎明である。そして，前者の保全の必要性については，本制度においても，実質的に異なるところはない。他方，後者の被保全権利の疎明については，通常の仮差押えでは，個別債権の内容および額を明らかにして被保全権利を具体的に特定する必要があるのに対し，本制度では，前記のような概括的特定でよいとするものである。この点は，まさに本制度に固有の仕組みである[34]。

2 総額の疎明

本制度に基づく仮差押えでは，被保全債権の疎明は，「対象債権及び対象消費者の範囲」と「当該特定適格消費者団体が取得する可能性のある債務名義に係る対象債権の総額」を明らかにして行う（特例法56条3項）。このうち，「対象債権及び対象消費者の範囲」については，本案訴訟の一段階目である共通義務確認訴訟で要求されるものと基本的に同じである（訴状の必要的記載事項に関する特例法5条の規定参照）。したがって，本制度に基づく仮差押えにおいて特

---

33) 特定適格消費者団体が，対象消費者から授権を受けて個々の対象債権を保全するための仮差押えの申立てをすること，すなわち任意的保全担当として仮差押えをすることは，明文で許されないものとされている（特例法56条4項）。任意的保全担当ではなく法定保全担当にしたのは，立案担当者によれば，一段階目の手続の早期の段階における実効性のある仮差押えを可能にするためとのことである。三木（司会）・前掲注3）160頁〔加納発言〕参照。

34) 消費者庁消費者制度課編・前掲注13）124頁における通常の仮差押えと本制度の仮差押えの比較表参照。

316

に問題となるのは，「当該特定適格消費者団体が取得する可能性のある債務名義に係る対象債権の総額」の疎明（以下，単に「総額の疎明」という）である。

この総額の疎明であるが，法が要求しているのは，当該消費者被害事件の被害の全体額ではなく，あくまでも申立団体が取得する可能性のある債務名義にかかる対象債権の総額であるから，本案訴訟の二段階目で申立団体に対する債権届出が見込まれる対象債権の総額である。つまり，対象消費者がみずから個別訴訟等で回収する可能性がある債権の額や，他の特定適格消費者団体に対する債権届出の可能性がある債権の額は，被害の全体額から控除する必要がある。これは，必要な範囲を超えた過剰な仮差押えを防ぐための規律であると考えられる。

具体的な総額の疎明の方法であるが，本制度に基づく仮差押えを申し立てる特定適格消費者団体は，①対象消費者の数は少なくとも a 人存在する，②同団体に債権届出をする対象消費者の割合は少なくとも b パーセントと見込まれる，③１人当たりの債権額は少なくとも c 円である，という３点を算出し，これらを掛け合わせた数値（a×b×c）をもって総額を出すことになろう。[35] 算定のための資料としては，国民生活センターの PIO-NET 情報，特定適格消費者団体が収集した被害状況の情報，事業者から提供を受けた契約資料等が考えられる。ただし，これらは不可避的に将来の予測を伴うものであるので，裁判所は，その点を考慮して，柔軟に疎明責任が果たされているか否かを判断する必要がある。

3 本執行への移行に伴う問題

(1) 問題の所在

本制度に基づく仮差押えを行った特定適格消費者団体が一段階目の共通義務確認訴訟において勝訴し，さらに，二段階目の簡易確定手続による届出債権の確定を得た場合には，被告から任意履行が得られなければ本執行の申立てをすることになる。その際，仮差押え段階における総額による概括的な特定と本執行の対象となる個別の届出債権との関係が問題になる。なぜなら，仮差押えの

---

35) 消費者庁消費者制度課編・前掲注 13) 125 頁，三木（司会）・前掲注 3) 160 頁〔野々山発言〕参照。

段階では被保全債権はあくまでも総額による特定であり，いわば金額の大枠で差し押さえられているだけなので，本執行の段階でこの大枠に割り付けられる個別の届出債権につき，それを誰がどのように選択するかという問題が残るからである。

たとえば，特定適格消費者団体が，本制度に基づく仮差押えの対象債権の総額（特例法56条3項）を2000万円として仮差押執行をしているとする。この場合，簡易確定手続における届出債権の総額が2000万円以下である場合には，この2000万円の大枠に割り付けられる個別債権の選択という問題は生じない。これに対し，届出債権の総額が2000万円を超えた場合には，この問題が顕在化することになる。たとえば，届出債権の総額が4000万円（1人当たり10万円で400人）とすると，その総額が仮差押えでカバーされるわけではないため，割付けにおける選択という問題が生じる。

さらに，この場合において，すべての届出債権が同時に確定して債務名義を取得するケースと，そのうちの一部のみ（たとえば100人分の1000万円）が先に確定して債務名義を取得するケースが考えられる。そこで，それぞれの場合をどのように考えるべきかについても，検討しておく必要がある。また，これらの検討に際しては，特例法59条が，特定適格消費者団体は，仮差押執行がされている財産に本執行の申立て等をする場合には，届出債権を平等に取り扱わなければならない旨を定めていることにも，留意する必要がある。

そこで，以上をどのように考えるべきかであるが，対外的関係と対内的関係とは分けて検討すべきであろうと思われる。ここでいう対外的関係とは，本執行の司法上の効果を意味し，対内的関係とは，特定適格消費者団体が届出消費者に対して負う行為責任を意味する。

(2) 対外的関係

まず，対外的関係については，仮差押えおよび本執行の申立権者は特定適格消費者団体であるので，処分権主義の原則に照らして，特定適格消費者団体は，仮差押執行の総額をいずれの届出債権に割り付けるかにつき，みずからの自由な判断で選択することが許されると解される。別の言葉でいえば，法律上，特定の割付けの仕方が強要されるわけではない。

Ⅶ　特定適格消費者団体による仮差押え

　たとえば，仮差押えの総額が 2000 万円で届出債権の総額が 4000 万円の場合，400 人全員に均等に 5 万円ずつを割り付けて本執行を申し立てることもできれば，400 人の中から 200 人をピックアップして，それらの届出債権については各自に 10 万円全額を割り付けることも可能である。また，届出消費者のうちのたとえば 100 人のみの債権が先に債務名義を取得した場合には，それらの届出債権について，先行的に本執行を申し立てることも許されよう。あるいは，残りの届出債権について債務名義が取得されるのを待ち，債務名義の総額が 2000 万円に達した段階で本執行を行うこと，または，400 人すべての届出債権の確定を待って，均等な割合額で本執行を申し立てることのいずれも，許されるであろう。

　もちろん，届出債権相互の間で平等を欠く取扱いがあれば，届出消費者に対する関係では法的責任を問われる可能性があるし，場合によっては，改善命令（特例法 85 条 2 項）や特定認定の取消し（同法 86 条 1 項 4 号）等の措置の可能性もあろう。しかし，特例法 59 条は，あくまでも特定適格消費者団体の行為規範を定めるものであり，本執行の有効性には影響を及ぼさないものと解される。

⑶　対内的関係

　次に，対内的関係であるが，特例法 59 条は，前記のように，本執行の効力には関係しないとしても，特定適格消費者団体の行為規範として，これを遵守すべき要請があることはいうまでもない。そこで，いかなる場合が，同条にいう平等取扱いに反するかが問題となる。

　まず，前記の例で，届出債権の総額が 4000 万円の場合，400 人全員に均等に 5 万円ずつを割り付けるのでなければ，常に特例法 59 条の平等取扱いの義務に違反することになるであろうか。これについては，たとえば 400 人のうちの任意の 200 人だけに全額を割り付けたとしても，残りの 200 人も債務者の他の責任財産や第三者の保証等によって届出債権の満足を得ることができる見込みがある場合には，平等取扱いの義務に違反しているとは必ずしもいえないであろう。他方，残りの 200 人が他の責任財産等から履行を得られる見込みがない場合は，特段の事情がない限り，特例法 59 条に反することになるものと思われる。

319

第 2 章　消費者集合訴訟制度の構造と理論

　次に，先に債務名義を取得した 100 人のみの届出債権について，先行的に本
執行を申し立てる場合を考えてみよう。この場合，仮差押えによってカバーさ
れない 200 人分との関係については，前記の議論が同様に妥当することになろ
う。それでは，仮差押えによってカバーされる残りの 100 人分との関係はどう
であろうか。これは，権利実現の時期のずれを生じさせることが，平等取扱い
の義務に反することになるか否かという問題である。たしかに，一部の者につ
いて先に権利実現を与えることは，その限りでは平等な取扱いではない。しか
し，この場合に本執行の申立てを許さないとすると，すでに債務名義を取得し
ている届出消費者について，残りの者の債務名義の取得まで待たせることにな
り，不当に救済を遅らせることになるともいえる。つまり，残りの 100 人も仮
差押えによってカバーされているのであれば，一部の者を先行させることには
相応の合理性が認められる。したがって，こうした形で先行的な本執行の申立
てとそれに基づく先行的な配当を行ったとしても，特例法 59 条に反するとは
いえないと解すべきである。

Ⅷ　強 制 執 行

1　制度の概要

　本制度に基づいて債務名義が成立するのは，①相手方事業者が届出債権の内
容を全部認めたことにより届出消費者表の記載が確定判決と同一の効力を有す
るに至った場合（特例法 42 条 5 項第 1 文），②相手方事業者の適法な認否を争う
旨の申出がないことにより届出消費者表の記載が確定判決と同一の効力を有す
るに至った場合（同法 47 条 2 項第 1 文），③簡易確定決定に対して適法な異議の
申出がないことにより簡易確定決定が確定判決と同一の効力を有するに至った
場合（同法 46 条 6 項），④簡易確定決定に対する異議後の訴訟（同法 52 条〜55 条）
が確定した場合である。これらの場合において，相手方事業者からの任意履行
がないときは，手続は強制執行の段階に移ることになる。

　強制執行を申し立てる原則的な主体として想定されているのは，債権届出団
体たる特定適格消費者団体である（以下，単に「特定適格消費者団体」という）。
ただし，届出消費者も，承継執行文（民執 27 条 2 項）の付与を受けて，みずか

ら強制執行をすることを妨げられない。[36]つまり，本制度に基づいて債務名義を
得た場合には，特定適格消費者団体を申立人とする強制執行と，個別の届出消
費者を申立人とする強制執行とがあり得る。

こうした特例法の執行段階における規律は，債務名義の成立段階とはやや態
度を異にする。債務名義の成立段階では，手続追行の主体は特定適格消費者団
体に限定されており，実体法上の権利者である個別の消費者の手続参加は認め
られていない。具体的には，一段階目の共通義務確認訴訟では，対象消費者は，
当事者になれないばかりか，民訴法 42 条にかかわらず，補助参加をすること
もできない（特例法 8 条）。また，二段階目の簡易確定手続でも，特定適格消費
者団体のみが申立資格を有しており（同法 12 条），対象消費者が申立人になる
ことはできず，手続参加の仕組みもない。こうした債務名義の成立段階におけ
る規律の理由は，手続の主体を特定適格消費者団体に一本化することにより，
手続の複雑化を避けるためである。

これに対し，執行段階では，個別の届出債権者がみずから強制執行を行うこ
とが認められている。これは，手続の最後の段階なので個別の執行を認めたと
しても手続の複雑化の負担が途中の段階ほどではないこと，および，消費者各
自が直接執行すれば特定適格消費者団体による配当の必要がなくなることなど
が，実質的な理由として考慮されたものと思われる。[37]

2 特定適格消費者団体による執行申立て

特定適格消費者団体が強制執行を申し立てる場合は，他人の権利について自
己の名で強制執行を追行することになるので，理論上，第三者による執行担当
として位置づけられよう。執行担当にも，法定執行担当と任意的執行担当とが
あるが，届出消費者からの授権に基礎を置くものであるので，この場合は任意
的執行担当である。その法的性質は，既存の制度との対比でいえば，サービ
サー(債権管理回収業に関する特別措置法 11 条 1 項)による強制執行に近い性格のも
のと解される。すなわち，訴訟担当者が引き続き執行手続において執行担当者

---

36) 消費者庁消費者制度課編・前掲注 13) 135 頁参照。
37) 三木（司会）・前掲注 3) 159 頁〔三木発言・加納発言〕参照。

第2章　消費者集合訴訟制度の構造と理論

となるのであるから，サービサーの場合と同じくいわゆる接続的執行担当である[38]。

　サービサーの場合には，金融機関等から委託を受けて債権の管理・回収を行う場合と，金融機関等から譲渡を受けて債権の管理・回収を行う場合とがある。本制度の場合，特定適格消費者団体は，届出消費者から債権譲渡を受けるわけではないので，サービサーにおける前者の場合に擬することができよう。ちなみに，サービサーは，前者の場合であっても，自己の名で債務名義を取得して強制執行を申し立てることができるが，この場合は接続的執行担当と解されており[39]，本制度に基づく特定適格消費者団体による執行申立ての場合も，これと同様である[40]。

　接続的執行担当の場合には，債務名義上の当事者は訴訟担当者であるので，執行文の種類は単純執行文となる（民執23条1項1号・26条）。本制度の場合も，債務名義上の当事者は債権届出団体としての特定適格消費者団体であるので，特定適格消費者団体は単純執行文の付与を受けて強制執行を行うことになる。

3　届出消費者による執行申立て

　特定適格消費者団体が債権届出団体として債務名義を得た場合でも，債務名義に表象された実体法上の権利者はあくまでも届出消費者である。そこで，届出消費者による執行申立ての場合，届出消費者は，承継執行文（民執23条1項

---

38)　中野貞一郎『民事執行法〔増補新訂6版〕』（青林書院・2010年）145頁参照。

39)　中野・前掲注38）147頁参照。

40)　消費者庁消費者制度課編・前掲注13）135頁の注には，「判決等をする手続と強制執行手続とを分離し，強制執行をする裁判所は，判決等の内容について審査することなく強制執行をするから，判決等に債権届出団体に支払うべき旨記載されている以上は，債権届出団体が強制執行をすることができ，手続上配当を受領することができるものです。このことは簡易確定手続授権契約又は訴訟授権契約で，消費者と特定適格消費者団体との内部関係において強制執行について委任するか否かにかかわらないものです」との記述がある。その意味するところは明瞭ではないが，債権届出団体自身は実体上の権利者ではなく，債権届出団体に対する債権譲渡が行われるわけでもなく，実体上による法定の授権が定められているわけでもない以上，債権届出団体による執行は任意的執行担当と解される。なお，判決等手続と執行手続との分離の建前から，執行文付与機関は債権届出団体の実体的な取立権の有無を審査判断する権限を有していないが，仮に届出消費者から債権届出団体への執行の授権がない場合には，執行債務者は，債務名義の不当使用として請求異議の訴え（民執35条）により，執行力の排除を求めることができる。

［追記］

2号・27条2項）を得ることにより，みずから強制執行を申し立てることがで[41]きる。

◆◇◆◇◆◇◆◇◆◇◆◇◆◇◆◇◆◇◆◇◆◇◆◇◆◇◆◇◆◇◆◇

［追記］

本稿本体においてすでに詳論済みではあるが，「共通義務確認訴訟の法的性質」と「共通義務確認訴訟の訴訟物」という2つの理論上の問題について，再度，追記として私見の趣旨を述べておきたい。

I　共通義務確認訴訟の法的性質

まず，あらためて確認しておく必要があるのは，共通義務確認訴訟の法的性質についていかなる見解をとろうとも，解釈上の結論や実務の運営には何ら差異をもたらさないという点である。その意味では，共通義務確認訴訟の法的性質という問題は，実践的な議論というよりも純粋な学理上の議論といえる。したがって，ここで問題意識として押さえておくべきは，これを議論することにいかなる意義があるのかということである。私は，共通義務確認訴訟の法的性質を論ずることの意義は，世界的に大きな拡大を遂げつつある集合的権利保護訴訟の歴史と理論を踏まえ，この制度の体系的な位置づけを明らかにすることにあると考える。

そうした視点で考えてみれば，消費者団体訴訟や暴力団追放団体訴訟は，その対象が拡散的権利であって否応なく固有権として法的構成をせざるを得ないのに対し，本制度は，あくまでも消費者各個人の属人的権利の保護制度であって，同種個別的権利を対象とするものであるから，なるべくその本質に沿った形で共通義務確認訴訟の法的性質を捉えることが望ましい。言葉を換えていえば，固有権構成は，本来的には実体権の主体たり得ない団体等に人工的に実体権を創設するものであるので，属人的権利としての構成をとることが不可能な

---

41)　消費者庁消費者制度課編・前掲注 13) 135 頁，三木（司会）・前掲注 3) 159 頁〔三木発言・加納発言〕参照。

第2章　消費者集合訴訟制度の構造と理論

拡散的権利に限定する謙抑的な態度をとるべきであり，同種個別的権利にまで
野放図に固有権構成を拡大することには，たとえ実務の運用に具体的な差異を
もたらさないとしても，理念として慎重であるべきである。

　比較法的にみても，わが国の本制度は，ブラジルが世界で初めて立法化した
二段階型の集団訴訟制度を1つのモデルとしているが，ブラジルにおいても一
段階目の手続を固有権構成で捉える見解は存在しない。より具体的には，ブラ
ジルにはドイツ型の訴訟担当の理論がないので，一般的には同国の制度におけ
る一段階目の手続は代理の一種と考えられている。(注1)また，それ以外の国におい
ても，同種個別的権利を束ねて集合的な救済を図る制度（アメリカやその他の英
米法諸国におけるクラスアクションが，その典型である）を固有権構成として捉え
る見解は管見の及ぶ限りは存在しない。

　もちろん，私見のように，共通義務確認訴訟の法的性質を法定訴訟担当と捉
えるとしても，それは民訴法115条1項2号の適用を受けないなど，通常とは
異なる特殊な法定訴訟担当である。しかし，本制度が拡散的権利ではなく同種
個別的権利の保護を図る制度である以上，解釈上の結論や実務上の運営に差異
をもたらさないのであれば，属人的権利としての体系的な位置づけに相応しい
法的性質を措定すべきであり，特殊な法定訴訟担当と捉えるべきではないかと
考える。

Ⅱ　共通義務確認訴訟の訴訟物

　次に，共通義務確認訴訟の訴訟物であるが，この問題も，基本的にはさほど
実践性の高いものではなく，どちらかといえば学理上の議論である。しかし，
若干の場面では具体的な結論に差異をもたらすことがある。

　この点については，2016年5月21日の日本民事訴訟法学会大会における増
森珠美判事の個別報告が興味深い問題を提示する。すなわち，同判事は，同個
別報告で「詐欺取消しを原因として不当利得に係る共通義務を認める判決が確
定した後，異議後の訴訟において，事業者が原因事実（欺罔行為）を否定して
争うことは，許されるか」という問題を提起された。そして，同判事を含む研
究チームによる検討結果として以下のような見解を述べられた。(注2)

　共通義務確認訴訟の訴訟物を対象消費者に共通する実体法上の請求権を単位

324

［追記］

とする共通義務と解する立場（同研究チームにおける共通義務確認訴訟の訴訟物の
理解^(注3)）からは，共通義務確認判決の既判力の客観的範囲は当該実体法上の請求
権にかかる共通義務の存否となり，判決理由中の判断に当たる当該請求権を基
礎づける原因にまで既判力は及ばないことになる。しかし，共通義務確認訴訟
で特定の事実上および法律上の原因が認定されて共通義務を認める判決が確定
したにもかかわらず，異議後の訴訟で事業者があらためて当該原因の存否を争
うことができるとすると，共通義務確認手続を経たことが無意味となりかねな
い。本制度の構造や趣旨に照らせば，共通義務確認判決には，訴訟物について
の既判力とは別に，第二段階である簡易確定手続および異議後の訴訟手続を利
用して対象消費者の個々の請求権の存否を確定するにあたり，共通義務確認訴
訟で認められた事実上および法律上の原因については，争えなくなるという判
決効が発生することが制度上予定されていると考えるのが相当であり，この判
決効は制度効として捉えることができる。

　たしかに，前記の事案において，二段階目の当事者が不当利得の原因事実の
存否を蒸し返して争えるとすることは不当であり，共通義務確認判決で認定さ
れた事実上および法律上の原因にも判決効が発生するという結論には賛成であ
る。しかし，そうした結論を導くための判決効が，特例法が制度上予定してい
る制度効であるという論理は無理ではないだろうか。特例法は，あくまでも民
事訴訟法の特別法であるので，既判力の客観的範囲についても民訴法114条1
項の原則が適用される。前記の議論は，実質的には判決理由中の判断に既判力
を認めるものであり，特別法である特例法にこれを認める明文規定がない以上，
一片の「制度効」という言葉のみで民事訴訟法の大原則を動かすことは許され
ないというべきである。

　そこで，あらためて考えてみるに，このような問題が生じる原因は，共通義
務確認訴訟の訴訟物の捉え方にあると思われる。すなわち，議論の出発点とし
て，共通義務確認訴訟の訴訟物を「対象消費者に共通する実体法上の請求権を
単位とする共通義務」^(注4)として捉えていることである。これに対し，私見によれ
ば，共通義務確認訴訟の訴訟物は実体権ではなくその成立要件の一部であるの
で（厳密には対象消費者に共通する実体権の成立要件の観念的集合），前記の不当利
得事案では，不当利得に基づく請求権の成立要件の1つである「法律上の原因

第2章　消費者集合訴訟制度の構造と理論

の不存在」が訴訟物となる。したがって，この立場からは，判決理由中の判断
に対する判決効ではなく，本来の訴訟物を対象とする既判力として同じ結論を
導くことができる。

　また，増森判事は，その説くところの制度効は，共通義務確認訴訟で「主張
されたが判断されなかった請求原因」や「判決理由中で消極的判断を示された
請求原因」については，及ばないとする。たしかに，同判事の訴訟物の捉え方
によれば，これらは判決理由中で判断されるべき事項になるので，これらを不
服として上訴することが許されていない以上，そのような結論になるものと思
われる。しかし，その結論自体は，共通義務確認訴訟の趣旨や目的に照らして
望ましいとはいえないであろう。これに対し，私見によれば，前者については，
請求原因はそれ自体が訴訟物であるから，裁判所が判断をしないということは
許されず，仮に判断がなされなければ，いわゆる裁判の脱漏となる。また，後
者については，私見によれば，請求原因の不存在の判断にも既判力を生じるこ
とになり，共通義務確認訴訟における審理と判断を無駄にせずにすむことにな
る。

（注1）　三木浩一「ブラジルにおけるクラスアクション（集団訴訟制度）の概要」NBL961 号
　　　（2011 年）54 頁〔本書 158 頁〕参照。
（注2）　増森珠美「消費者集団裁判手続特例法施行後の運用（共通義務確認訴訟及び異議後の
　　　訴訟）において想定される実務上の諸問題」民訴雑誌 63 号（2017 年）266 頁参照。
（注3）　増森・前掲（注2）261 頁参照。
（注4）　そもそも「対象消費者に共通する実体法上の請求権を単位とする共通義務」というと
　　　きの「共通義務」とは法律的に何であるのかが明らかにされていない以上，特例法にいう共
　　　通義務とは共通義務のことであるという循環論法に陥っていると思われる。法律的には，
　　　「義務」は「権利」に対応していなければならないが，「共通義務」は，不法行為でいえば主
　　　として故意過失と違法性を指し，損害等は基本的に含まれていないのであるから，本来の意
　　　味での「義務」や「権利」ではない。
（注5）　増森・前掲（注2）267 頁参照。

第6編
総　　　括

第三の法実現の担い手としての団体訴訟制度

〔初出：2015 年 1 月〕

I　はじめに

　私法の領域においては，法実現の担い手は伝統的に実体法上の権利義務または法的利益の帰属主体（以下，単に「権利主体」という）自身であった。法実現のための手段が裁判手続であるときには，法実現の担い手が誰であるかは当事者適格の問題となるが，伝統的な見解は，請求の当否に最も強い利害と関心を有する者に当事者適格を付与すべきであり，それは基本的には権利主体であるので，権利主体に当事者適格を認めるのが原則であるとする。[1]　もちろん，権利主体以外の第三者が訴訟手続上の当事者となる訴訟担当[2]も，古くから当事者適格の 1 つとして認められているが，訴訟担当者の権限は基本的には民法等の実体法に根拠を有し，訴訟上の代理と並んで伝統的な第三者による訴訟追行の代行手段であるので，[3]実体法上の権利主体が法実現の担い手であるとする考え方の埒外にあるものではない。

　ところが，1970 年代から 80 年代にかけて，権利の属人的帰属を観念することが困難な法的利益についても司法手続による保護の必要性があることが，ヨーロッパや南米等において，そしてやや遅れて日本でも，広く認識されるようになった。ここにいう属人的帰属の観念が困難な法的利益としては，水質・空気・土壌・日照・景観等の環境を保護することによって社会全体や不特定かつ

---

1) 兼子一『新修民事訴訟法体系〔増補版〕』（酒井書店・1965 年）159 頁，新堂幸司『新民事訴訟法〔第 5 版〕』（弘文堂・2011 年）290 頁，伊藤眞『民事訴訟法〔第 5 版〕』（有斐閣・2016 年）186 頁等参照。

2) 第三者による裁判手続の担当には，狭義の訴訟担当のほかに保全担当や執行担当等がある。本稿では，これらを含む広義の意味で「訴訟担当」という言葉を用いている。

3) 代理と訴訟担当が実質的にはほぼ同じ機能を営むものであることから，遺言執行者，相続財産管理人，破産管財人，更生管財人等について，かねてより，代理説と訴訟担当説が入り乱れて主張されている。

多数の人々が一般的に得られる利益（以下，「環境利益」という），あるいは，詐欺的または錯誤をもたらす可能性のある広告や勧誘等から不特定の消費者一般を広く保護する利益（以下，「消費者利益」という）などが典型である[4]。これらは，拡散的権利ないし拡散的利益（diffused right or diffused interest。以下，単に「拡散的権利」という）と呼ばれる。こうした拡散的権利の保護において，ドイツにおいて19世紀に誕生し，20世紀後半に発展を遂げた団体訴訟制度が裁判上のツールとして着目されるようになった。

こうして，拡散的権利の保護と結び付いた団体訴訟という仕組みは，消費者団体訴訟や環境団体訴訟として，大陸ヨーロッパを中心に展開していった。さらに，属人的帰属が認められる古典的権利であっても，少額の権利が多数の主体に帰属するなどの理由で権利主体による個別の訴訟追行が困難な権利の保護にもその仕組みが利用されるなど，団体訴訟の活用範囲は拡散的権利にとどまらず個別的権利の保護にも拡大していった。わが国においても，2006年の改正消費者契約法により初めて団体訴訟制度が採用されて以来，2008年の改正による関連法への拡大，2012年の暴力団追放団体訴訟制度の創設，2013年の消費者集合訴訟制度の創設と続き，新たな分野における団体訴訟制度の活用が進んでいる。

そこで，本稿では，新たな法実現の担い手を創出する手段としての団体訴訟制度という観点から，私法の領域における団体訴訟制度について，若干の整理と分析を試みることとしたい。

II　団体訴訟制度の保護法益

団体訴訟制度は，一定の団体に訴権を立法で付与することによって，不特定または多数の者に関わる権利義務や法的利益（以下，単に「権利」という）を保護するために設けられるが，そうした不特定または多数の者に共通的に関わる

---

4)　アントニオ・ジディ（三木浩一ほか訳）「ブラジルにおけるクラス・アクション──大陸法諸国のためのモデル(4)」際商34巻11号（2006年）（以下，「ジディ(4)」という）1500頁，同「ブラジルにおけるクラス・アクション──大陸法諸国のためのモデル(5)」際商34巻12号（2006年）（以下，「ジディ(5)」という）1656頁。

権利には，大きく分けて次の2つの種類がある[5]。

1つは，特定の法主体への属人的帰属を観念することが不可能または困難な権利である。本稿では，こうした権利を「拡散的権利」と呼ぶ[6]。こうした意味における拡散的権利は，いわば超個人的な権利であり，また，個別の主体に分割して付与することができないので不可分な権利である[7]。具体的には，環境利益や消費者利益の直接的な保護（個々の権利主体の個別的救済を強化することが抑止的効果となって結果的に環境利益や消費者利益の一般的な保護に繋がることがあるが，それは環境利益や消費者利益のいわば間接的な保護である）のための権利などである。たとえば，水質や空気の清廉性といった類の利益は，その本質において超個人的であり，また不可分であって，特定の個人や団体に帰属するものとは考えにくい[8]。同様に，消費者が不当な広告から守られるべき利益のようなものは，その保護の客体が将来における不特定の消費者であり，潜在的な保護客体であるので，やはり，超個人的かつ不可分であって非属人的な権利と考えられる。

もう1つは，多数の権利が共通の事実上または法律上の原因を有するなどの理由により，それらを集合的に保護することが望まれるとしても，それぞれの権利は属人的であって，個別の主体に分割することが可能な場合である。たとえば，大規模な不法行為から生じた同種の被害に基づく多数の損害賠償請求権などが，これにあたる。本稿では，こうした権利を「同種個別的権利」と呼ぶ[9]。

---

5)　ブラジル消費者法81条は，集団的保護が与えられるべき権利につき，「拡散的利益」，「集合的利益」，「同種個別的利益」の3分類を採用している（三木浩一「ブラジルにおけるクラスアクション（集団訴訟制度）の概要」NBL961号〔2011年〕50～51頁，61頁〔本書150～151頁，169頁〕参照）。このうち，前二者は，どちらも非属人的・超個人的・不可分の権利であるうえに，ブラジルにおけるその区別の議論はやや晦渋であるので，本稿では，両者をあわせて「拡散的権利」と呼ぶ。

6)　「拡散的権利」という言葉は多義的に使われる。狭義では，本稿が用いるように非属人的な権利の意味で用いられるが，広義では，属人的な権利も含み，不特定または多数の者が関わる権利を広く指すものとして用いられる。本稿における用法は，狭義に限定するものである。

7)　ジディ(4)・前掲注4) 1500頁，三木・前掲注5) 50頁〔本書150頁〕参照。

8)　環境法学の分野においても，環境損害には2つの類型があるとされているようである。すなわち，①環境に対する侵害から環境自体に生じた損害と，②環境への侵害を介して特定の法主体に発生した損害である。このうち，前者の①については，環境自体は特定の法主体に帰属する利益として把握しがたいために，伝統的な民事責任法において，その救済を図ることが可能か否かという議論があるとされる（小野寺倫子「人に帰属しない利益の侵害と民事責任(1)」北法62巻6号〔2012年〕42頁参照）。

9)　ジディ(5)・前掲注4) 1658頁，三木前掲注5) 51頁〔本書151頁〕参照。

もっとも，拡散的権利と同種個別的権利の関係は単純ではなく，相互に排他的であるわけでもない。第1に，従来は拡散的権利と考えられていたものが，後に同種個別的権利に転化することがあり得る。たとえば，一定の環境利益について，立法や理論の進展等によって，一定の個人や団体に対する属人的帰属が認められるようになった場合などである。第2に，上記とも関連するが，拡散的権利と同種個別的権利の境界，すなわち，超個人的かつ不可分な権利かどうかの判断基準は，場合によっては明瞭ではない。第3に，同一の事案や同一の加害行為から，拡散的権利と同種個別的権利の両方が発生する場合がある。たとえば，消費者利益を例にとると，不当広告の差止めを求める局面では，消費者は誰でも不当広告の被害者となり得るので，将来の被害を予防する差止請求権は拡散的権利である。これに対し，不当広告による被害が現に発生すれば，その個々の被害者が損害賠償を求める局面では同種個別的権利である。

このように，拡散的権利と同種個別的権利という二分法は，両者の境界領域において，一種のグレーゾーンが存在することは否定し難い。しかし，それでも，団体訴訟制度の整理と分析において有効な視点を提供してくれる普遍性の高い法学上のツールであると思われる[10]。

III 団体訴訟制度の本質

「団体訴訟」という言葉は，広義では，団体が訴訟当事者となった訴訟のすべてを指す。しかし，団体自身が権利主体として有する実体権を自己の権利として行使する場合や，団体の構成員の権利を伝統的な形態の訴訟担当者として行使する場合などはあくまでも通常の訴訟であり，いうまでもなく，その訴訟追行資格も通常の当事者適格に基づく。これに対し，狭義では，何らかの政策目的に従って，本来は訴訟上行使される実体権と直接の関係がなく，したがって通常では当事者適格を有することのない一定の団体に対し，法律の規定によっ

---

10) 個人的権利に対立する概念としての集団的権利の性質および種類について，イタリアでも「拡散的権利（diffuse right）」と「集合的権利（collective right）」の2つに分類する議論が有力である（Richard Cappalli and Claudio Consolo, *Class Actions for Continental Europe? A Preliminary Inquiry*, 6 TEMP. INT'L & COMP. L. J. 264-266 (1992)）。

て創設的に当事者適格が付与される場合を指す。本稿において用いられる「団体訴訟」という言葉は，後者の狭義の意味である。なお，わが国の実定法上「団体訴訟」という言葉は登場せず，あくまでも講学上の概念または法律の世界における通称である。

団体訴訟制度を設ける立法政策上の目的はさまざまであり得るが，基本的には，以下のようにいえよう。まず，拡散的権利については，属人的帰属を観念することが不可能または困難である法的利益について，その帰属主体を人工的に創造することにより，司法的救済を可能にすることを目的とする。したがって，一定の団体に対して当事者適格を付与するだけでは足りず，同時に実体権の創設と付与も必要である。これに対し，同種個別的権利については，権利主体がみずから訴訟を行うことが困難である場合に，一定の団体に権利主体に代わって訴訟を追行させることを目的とする。この場合は，実体権はすでに存在するので，団体訴訟制度によって団体に付与されるのは，基本的には訴訟法上の当事者適格のみである。

団体訴訟制度は国家の政策目的によって設けられるといっても，一定の団体に人工的に当事者適格を付与することにより，法実現の担い手を新たに創出するものであるので，もとより立法において完全なフリーハンドが許されるわけではない。換言すれば，団体訴訟制度をあえて設ける相応の「必要性」と「正当性」が，立法事実として要求されるものと解される。具体的には，まず，必要性としては，一定の団体に当事者適格を付与することにより，そうでなければ実現できない必要な権利保護が初めて可能になるという事情がなければならない。次に，正当性としては，あえて国家が私法の領域に関与する以上は，団体訴訟の目的に何らかの公益の要素があることが必要であろう。もちろん，私益の保護のための団体訴訟制度も許されるが，たとえ直接の目的が私益の保護にあるとしても，同時に，公益の保護につながる要素を部分的にせよ含むことが立法事実として要求されるものと思われる[12]。

---

11) 狭義の意味における「団体訴訟」という言葉は，ドイツの「Verbandsklage」の訳語として，わが国では1970年代頃から使われはじめたものである。

12) 三木浩一「暴力団追放団体訴訟の立法における理論と展望」NBL969号（2012年）30頁〔本書63頁〕参照。

Ⅳ　団体訴訟制度の歴史

日本の団体訴訟制度の概略をみていく前に，わが国がモデルとしたヨーロッパにおける団体訴訟制度の誕生と発展の歴史を簡単に概観・整理しておくことにする。

1　団体訴訟制度の起源

史上初めての団体訴訟制度といわれているのは，ドイツにおける 1896 年不正競争克服法に基づく訴訟制度である。これは，営業利益の促進を目的とする一定の事業者団体に，真実に反する宣伝等の不正な競争を差し止めるための訴権を付与した制度である。ドイツでは，伝統的には，不正な競争の規制は同業者組合の自治に委ねられていた。しかし，人権思想の高まり等を主要な背景として，個人の営業の自由の保障が拡大していき，同業者組合は次第に消滅していくことになり，それによって，行きすぎた競争のもたらす弊害が生じるようになった。そこで，そうした事態に対処するための手段として，現在の団体訴訟と呼ばれている仕組みが生み出された。[13]この仕組みによって訴権を付与されたのは事業者団体であるので，団体訴訟の種類としては「事業者団体訴訟」である。また，この制度の目的は，同業者を将来の不正な競争から保護することであるので，保護法益の性質は拡散的権利というべきであろう。

2　消費者団体訴訟の誕生

その後，一定の団体に訴権を付与する趣旨として，事業活動上の競争相手の保護だけでなく，消費者の保護等の目的も承認されるべきであるとの議論がなされるようになっていった。こうした認識の下に，消費者団体に対し，消費者の利益保護のために，事業者の不当行為の差止めを求める訴権を付与する制度が，ドイツにおける 1965 年の不当競争防止法の改正によって創設された。この制度が「消費者団体訴訟」制度の嚆矢とされる。[14]そして，2004 年に全面改

---

13)　上原敏夫『団体訴訟・クラスアクションの研究』（商事法務研究会・2001 年）10～12 頁参照。

正された同法は，その基本的な仕組みを受け継ぐとともに，消費者一般の利益の保護を同法の目的として明文で規定し，消費者団体訴訟が消費者保護政策の一環であるという位置づけを明確にした。また，1976 年に制定された約款法において，消費者団体，営業利益促進目的団体，商工会議所等の多様な団体を提訴権者とする約款規制訴訟のための団体訴訟制度が，不正競争防止法に倣って作られた。[15]

ドイツでは，こうした団体訴訟制度における団体の訴権の法的性質を民事訴訟理論のうえでどのように位置づけるかについて，さまざまな見解が入り乱れた。具体的には，訴訟外の消費者個人に帰属する請求権を法定訴訟担当として団体が行使するものとする見解（法定訴訟担当構成），団体みずからの固有の実体法上の請求権を認める見解（固有権構成），実体法上の請求権を伴わない被告の不作為義務のみに対応する特殊な訴権とみる見解（不作為義務構成），原告の権利や利益とは無関係に抽象的な規範統制を目的とする民衆訴訟であるとする見解（民衆訴訟構成）等が主張された。[16]

この問題は，その後，消費者保護に関する一連の EU 指令を受けて，「隔地契約および消費者法のその他の問題ならびにユーロへの諸規定の切替えに関する法律」が制定され，2000 年に不正競争防止法および約款法が改正された結果，とりあえずの解決をみた。すなわち，法文上の表現が「差止請求権が団体に帰属する」と改められたことにより，団体に付与された訴権は団体みずからの固有の権利であることについて（固有権構成），立法による決着がなされたとされる。[17] 私見の立場からは，将来の被害を予防するための差止請求権は拡散的権利であるので固有権構成に最も親しむものであり，こうして固有権構成が明文で規定されたことは適切な立法措置であったと評することができる。

---

14)　上原・前掲注 13）14～16 頁参照。

15)　上原敏夫「団体訴権をめぐる議論の沿革」ひろば 58 巻 11 号（2005 年）14 頁，髙田昌宏「団体訴訟の機能拡大に関する覚書き――ドイツ法における近時の展開を手がかりとして」福永有利先生古稀記念『企業紛争と民事手続法理論』（商事法務・2005 年）48～52 頁参照。

16)　上原・前掲注 13）34～44 頁，髙田昌宏「差止請求訴訟の基本構造――団体訴訟のための理論構成を中心に」総合研究開発機構＝高橋宏志編『差止請求権の基本構造』（商事法務研究会・2001 年）137～147 頁参照。

17)　髙田・前掲注 16）164 頁参照。

3 環境団体訴訟の誕生

　ヨーロッパでは，団体訴訟制度による権利保護の領域は，環境の分野にも展開を遂げてきており，一定の環境保護団体に訴権を付与する「環境団体訴訟」を設ける立法例もみられる。環境保護領域における団体訴訟制度の先頭を走るのはフランスであるとされる。フランスでは，20 世紀初頭から環境保護団体による差止請求訴訟の訴権が判例で認められてきたが，1970 年代に入ると当時の公害問題や環境意識の高まりを受けて，環境保護団体の民主的参加の必要性が特に強調されるようになった。そして，1976 年，環境保護団体の認可制度の新設と認可団体の訴権を認める法律が制定された。これによって，環境団体訴訟が法律によって承認されることとなった。さらに，1995 年の立法により，この制度の整備と拡充が行われた[18]。また，ドイツでは，連邦の自然景観保護法の 2002 年改正により，自然景観保護に関する法令に違反した行政処分の取消し等を求める行政訴訟を提起する権限を，自然保護団体に認める法律が制定された[19]。環境団体訴訟の保護法益は，いうまでもなく拡散的権利である。

4 EU 指令への拡大

　消費者団体訴訟制度は，現在では，EU の政策の中にも取り込まれている[20]。特に，1998 年 5 月に出された「消費者保護のための差止訴訟に関する指令」は，消費者の集団的利益保護のための差止訴訟について加盟国の法規の調和を図ることを目的とし，消費者金融や通信販売などの特定の法分野において，消費者利益の侵害行為が国境を越えて行われた場合に，各国の法制の違いを乗り越えて EU 域内で有効な救済を与えようとするものである。具体的には，他の加盟国で提訴権を認められている消費者団体等に，消費者利益の侵害が行われた国でも提訴権を認めるものであり，加盟各国による他国の集団的訴訟の相互承認[21]

---

18)　山本和彦「環境団体訴訟の可能性——フランス法の議論を手がかりとして」福永古稀・前掲注 15) 175 頁参照。

19)　大久保規子「ドイツにおける環境団体訴権の強化——2002 年連邦自然保護法改正を中心として」行政管理研究 105 号（2004 年）3 頁，上原・前掲注 15) 17〜18 頁参照。

20)　上原・前掲注 13) 340〜346 頁，上原敏夫「団体訴訟について」法の支配 127 号（2002 年）24〜26 頁，上原・前掲注 15) 16〜17 頁参照。

を義務づけるものである。また，このEU指令を受けて，2000年6月にドイツの約款法も改正され，団体訴訟による差止めの対象が広く消費者保護法規の違反行為に拡大された。なお，現在，ドイツでは，不正競争防止法と約款法の手続部分は2002年施行の差止訴訟法に移されている。こうしたEU指令およびそれを受けた各国の制度改革も，消費者一般を保護するための差止請求訴訟が主として想定されているので，保護法益は拡散的権利である。

5 同種個別的権利への展開

　これまでみてきたように，団体訴訟制度の誕生以来，その役割として伝統的に想定されてきたのは，将来における損害や被害の予防を目的とする差止請求訴訟の場面であり，その保護法益は拡散的利益であった。しかし，団体訴訟という仕組みは，過去の被害の集団的な救済の手段としても有用であることが，次第に認識されるようになっていった。ドイツでは，すでに1970年代後半に，団体訴訟を活用した被害の事後的救済のための特別な制度の導入が活発に議論された。このときに検討されたのは，団体が個々の被害者から損害賠償請求権を譲り受けるなどして，それらの権利を一括して事業者を相手に訴訟を行う「集束的団体訴訟」の方式である。結局，この当時は，未だ機が熟しておらず，立法されるに至らなかった。しかし，その後，約四半世紀の時を経て，2001年の法的助言法の一部改正により，集束的団体訴訟を認める立法が成立し，団体訴訟制度の同種個別的権利への展開が実現することとなった。[22]この集束的団体訴訟における消費者団体の地位の法的性格は，取立授権に基づく任意的訴訟担当または債権譲渡に基づく固有権であるとされる。この制度は，2008年に法的助言法に代わって法的サービス法が制定された後も，同法に引き継がれている。[23]

---

21) 団体訴訟のほか，スウェーデンの消費者オンブズマンによる訴訟やイギリスの公正取引庁長官による訴訟などを含む。
22) 髙田・前掲注15) 52～54頁参照。
23) 髙田昌宏「ドイツにおける集団的訴訟制度の概要(上)」NBL964号（2011年）46頁参照。

Ｖ　日本における団体訴訟制度

わが国における最初の団体訴訟制度は，2006 年の消費者契約法の改正によって設けられた「消費者団体訴訟」である。[24] したがって，ヨーロッパにおける上述のような状況と比較すると，相当に遅れての導入である。しかし，その後，2012 年の「暴力団追放団体訴訟」，2013 年の「消費者集合訴訟」[25] と，相次いで，ヨーロッパにもみられないスタイルの団体訴訟制度が作られ，わが国独自の発展を遂げつつある。以下では，こうしたわが国の状況につき，それぞれの制度における団体の位置づけを中心として，若干の整理を試みることとする。

1　団体訴訟制度に関する議論の萌芽

日本において団体訴訟という仕組みが広く知られるようになったのは，およそ 1970 年代後半のことである。この時期にドイツから来日した法学者であるライポルト，バウムゲルテル，アーレンス，ヴォルフたちは，いずれも団体訴訟をテーマに取り上げて講演などを行った。その背景には，ドイツでは，上述したように 1976 年に約款法が制定され，その立法の前後を通じてドイツ国内で団体訴訟に対する議論が高まっていたとの事情があった。[26] さらに，これらのドイツ人学者の講演は，その頃の日本における社会情勢とも適合するものであった。

すなわち，その当時における日本の国内では，カラーテレビ闇再販事件や，[27] 主婦連ジュース不当表示事件[28] などを主たる契機として，消費者一般の利益を民

---

24)　「消費者団体訴訟」という呼称は，わが国における一般的な用法としては，2006 年の「消費者契約法」によって創設された適格消費者団体による差止請求の制度のみを指すものとして使われる（狭義の消費者団体訴訟）。

25)　2013 年の「消費者の財産的被害の集団的な回復のための民事の裁判手続の特例に関する法律」によって創設された特定適格消費者団体による損害賠償請求訴訟を認める制度は，一般には団体訴訟ないし消費者団体訴訟とは呼ばれない。しかし，この制度も，一定の団体に対して法律によって訴権が付与されたものであり，一種の団体訴訟である。また，同時に，その団体の種類は消費者団体であるので，やはり一種の消費者団体訴訟である（広義の消費者団体訴訟）。

26)　上原・前掲注 15）12〜13 頁参照。

27)　東京高判昭和 52・9・19 高民 30 巻 3 号 247 頁。

337

事司法において有効に救済するために必要とされる新たな制度や理論についての模索が始まっていた。これは，第二次世界大戦後の先進諸国における高度資本主義の発達とそれに伴う大量消費社会の進展によって，伝統的な民事訴訟制度が十全に機能しなくなってきたことと軌を一にする。

これらの状況を踏まえて，民事訴訟法典の全面的な刷新を図った1996年改正の際には，当初の段階では，団体訴訟制度の導入がわが国では初めて立法課題として登場した。すなわち，1991年に法務省民事局参事官室から公表された「民事訴訟手続に関する検討事項」では，「一定の差止訴訟等一定の訴訟について，本来の権利義務の帰属主体のほかに一定の団体にも原告適格を認めるものとする」との考え方が示された[29]。これについては，大学や消費者団体等から賛成の意見も寄せられたが，他方において，団体訴訟の導入は民事訴訟法ではなく個別の実体法で解決すべき問題であることなどを主たる理由として，反対の意見も相当数あった[30]。そこで，立法作業の早い段階で審議事項から除かれることとなった。

かくして，日本における団体訴訟制度の創設に関する議論は，民事訴訟法等の一般法を離れて個別法の改正または制定の場に移されることとなる。

2　消費者団体訴訟制度

(1)　創設の経緯

わが国における最初の団体訴訟制度は，消費者契約法の2006年改正において導入されたいわゆる「消費者団体訴訟」である。その立法経緯の概略は，以下のとおりである。

まず，2000年に制定された消費者契約法は実体規定のみであったが，その制定時の議論の際に，団体訴訟のような司法上の消費者保護のための制度の必要性についての主張や意見があった。しかし，結果的には，実体規定のみが設

---

28)　最判昭和53・3・14民集32巻2号211頁。

29)　法務省民事局参事官室「民事訴訟手続の検討事項」同編『民事訴訟手続の検討課題（別冊NBL23号）』（商事法務研究会・1991年）5頁。

30)　柳田幸三ほか「『民事訴訟手続に関する検討事項』に対する各界意見の概要」法務省民事局参事官室編『民事訴訟手続に関する改正試案（別冊NBL27号）』（商事法務研究会・1994年）6頁。

けられ，団体訴訟制度の創設には至らなかった。ただし，国会の衆参両院において，団体訴訟制度の検討を求める附帯決議がなされた。次いで，2001年に公表された司法制度改革審議会の意見書において，ドイツなどで採用されている団体訴訟制度を検討すべきことが提言された。さらに，2002年3月に閣議決定された司法制度改革推進計画で，各省庁が所管する個別の法分野ごとに団体訴訟の検討を求める文言が盛り込まれた。

　これらを受けて，消費者契約法の施行の3年後にあたる2004年4月に，内閣府の諮問機関であった当時の国民生活審議会の下部組織である消費者政策部会に消費者団体訴訟制度検討委員会が設置された。同委員会は，2005年6月，「消費者団体訴訟制度の在り方について」と題する報告書を作成した。さらに，2005年4月に閣議決定された「消費者基本計画」においても，2006年の通常国会に消費者団体訴訟制度の創設の関連法案を提出することが明記された。こうした過程を経て，同年の通常国会に消費者契約法改正法案が提出され，2006年5月31日に可決成立し，2007年6月7日から施行されている。

　また，2008年4月，消費者契約法等の一部を改正する法律に基づいて，不当景品類及び不当表示防止法（景品表示法）および特定商取引に関する法律（特定商取引法）が改正され，これらの法律に規定された事項に違反する事業者の行為についても，消費者契約法違反の場合と同様に，適格消費者団体が差止めを求める民事訴訟を提起することができる旨の規定が，新たに追加された。改正景品表示法は，2009年4月1日から施行され，また改正特定商取引法は，同年12月1日から施行された。

(2)　手続の概要

　消費者団体訴訟は，内閣総理大臣から適格団体としての認定を受けた消費者団体が原告となり，不特定かつ多数の消費者の保護のために，事業者等による不当な行為の差止めを請求する訴訟を行うことを認める制度である（消費契約1条・12条）。差止請求の対象とすることができる事業者等の行為は，消費者契約法，景品表示法および特定商取引法に定めのある不当勧誘行為および不当契約条項の使用に限られる。なお，個々の消費者がすでに被っている被害の回復について，当該消費者に代わって損害賠償を請求する訴訟を行うことは認めら

339

れていない。

消費者団体訴訟の判決の効力が及ぶ範囲については，格別の判決効の拡張に関する規定は設けられていない。したがって，判決の効力は訴訟の当事者にのみ及ぶという相対効の原則が適用される。しかし，以下の理由により，実質的には，判決効の拡張に類似した結果が生じる。まず，適格消費者団体が勝訴したときは，それによって生じた差止めの効果を万人が享受することができることになるので，結果として，消費者一般に判決効が拡張された場合と同様となる。他方，適格消費者団体が敗訴したときは，他の適格消費者団体が同一内容の訴訟を提起することが許されなくなるものとされているので（消費契約 12 条の 2 第 1 項 2 号），結果として，その敗訴判決の効力が，他の適格消費者団体に拡張されたのと同様となる。

(3) 団体の地位

消費者団体訴訟の原告適格は，消費者契約法 13 条に定める要件を満たした消費者団体であって，同法に定める差止請求訴訟を追行する資格を有するものとして内閣総理大臣が認定した団体に付与される。この認定を受けた団体を「適格消費者団体」という。主要な認定要件は，特定非営利活動法人（NPO 法人）・一般社団法人または一般財団法人であること，相当期間の継続的な活動実績を有していること，組織体制や業務規程が整備されていること，消費生活および法律の専門家を確保していること，差止請求関係業務を適正に遂行する経理的基礎を有していることなどである（消費契約 13 条 3 項）。適格消費者団体は，認定後は，内閣総理大臣の監督を受けるものとされている（同法 30 条〜34 条）。具体的には，内閣総理大臣は，適格消費者団体に対して報告を求め，あるいは立入検査をすることができる（同法 32 条）。また，必要に応じて，適合命令や改善命令を出すことができる（同法 33 条）。さらに，一定の場合には認定の取消しを行う（同法 34 条）。

上述のように，ドイツでは，かつて，団体が有する訴権の法的性質をめぐって法定訴訟担当構成，固有権構成，不作為義務構成，民衆訴訟構成などが主張された。そこで，わが国においても，消費者契約法の改正時には，消費者団体訴訟制度検討委員会等において同様の議論が行われた。もっとも，不作為義務構成や民衆訴訟構成は，すでに創設された制度の解釈論として唱えられたもの

であり，立法上の選択肢としては考えにくいため，議論は，主として，法定訴訟担当構成と固有権構成をめぐるものであった。ただし，こうした法的性質に関する議論の実益は，立法段階では大きくないとの意見も有力に主張された。法的性質をめぐる議論は，主として団体訴訟制度に固有の法的効果や規律を導くためになされるが，立法段階では，法的性質のいかんにかかわらず必要な立法措置を講じておけば足りるからである[31]。いずれにせよ，最終的には，固有権構成で決着がつき，改正された消費者契約法では固有権構成に従った規定が置かれることとなった（同法12条・23条等参照）。

　現在の視点から振り返ってみれば，およそ消費者団体訴訟において法定訴訟担当構成を採用することは原理的に困難なことであり，固有権構成の採用はいわば必然であったといえよう。なぜなら，消費者団体訴訟の訴訟物である事業者に対する差止請求権は，将来における消費者一般の被害を未然に予防するというその性格上，特定の個人や団体への属人的帰属を観念することが困難であり，ブラジルやイタリアなどにおいても典型的な拡散的権利と考えられている[32]。したがって，個々の消費者を被担当者と考える立場である法定訴訟担当構成をとることは，もともと困難ないし不可能であったからである[33]。

　いずれにせよ，2006年改正消費者契約法は固有権構成を採用したが，その固有権たる差止請求権は自然状態では存在しない。そこで，同法は，適格消費者団体に固有権としての当事者適格を付与すると同時に，その不可欠の前提として，実体権としての差止請求権も創出したものと解される[34]。

3　暴力団追放団体訴訟制度

(1)　創設の経緯

　暴力団の構成員は，その本質上，犯罪行為やその他の暴力的なトラブルを引き起こす可能性が高く，その活動拠点である暴力団事務所の周辺に居住または

---

31)　三木浩一「消費者団体訴訟の立法的課題――手続法の観点から」NBL790号（2004年）45〜46頁〔本書4〜6頁〕参照。

32)　三木浩一「訴訟法の観点から見た消費者団体訴訟制度」ジュリスト1320号（2006年）62頁〔本書30頁〕参照。

33)　仮に無理をして立法時の説明として法定訴訟担当構成をとったとしても，被担当者たる消費者を特定することは原理的に不可能であるので，実質的には固有権構成の採用に等しい。

34)　三木・前掲注32)　63〜64頁〔本書31〜32頁〕参照。

通勤等をする住民や市民は，常に生活の安全と平穏を脅かされている状況にある。そこで，暴力団事務所の周辺住民等が，当該事務所の使用禁止等を求める差止請求訴訟を提起する例がみられる。こうした裁判は，暴力団事務所が近辺に存在することにより，安全かつ平穏な日常生活を営む権利が侵害されているとして，周辺住民等の人格権に対する侵害またはそのおそれを理由として提起される[35]。

しかし，こうした組事務所使用差止訴訟は，暴力団にとっては活動の拠点を失うことにつながるので，組織を挙げてこれを妨害する契機が生まれ，そのために，原告となる周辺住民等は生命や身体の危険に晒される。とりわけ，裁判を提起する際の先導役となる人物や運動の中心的な人物については，そうした危険がより深刻に生ずる。実際に，原告の弁護団長が暴力団関係者によって刺傷された事件や，運動を先導していた住民宅に発砲がなされた事件などが発生している[36]。

このような状況を受けて，警察庁は，2011 年 10 月に「暴力団対策に関する有識者会議」を設置し，「暴力団員による不当な行為の防止等に関する法律」（暴力団対策法）の改正作業に着手したが，その中の検討項目の 1 つとして，当時すでに消費者契約法において導入ずみであった団体訴訟の仕組みを利用した制度の創設が議論された。すなわち，周辺住民等自身が訴訟の矢面に立つことを防ぐために，暴力団追放運動を活動の目的とする団体が，政府機関から適格認定を受けることによって当事者適格を取得し，権利主体である周辺住民等と地域社会の安全確保のために，暴力団事務所の使用差止め等を求めることができるものとする団体訴訟制度が構想されたのである。

このような背景により，2012 年 7 月 26 日に暴力団対策法が改正され，同年 10 月 30 日から施行された（改正法のうち，暴力団追放団体訴訟制度に関係する改正の施行日は 2013 年 1 月 30 日）。こうして，諸外国にも類例をみない暴力団対策を

---

35)　人格権を訴訟物とする組事務所使用差止訴訟のリーディングケースは，静岡地決昭和 62・10・9 判時 1254 号 45 頁（一力一家事件）。

36)　鹿児島県における暴力団追放運動リーダーの刺傷事案（2007 年 10 月 19 日付朝日新聞夕刊等），福岡県における民家への発砲事案（2010 年 3 月 16 日付読売新聞朝刊等），福岡県における脅迫文の送付事案（2010 年 3 月 30 日付朝日新聞夕刊等）など。

V　日本における団体訴訟制度

目的とした団体訴訟制度として，暴力団追放団体訴訟制度が創設された。

(2)　手続の概要

　暴力団追放団体訴訟は，国家公安委員会の適格認定を受けた都道府県暴力追放運動推進センターが，周辺住民からの授権を受けて，暴力団事務所の使用差止め等を請求する訴訟を行う制度である（暴力団 32 条の 4 第 1 項）。差止請求訴訟に関連するものであれば，裁判外の行為を行うこともできるが，周辺住民がすでに被っている被害について，当該住民に代わって損害賠償を請求する訴訟を行うことは認められていない。

　暴力団追放団体訴訟が通常の民事訴訟と異なる点は，原告としての当事者適格が適格認定を受けた団体に限られている点である。それ以外は，通常の民事訴訟と比べて手続法上の差異はない。判決の効力についても，相対効の原則に従う。ただし，消費者団体訴訟の場合と同じく，原告である適格団体が勝訴すれば，それによって生じた差止めの効果は，実質的には万人が享受することができる。

(3)　団体の地位

　暴力団追放団体訴訟の原告適格は，各都道府県公安委員会が指定した都道府県暴力追放運動推進センターのうちで，国家公安委員会に認定の申請をしてその認定を受けたものに付与される（暴力団 32 条の 5）。すなわち，適格団体としての認定を受ける資格を有するのは，都道府県暴力追放運動推進センターに限られる。都道府県暴力追放運動推進センターは，暴力団員による不当な行為の防止等に寄与することを目的として各都道府県に 1 つずつ指定された一般社団法人または一般財団法人である[37]。消費者団体訴訟における適格消費者団体が，任意に設立された特定非営利活動法人（NPO 法人），一般社団法人または一般財団法人（消費契約 13 条 3 項 1 号）であるのと異なり，特定の一般社団法人または一般財団法人に限られる点でやや様相を異にする。しかし，これは暴力団追放団体訴訟の相手方が反社会的かつ物理的に危険な存在の暴力団であるとい

---

37)　各都道府県暴力追放運動推進センターの名称は，「北海道暴力追放センター」，「暴力団追放沖縄県民会議」，「暴力団追放運動推進都民センター」等，さまざまである。

う特殊性に由来するものであり，行政によって適格認定を受けた民間団体が適格団体として訴訟を追行するという基本的な構造は，その本質において異なるものではない。

　暴力団追放団体訴訟の担い手たる適格認定を受けた都道府県暴力追放運動推進センターは，みずから訴訟物となる実体権を有するわけではなく，暴力団事務所の周辺住民から任意の授権を得て，その周辺住民に帰属する人格権に基づく差止請求権を訴訟物として訴訟を追行するものである。すなわち，暴力団追放団体訴訟において適格団体の訴訟追行権を基礎づけるのは，周辺住民からの人格権に基づく差止請求権の授権であり（暴力団 32 条の 4 第 1 項），原告たる都道府県暴力追放運動推進センターの当事者適格の法的性質は任意的訴訟担当である。

　通常の任意的訴訟担当においては，授権の対象となる権利は財産的権利であることが多いのに対し，暴力団追放団体訴訟の対象権利は，いわゆる一身専属権としての人格権である。このことから，権利の本来の帰属者の自由意思に委ねるべき一身専属権について，授権を伴う任意的訴訟担当構成を採用することの可否が，立法時に議論された。しかし，一身専属権の本質は，権利者の自由意思の確保にあるのであるから，授権において権利者である地域住民の意思が十分に尊重される制度であれば，たとえ訴訟担当構成であっても一身専属権の本質とは矛盾しないはずである。従前，一身専属権に訴訟担当が許されるかという議論は，主として法定訴訟担当である債権者代位訴訟を想定して議論されてきたが，暴力団追放団体訴訟は，権利者である周辺住民の自由意思による授権を必要とする任意的訴訟担当であるので，その許容性には問題がないと考えられる。さらに，暴力団対策法は，授権者による授権の取消しの制度（同法 32 条の 4 第 5 項）を設けており，授権後における権利者の自由意思の尊重にも配

38）　法律の明文に基づく任意的訴訟担当の他の例としては，手形の取立委任裏書の被裏書人（手 18 条），区分所有建物の管理者（建物区分 26 条 4 項・57 条 3 項・58 条 4 項・59 条 2 項・60 条 2 項），サービサー（債権回収 11 条 1 項），選定当事者（民訴 30 条）等がある。

39）　三木浩一「暴力団追放団体訴訟の立法における理論と展望」NBL969 号（2012 年）（以下，「三木＝理論と展望」という）33〜35 頁〔本書 67〜70 頁〕，同「暴力団体訴訟制度の成立の経緯および内容と課題について」NBL1023 号（2014 年）（以下，「三木＝内容と課題」という）20〜21 頁〔本書 86〜87 頁〕参照。

慮している。

このように暴力団追放団体訴訟における適格団体の当事者適格は，周辺住民が個々に有している人格権に基づくものである。こうした周辺住民たちの人格権は，いうまでもなく属人的帰属が可能な同種個別的権利であるので，人格権を保護法益とする限りは，暴力団追放団体訴訟が訴訟担当構成を採用したのは自然なことであった。しかし，立法政策的には，固有権構成をとることも可能であったと思われる。なぜなら，暴力団追放団体訴訟は，個々の周辺住民の個別的な人格権という私益の保護を図るものであると同時に，社会の一般的な平穏や安全を全体として保護するものでもある。社会の平穏や安全は，国家や自治体がその実現に向けた責務を負う公益であり，属人的帰属の観念が困難であって，その意味で拡散的権利として捉えることができる。したがって，こうした公益を保護法益として適格団体に固有権としての訴権を付与する制度を構築することも，理論的には可能であったであろう。[40]

つまり，現行法が任意的訴訟担当構成を採用した背景には，理論的な理由に加えて政策的な配慮があったといえる。[41]任意的訴訟担当構成の政策的な利点には，①従来の組事務所使用差止請求訴訟との連続性をもたせることができること，②訴訟外の住民運動との連携を取りやすくなること，③将来における金銭請求訴訟への制度の拡張がしやすいこと等がある。[42]

4　消費者集合訴訟制度

(1)　創設の経緯

上述したように，わが国最初の団体訴訟制度である消費者団体訴訟では，将来の被害を予防するための差止請求訴訟のみが認められた。しかし，その当時から，過去の被害の救済制度も必要であることは，つとに指摘されていた。[43]

---

40)　念のために確認しておくと，本文で述べたことは，現行法と同じく周辺住民の人格権という私益を保護法益としつつ，それでも固有権構成が可能であったということではない。人格権とは別の保護法益である社会の平穏や安全という公益を保護法益とする考え方をとれば，固有権構成も可能であったという趣旨である。

41)　三木＝理論と展望・前掲注39) 32頁〔本書67頁〕，三木＝内容と課題・前掲注39) 17～18頁〔本書81～82頁〕参照。

42)　三木＝理論と展望・前掲注39) 32頁〔本書67頁〕，三木＝内容と課題・前掲注39) 19～20頁〔本書81～82頁〕参照。

345

しかし，多数の権利を一括的に救済するための金銭請求権を訴訟物とする集団訴訟の制度設計は，差止請求訴訟に比べて理論的にも現実的にもハードルが高いため，2006年の消費者契約法の改正時点では，将来の課題とされた。ただし，同改正時の国会における附帯決議として，適格消費者団体が損害賠償請求等を請求する制度の創設に関する検討が求められた。さらに，2009年制定の「消費者庁及び消費者委員会設置法」の附則や，2012年の消費者安全法の改正時の附帯決議においても，そうした制度の導入に向けた検討が求められた。

こうした政治サイドの動きと並行して，消費者庁の下に集団的消費者被害救済制度研究会が組織され，2010年に公表されたその報告書において，他の案と並んで二段階型訴訟の構想が提示された。次いで，消費者委員会の下に集団的消費者被害救済制度専門調査会が組織され，2011年に，現在の消費者集合訴訟制度の原型となる二段階型訴訟の具体的な手続を示した報告書が公表された。

そして，この報告書に基づいて，消費者庁において具体的な法案化の検討が進められ，2013年12月，特定適格消費者団体が事業者を被告として金銭請求訴訟を追行する二段階型の仕組みをもった消費者のための集合訴訟制度を創設する「消費者の財産的被害の集団的な回復のための民事の裁判手続の特例に関する法律」（以下，「特例法」という）が成立した。[44]

(2) 手続の概要

消費者集合訴訟よりも時期的に先に成立した消費者団体訴訟および暴力団追放団体訴訟は，将来の被害を予防するための差止請求訴訟である。また，その訴訟手続に関する規律は，一部を除いて通常の民事訴訟と基本的に異なるところはない。これに対し，消費者集合訴訟は，これらの先行する制度とは，主と

---

43) 消費者被害の特徴として，①被害者の数が多数に上ること，②個々の被害額は一般的に少額であること，③一般の消費者は訴訟に関する知識がないこと，④自分が被害に遭っていることの自覚がないことも多いこと等が挙げられる。したがって，個々の消費者自身による個別訴訟の提起は，現実には困難である。

44) この特例法に基づく裁判手続は，消費者集合訴訟制度，消費者集団訴訟制度，消費者被害回復裁判手続，日本版クラスアクションなどのさまざまな名称で呼ばれており，万人共通の呼称はない。本稿では，消費者集合訴訟制度という。

して次の諸点において大きく異なる。第1に、消費者集合訴訟は、対象消費者の過去の被害を回復するための金銭請求訴訟である。第2に、一般法である民事訴訟法の特則として、通常の訴訟とは異なる二段階型の手続が採用されている。第3に、消費者集合訴訟の一段階目における共通義務確認訴訟は、本制度に固有の確認訴訟である。第4に、消費者集合訴訟の二段階目における簡易確定手続は、本制度に固有の非訟手続である。

　一段階目および二段階目の手続の概略は、以下のとおりである。まず、一段階目の手続は「共通義務確認訴訟」と呼ばれる。共通義務確認訴訟は、一定の消費者契約に関して多数の消費者に生じた財産上の被害について、これらの消費者に共通する事実上および法律上の原因を審理し、被告事業者の金銭支払義務の存否及び内容を確認判決によって確定する手続である（特例法2条4号・3条）。すなわち、多数の同種個別的権利に関する紛争について、その共通争点の確定を図る手続である。一段階目の手続に関する規律は基本的には通常の民事訴訟と同じであるが、本制度に固有の特則として、確定判決の効力は、当事者以外の特定適格消費者団体と二段階目の債権届出を行った対象消費者にも及ぶ（同法9条）。

　次に、二段階目の手続は、一段階目の確定判決等を受けて、消費者ごとの個別の権利の確定を行うものであり、原則として「簡易確定手続」と呼ばれる非訟手続が用いられる。簡易確定手続は、特定適格消費者団体による対象債権の届出と、これに対する相手方事業者の認否によって行われる書面中心の手続である（特例法30条〜43条）。これは、個別性を有する対象債権の確定をなるべく簡易かつ迅速に行い、消費者に負担の少ない権利救済を早期に実現することを意図したものである。この認否による処理が奏功しないときは、裁判所の簡易な決定の裁判によって届出債権を確定することになる（同法44条）。しかし、当事者の正式な裁判を受ける権利を保障する必要があるので、当事者や届出消費者が異議を述べた場合には通常訴訟に移行する（同法46条・52条）。異議後の訴訟は、文字どおり通常の民事訴訟である。

⑶　原告適格
　消費者集合訴訟の原告適格（二段階目の非訟手続である簡易確定手続の申立人と

しての適格を含む）は，差止請求訴訟である消費者団体訴訟の原告適格を有する
適格消費者団体（消費契約13条1項）の中から，特例法の定める要件に基づい
て内閣総理大臣の認定を新たに受けた団体に付与される（特例法65条）。すな
わち，二重の適格認定を受けた団体のみが消費者集合訴訟の原告適格を有する
のであり，この二重の適格認定を受けた団体を特定適格消費者団体という（同
法2条10号）。このような形で当事者適格を限定したのは，消費者集合訴訟で
は，その二段階目において多数の消費者から授権を受けて複雑な裁判手続を追
行し，最終的には個別の消費者に金銭を分配する等の業務を担うことになるの
で，そのような能力と組織を有する団体でなければならないからであるとされ
る[45]。また，認定後の活動における適正を担保するため，認定後も内閣総理大臣
の監督を受ける（同法85条・86条）。

(4)　一段階目における団体の地位

　消費者集合訴訟は，わが国では前例のない二段階型の訴訟制度を採用してい
る。そのうち，二段階目の簡易確定手続または異議後の訴訟の対象が各消費者
の有する個別の権利であることに疑問の余地はない。しかし，一段階目の共通
義務確認訴訟の対象については，この場合の共通義務は権利義務そのものでは
ないため，共通義務確認訴訟における団体の地位については議論がある。すな
わち，一段階目の共通義務確認訴訟では，複数消費者の財産的被害に共通する
事業者の責任が審判対象となるが，被告の責任は実質的には原告の権利の発生
要件の一部である。そこで，共通義務確認訴訟における原告の地位をめぐって，
請求権の一部である共通義務を取り出して原告にその確認を求める固有の権利
を付与したものであるとする固有権説[46]や，二段階目における授権を停止条件と
する任意的訴訟担当とみる任意的訴訟担当説[47]も唱えられている。
　しかし，まず，固有権説については，共通義務は二段階目で審判の対象とな

---

45)　消費者庁消費者制度課編『一問一答 消費者裁判手続特例法』（商事法務・2014年）136頁
　　参照。
46)　山本和彦「集団的利益の訴訟における保護」民商148巻6号（2013年）626頁。
47)　八田卓也「消費者裁判手続特例法の当事者適格の観点からの分析」千葉恵美子ほか編『集
　　団的消費者利益の実現と法の役割』（商事法務・2014年）398頁。

る各消費者の個別の権利の成立要件の一部であるから，これを独立の固有権とみることは不当である。次に，任意的訴訟担当説については，一段階目と二段階目が別個の裁判手続であることと整合せず，また，二段階目の手続が常に任意的訴訟担当となるわけでもないので，やはり不当である。そこで，共通義務確認訴訟の本質に照らし，一種の特殊な法定訴訟担当と位置づけるべきであろう。[48]共通義務は，実質的には各消費者が有する個別の権利の成立要件の一部であるので，特定適格消費者団体は，各消費者の一種の法定訴訟担当者として当事者適格を付与されているものと考えられるからである。もちろん，共通義務は権利そのものではないので，本来の法定訴訟担当とは異なる。しかし，各消費者の実体法上の権利に関し，その成立要件の一部について管理権の法定授権があるとみ得るので，一種の特殊な法定訴訟担当と考えることができよう。

(5) 二段階目における団体の地位

次に，二段階目の簡易確定手続であるが，簡易確定手続における届出団体としての特定適格消費者団体は，消費者からの授権を受けて消費者の有する権利を当事者として代わって行使するものであるので（特例法31条），二段階目における特定適格消費者団体の地位は，任意的訴訟担当（ここにいう「訴訟」には非訟を含む）である。ちなみに，簡易確定手続は非訟手続であるが，特別の定めがある場合を除いて，基本的には民事訴訟法の規定が準用される（同法50条）。異議後の訴訟については，特定適格消費者団体または相手方事業者が異議の申立てをしたときは（同法46条1項），従前の特定適格消費者団体が原告となる。この場合については，特定適格消費者団体は消費者からの再度の授権を要する（同法53条1項）。すなわち，この場合の特定適格消費者団体の地位も，本来の意味における任意的訴訟担当である。これに対し，届出消費者が異議の申立てをしたときは（同法46条2項），その消費者が原告となるので，同人の権利との関係では特定適格消費者団体はそもそも当事者とはならない。

---

48) 三木浩一「消費者集合訴訟制度の理論と課題」NBL1016号（2014年）49頁〔本書279頁〕参照。

5 団体訴訟制度における当事者適格の決まり方

　以上の検討にみるように，団体訴訟制度という新たな法実現の担い手を創出する仕組みにおける団体の地位は，基本的には，その団体訴訟における保護法益の種類によって決まるものと考えられる。

　すなわち，保護利益が拡散的権利の場合は，仮に訴訟担当構成をとろうとしても被担当者としての属人的な権利帰属者を特定することが不可能または困難であり，理論的には訴訟担当構成は考えにくい。したがって，実体法的には立法によって団体が主体となる実体権を人工的に創出し，訴訟法的にはその実体権を固有権とする固有権構成をとることが適切である。わが国の立法例では，消費者団体訴訟が採用する方式である。消費者団体訴訟の訴訟物は，消費者一般の将来の被害を予防するための差止請求権であり，属人的帰属を観念することが困難な拡散的権利である。そこで，消費者契約法等によって実体権としての差止請求権を創出し，これを適格消費者団体に付与するという固有権構成が採用されたものである。また，その後の暴力団追放団体訴訟についても，結局，改正暴力団対策法では，個々の周辺住民の人格的権利を保護法益としたことに伴って任意的訴訟担当構成が採用されたが，社会の平穏や安全という公益としての拡散的権利を保護法益とする考え方をとれば，団体に付与する差止請求権を人工的に創出する方法による固有権構成の採用も，立法政策上の選択として可能であったものと思われる。

　これに対し，保護法益が同種個別的権利の場合は，すでに民法等の実体法に基づく個別の権利者が存在するので，それと競合する固有権を団体に別個に付与する固有権構成をとることは考えにくい。したがって，実体法上の他人の権利を訴訟上は当事者の立場で代行的に行使する訴訟担当構成が適切である。わが国の立法例においては，暴力団追放団体訴訟と消費者集合訴訟がこうした立場を採用している。ただし，訴訟担当には，さらに法定訴訟担当と任意的訴訟担当があるので，訴訟担当構成をとる場合には，そのいずれかの選択が引き続き問題となる。しかし，法定訴訟担当は，実体法上の権利者の意思によらずに権利者ではない者に訴訟追行権を付与するものであるので，それが許されるだけの立法事実が特に必要であると考えるべきである。[49]

こうした観点に照らすと，消費者集合訴訟の一段階目に関しては，一般に消費者にとって不案内で敷居の高い民事訴訟について，その具体的な内容や帰趨が未だ不透明な段階では個々の消費者からの授権を得ることが困難であるとの立法事実が存在すると考えられることから，一種の特殊な法定訴訟担当構成が採用されたことには，相応の合理性と許容性が認められよう。他方，訴訟の具体的な内容や帰趨が明らかとなった二段階目については，法定訴訟担当構成には疑問があり，特例法は，本来の権利者である対象消費者からの授権を要する任意的訴訟担当構成を採用した。また，暴力団追放団体訴訟においても任意的訴訟担当構成が採用されているが，個々の周辺住民等に属人的に帰属する人格的権利を保護法益と措定した以上は，法定訴訟担当構成を採用する立法事実は考えにくいので，任意的訴訟担当構成の採用は，理論的に支持できるものであるといえよう。

VI　法実現の担い手としての団体

団体訴訟制度というヨーロッパで誕生した斬新な民事訴訟の仕組みは，私法領域における法実現の新たな担い手を作り出した。すなわち，伝統的な法実現の担い手は権利主体自身であったし，権利主体の保護のために後見的な役割を担ってきたのは統治機構としての国家であった。これに対し，団体訴訟制度における団体は，本来の権利主体でもなければ，国家の機関でもなく，公的な役割を付与された一定の民間団体であり，私法領域における「第三の法実現の担い手」といえよう。[50]

もっとも，わが国の団体訴訟制度における団体については，いずれも例外なく行政による適格認定を受ける必要があり，また認定後も行政による監督に服するし，実務的にも消費者行政や治安行政等との整合性や一定の連携が期待されている。したがって，わが国の各制度に関していえば，行政のアウトソーシングの側面が皆無とはいえない。[51]しかし，個々の事件の処理や活動の細部にお

---

49)　たとえば，不在者財産管理人のように，権利者がみずから授権をすることが不可能な場合や，倒産手続における管財人のように，権利者から訴訟追行権を剥奪することが必要な場合などである（三木＝内容と課題・前掲注39）17頁〔本書80頁〕参照。

351

いて行政のコントロールを受けるわけではないので，行政の別働隊とまでいうことは妥当ではない。その意味では，やはり第三の法実現の担い手として位置づけることができるものと思われる。

---

50)　行政法学者の中川丈久教授は，消費者契約法における適格消費者団体の位置づけとしては，「スーパー消費者」，「行政の別働隊」，「第三の存在」の３つの見解があり得るとしたうえで，条文上はいずれの理解も可能であるが「スーパー消費者」と考えるべきであるとする（中川丈久「消費者──消費者法は行政法理論の参照領域たりうるか」公法研究 75 号〔2013 年〕199〜200 頁）。しかし，同じく「第三の」という言葉を使用していても，本稿は，私法領域における法実現の担い手としての分類を述べているのに対し，同教授は，行政との関係に主眼を置く分類を述べるものであり，本稿とは分類の基準が異なる。また，同教授が唱える「スーパー消費者」であるが，消費者団体自身は消費者ではないし，固有権構成や法的訴訟担当構成の場合は消費者から委託や授権を受けて行動するわけでもないので，私法の見地からは「スーパー消費者」の意味するところは理解が困難である。また，同教授は，適格消費者団体が「第三の存在」ではない理由として，消費者利益は拡散的利益や集合的利益ではないという理解を述べるが，本文で詳細に論じたように，消費者利益にも，場面に応じて同種個別的利益と拡散的利益のいずれもがあり得る。したがって，同教授の消費者利益の理解にも疑問がある。

51)　団体訴訟制度に行政のアウトソーシングの要素があるというのは，あくまでもわが国の制度に関しての話である。諸外国の団体訴訟の中には，行政による適格認定を要しない制度や行政による団体の監督の仕組みがない制度も多く，こうした場合には事情が異なる。

52)　ちなみに，ヨーロッパ，北米，南米等の多くの国々では，行政機関や準行政機関そのものに集合訴訟の原告適格を認めている例も少なくない。わが国には，未だそのような制度はないが，将来の立法措置が検討されてよいであろう。

事 項 索 引

あ 行

IDEC······150
アミカス・キュリエ・ブリーフ（Amicus
　Curiae Brief）······188
安全距離の原則（safe distance rule）······20
移　送······47
一段階的な処理······160
一段階目······294, 306, 348
　——の手続······275, 279
　——の和解······313
一カ一家事件······56, 82, 342
　——決定······55
一身専属権······67, 86, 344
訴えの取下げ······14
FTC（Federal Trade Commission）······178
FTC 法 13 条(b)項······181, 183, 186
FTC 法 19 条······180
援用制度······22
オプトアウト型······112, 119, 120, 133, 210, 215,
　　　　246, 249, 270, 271, 272
オプトイン型······103, 112, 119, 120, 132,
　　　　215, 222, 246, 272
オプトイン手続······259

か 行

概括給付判決······153, 154, 160
拡散的権利······32, 62, 76, 78, 81, 98, 101, 124,
　　150, 198, 200, 202, 206, 330, 335, 336, 350
　——クラスアクション（ブラジル）······152
　——クラスアクションの既判力（ブラジル）
　　　······156
拡散的権利保護特別基金······159
核心説（Kerntheorie）······18
確定判決等に基づく請求権の行使制限······35
確定判決と同一の効力······312

簡易確定手続······287, 309, 347
環境団体訴訟······77, 335
完全なる正義の確保（securing complete
　justice）······184
客観訴訟······278, 295
強制執行······320
行政庁訴訟······196
共通義務確認訴訟······282, 294, 347
　——と処分権主義······299
　——の訴訟物······295
共通争点······273, 294
近似的分配（cy pres distribution）
　······101, 115, 201
クラスアクション······223, 275
　——（アメリカ）······103, 110, 249, 271, 286
　——（カナダ）······269, 286, 311
　——（ノルウェー）······120
　——（ブラジル）······25, 115, 147, 286
拡散的権利——（ブラジル）······152
拡散的権利——の既判力（ブラジル）······156
集合的権利——（ブラジル）······152
集合的権利——の既判力（ブラジル）······156
同種個別的権利——（ブラジル）······153
同種個別的権利——の既判力（ブラジル）
　······157
日本版——······266
(b)(1)——······110
(b)(2)——······110
(b)(3)——······110
クラスメンバー······275
グループ訴訟（l'action de groupe）······212
経済的不利益賦課制度······218, 220, 243
公益的民事訴訟······181
公共的慰謝料······152
公共民事訴訟法（ブラジル）······148, 164
国民生活審議会消費者政策部会······2

353

個人情報の秘匿……………………88
個別争点……………………273, 285
個別訴訟の原則…………………97
個別的権利……………………97, 197
固有権構成……………4, 6, 31, 61, 65, 66, 78,
　　　　81, 124, 205, 206, 334, 341, 350
固有権説………………………297

さ 行

差止請求権………………………199
　集合的――……………………206
　人格権に基づく――……………55, 82
差止請求訴訟……………………44, 346
事業者団体訴訟…………………76, 333
集合訴訟制度………………219, 222, 243
　消費者――………………266, 293, 345
集合的金銭請求訴訟……………96
集合的権利（collective rights）……97, 197
　――（ブラジル）………………151
　――クラスアクション（ブラジル）……152
　――クラスアクションの既判力（ブラジル）
　　　……………………………156
　――保護訴訟研究会………………113
集合的差止請求権…………………206
集合的訴訟………………………205
　――制度………………………194
集合的損害賠償請求訴訟………203, 206
集合的調停………………………232, 259
集合的賠償訴訟（azioni collective）………213
集団的消費者被害回復制度等に関する研究会
　　……………………………217, 242
集団的消費者被害救済制度…………217, 240
　――研究会………………217, 242, 346
　――研究会報告書………………219
　――専門調査会………………265, 346
主観訴訟…………………………278, 295
主観的権利………………………97
授権者の保護……………………71
消費者集合訴訟制度………266, 293, 345
消費者集合訴訟の原告適格…………347
消費者組織に関する研究会…………2

消費者団体………………………237
　――訴訟………………………76, 333
　――訴訟制度………2, 29, 100, 242, 338
　――訴訟制度検討委員会…………2, 28
　適格………………………238, 340
　特定適格――……………………348
消費者庁…………………………175, 242
消費者庁及び消費者委員会設置法………242
消費者の財産的被害の集団的な回復のため
　の民事の裁判手続の特例に関する法律
　（特例法）……………264, 293, 346
消費者被害……………194, 217, 241
　――の原状回復（restitution）………185
消費者保護法（ブラジル）…………148, 169
処分権主義………………………13
侵害行為の抽象的な特定…………18
人格権………………59, 69, 86, 344
　――に基づく差止請求（権）………55, 82
請求の放棄………………………14
選定当事者制度…………………102
総額賠償判決………………255, 271
総額賠償和解……………………255
総額判決…………………………137
訴訟上の和解……………………14
訴訟担当構成…………79, 81, 206, 350
　任意的――………61, 65, 66, 67, 80, 84, 246
　法定――………………………4, 80
訴訟物の競合……………………302
訴訟物の特定……………………301
損害賠償請求権…………………200

た 行

第三者効…………………………156
対象消費者………………………275
対世効……………………………156, 157
代表訴訟（ノルウェー）…………123
団体訴訟制度………105, 109, 110, 328, 331, 333
　――の歴史………………………75
　消費者――………2, 29, 100, 242, 338
　暴力団追放――………………52, 80, 341
重複訴訟の禁止…………………10

354

事 項 索 引

追加的選定 ……………………………102
　──制度 …………………………257
適格消費者団体 ……………………238, 340
当事者適格 …………………33, 64, 78, 149, 205,
　　　　　　　　　233, 260, 328, 350
同種個別的権利 ………………98, 151, 160, 198,
　　　　　　　　200, 206, 330, 336, 350
　──クラスアクション（ブラジル）………153
　──クラスアクションの既判力（ブラジル）
　……………………………………157
特定適格消費者団体 ………………………348
　──による仮差押え ………………………315
都道府県暴力追放運動推進センター（暴追
センター）………………………59, 60, 74, 343

な 行

二段階型………………119, 147, 211, 222, 247,
　　　　　　　　256, 267, 274, 293
二段階目 ………………………………309, 349
　──の手続 ………………………………285
　──の和解 ………………………………315
日本版クラスアクション ……………………266
任意的訴訟担当…………………59, 61, 246, 310,
　　　　　　　　344, 349, 350
　──構成 ………61, 65, 66, 67, 80, 84, 246
　──説 ………………………………298

は 行

ハート・スコット・ロディーノ反トラスト
改善法 ……………………………116, 195, 210
パレンス・パトリー訴訟（父権訴訟）
　……………………………116, 190, 195
判決効 ………………………………………280
　──の客観的範囲…………………………17
　──の主観的範囲…………………………20

判決清算 …………………………………153, 155
(b)(1)クラスアクション ……………………110
(b)(2)クラスアクション ……………………110
(b)(3)クラスアクション ……………………110
非対称性 ……………………………………281
不当勧誘行為………………………………44
不当契約条項………………………………45
不当個別勧誘行為（等）の差止め …………9
不当条項の差止め…………………………8
不当表示の差止め…………………………9
不当利益の吐き出し（disgorgement）……185
不当利益剥奪請求権 ………………………201
不当利益剥奪請求訴訟 ……………101, 203, 206
不当利益剥奪制度 …………………………243
PROCON …………………………150, 158, 160
紛争法（ノルウェー）………………123, 127, 139
併用型 ……………………………120, 125, 247
弁論主義……………………………………16
弁論等の併合………………………………48
法定訴訟担当 …………………246, 280, 298, 349, 350
　──構成…………………………………4, 80
暴力団対策に関する有識者会議 ……………342
暴力団対策法 …………………………………52, 342
暴力団追放団体訴訟制度（暴追団体訴訟制度）
　…………………………………52, 80, 341
補助参加……………………………………38
保全制度……………………………………221

ま 行

民事訴訟法（ブラジル）……………………161
申立事項の拘束力……………………………15

や 行・ら 行

ヤンキー・パッケージ ………………106, 250, 291
流動的回復措置（fluid recovery）…………101

355

著者紹介

三木 浩一（みき こういち）

1958 年　香川県生まれ
1980 年　慶應義塾大学法学部法律学科卒業
　　　　慶應義塾大学法学部助手，専任講師，助教授，
　　　　教授を経て，
現　在　慶應義塾大学大学院法務研究科教授

主要著書
『民事訴訟における手続運営の理論』（有斐閣・2013 年）
『金銭執行の実務と課題』（編著・青林書院・2013 年）
『ロースクール倒産法［第 3 版］』（共編著・有斐閣・2014 年）
『ロースクール民事訴訟法［第 4 版］』（共編著・有斐閣・
　2014 年）
『国際仲裁と企業戦略』（共編著・有斐閣・2014 年）
『民事手続法の現代的機能』（共編著・信山社・2014 年）
『民事訴訟法［第 2 版］（LEGAL QUEST シリーズ）』（共著・
　有斐閣・2015 年）

民事訴訟による集合的権利保護の立法と理論
Legislations and Theories of Collective Rights Protection through Civil Justice

2017 年 12 月 20 日　初版第 1 刷発行

著　者　三　木　浩　一
発行者　江　草　貞　治
発行所　株式会社 有　斐　閣
　　　　郵便番号 101-0051
　　　　東京都千代田区神田神保町 2-17
　　　　電話 (03) 3264-1314〔編集〕
　　　　　　 (03) 3265-6811〔営業〕
　　　　http://www.yuhikaku.co.jp/

印刷・大日本法令印刷株式会社／製本・大口製本印刷株式会社
© 2017, Koichi Miki. Printed in Japan
落丁・乱丁本はお取替えいたします。
★定価はカバーに表示してあります。
ISBN 978-4-641-13743-1

JCOPY　本書の無断複写（コピー）は，著作権法上での例外を除き，禁じられています．複写される場合は，そのつど事前に，(社) 出版者著作権管理機構（電話03-3513-6969, FAX03-3513-6979, e-mail: info@jcopy.or.jp) の許諾を得てください．